무형자산 가치분석

배 기 수

글머리

자본시장에서 매우 중요한 부분이 금융투자부분과 투자의 원천이 되는 무형자산의 파악이다. 무형자산과 금융의 만남은 자본시장에서 사업화라는 부분으로 전개된다. 이러한 일련의 흐름에서 회계에 대한 이해와 이를 바탕으로 한 자본시장과 금융투자 그리고 세무에 대한 부분은 매우 중요하다. 본 교재에서는 미래에 상환해야 하는 부채와 과거에 벌어들인 이익을 가지고 현재 자산을 구성하여 경영하는 자본시장 구조에 대해 시간과 공간에 대한 개념을 바탕으로 차근차근 설명하였다. 또한 자본시장과 금융투자에 대한 부분을 집중적으로 다룸으로써 무형자산이 자본시장에서 금융투자로 이어질 때 어떻게 작동되는지에 대해 기술함으로써 기업가치분석으로까지 확장할 수 있도록 하였다.

본 교재에서는 구체적으로 시간의 흐름에 따른 경영활동을 미래, 과거, 현재로 구분하여 체계적으로 설명하고, 이를 바탕으로 자본시장 및 무형자산에 대한 구조를 상세히 다루었다. 마지막으로 기업가치에 대한 부분을 다룸으로써 특허권 등 기술에 대한 부분이 자본시장에서 금융투자로 이어진 후 기업가치 증대로 이어지기까지 확장되어 기술이 기업가치와 어떤 관련성을 갖는지 파악하는 데 도움을 줄 수 있도록 하였다. 글로벌화된 경영이 가능해짐으로 인해 기존 국내에 머무르던 사업영역이 이제는 전 세계로 확장되고 있으며, 이에 대해 피할 수 없는 부분이 무형자산이 기업가치에 미치는 영향을 분석하는 영역이다. 기술뿐만 아니라 다양한 분야에서 무형자산이 기업가치에 미치는 영향에에 대한 문제가 대두됨으로 인해 관련 법규가 개정되는 등 많은 변화가 있었다. 이에 본 교재에서는 무형자산 가치평가 관련 업무에 살펴볼 수 있도록 관련 법규를 수록하였다. 모쪼록 본 서를 통해 기술사업화에 있어 많은 분들이 도움을 받을 수 있기를 희망한다. 끝으로 본서의 편집 작업에 힘써주신 편집부 직원 여러분께 진심으로 감사의 말씀을 전한다.

2023년 12월

저자 씀

목 차

제 1 장

무형자산

제1장 무형자산

무형자산(intangible assets)은 재화의 생산이나 용역의 제공, 타인에 대한 임대 또는 관리에 사용할 목적으로 기업이 보유하고 있는 물리적 형체가 없는 자산이다. 한국채택국제회계기준(K-IFRS) 제1038호[1]에 따르면 무형자산이란 재화의 생산이나 제공, 타인에 대한 임대 또는 관리에 사용할 목적으로 기업이 보유하고 있으며, 물리적 형체가 없지만 식별가능하고, 기업이 통제하고 있으며, 미래 경제적 효익이 있는 비화폐성자산으로 정의하고 있다[2].

이러한 무형자산[3]은 지식자본, 지식자산, 무형자산 또는 지적재산 등 다양한 형태로 개념이 혼용되어 사용되고 있다. 지식자본과 지식자산은 유사한 개념으로 주로 경제학 분야에서 사용되고, 지적재산은 주로 특허, 법률분야에서 지식자산 중의 일부로서 산업재산권, 저작권, 영업권, 프랜차이즈 등 법률적인 개념으로 주로 사용되고 있으며 무형자산은 회계분야 등에서 회계적 의미의 자산개념으로 사용되고 있다.

2011년부터 상장기업에 의무적으로 적용되는 한국채택국제회계기준서(K-IFRS)의 적용사례에서는 사업결합에서 취득한 식별 가능한 무형자산에 대한 사례를 구체적으로 제시하고 있으며 식별 가능한 무형자산을 크게 마케팅관련 무형자산, 고객관련 무형자산, 예술관련 무형자산, 계약에 기초한 무형자산, 기술에 기초한 무형자산의 5가지 범주로 구분하고 있다.

---

1) 2007년 11월 제정, 2008년 11월 1차 개정, 2009년 6월 2차 개정, 2014년 3월 3차 개정
2) 상기 개념에는 무형자산의 세가지 특성이 열거되어 있는데, 이들은 식별가능성, 자원에 대한 통제, 미래 경제적 효익의 존재이다. 무형자산이 식별가능(identifiability) 하다는 것은 그 자산이 기업실체나 다른 자산으로부터 분리될 수 있거나 계약상 또는 기타 법적 권리로부터 발생하여야 한다는 것을 의미한다. 자원에 대한 통제(control)란 기초가 되는 자원에서 미래 경제적 효익을 확보할 수 있고 그 효익에 대해 제 3자의 접근을 제한할 수 있는 경우를 말한다. 마지막으로 무형자산의 미래 경제적 효익(future economic benefits)은 재화의 매출이나 용역수익, 원가절감 또는 그 자산의 사용에 따른 기타 효익의 형태로 발생할 수 있는 경우를 말한다.
3) 신동휴·정용화(2011)도 무형자산을 지식자본(knowledge capital), 지식자산(knowledge base assets), 지적재산(intellectual properties) 등의 여러 가지 정의로 사용되고 있으나 넓은 범위에서 모두 무형자산으로 정의해도 무방하다고 언급하였다.

제1절 산업재산권

산업재산권이란 특허·실용신안·의장·상표권을 통칭하는 개념으로 산업활동과 관련된 인간의 지식활동으로 얻어진 정신적, 무형적 결과물에 대한 재산권으로서 새로운 발명, 고안에 대하여 그 창작자에게 일정기간동안 독점 배타적인 권리를 부여하는 대신, 이를 일반에게 공개하여야 하며 일정 존속기간이 지나면 누구나 이용하도록 함으로써 기술 진보와 산업 발전을 추구하고 보호받는 권리인 지적 재산권의 핵심이 되는 권리이다.

연구개발투자 활동의 결과인 기업의 특허는 생산성이나 수익성 등의 성과에 직접적인 영향을 미친다. 특허는 혁신성과로 가장 많이 사용되는 척도이고 특허인용은 특허의 가치를 측정하거나 발명자, 특허 보유자간 기술흐름의 정도나 방향을 측정하기 위해 많이 사용하고 있다. 기술기업의 특허권 행사로 인한 독점적 이윤은 연구개발투자를 위한 재원으로 다시 투입되며, 이는 새로운 기술의 개발로 이어져 특허 독점권을 강화한다. 한편 특허제도는 독점화를 촉진하여 시장의 효율성을 저하시킬 뿐만 아니라 기술을 보유한 소수기업의 담합을 통한 독점적 지위 강화가 가능하여 궁극적으로는 국가경제 발전에 해를 끼칠 것이라는 가설도 제기되고 있지만 대다수 기업의 연구개발투자 동기를 부여함으로써 기술혁신(technical innovation)을 촉진하고 산업 경쟁력을 강화한다.

우리나라 연도별 산업재산권 출원과 등록 건수 현황을 분석하면 특허는 2008년 이후 세계적인 경기침체로 2007년에 비해 신규등록건수가 감소하였으나, 2009년부터 경기회복과 함께 증가 추세를 보이고 있다. 2011년 특허출원은 178,924건이며 2012년 특허출원은 188,915건으로 전년대비 5.6% 증가하였으며 특허 등록은 2011년 94,720건으로 전년대비 37.6% 증가하였으며, 2012년 특허등록은 113,437건으로 2011년 대비 19.8%의 큰 증가세를 보이고 있다. 실용신안은 실용신안 선등록제도의 폐지 및 이중출원제도 폐지 등의 영향으로 2007년 이후 출원건수가 급격히 감소 추세이며, 2012년 실용신안 등록은 6,353건으로 전년 5,853건 대비 8.5% 증가세를 보였다. 디자인은 산업디자인에 대한 중요성 인식과 제품의 고급화 추세로 인해 꾸준한 증가를 보이고 있으며 상표도 브랜드의 중요성 인식으로 지속적으로 증가하다가 2008년 이후 경기침체로 다소 감소하였으나 2011년부터 경기침체 이전 수준 이상으로 증가세를 보이고 있다.

제2절 무형자산과 기업가치

21세기 이후 인터넷 등 정보기술의 발전으로 기업의 지식재산권 보호가 강화되었으며 더불어 급속한 기술발전으로 산업 패턴이 변화되고, 경제 전반에 걸친 상시 구조조정이 가속화되면서 무형자산의 가치와 효율적 활용이 기업의 경쟁력을 좌우하게 되었다. 글로벌 기업들은 이에 대응하기 위해 새로운 기술개발 및 성장 동력 창출을 위한 연구개발비(research and development costs) 투자를 지속적으로 증가시키고 있으며, 연구개발 결과로 창출된 특허 등 산업재산권을 획득함으로써 기업 경쟁력을 강화하기 위한 노력을 병행하고 있다. 기술혁신(technical innovation)[4]은 또한 많은 연구비 지출을 수반하는 조직적인 연구개발 활동에 의해 창출되는 것으로 연구개발(R&D)투자는 기업 경쟁력 강화의 중요한 원천으로 인식되고 있다.

기업뿐만 아니라 각 국가들도 기술개발을 위한 연구개발의 중요성을 인식하고 최근 이에 대한 투자를 강화해 오고 있다. 경제성장을 위한 기술적 진보의 중요성을 반영하듯 2011년도 우리나라의 총연구개발비는 45,016백만달러(49조 8,904억원)로 세계 6위권이고 국내총생산(GDP) 대비 연구개발투자는 꾸준히 증가해 2011년 기준 4.03%로 절대규모에 있어서는 아직 선진국에 못 미치나 상대규모에 있어서는 세계 2위권으로 주요 선진국보다 높은 것으로 조사되었다. 또한, 특허 등 산업재산권의 중요성은 지식기반 산업만이 아니라 전통 제조업에서의 경쟁 패러다임도 빠르게 변화시키고 있다. 특히 연구개발의 산출물인 특허와 같은 산업재산권의 창출, 보호, 관리 및 활용이 기업경영의 중요한 전략으로 대두되고 있으며 특허와 같은 독점적기술·영업비

4) 기술혁신(technical innovation)이란 새로운 제품이나 서비스, 생산 공정을 내부적으로 창조하거나 외부에서 받아들이는 것으로, 혁신형 중소기업의 경쟁력 제고를 위한 가장 중요한 전략의 하나로 인식되고 있다. 정부나 학계, 산업계를 중심으로 이루어지는 다양한 기업 경쟁력 강화 방안에 대한 논의들도 우리나라 기업의 경쟁력 제고를 위해서는 기술혁신을 위한 투자를 확대하여 궁극적으로는 경영성과를 향상시켜야 한다는데 초점이 맞추어져 있다.

밀이나 독자적인 사업모델 등 무형자산이 우리나라 기업의 경영성과 및 기업가치에 지대한 영향을 미치는 것이다.5) 기업 연구개발 투자는 고용에도 큰 영향을 미친다.6) 기업의 연구개발(R&D) 투자는 기업 자체의 경쟁력 향상을 넘어 새로운 일자리 창출과 그에 따른 소비자 구매력 향상 등 경제 전반에 파급효과를 일으킨다. 요즘같이 경제환경이 어려운 때일수록 미래를 내다보고 준비하는 안목이 필요하다. 경기 불확실성이 걷히지 않고 있지만 지속적인 연구개발투자로 신성장동력을 확보하는 기업이 시장을 선도할 수 있는 기회가 더 많이 주어질 것이기 때문이다. 기업의 혁신(innovation)은 기존 산업사회에서처럼 유형적 영역이 아니라 연구개발비나 특허와 같은 무형적인 요소들과 관련되거나 이들이 결합된 새로운 지적자본 영역이 될 것이다.

우리나라의 기업들 중에서 연구개발 활동이 기업규모에 비해 활발하게 이루어지는 분야는 바로 코스닥시장이라 할 수 있다. 코스닥시장에 상장되어 있는 기업은 주로 연구개발투자를 기반으로 설립된 첨단기술기업, 인터넷 등 정보통신 분야에서 우수한 기술력을 가진 성장기업으로 구성되어 있다. 또한 코스닥에 상장되어 있는 기업은 기업가치를 높이기 위하여 신기술, 신제품에 대한 연구개발과 특허 등 산업재산권 취득에 많은 투자를 진행시키고 있다.

따라서 무형자산 가치평가에 대한 연구는 기업 연구개발비와 연구개발의 결과로 산출된 특허 등 무형자산이 기업가치에 중요한 요인으로 작용할 것이라는 가정하에, 이러한 연구개발비, 무형자산, 특허가 기업가치에 적절하게 반영되어 있는지 실증적으로 분석한다는 점에서 그 의의가 있다. Hirschey and Weygandt(1985), 박경주(2007), 박윤옥(2010) 등 기존 연구결과에 의하면, 연구개발비(R&D) 투자는 기업가치에 영향을 미치며 매출과 이익 증대에 기여하게 되고 자본시장에서는 긍정적인 반응을 보이는 것으로 보고되고 있다. 이는 연구개발비 투자가 단순한 비용이 아니라 미

5) 최병헌(2006)의 KOSPI 200기업을 대상으로 한 조사에 따르면 기업가치의 약 20% 정도가 무형자산에 의해 창출되고 있으며, 구체적으로 의약업종은 55%, 전기 및 전자업종은 49.2%, 통신업종은 41.8%, 음식료업종은 21.4%, 운수장비업종은 20%, 화학업종은 13.4%가 무형자산에 의해 창출되고 있다.

6) 통계청(2012)에 따르면 국내 기업의 연구개발 투자액은 지난 10년간 2.9배 늘어났고 그 결과 2003년부터 2011년까지 임금 근로자 수도 21% 증가했으며 특히 연구개발 인력은 113% 증가했다.

래의 효익을 창출하기 위한 투자로 인식되기 때문이다.

코스닥 상장 기업의 연구개발비나 무형자산이 기업가치에 미치는 영향을 실증분석한 선행연구들은 많지만 혁신형 기업 또는 특허등록개수 자료를 가지고 분석한 연구는 미흡한 실정이다. 즉 코스닥 기업을 벤처기업 및 일반기업으로 분류하여 연구한 자료는 많지만 이노비즈기업이나 기업부설연구소 인증기업에 대한 자료는 제한되어 있어 이들 기업에 대한 분석은 많이 이루어지지 않았다.

제3절 무형자산 관련 연구

기업에 있어서 연구개발비 지출은 전략적 항목으로서 미래의 매출액과 이익, 원가절감 등 경영성과의 창출을 기대하게 된다. 연구개발투자는 기업의 미래 성장성 및 수익성과 관련이 크기 때문에 투자자에게는 중요한 정보로 연구개발비와 기업가치 관련성을 검증한 다양한 선행연구가 있다. 선행연구는 일반적으로 연구개발비가 기업가치에 유의적인 양(+)의 영향을 미치는 경우와 유의한 음(-)의 영향을 미치거나 영향을 미치지 않는 경우 등으로 다양한 연구결과가 산출되고 있다. 실제로 경제 분야에서도 많은 논문들이 연구개발비와 연계하여 연구되었고 지금도 계속 다양한 각도로 연구되고 있다.

Hirschey and Weygandt(1985)의 연구는 Hirschey(1982)의 연구를 보다 발전시켜 기업의 연구개발비와 광고비 지출이 장기적으로 자본시장에서 기업의 초과수익률에 기여하는가에 대하여 실증적인 연구를 수행하였다. 이들은 역사적 원가로 표시된 장부가치보다는 대체원가로 시장가치를 나누는 것이 기업의 초과시장가치율을 더 잘 나타내 준다고 주장하고, 독립변수 중 산업집중률과 체계적 위험을 각각 수정하여 Hirschey의 연구를 다시 분석하였다. 연구결과, 연구개발비는 내구재와 비내구재산업 모두 초과시장가치에 장기적인 양(+)의 영향을 미치며, 광고선전비의 경우는 내구재 산업에서만 장기적으로 양(+)의 영향을 보이는 것으로 나타났다.

Lev and Sougiannis(1996)의 연구는 1975년~1991년까지의 상장된 제조업체를 대상으로 연구개발비에 대하여 발생시점에서 전액 비용화할 것을 규정하고 있는 미국회계기준과는 달리 연구개발비를 자본화할 경우의 조정된 이익과 장부가치로 조정하여 주가 및 주가수익률과의 관계를 검증하고자 하였다. 연구결과, 전기의 유형자산과 광고선전비 및 과거 5~9년 전의 연구개발비지출은 당기의 기업이익에 양(+)의 유의적인 영향을 미치고 있음을 발견하였다. 또한, 연구개발비를 자본화하였을 경우 조정된 이익 및 장부가치는 주가 및 주가수익률과의 높은 관련성을 나타냄으로써 현행 비용화 기준보다 자본화 기준이 투자자들한테 가치관련성이 높은 것으로 나타났다.

정진수·박재영(2004)의 연구는 1999년~2004년까지 코스닥 증권시장에 등록되어 있는 기업들을 대상으로 연구개발비가 기업가치에 유의한 영향을 미치고 있는가를 분석하고 또한 연구개발비가 기업가치에 미치는 영향이 벤처기업과 일반기업에 따라 유의한 차이가 있는가를 분석하였다. 연구결과, 경상연구개발비는 기업가치에 유의한 양(+)의 영향을 미치며, 비경상연구개발비는 기업가치에 음(-)의 영향을 미치는 것으로 나타났다. 또한 비경상연구개발비의 경우 기업가치에 미치는 영향이 일반기업과 벤처기업간의 유의적인 차이를 발견할 수 없었으나, 경상연구비의 경우는 일반기업과 벤처기업간의 유의적인 차이를 발견할 수 있었다.

Tubbs(2007)의 연구는 800여개의 영국기업과 글로벌 기업 1,250개를 조사 대상으로 한 연구에서 연구개발투자와 기업성과 간에는 유의한 양(+)의 관계가 있다고 주장하였다. 연구개발투자는 매출성장률, 포트폴리오성장률, 평균부창출효율성 등과 양(+)의 관계가 있는 것으로 나타났다. 또한 경기침체 기간 동안 연구개발투자수준을 높인 기업들의 경우, 기업성과도 비례해서 높아진 것으로 나타났다. 반면, 연구개발투자를 10%이상 줄인 기업은 매출액성장률이 감소한 것으로 나타났다.

유태욱·양동우(2009)의 연구는 기술혁신 활동, 기술적 성과 및 경제적 성과간의 관계에 대하여 578개 기술혁신형 중소기업의 선정(2001년~2002년) 당시 변수별 평가점수와 선정 후 5년간의 재무자료를 분석한 결과 연구개발집약도는 지식재산권, 보유기술수준과 같은 기술적 성과 변수(+)뿐만 아니라, 매출액증가율(+)이나 영업이익률(-)에 유의적인 영향을 주는 것으로 나타났다. 또한 지적재산권 변수는 각각 매출액증가율에 대해서는 양(+)의 영향을, 영업이익률에 대해서는 음(-)의 영향을 미쳤는데 이는 연구개발집약도의 결과와 동일하다.

이정길(2010)의 연구는 2000년~2008년까지 한국거래소 유가증권시장에 상장된 기업을 대상으로 기업규모, 매출액성장률, 자유현금흐름, 외부자금의존도, 자본집약도, 노동집약도 등과 같은 재무 및 비재무적 요인들을 이용해 연구개발비가 기업가치에 미치는 영향을 분석하였다. 연구결과, 연구개발비는 기업가치에 유의적인 양(+)의 영향을 주는 것으로 나타났다.

산업구조가 지식기반 산업으로 전환됨에 따라 기업가치의 주요 원천이 유형자산에서 무형자산으로 변해가고 있다. 무형자산이 기업가치에 미치는 영향을 분석한 논문은 다수가 존재하며 무형자산이 기업가치에 큰 비중을 차지하고 있다는 것은 인지된 사실이다. 무형자산의 기업가치 관련성에 대한 선행연구들을 분석해 볼 때 무형자산은 기업가치와 유의한 관계가 있다는 것을 알 수 있다. 기업의 가치를 평가하는 데 있어 중요한 역할을 하는 무형자산에 대한 선행연구를 살펴보면 다음과 같다.

Ely and Waymire(1999)의 연구는 각기 다른 회계처리방법으로 인식된 무형자산과 주가와의 상관관계를 연구하였는데 중요한 점은 무형자산이 신뢰할 만큼 측정 가능할 때 주가와 직접적이고도 긍정적인 관계가 있다는 것이다. 연구결과, 투자자들은 보다 높은 회사의 이익이 산출될 때 무형자산에 가치를 부여하는 경향이 있으며, 재무제표에서는 무형자산의 보고와 무형자산을 분리하여 다른 항목으로 취급하는 것이 주가를 유지하고 보고하는데 도움이 된다는 것을 검증하였다. 또한 무형자산의 회계처리에서 어떤 방법을 쓰더라도 주가에는 영향이 없다는 것을 발견하였으나, 무형자산이 재무제표 상에서 다른 자산항목들과 분리되어 보고되었을 때 유형자산의 장부가치 계수는 직접적이고 긍정적인 영향을 미치는 것으로 나타났다.

김연용·장원경·김현희(2006)의 연구는 2000년~2004년까지 한국증권거래소에 상장되었던 기업들을 대상으로 재무상태표와 손익계산서에 계상된 무형자산관련 회계정보의 기업가치관련성을 Ohlson모형을 이용하여 실증분석하였다. 연구결과, 자산의 구성요소인 유동자산, 유형자산, 투자자산, 무형자산은 모두 유의적인 양(+)의 영향을 미치는 것으로 나타났다. 무형자산의 구성요소들 가운데 영업권과 개발비는 유의적인 양(+)의 영향을 미치는 것으로 나타났으며 산업재산권과 기타무형자산은 비유의적인 것으로 나타났다.

염대진(2007)의 연구는 2000년~2003년까지 코스닥시장의 기업들 중 순이익이 양(+)인 기업을 대상으로 무형자산의 기업가치 관련성에 관하여 실증분석했다. 기업가치의 대용치로 12월말 기업의 시가총액을 이용하였으며 연구결과, 무형자산의 기업가치 관련성은 양(+)의 영향을 미치는 것으로 나타났다. 이는 국내 자본 시장인 코스닥 시장에 있어서 재무상태표상의 무형 자산 장부가액은 기업 가치를 설명할 수 있는 유용한 회계정보로서의 역할을 할 수 있다는 것이다.

홍길표·설원식·한정화(2008)의 연구는 코스닥에 등록된 벤처기업과 업종, 규모, 이익수준을 고려한 통제기업(일반기업)간 Paired-test를 통해 무형자산의 규모 차이를 실증분석하였다. 연구결과, 벤처기업은 유사한 일반기업에 비해 무형자산의 규모가 크며 그 규모 차이도 통계적으로도 유의함을 발견하였다. 또한 기업의 무형자산 결정요인을 양 기업그룹간 비교분석한 결과, 벤처기업과 일반기업 모두 연구개발투자가 커질수록 무형자산 규모가 증대하며, 벤처기업에 있어서는 연구개발투자 외에도 특허로 축적된 기술자산과 성장성이 높아질수록 무형자산 규모가 증대함을 발견하였다.

김상조·이희경·김동영·염대진(2009)의 연구는 2000년~2003년까지 코스닥 기업에 상장되어 있었고 순이익이 양(+)인 353개(일반기업 178개, 벤처기업 175개)의 기업을 대상으로 재무상태표의 ①무형자산과 순자산에서 무형자산을 차감한 ②비무형자산 ③경상이익을 독립변수로 채택하고 기업가치의 대용치인 시가총액(종속변수)에 대한 기업가치관련성을 실증분석하였다. 연구결과, 코스닥기업 무형자산은 기업가치에 유의한 양(+)의 영향을 미치고 있어 재무상태표상의 무형자산 장부가액은 기업가치를 설명할 수 있는 유용한 회계변수(회계정보)로서의 역할을 한다는 것이다.

나영·진동민(2009)의 연구는 IMF를 전·후로 비교하여 기업의 재무상태표에 인식된 무형자산이 Ohlson (1995) 모형에서의 기업가치를 적절히 반영하고 있는지를 실증적으로 검증하였다. 연구결과, 무형자산과 이를 세분한 산업재산권과 개발비는 통계적으로 유의한 양(+)의 값이 나타났다. 이는 무형자산 정보와 무형자산의 세분화 정보가 기업가치에 양(+)의 영향을 미치는 것으로, 자본시장에 유용한 정보로써 투자자의 올바른 의사결정에 도움을 줄 수 있는 것으로 나타났다.

선행연구 검토결과 특허 공시가 주식시장의 투자자에게 유용한 정보로 인식된다는 연구결과가 있는 반면에 정보효과가 없다는 연구결과도 있다. 그러나 산업구조가 지식·정보사회로 발전됨에 따라 특허취득이 기업가치를 높이는 데 긍정적 역할을 수행하며 향후로도 기업의 경쟁력을 강화하기 위해서는 지속적으로 산업재산권을 취득해야 한다.

Pakes(1985)의 연구는 1968년~1975년까지 120개 기업을 대상으로 특허출원 건수와 연구개발비 지출 등이 연간 주가 수익률에 미치는 영향을 연구하였다. 연구결과, 예측하지 못한 연구개발비와 특허권의 변화는 기업평가에 유의한 양(+)의 영향을 미치며, 증가된 특허와 관련된 기업가치의 변화는 큰 것으로 나타났다.

한국증권거래소(1994)의 연구는 특허취득 관련 공시를 낸 보령제약, 유한양행, 한일약품, 미원, 대영포장, 종근당, 일양약품, 동아제약 등 8개 상장회사의 주가추이를 분석한 결과, 공시일 이후 이들 상장회사의 주가는 평균 1.39% 하락하여 동 기간 동안 평균 1.95%가 상승한 종합주가지수와 비교할 때 상장회사의 특허취득공시가 주식시장에서 호재 역할을 하지 못함을 보여주고 있다. 특허취득 관련 주가가 기업공시 이후 약세를 보인 것은 특허출원시 이미 주가에 반영되었기 때문일 것으로 판단하였다.

조용도(2004)의 연구는 기업의 특허출원과 특허취득 공시가 해당기업의 주가에 미치는 영향을 실증분석하였다. 연구결과, 특허취득 공시일의 비정상 수익률은 유의한 양(+)의 비정상 수익률을 보여 특허취득 공시가 주가에 긍정적인 영향을 미치는 것으로 나타났고, 특허출원 등록 공시효과에서도 유의한 양(+)의 비정상 수익률을 보여 긍정적인 영향을 미치는 것으로 나타났다. 그러나 특허출원과 특허취득 공시의 가치효과는 매출액 대비 투자액 비율이 높고 투자규모와 국외 특허출원은 무관한 것으로 나타났다. 박정복(2005)의 연구는 거래소 및 코스닥에 상장된 기업을 대상으로 무형의 지적재산권인 특허 취득을 공시한 기업의 가치 효과를 사건연구 방법과 횡단면 회귀분석 방법을 이용하여 분석하였다. 분석결과 거래소 기업과 코스닥 기업 모두 공시일 비정상 수익률이 양(+)의 유의한 값을 보여 무형의 지적재산권인 특허취득이 기업가치에 긍정적인 영향을 미치는 것으로 나타났지만, 공시일 이후부터는 비정상 수익률이 지속되지 않아 그 가치 효과는 미미한 것으로 나타났다.

강문상(2008)의 연구는 코스닥 IT 벤처기업을 대상으로 특허등록 수와 기술개발 수가 기업성과에 미치는 영향을 검증했다. 상관관계 분석결과 특허 수는 매출액, 주가, 영업이익, 순이익과 통계적으로 유의한 양(+)의 관계를 보였으며 주가는 영업이익과 양(+)의 상관관계를 주가수익률은 주가와 순이익에 유의한 양(+)의 관계를 보였다. 연구결과, 기술개발 수 보다 특허권의 수가 매출액과 순이익에 더 큰 영향을 미쳤으며 영업이익과 주가는 특허권의 수에만 영향을 주는 것으로 나타났다.

권육상(2011)의 연구는 코스닥 상장 중소벤처기업의 특허취득이 기업가치에 미치는 영향요인에서 R&D투자 활동의 성과인 특허취득 사실을 코스닥 상장 중소벤처기업이 코스닥시장에 공시하면 해당기업의 주가가 어떠한 반응을 보여주는지 실증 분석하였다. 연구결과, 특허취득 공시가 해당기업의 가치를 긍정적인 방향으로 유도하고 있는 것으로 나타났다. 특허취득 공시를 할 때 벤처기업, IT기업, 총자산에 대한 R&D투자 비율, 대주주 지분율 등의 변수가 CAR에 유의한 양(+)의 영향을 미치고 있음을 발견한 반면, 기업규모는 CAR에 음(-)의 영향을 미치는 것으로 나타났으나 유의하지는 않았다.

제 2 장

재무제표 작동원리

제2장 재무제표 작동원리

재무제표 작동원리를 이해하는 데 있어 시간과 공간 개념을 이해하는 부분은 매우 중요하다. 구한말부터 본격적으로 도입된 서구에서의 재무제표에 대한 시각은 실체론에서 출발하였다. 서양인들은 사물을 파악할 때 그것이 속한 전체 맥락과의 관계를 고려하기 보다는 사람 자체, 사물 자체에 주의를 돌렸다. 지형학적인 이유로 서양에서는 농업이 주산업이 아닌 수렵인 이유로 인해 굳이 다른 사람과의 협의를 거치지 않고도 스스로 가축 칠 곳을 계획하고 결정할 수 있었다. 이러한 이유로 서양인들은 사물 자체에 초점을 두었고, 사물과 사물사이에 존재하는 공통의 규칙을 범주화하려고 노력했다. 현상의 원인을 설명할 때에도 사물 자체의 내부 속성을 주로 고려했다. 결국 세상은 사물들로 구성되어 있고 각 사물의 행동은 그 사물의 내부 속성에 의해 결정되므로, 그들에게 세상은 비교적 안정적이고 고정된 것이었다.

무엇이 실체론인가? '바다는 푸르고 물고기는 헤엄친다.' 여기서 바다는 푸르다라는 속성을 가진 실체이고, 물고기는 헤엄치는 행위를 하는 실체이다. 그래서 세상은 바다와 물고기로 이루어진다. 이 실체는 서로 상관관계를 가지고 있으며 관계를 맺는다. 실체론이란 어떤 실체의 존재를 인식하고, 세상을 이런 실체의 관점에서 보는 것이다. 이 실체는 어떤 속성을 가지고, 어떤 행위를 하되, 이들과 초월적으로 존재하는 무엇으로 간주된다. 반면 주산업이 농업인 동양인들은 집단생활을 하는 특징으로 인해 사회적 활동을 위해서는 밖으로 주의를 기울여 다른 사람들의 반응을 살펴야 했다. 이러한 끊임없는 사회적 상황에 주의를 기울이는 습관은 동양인들을 주변 환경과 전체 맥락에 주의를 기울이게 했다. 동양인들은 어떤 현상의 원인을 설명할 때에도, 개별적인 개체들의 내부 속성으로 설명하기 보다는 그 개체가 속한 전체 맥락과의 관계 속에서 설명하려고 한다. 전체 맥락에 주의를 기울이다 보면 세상의 복잡성과 가변성을 인식하게 되고, 세상의 많은 변인들 사이에 존재하는 모순들도 인정하게 된다(Richard E. Nisbelt, 2004).

동양의 음양오행론은 이런 실체론적 존재론을 부인하는 데서 출발한다. 세상을 구성하는 기본 요소가 실체가 아니라는 것이다. 이것은 뜻밖의 발상이다. 우리는 분명 바다와 물고기를 보는데, 이런 바다와 물고기라는 실체를 부인한다면, 세상은 도대체 무엇으로 이루어져 있다는 것인가? 그건 바로 변화이다.

음양오행이 세상을 보는 창은 변화이다. 변화는 시간의 흐름인 과정이다. 시간의 흐름에 따라 미래가 현재가 되고 현재는 과거가 된다. 이 변화는 과정에서 생긴다(전성현, 2011). 재무제표를 실체론에서 접근해서 보면 결과 위주의 현재 상태만 바라보게 되어 재무제표 의미를 찾고 해석하는데 많은 제약이 따른다. 그렇지만 재무제표를 시간의 흐름에 따라 변화하는 과정으로 들여다보면 재무제표가 말하고 싶어하는 많은 의미를 알게 된다. 재무상태표에서 자산은 현재 사용할 수 있는 자원이고, 현재 사용할 수 있는 자산은 미래에 갚아야 하는 부채와 과거에 벌어 놓은 자본으로 구성된다. 즉, 과거와 미래는 현재를 구성한다. 동양인의 입장에서 재무제표를 이해할 때 실체론이 아닌 변화 과정으로 들여다보고 이해하면 한층 쉽게 다가온다.

특히 일정기간과 일정시점 및 흐름을 미래, 과거, 현재와 연결시켜 생각해 볼 필요가 있다. 시간이 흘러감에 따라 미래, 현재, 과거로 구분된다. 기업경영에서 현재 사용할 수 있는 자산은 미래에 갚아야 할 부채와 과거에 벌어 놓아 갚지 않아도 되는 자본으로 구성된다. 미래, 현재, 과거라는 시간의 흐름에 따라 재무제표를 파악하면 재무제표 작동원리를 파악하는데 매우 용이하다.

제1절 시간과 공간

1. 시간과 공간

(1) 시간과 공간

1) 시간

지구상에 존재하는 모든 생물은 지구의 자전과 공전을 중심으로 생활하고 영향을 받고 있다. 하루는 24시간이고, 하루가 누적되어 365개가 되면 일 년이 된다. 시간이 흘러감에 따라 미래는 현재가 되고 현재는 과거가 된다. 시간은 앞으로만 나가는 특징이 있다. 즉, 미래는 현재가 되고 현재는 과거가 된다.

2) 공간

공간은 지구상의 생물이 존재할 수 있도록 하는 장소이다. 이 공간에는 과거, 현재, 미래가 동시에 존재한다. 즉, 한 공간에 과거와 현재 및 미래가 존재한다.

(2) 음과 양 및 달과 해

한 공간에 있는 생물에는 음양이 동시에 존재한다. 해를 받는 곳은 양지이고, 해를 받지 않는 곳은 음지이다. 시간의 흐름에 따라 음지는 양지가 되고 양지는 음지가 된다. 시간과 공간에 의해 음양이 존재한다. 태양은 일요일이고, 달은 월요일이다.

2. 음양과 오행

음양은 오행에 있어서 가장 기본이 되는 개념이다. 음양은 원인과 결과처럼 대립되고 보완되는 두 성질을 나타낸다. 오행은 우리가 육안으로 볼 수 있는 우주의 다섯 개 행성인 목성, 화성, 토성, 금성, 수성에서 출발하는데, 이는 우리가 생활하는데 자연현상에서 관찰되는 가장 기본적인 원소들인 나무, 불, 흙, 쇠, 물이기도 하다.

(1) 우주변화의 원리

1) 목성

태양계에서 가장 큰 행성은 목성으로, 목성은 태양계 행성 중에 가장 강력한 자기장을 가지고 있다. 목성도 지구와 같이 자전과 공전을 하는데 주기는 다르다.

2) 화성

화성은 우리에게 가장 익숙한 행성으로 지구보다 좀 작으며, 많은 영화를 통해서도 소개되었다. 화성도 지구와 같이 자전과 공전을 하는데 주기는 다르다.

3) 토성

토성은 아름다운 고리를 가지고 있는 행성이다. 천문대에서 반사망원경이나 굴절망원경을 통해 토성의 고리를 눈으로 보는 것은 매우 환상적이다. 토성도 지구와 같이 자전과 공전을 하는데 주기는 다르다.

4) 금성

태양계의 두 번째 큰 행성은 금성이다. 금성은 매우 밝아서 우리가 밤하늘에서 쉽게 관측할 수 있다. 금성도 지구와 같이 자전과 공전을 하는데 주기는 다르다.

5) 수성

태양계에서 가장 가까운 행성은 수성이다. 수성은 해진 직후 서쪽하늘, 해뜬 직후 동쪽하늘에서만 볼 수 있는 행성으로 관측이 쉽지 않다. 수성도 지구와 같이 자전과 공전을 하는데 주기는 다르다.

(2) 오행을 이용한 화요일 수요일 목요일 금요일 토요일

지구에서 태양계의 행성을 눈으로 확인할 수 있는 것은 목성, 화성, 토성, 금성, 수성 즉 오행이다. 시간의 흐름에 따라 한 공간에 존재하는 행성의 위치가 바뀌게 된다. 화성이 있던 자리에 수성이 있고, 수성이 있던 자리에 목성이 있고, 목성이 있던 자리에 금성이 있고, 금성이 있던 자리에 토성이 있다. 즉, 화(화성)요일 다음에 수(수성)요일이 있게 되고, 수(수성)요일 다음에 목(목성)요일이 있게 되고, 목(목성)요일 다음에 금(금성)요일이 있게 되고, 금(금성)요일 다음에 토(토성)요일이 있게 된다.

제2절 음양오행 재무제표 작동원리

1. 음양오행을 이용한 차변·대변 및 계정의 이해

(1) 음양을 이용한 차변과 대변의 이해

차변과 대변은 수많은 회계상의 거래 중 가장 대표적인 거래인 빌려오고(借) 빌려주는(貸) 거래의 이중성에 대해 특정한 장소를 가리키는 변(邊)을 결합시켜서 만든 회계상의 독특한 용어이다. 회계에서는 차변과 대변은 항상 동시에 존재한다는 거래의 이중성을 이용하여 복식부기를 이해한다. 즉, 복식부기에서는 회계상의 거래를 원인과 결과로 구분하여 차변과 대변에 각각 기록하게 함으로써 동일한 금액을 두 번 기록하게 하고 있다.

1) 음과 차변

음과 양은 한 공간에 동시에 존재한다. 빛과 그림자가 동시에 존재하는 이치와 같다. 음은 빛을 받는 반대쪽에 위치하고 있어 실체에 대한 그림자를 가지고 있다. 자본주의에서 귀하게 여기는 현금으로 생각해 보사. 현금을 빌려준 사람이 있으면, 반드시 빌려온 사람이 있다. 두 사람은 같은 시간과 같은 공간에 존재한다. 차(借)는 여기서 빌려왔다는 것을 의미한 것이고, 변(邊)은 특정한 장소를 의미한 것이다.

2) 양과 대변

한 장소에 동시 존재하는 음과 양에서, 빛을 받는 쪽은 양이며 그 반대편의 그림자는 음이다. 여기서 양은 그림자인 음의 반대편에 위치하고 있는 실체이다. 그림자가 있으면 반드시 실체가 있게 마련이다. 실체가 없이 그림자만 있는 것은 유령이다.

가끔 언론을 통해 실체가 없는 유령회사가 등장하는데, 유령회사를 가만히 들여다보면 그림자만 있고 실체는 없다. 현금을 빌려온 사람이 있으면, 빌려준 사람이 있다. 대(貸)는 여기서 빌려주었다는 것을 의미하는 것이고, 변(邊)은 특정한 장소를 의미한 것으로 해석하면 된다. 빌려준 사람이 있으면 반대로 빌린 사람이 있게 마련이다.

(2) 오행을 이용한 계정의 이해

1) 목성과 자산

목성은 태양계에서 가장 큰 행성으로 태양계에 미치는 영향력이 제일 크다. 회계에서 가장 많은 회계처리를 요하는 자산은 목성에 해당한다. 자산은 과거사건의 결과로 기업이 통제하는 현재의 경제적자원이다(K-IFRS개념체계4.3). 즉, 자산은 실체에 해당한다. 자산은 시점으로 현재에 해당한다.

2) 화성과 부채

화성은 지구와 가장 유사한 행성으로서 회계에서는 부채에 해당한다. 그림자는 실체를 구성한다. 즉, 실체 옆에는 반드시 그림자가 있다. 목성 옆에는 화성과 토성이 있다. 이와 마찬가지로 자산이라는 실체 옆에는 부채와 자본이 있다. 화성은 부채에 해당한다. 부채는 과거사건의 결과로 기업이 경제적 자원을 이전해야 하는 현재의무이다(K-IFRS개념체계4.26). 부채는 시점으로 미래에 해당한다.

3) 토성과 자본

토성은 목성 옆에 존재하는 아름다운 고리를 가지고 있는 행성으로 회계에서는 당기순이익과 같은 자본에 해당한다. 자본은 기업의 자산에서 모든 부채를 차감한 후의 잔여지분이다(K-IFRS개념체계4.63). 자본은 시점으로 과거에 해당한다.

4) 금성과 수익

금성은 지구 안쪽에 존재하는 행성으로 수익에 해당한다. 자산을 사용하여 금과 같은 수익을 창출한다. 자산의 사용을 통해 수익을 창출한다. 수익은 자산의 증가 또는 부채의 감소로서 자본의 증가를 가져오며, 자본청구권 보유자의 출자와 관련된 것을 제외한다(K-IFRS개념체계4.68). 수익은 현재를 사는 동안 생성된 산출물이다.

5) 수성과 비용

수성 역시 금성과 마찬가지로 지구 안쪽에 존재하는 행성으로 물처럼 흐르는 비용에 해당한다. 자산은 사용하기 위해서 가지고 있는 실체이다. 비용은 수익 창출을 위해 희생된 자산이다. 비용은 자산의 감소 또는 부채의 증가로서 자본의 감소를 가져오며, 자본청구권 보유자에 대한 분배와 관련된 것을 제외한다(K-IFRS개념체계4.69). 비용은 현재를 사는 동안 희생된 자원이다.

6) 계정의 운동

목성, 화성, 토성, 금성, 수성이 자전과 공전을 하면서 미래, 현재, 과거라는 공간과 시간에서 존재하는 우주변화의 원리와 같이 자산, 부채, 자본, 비용, 수익도 경영이라는 공간과 시간 속에서 시시각각 순환한다. 즉, 시간의 흐름에 따라 한 공간에 위치하는 각 행성이 변하듯이, 각 계정도 변하는데 부채는 자산으로 변하고, 자산은 비용으로 변하고, 비용은 수익으로 변하고, 수익은 자본으로 변하고, 자본은 자산으로 변하는 영속적인 활동을 하게 된다.

2. 우주변화원리와 회계순환원리

(1) 우주변화원리

1) 음양의 변화원리

음과 양은 같은 시간 같은 장소에 존재한다는 특징이 있다. 즉, 분리해서 따로따로 존재하는 것이 아니라 같은 시간 같은 장소에 존재하는 것으로 음은 양으로 변하고 있으며, 양은 음으로 변한다는 것이다. 밤이 가장 긴 날은 동지이다. 동지는 밤이 가장 긴 날로 음에서 양으로 변하는 기준이 된다. 반면 하지는 낮이 가장 긴 날로 양에서 음으로 변하는 기준이 된다. 즉, 변한다는 것이다.

음양은 고정되어 있지 않기 때문에 대립개념이 아니다. 음과 양은 그 상태가 중요한 것이 아니라 변화하는 과정을 포착하는 것이 중요하다. 즉, 음에서 양으로 변화하는 과정에 대한 이해가 중요하다. 음에서 양으로 변화하는 과정을 이해하기 위해서는 음과 양이 함께 존재한다는 공존의 사실을 인지하고 있어야 한다. 음과 양은 언제나 함께 존재한다. 낮이 있어야 밤이 있고, 밤이 있어야 낮이 있다. 낮은 밤이 된다는 것이고, 밤은 낮이 된다는 것이다. 12월 22일은 밤이 가장 긴 날이고, 6월 22일은 낮이 가장 가장 긴날이다. 12월 22일은 음의 기운이 가장 최고인 날이고 이 날을 기점으로 점점 음의 기운이 약해지고 양의 기운이 강해져 6월 22일이 되면 양의 기운이 최고로 된다. 음양은 공존의 개념으로 이해해야지 절대 대립의 개념으로 이해해서는 안된다.

2) 오행의 변화원리

오행은 목성, 화성, 토성, 수성, 금성이다. 이 다섯 개 행성은 각각의 자전과 공전에 의해서 같은 시간, 같은 장소에 오는 위치가 시시각각 변한다. 시간과 장소에 의해 다섯 개 행성위치가 변화한다.

(2) 회계순환원리

1) 복식부기를 통한 회계처리

주민등록번호를 가지고 있는 인간은 자연인이고 법인등록번호를 가지고 있는 기업은 법인이다. 법인과 자연인 모두 음양의 오행의 원리에 의해 생명활동을 한다. 자연인의 생명활동은 목, 화, 토, 금, 수를 통해 이루어지며 시간의 개입 즉 일과 월에 의해서 순환된다.

법인의 생명활동은 자산, 부채, 자본, 수익, 비용을 통해 이루어지며 시간의 개입을 통해 순환된다. 음양에 시간이 개입하게 됨에 따라 생명을 얻게 되듯이, 원인과 결과가 개입됨으로써 회계는 생명을 얻게 되고 다음과 같은 변화원리를 갖게 된다.

원인과 결과에 따라 두 번 장부에 기록 한다고 해서 복식부기(복식(두 번)부기(장부기록))라고 한다. 즉, 복식부기는 회계거래에 대해 원인과 결과로 구분하여 동일한 금액을 두 번 기록하는 것이다. 원인이 있으면 반드시 결과가 있다. 이는 음양이 동시에 존재하는 것과 같은 원리이다. 원인과 결과로 구분하여 두 번 기록할 때 중요한 것은 원인과 결과 그 상태가 중요한 것이 아니라 원인에서 결과로 넘어가는 변화가 중요하다. 자연인인 우리에게 음양이 끊임없이 변화하는 것처럼, 법인인 기업을 대상으로 하는 회계에서도 원인에서 결과로 끊임없이 변화한다. 원인에서 결과를 보아야 하는 것처럼, 차변 대변을 단순히 대립개념으로 보는 것이 아니라 차변과 대변 속에 숨어있는 원인과 결과를 찾아서 원인에서 결과로 넘어가는 부분을 이해하는 것이 계정기입의 핵심이다.

기업을 구성하고 있는 실체는 자산이다. 실체가 변하면 그림자도 변하게 되는데, 자산이라는 실체를 구성하고 있는 그림자는 부채와 자본이다. 즉, 자산 = 부채 + 자본의 등식이 성립하게 되는데 이를 회계등식이라고 한다. 이 회계등식에 따라 계정기입의 원칙을 표시하면 다음과 같다.

복식부기의 특징으로는 자기검증기능이 있다는 것이다. 복식부기는 대차평균의 원리에 의해 차변금액과 대변금액이 항상 일치해야만 하는데, 원인금액과 결과금액이 일치하지 않으면 왜 그런지 즉시 발견하여 이를 시정할 수 있다는 것이다.

복식부기 계정기입의 원칙

차변	대변
자산의 증가	자산의 감소
부채의 감소	부채의 증가
자본의 감소	자본의 증가
비용의 발생	수익의 발생

[그림 2-1] 복식부기 계정기입의 원칙

2) 재무제표

이 회계등식에 따라 오행인 다섯 개의 계정을 요약해서 재무에 관한 사항들을 간단한 표를 만들어 보고할 수 있다. 전체 재무제표는 기말재무상태표, 기간 손익과기타포괄손익계산서, 기간 자본변동표, 기간 현금흐름표, 주석이다(K-IFRS제1001호10). 회계순환과정은 회계처리, 전기, 시산표 작성, 재무제표 작성의 순으로 이루어지는데, 자산, 부채, 자본을 표시한 재무상태표와 수익과 비용을 표시한 포괄손익계산서를 작성하는 사례는 다음과 같다.

3) 회계처리

회계처리를 위해 우선 회계 상의 거래 유무를 파악해야 하는데, 재무상태표 계정인 자산, 부채 및 자본의 증감에 영향을 주었으면 회계거래이고 그렇지 않으면 회계거래가 아니라고 판단한 후, 계정기입의 원칙에 따라 회계처리하면 된다.

(1) 20x1년 2월 1일; 보통주 1,000주(@5,000원)를 발행하여 ㈜BKS를 설립하다.

차변	금액	대변	금액
(차) 현금	5,000,000	(대) 자본금	5,000,000
자산의 증가		자본의 증가	
결과		원인	

(2) 20x1년 2월 25일; 상품 ₩5,000,000을 외상으로 매입하다.

차변	금액	대변	금액
(차) 상품	5,000,000	(대) 매입채무	5,000,000
자산의 증가		부채의 증가	
결과		원인	

(3) 20x1년 3월 5일; 원가 3,000,000의 상품을 판매하고 현금 ₩5,000,000을 수취하다.

차변	금액	대변	금액
(차) 현금	5,000,000	(대) 매출	5,000,000
자산의 증가		수익의 발생	
결과		원인	

차변	금액	대변	금액
(차) 매출원가	3,000,000	(대) 상품	3,000,000
비용의 발생		자산의 감소	
원인		결과	

(4) 4월 7일; 매입채무 ₩4,000,000을 현금으로 지급하다.

차변	금액	대변	금액
(차) 매입채무	4,000,000	(대) 현금	4,000,000
부채의 감소		자산의 감소	
원인		결과	

(5) 4월 17일; 영업부 직원에게 ₩500,000을 급여로 지급하다.

(차)	급 여	500,000	(대)	현 금	500,000
	비용의 발생			자산의 감소	
	원 인			결 과	

4) 전기

차변과 대변으로 구분하여 원인과 결과에 따라 회계처리를 한 후 계정과목별로 모아서 총계정원장에 옮겨 기록하는데 이를 전기라고 한다. 전기를 하는 방법은 해당 계정과목의 T계정을 만든 후 회계처리해 놓은 곳에서 해당 계정과목의 금액을 옮겨 기록한 후 상대 계정과목을 옮겨 기록하면 된다. 전기를 함으로써 회계처리된 내용을 보다 간결하게 할 수 있다. 상대 계정과목이 두 개 이상일 때는 제좌로 기록하면 된다. 기업가치 극대화를 위한 기업의 끊임없는 활동에 대해 화폐로 기록할 수 있는 모든 회계거래를 원인과 결과로 구분하여 발생주의에 의해 기록하다보면 회계처리된 그 양이 어마어마하게 된다. 이를 전기를 통해 계정과목 수로 요약하여 보다 간결하게 할 수 있다. 사례에 대해 전기를 한 결과는 다음과 같다.

<u>총계정원장</u>

현금(1)

차변	대변
자본금 5,000,000	4,000,000 매입채무
매출 5,000,000	500,000 급여

상품(2)

차변	대변
매입채무 5,000,000	3,000,000 매출원가

매입채무(3)

차변	대변
현금 4,000,000	5,000,000 상품

자본금(4)

차변	대변
	5,000,000 현금

매출(5)

	5,000,000 현금

매출원가(6)

상품 3,000,000	

급여(7)

현금 500,000	

5) 시산표

시산표는 원인과 결과의 금액이 정확하게 맞는지 즉, 차변 합계 금액과 대변 합계 금액이 정확하게 일치하는지에 대해 시험적으로 계산을 해보표이다. 시산표에는 잔액시산표, 합계시산표, 합계와 잔액을 모두 나타내는 합계잔액시산표가 있다. 사례에 대해 합계잔액시산표를 만들어 보면 다음과 같다.

합 계 잔 액 시 산 표

차변		번호	계정과목		대변	
잔액	합계				합계	잔액
5,500,000	10,000,000	1	현금	자산	4,500,000	
2,000,000	5,000,000	2	상품	자산	3,000,000	
	4,000,000	3	매입채무	부채	5,000,000	1,000,000
		4	자본금	자본	5,000,000	5,000,000
		5	매출	수익	5,000,000	5,000,000
3,000,000	3,000,000	6	매출원가	비용		
500,000	500,000	7	급여	비용		
11,000,000	22,500,000	합계			22,500,000	11,000,000

6) 재무상태표와 포괄손익계산서

시산표 작성을 통해 차변 금액과 대변 금액이 일치하는지 확인한 후, 재무상태표 계정인 자산, 부채 및 자본은 재무상태표에 기록한다. 포괄손익계산서 계정인 수익과 비용은 포괄손익계산서에 기록한다. 재무상태표와 포괄손익계산서를 연결해 주는 계정과목은 당기순이익이다. 포괄손익계산서의 계정과목들은 다음해로 이월되지 않고

모두 마감되어 당기순손익을 통해 재무상태표의 이익잉여금에 반영된다. 즉, 집손익계정과목을 통해 마감된다.

반면, 재무상태표는 그 잔액이 다음해로 이월된다. 이러한 측면에서 포괄손익계산서의 계정과목들을 임시계정과목이라고 하고, 재무상태표의 계정과목들을 영구계정과목이라고 한다.

20x1년 말 재무상태표

자산	
현금	5,500,000
상품	2,000,000
자산총계	**7,500,000**
부채	
매입채무	1,000,000
자본	
자본금	5,000,000
당기순이익	1,500,000
부채와 자본총계	**7,500,000**

20x1년도 포괄손익계산서

매출	5,000,000
-매출원가	3,000,000
매출총이익	**2,000,000**
-판매비와관리비	
급여	500,000
영업이익	**1,500,000**
영업외수익	0
영업외비용	0
법인세차감전순이익	**1,500,000**
법인세비용	0
당기순이익	1,500,000

다음은 기초와 기말의 재무상태 및 기간 경영성과 자료를 이용하여 기말 재무상태표와 기간 포괄손익계산서 및 현금흐름표를 작성하는 예제이다.

[예제 2-1] 다음 ㈜BKS의 기초와 기말의 재무상태 및 기간 경영성과 자료를 이용하여 기초 재무상태표와 기말재무상태표 및 포괄손익계산서를 작성하시오.

자료 1) (단위: 원)

기초자산	**600,000**	**기초부채**	**100,000**
현금	300,000	매입채무	50,000
상품	300,000	단기차입금	50,000
		기초자본	**500,000**
자산총계	600,000	부채와 자본총계	600,000

자료 2) (단위: 원)

당기 현금매출액 :	500,000
당기 외상매출액 :	600,000
당기 현금매입액 :	200,000
당기 외상매입액 :	300,000
기말 상품재고 :	100,000
당기 판관비(현금지출):	20,000
당기 이자비용(현금지출):	100,000
당기 법인세(현금지출):	10,000

✓해답

기초재무상태표 (단위: 원)

자산		부채	
현금	300,000	매입채무	50,000
상품	300,000	단기차입금	50,000
		자본	
		기초자본	500,000
자산총계	600,000	부채자본총계	600,000

기초부채비율 20%

기말재무상태표 (단위: 원)

자산		부채	
현금	470,000	매입채무	350,000
상품	100,000	단기차입금	50,000
매출채권	600,000		
		자본	
		기초자본	500,000
		당기순이익	270,000
자산총계	1,170,000	부채자본총계	1,170,000

기말부채비율 52%

포괄손익계산서

매출액	1,100,000
- 매출원가	700,000
매출총이익	**400,000**
- 판관비	20,000
영업이익	**380,000**
+ 영업외수익	
- 영업외비용	
이자비용	100,000
경상이익	**280,000**
+ 특별이익	
- 특별손실	
법인세비용차감전순이익	280,000
- 법인세비용	10,000
당기순이익	**270,000**

이자보상배율 3.8

[예제 2-2] 다음 자료를 이용하여 간접법에 의한 현금흐름표를 작성하시오. (단위 : 원)

매출액 20,800,000	매출원가 15,760,000	영업비용 2,080,000
감가상각비 260,000	이자비용 103,000	법인세비용 478,800

자산		기말	기초	부채		기말	기초
유동자산	현금	현금흐름표 기말현금	750,000	유동부채	**매입채무합계**	**640,000**	**535,000**
					매입채무 재고자산	520,000	450,000
	매출채권	2,000,000	825,000		매입채무 영업비용	120,000	85,000
					미지급비용합계	257,167	197,500
	재고자산	1,690,000	1,250,000		미지급영업비용	240,000	185,000
					미지급이자비용	17,167	12,500
	선급비용	160,000	185,000		미지급법인세	23,940	36,000
					단기차입금	625,000	600,000
비유동자산	기계장치등	3,000,000	2,250,000	비유동부채	장기차입금	2,750,000	600,000
				자본		기말	기초
	감가상각누계액	(800,000)	(540,000)	자본	자본금	775,000 (200,000주)	725,000 (195000주)
		2,200,000	1,710,000		**이익잉여금**	**2,544,700**	**2,026,500**

✓해답

현금흐름표

영업활동현금흐름			940,807
	당기순이익		2,118,200
	매출채권증가	(1,175,000)	
	재고자산증가	(440,000)	
	선급비용감소	25,000	
	감가상각비	260,000	
	매입채무증가	105,000	
	미지급비용증가	59,667	
	미지급법인세감소	(12,060)	
	현금흐름 조정		(1,177,393)
투자활동현금흐름			**(750,000)**
	기계장치등	(750,000)	
재무활동현금흐름			625,000
	단기자금조달	25,000	
	장기자금조달	2,150,000	
	주식발행	50,000	
	배당금지급	(1,600,000)	
현금의 증가			**815,807**
기초의 현금			750,000
기말의 현금			1,565,807

쉬어가는 코너

회계산(會稽山)

우리나라의 회계산(會稽山)은 산청에 위치하고 있는데, 중국에도 회계산이 있다. 회계산의 유래를 살펴보면 다음과 같다. 요임금 다음 순임금 시절에 9년 홍수가 났는데 이 때 사공이던 하라는 사공이 어느 밤에 모산에 가보면 신서가 있으니 그것을 보라는 기괴한 꿈을 꾸어 다음날 모산에 가보니 정말 그곳에 신서를 들고 있는 단군왕검의 막내아들 부루태자를 만나 오행치수법을 배워 홍수를 다스렸다. 그 원리는 물을 막으려고만 할 것이 아니라 운동시키라는 것이다. 즉, 水→木→火→土→金→水이다. 사공 우가 오행치수법으로 홍수를 다스려 성공하자 사람들이 하사공을 추대하여 나라를 세웠는데 이 나라가 물을 이용하여 나라가 되었다 하여 하(夏)나라가 되었다. 하나라의 왕이 된 사공 우는 기분이 매우 좋아 신서를 얻은 모산에 사람들을 모이라고 해서 술도 먹고 떡도 먹고 하면서 공을 치하하는 잔치를 벌이려고 했다. 올 때 그냥 오지 말고 그동안 돌을 몇 개 날랐는지 또는 제방을 몇 미터 쌓았는지 등 즉 장부를 만들어 오라고 하였다. 그래야만 모여서 상을 주는 회계가 가능했기 때문이다. 사람들은 신이 나서 과장하여 나름대로의 장부를 만들어서 갔는데, 똑똑한 우임금은 가만히 듣고 진실을 가리는 감사(監査)를 실시하여 공평하게 상을 주니 사람들이 더욱 신뢰할 수 있게 되었다. 그 뒤 그 산 이름을 회계산으로 부르게 되었다. 중국 회계산에서 잔치를 하면서 먹었던 술을 회계주라고 하며 지금도 제조를 하고 있다. 이는 중국 역사책인 사마천에 다음과 같이 기록되어 있다. "원래는 모산(茅山)이라고 불렸으나 우왕(禹王: 중국 고대 하(夏)나라의 시조)이 치수(治水)에 성공하고 여러 제후들을 모아놓고(會) 그 공적을 헤아린 데서(稽) 회계산(會稽山)이라고 불리었다."

또한 회계지치(會稽之恥)로도 유명한 회계산은 많은 이야기를 담고 있다. BC496년 오(吳)나라의 왕 합려(闔閭)는 월(越)나라로 쳐들어갔다가 크게 패하고 병상에 눕게 되었다. 합려에게는 아들이 있었는데, 어느 날 합려는 죽음을 앞두고 아들 부차(夫差)를 불러 원수를 갚을 것을 당부하였다. 합려의 아들 부차는 아버지의 유언을 받들어 장작더미 위에 자리를 펴고 자며, 방 앞에 사람을 세워 두고 출입할 때마다 "합려의 아들 부차야, 너는 그새 아버지의 원수를 잊었느냐!" 하고 매우 크게 외치게 하였다. 이렇게 부차는 아버지의 원한을 되새기며 월나라 왕 구천에게 아버지의 원수를 갚기만을 학수고대하고 하였다. 오나라 부차의 이와 같은 소식을 들은 월나라 왕 구천은 기선을 제압하고자 먼저 오나라로 쳐들어갔다. 그러나 완벽한 준비를 마치고 월나라를 언제 칠까 틈을 엿보고 있던 오나라 부차에게 월나라 구천은 크게 패하였다. 월나라 왕 구천은 오나라 부차에게 패한 후 도주하는 신세가 되었다. 도망 갈 곳이 없던 월나라 구천은 소수의 패잔병들을 모아서 회계산으로 숨어들었으나 이마저도 얼마 버티지 못하고 오나라 부차에게 항복하고 말았다. 포로가 된 월나라 왕 구천은 신하 범려(范蠡)의 진언을 받아들여 후일을 도모하기 위한 목숨만은 부지하고자 월나라 왕인 자신의 아내마저 오나라 왕 부차의 첩으로 보내게 된다. 월나라 왕 구천은 자신의 아내마저 오나라 왕에게 첩으로 보내고 자신도 노비로 일하는 등 갖은 치욕과 모욕을 겪게 되었다. 3년 동안의 갖은 수모와 모욕 끝에 월나라는 오나라의 식민지로 살 것을 맹세하고 겨우 목숨을 건졌다.

목숨을 겨우 건진 월나라 왕 구천은 잠자리 옆에 항상 곰의 쓸개를 매달아 놓고 앉을 때나 누울 때나 늘 이 쓰디쓴 쓸개의 맛을 핥아가며 "너는 오나라 왕 부차에게 네 아내마저 첩으로 보낸 회계산에서의 치욕(會稽之恥)을 벌써 잊었느냐!" 하며 복수의 칼날을 갈았다. 그로부터 20년 후 오나라 왕 부차가 더 큰 땅인 중원을 차지하기 위해 북벌에만 신경을 쏟는 사이, 월나라 왕 구천은 이 틈을 노려 오나라를 항복시키고 오나라 왕 부차를 생포하였으나 부차는 자신이 당할 치욕에 앞서 자살을 한다. 이로써 월나라 왕 구천은 회계산에서의 원수를 갚았다.

제 3 장

무형자산 가치분석

제3장 무형자산 가치분석

무형자산인 기술은 마법의 양탄자를 타고 나는 꿈을 실현시켜 준다. 이러한 무형자산의 기술가치평가법은 시장(시장비교사례)접근법, 수익(이익)접근법, 원가(비용)접근법, 로열티공제법과 같은 혼합된 형태로도 적용이 가능하다."

제1절 기술과 기술가치평가

1. 기술

(1) 기술의 특성

1) 표준화

기술은 꿈을 현실로 만들어 준다. 예를 들어 마법의 양탄자를 타고 나는 동화책의 이야기를 현실로 만들어 준다. 마법의 양탄자로 하늘을 나는 동화 속 이야기를 비행기로 하늘을 날수 있도록 해준다. 꿈을 실현시키는 기술이 되기 위해서는 표준화가 되어야 한다.

2) 검증가능성

기술 결과물은 매번 동일해야 한다. 결과물이 매번 다르게 나오면 기술이 될 수 없다. 예를 들어 집집마다 맛이 다른 고추장과 간장 같은 장 종류, 아름다운 음악 등이 그렇다. 집집마다 맛이 다른 장 종류나 아름다운 음악 등은 그 결과가 매번 다른 특징으로 인해 기술이 될 수 없다.

2. 기술가치평가

(1) 기술평가와 기술가치평가

1) 기술평가

「기술의 이전 및 사업화 촉진에 관한 법률」 제2조에서는 "기술평가"에 대하여 다음과 같이 정의하고 있다. "기술평가"란 사업화를 통하여 발생할 수 있는 기술의 경제적 가치를 가액·등급 또는 점수 등으로 표현하는 것이다. 기술평가의 범위는 넓지만 「기술평가기준 운영지침」 제1장 제2조(산업통상자원부 고시 제2016-114호)에서 기술평가의 유형으로 기술가치평가와 기술력평가의 운영지침을 제시하고 있다.

2) 기술가치평가

기술가치평가는 기술사업화를 전제로 하여 기술적 실현 가능성을 판단하는 단계에서 수행하고, 대상기술에 대한 기술성 분석, 시장성 분석, 권리성 분석, 사업성 분석 등의 평가요인 분석을 통해 기술의 사용에 따라 충분한 사업적 타당성이 있음을 입증하여야 한다. 또한, 객관성·전문성·신뢰성을 확보하도록 평가기준을 준수하고, 기술 및 시장에 대한 심층 분석에 근거하여 적절한 평가모형에 의하여 수행되어야 한다. 기술가치평가는 기술이전·거래와 현물출자 등 목적에 유용한 평가모형이다.

(2) 기술가치평가방법

산업통상자원부에서는 「기술의 이전 및 사업화 촉진에 관한 법률」에 의해 기술평가운영지침을 제시하고 있다. 「기술의 이전 및 사업화 촉진에 관한 법률」(이하, '법'이라 한다) 제32조 및 동법 시행령 제32조제1항제3호, 제4호에 따라 기술평가와 관련된 용어, 기술평가자의 행위규범, 평가의 원칙과 방법 및 보고방법 등을 표준화함으로써 기술평가의 객관성과 신뢰성을 확보하여 기술이전 및 사업화 촉진에 기여함을 그 목적으로 한다.

기술평가방법은 법 제18조에서 규정하고 있는데, 내용은 다음과 같다.

> "제18조(기술가치평가법) ①기술가치평가법은 다음 각 호의 기본적인 평가접근법의 하나에 속해 있다. 1. 시장(시장비교사례)접근법 2. 수익(이익)접근법 3. 원가(비용)접근법 ②제1항의 기본적인 평가접근법을 근간으로 단독 또는 로열티공제법과 같은 혼합된 형태로도 적용이 가능하다."

1) 시장접근법

제19조(시장접근법) ①시장(시장비교사례)접근법은 평가대상 기술과 동일 또는 유사한 기술이 활성시장에서 거래된 가치에 근거하여 비교·분석을 통하여 상대적인 가치를 산정하는 방법이다. ② 장접근법을 적용할 경우에는 비교 대상과 어느 정도 유사성이 있는지 판단하여 비교 대상과 유의한 차이가 있을 때는 적절히 차이 조정을 하여야 한다.

2) 수익접근법

제20조(수익접근법) ①수익(이익)접근법은 평가대상 기술의 경제적 수명 동안 기술사업화로 인하여 발생될 경제적 이익을 추정한 후 할인율을 적용하여 현재가치로 환산하는 방법이다. ②수익접근법의 가치산정에는 기술의 경제적 수명, 현금흐름, 할인율, 기술기여도 등의 추정이 필요하다.

3) 원가접근법

제21조(원가접근법) ①원가(비용)접근법은 대체의 경제원리에 기초를 두고 동일한 경제적 효익을 가지고 있는 기술을 개발하거나 구입하는 원가를 추정하여 가치를 산정하는 방법이다. ②원가접근법을 적용할 경우 기술개발비용, 재생산원가, 대체원가 등 상세한 원가 정보가 필요하다.

4) 로열티공제근법

제22조(로열티공제법) ①로열티공제법은 제3자로부터 라이센스 되었다면 지급하여야 하는 로열티를 기술소유자가 부담하지 않음으로써 절감된 로열티 지불액을 추정하여 현재가치로 환산하는 방법이다. ②로열티공제법을 적용할 경우 평가대상 기술과

비교할 만한 투자위험과 수익성을 가지는 라이센스 거래를 선택하여 그 로열티율을 반영하여야 한다.

(2) 기술가치평가 중요 요인

기술가치평가에서 중요한 요인은 법 제23조 경제적 수명, 법 제24조 현금흐름, 법 제25조 할인율 및 법 제26 기술기여도이다. 경제적 수명과 할인율 및 기술기여도는 어떻게 추정하느냐에 의해 기술가치평가의 결과는 큰 영향을 받는다.

따라서 기술가치평가에 중요한 영향을 미치는 요인에 대해서는 신중을 기해야만 한다. 법에서 규정하고 있는 내용에 대해 소개한 후 예제를 통해서 구체적으로 살펴보도록 하겠다.

1) 경제적 수명

제23조(경제적 수명) ①기술의 경제적 수명이란 기술의 영향력으로 인하여 미래의 경제적 효익을 창출할 것으로 기대되는 기간을 말한다. ②기술의 경제적 수명은 경제적 요인과 법적 요인의 영향을 받으며, 경제적 요인은 기술의 미래의 경제적 효익이 획득되는 기간을 결정하고 법적 요인은 기술사용자가 그 효익에 대한 접근을 통제할 수 있는 기간을 제한한다. ③경제적 수명은 경제적 요인과 법적 요인에 의해 결정된 기간 중 짧은 기간으로 한다.

2) 현금흐름

제24조(현금흐름) ①미래현금흐름 예측은 평가대상 기술을 사업화하여 창출할 수익(매출)에서 발생하는 현금유입을 추정하고 사업화에 소요되는 소요자금 및 비용에서 발생하는 현금유출을 추정하는 것이다. ②현금흐름 예측은 기술사업화 결과로 나타나는 수익분석과 소요자금 및 비용분석을 통해 현금의 유입과 유출에 대한 현금흐름분석이다.

3) 할인율

제25조(할인율) ①할인율이란 미래의 현금흐름을 현재가치로 전환할 때 사용되는

환원율을 말한다. ②기술가치평가에 적용될 할인율 추정에서 기술과 시장에 관련된 위험수준이 반영되어야 한다.

4) 기술기여도

제26조(기술기여도) 기술기여도란 기술사업화로 인한 발생될 것으로 예상되는 경제적 이익의 창출에 기여한 유·무형자산 중 기술자산이 이익창출에 기여한 상대적인 공헌도를 말한다.

[예제 3-1] 다음 자료를 이용하여 수익접근법에 의한 기술가치를 산출하시오.

- 기술사용기간 : 20x1년 ~ 20x5년
- 추정매출액:

(단위: 백만원)

구분	20×1	20×2	20×3	20×4	20×5
추정매출액	500	600	700	800	900

- 매출원가 : 매출액의 60%
- 판관비 : 매출액의 10%
- 법인세율 : 22%
- 감가상각비 : 10백만원/년
- 운전자본자본감소액 : 20백만원/년
- 할인율 연10%
- 기술기여도 : 30%

✓해답

(단위: 백만원)

구분	20×1	20×2	20×3	20×4	20×5
매출액	500	600	700	800	900
매출원가	300	360	420	480	540
매출총이익	200	240	280	320	360
판관비	50	60	70	80	90
영업이익	150	180	210	240	270
법인세	33	40	46	53	59
세후영업이익	117	140	164	187	211
감가상각비	10	10	10	10	10
운전자본감소액	20	20	20	20	20
현금흐름	147	170	194	217	241
할인율10%	0.91	0.83	0.75	0.68	0.62
현재가치	134	141	146	148	149
현금흐름 현가	718				
기술기여도	30%				
기술가치	215				

[예제 3-2] 다음 자료를 이용하여 로얄티공제법에 의한 기술가치를 산출하시오.

- 기술계약기간 : 20x1~20x5
- 추정매출액:

(단위: 백만원)

구분	20×1	20×2	20×3	20×4	20×5
추정매출액	500	600	700	800	900

- 지급방식: 연간 경상기술료 지급
- 로열티율 : 매출액의 3%
- 법인세율 : 22%
- 할인율 : 10%
- 조정계수 : 0.65

✓해답

(단위: 백만원)

구분	20×1	20×2	20×3	20×4	20×5
매출액	500	600	700	800	900
로열티율	3%	3%	3%	3%	3%
세전 로열티수입	15	18	21	24	27
법인세율	22%	22%	22%	22%	22%
세후 로열티수입	12	14	16	19	21
할인율	0.91	0.83	0.75	0.68	0.62
현재가치	10.64	11.60	12.31	12.79	13.08
조정 전 기술가치	60.41				
조정 후 기술가치	39.27				

제 4 장

무형자산 회계처리 Ⅰ

제4장 무형자산 회계처리 I

재무제표에 표시되는 무형자산은 대표적으로 특허권이 있으며, 인수합병시 발생될 수 있는 영업권 등이 있는데 구체적인 사례를 통해 살펴보도록 하겠다.

제1절 무형자산 회계처리

우리나라의 전반적인 반도체기술은 연구개발을 통하여 반도체분야에서 세계적인 수준에 도달하였고 산업전반에 걸쳐 영향을 미치고 있으며, 반도체 기술의 발전에 따라 모든 산업이 전통적인 아날로그 방식에서 디지털 방식으로 급속히 대체되어 가고 있다. 반도체산업에서는 현대 기술의 변화에 따라 연구개발에 대한 성과가 매우 중요한 영향요인으로 작용하고 있다. 반도체기업이 지속적으로 성장하기 위해서는 나날이 치열해져 가는 세계적인 경쟁 환경 속에서 신제품 개발능력이 우수하여야 한다. 이러한 신제품 개발(무형자산)의 성공이 유형자산(설비투자)을 불러일으키고 이는 매출의 증대로 이어지는 선순환의 고리로 이어진다.

이러한 배경에서 반도체기업의 선순환 고리가 이어지고 있는지를 사례분석을 통하여 규명하고, 신제품 개발을 통하여 발생하는 무형자산의 상각에 대한 회계처리를 살펴보도록 한다. 특히 반도체산업과 같은 첨단산업에서는 무형자산의 개발이 무엇보다 중요하며, 신제품 개발을 통한 선순환의 고리가 실제 기업에서 발생하고 있다는 것을 본 사례를 통해 발견할 수 있었다. 사례기업인 (주)제니스월드는 유형자산과 무형자산의 상각에 대해 다음과 같이 회계처리하고 있다. 즉, 유형자산의 감가상각은 제품제조와 관련이 있으면 제조원가 중 제조간접비에 포함되어 매출 시에만 매출원가로 처리되고, 매출이 일어나기 전까지는 재고자산으로 계상된다. 반면, 무형자산의 상각비는 전액 당기비용으로 처리하고 있다. 이러한 회계처리의 차이로 인해 유형자산보다 무형자산이 당기손익에 미치는 영향이 더 클 것으로 사료된다.

현행 기업회계기준은 무형자산 상각에 대하여 다음과 같이 규정하고 있다. 무형자산상각비는 일반적으로 당기손익으로 인식하지만, 무형자산의 미래 경제적 효익이 다른 자산의 생산에 사용되는 경우에는 무형자산상각비는 다른 자산의 원가를 구성하여 장부금액에 포함된다. (주)제니스월드의 무형자산인 개발비는 외부구입이 아니라 내부창출로 획득되었고 모두 제품생산에 사용되었다. 이는 개발비 상각 시 개발비상각비를 당기손익으로 처리하면 안 되고 제품원가에 포함시켜야 한다는 것을 의미한다. 따라서 (주)제니스월드의 이러한 회계처리는 적절한 수익·비용대응을 저해하여 이익의 질을 떨어뜨리고 정보이용자의 의사결정에 영향을 미치게 된다. 백원선(2010)은 무형자산상각비를 수익·비용대응 약화의 주된 원인으로 식별하였다. 이는 사례분석 결과와도 일치한다.

본 사례분석 결과는 다음과 같은 학습기회를 제공한다. 첫째, 실제 기업의 무형자산 상각의 회계처리를 살펴봄으로써 무형자산에 대한 이해를 높일 수 있다. 둘째, 회계처리방법에 따른 가상 재무제표도 작성해 봄으로써 무형자산 상각에 대한 회계처리가 재무제표에 미치는 영향을 살펴볼 수 있다. 마지막으로 본 연구는 무형자산 상각의 회계처리가 수익·비용대응에 영향을 미친다는 선행연구결과에 대한 구체적인 사례를 제공할 수 있을 것으로 기대된다.

제2절 이론적 배경

그동안 무형자산에 대한 많은 연구가 진행되었지만, 측정 및 인식 등에 있어서 많이 미흡한 실정이다. 무형자산의 가치추정모델에 관해서는 크게 Sveiby model(1997)의 비재무적 모델과 이익접근법, 원가접근법 등의 비재무적 모델로 구분된다. 이익접근법은 B. Lev and Feng Gu(2000)의 Intangible - driven earnings model, Brist et al.(2000)의 Price premium model, Knott(2001)의 accumulated production model, Orianni et al.(2000)의 Option model 등이 있다. Reichheld and Sasser(1990)는 무형자산은 미래의 수익을 확보하며, 미래의 거래비용을 감소시킨다고 하였다. 또한

Anderson(1996)은 무형자산은 가격탄력성을 낮춘다는 연구결과를 제시하였다. 관련 회계기준은 다음과 같다.

1. 유형자산과 내부창출 무형자산 회계처리에 대한 회계기준

1.1 유형자산 회계처리에 대한 회계기준

유형자산은 재화의 생산, 용역의 제공, 타인에 대한 임대 또는 자체적으로 사용할 목적으로 보유하는 물리적 형체가 있는 자산으로서 1년을 초과하여 사용할 것이 예상되는 자산을 말한다. 유형자산으로 인식되기 위해서는 다음의 인식조건을 모두 충족하여야 한다. 첫째, 자산으로부터 발생하는 미래 경제적 효익이 기업에 유입될 가능성이 높아야 한다. 둘째, 자산의 원가를 신뢰성 있게 측정할 수 있어야 한다. 이러한 유형자산은 영업활동에서 사용됨에 따라 수익이 발생하고 그 용역잠재력은 소진된다. 수익을 발생시키기 위해 소진한 용역잠재력을 당기손익항목인 감가상각비로 계상한다. 그러나 유형자산에 내재된 경제적 효익이 비용화되지 않고 다른 자산을 생산하는데 사용될 수 있다. 이 경우 유형자산의 감가상각비는 해당 자산의 원가의 일부가 된다. 예를 들어, 제조설비의 감가상각비는 재고자산의 가공비로서 제조원가를 구성하고, 연구개발 활동에 사용되는 유형자산의 감가상각비는 무형자산의 인식조건을 충족하는 자산이 창출되는 경우 해당 무형자산의 취득원가에 포함된다. 이를 회계처리로 나타내면 다음과 같다(이장희 등, K-IFRS 중급재무회계, 2012)

유형자산이 연구개발 활동에 사용되어 무형자산의 인식조건을 충족한 경우

(차)감가상각비	XXX	(대)감가상각누계액	XXX
(차)개발비	XXX	(대)감가상각비	XXX

위와 같이 회계처리를 하게 되면 매출시점에 매출원가로 계상되는 부분만 비용으로 인식되고 나머지는 재고자산으로 인식하게 된다. 이러한 회계처리는 수익·비용대응이 잘 이루어지게 한다. 감가상각비가 무형자산으로 인식된 경우는 다음 절에서 설

명하도록 한다.

1.2 내부창출 무형자산 회계처리에 대한 회계기준

무형자산은 재화의 생산이나 용역의 제공, 타인에 대한 임대 또는 관리에 사용할 목적으로 기업이 보유하고 있으며, 물리적 형체가 없지만 식별가능하고, 기업이 통제하고 있으며, 미래 경제적 효익이 있는 비화폐성자산을 말한다. 내부창출 무형자산은 그 존재 여부와 인식시점을 식별하기 어렵고, 그 원가를 신뢰성 있게 측정하기 어렵다. 또한 많은 경우 내부창출 무형자산의 원가를 내부적으로 창출된 영업권을 유지 또는 향상시키는 비용이나 일상적인 경영관리활동에서 발생하는 비용과 구별하기 어렵다. 따라서 내부창출 무형자산에 대해서는 인식기준의 충족과 개발단계에서의 창출이라는 엄격한 잣대를 적용한다. 따라서 내부창출 무형자산에 대해서는 무형자산의 일반적 인식조건과 함께 다음의 요건을 추가로 적용해야 한다.

내부창출 무형자산의 창출과정은 연구단계와 개발단계로 구분할 수 있다. 연구단계에서 이루어지는 활동을 기업의 경제적 효익과 연결하는 것이 매우 어렵기 때문에, 연구단계에서 발생하는 지출은 무형자산으로 인식하지 않고 그 발생시점에 전액 비용(연구비)으로 인식한다. 개발단계에서는 연구단계에서의 성공을 바탕으로 시제품을 만들고 금형을 설계하는 활동을 수행하는데, 이에 수반되는 지출에는 신제품 개발과 직접적으로 관련된 부분도 있지만 관련성이 약한 부분도 있다. 따라서 다음의 추가적인 조건을 모두 충족하는 경우에만 그 지출을 무형자산(개발비)으로 인식하고 그렇지 않은 경우에는 비용(경상개발비)으로 인식한다. 추가적인 조건은 다음과 같다.

(가) 무형자산을 사용 또는 판매하기 위해 그 자산을 완성시킬 수 있는 기술적 실현가능성을 제시할 수 있다.

(나) 무형자산을 완성해 그것을 사용하거나 판매하려는 기업의 의도가 있다.

(다) 완성된 무형자산을 사용하거나 판매할 수 있는 기업의 능력을 제시할 수 있다.

(라) 무형자산이 어떻게 미래 경제적 효익을 창출할 것인가를 보여줄 수 있다. 예를 들면, 무형자산의 산출물, 그 무형자산에 대한 시장의 존재 또는 무형자산이 내부적으로 사용될 것이라면 그 유용성을 제시하여야 한다.

(마) 무형자산의 개발을 완료하고 그것을 판매 또는 사용하는데 필요한 기술적, 금전적 자원을 충분히 확보하고 있다는 사실을 제시할 수 있다.

(바) 개발단계에서 발생한 무형자산 관련 지출을 신뢰성 있게 구분하여 측정할 수 있다.

(주)제니스월드는 무형자산의 일반적인 요건과 추가적인 요건을 모두 충족하였기에 2009년과 2010년에 완료된 개발을 개발비로 계상하였다. 이렇게 계상된 무형자산의 미래 경제적 효익은 시간의 경과에 따라 소비되기 때문에 상각을 통하여 장부금액을 감소시킨다. 무형자산의 상각은 유형자산의 감가상각과 그 의의 및 회계처리절차가 유사하다. 일반적으로 무형자산상각비는 당기손익으로 인식하지만, 무형자산의 상각이 다른 자산의 제조와 관련된 경우에는 관련 자산의 제조원가로 계상한다. 예를 들면, 제조공정에서 사용된 무형자산상각비는 재고자산의 원가를 구성한다. 이를 회계처리로 나타내면 다음과 같다.

무형자산이 제조활동에 사용되지 않은 경우

(차)무형자산상각비	XXX	(대)무형자산	XXX

무형자산이 제조활동에 사용된 경우

(차)무형자산상각비	XXX	(대)무형자산	XXX
(차)재공품	XXX	(대)무형자산상각비	XXX
(차)재고자산	XXX	(대)재공품	XXX

위와 같이 무형자산을 직접 상각하는 회계처리를 하게 되면, 매출시점에 매출원가로 계상되는 부분만 비용으로 인식되고 나머지는 재고자산으로 인식하게 된다. 이러한 회계처리는 수익·비용대응이 잘 이루어지게 한다. 위의 절에서 유형자산의 감가상각비가 개발비로 인식된 경우, 개발비가 제조활동에 사용되지 않았다면 당기손익으로 처리한다. 그러나 개발비가 제조활동에 사용된 경우에는 재고자산의 원가로 계상한

다. 이렇게 회계처리 함으로써 수익·비용대응이 잘 이루어지게 되고 이로 인하여 이익의 질이 높아져서 정보이용자에게 좀 더 유용한 정보를 제공하게 된다.

제3절 분석기업 현황

1. 연혁 및 일반현황

㈜제니스월드는 2003년 7월 "충남 천안시 성거읍 모전리"에서 반도체 및 Display 부품 정밀 세정, 가공 및 제조 등 "Total perfect solution"을 목표로 설립하였으며, 사세 확장 및 사업 영역의 확대로 1차적으로 2004년 2월 "충북 진천군 광혜원면 죽현리"로 공장을 신설하여 이전하였다. 이후 공격적인 마케팅과 경영시스템 구축을 기반으로 하여 2008년 10월 충북 진천군 이월면 신월리 소재 "이월전기전자농공단지"로 대지 8,033㎡, 건물 3,226㎡ 신축하여 이전하였다. ㈜제니스월드는 반도체, Display 부품 정밀 세정, 제조, 코팅, 가공 및 재생 그리고 LCM Part's에 이르기까지 "One-Stop Solution"을 추구 하고 있으며, 최근에는 신성장동력 산업인 Solar cell부품에 이르기까지 사업영역을 확장하였다.

㈜제니스월드에서 생산하는 주요제품은 반도체부품, LCD부품, 정밀재생부품, 가공부품, Heater부품이다. 반도체부품은 공정별 또는 재질별 SUS류, Quartz류, Ceramic류, Silicon류, AL Block류로 구분하여 재질 및 Part's 별로 정밀세정을 하고 있다. LCD부품은 LCD부품의 DRY ETCH/SPUTTER 공정에서 발생하는 Part's를 고객의 요구사항에 적합하도록 표준 공정에 의해 정밀세정을 진행하고 있다. 정밀재생부품은 반도체 및 Display(LCD/PDP)부품 중 오염물질을 제거하고, 코팅 및 Repair등을 통하여 부품의 본래 기능을 갖추어 다시 사용할 수 있는 기술적 Know-How(Anodizing, CVD재생, Repair 등)를 바탕으로 재생하고 있다. 가공부품은 파인세라믹(AL2O3)정밀 가공 기술을 바탕으로 고객의 주문 사양에 의한 반도체/Display 부품을 가공하고 있다. Heater부품은 반도체의 CVD/WET 장비에 적용되는 PART의 부품으로서 HEATER BLOCK의 디자인과 고객의 요구사항에 의한 설계 및 디자인을 적용하여 생

산하고 있다.

대부분의 농공단지가 그렇듯이 국가산업단지 혹은 일반산업단지에 비해 중앙정부의 지원 등에 있어 매우 열악하다. 농공단지 사정이 이렇다보니 소위 잘나가는 기업들은 입주를 꺼리는 형편이다. 열악한 농공단지에 입주한 기업의 성공은 그 지역경제에 미치는 영향이 매우 크다. 제니스웰드는 공장 이전 후 50여명의 근로자를 추가 고용하는 등 지역경제에 기여한 공로를 인정받아 2009년 지식경제부장관상을 수상하였다.[7] 열악한 농공단지에서 중견기업규모로 성장하고 있는 ㈜제니스웰드의 성공이 더욱 빛나는 이유이다.

<표 4-1> (주)제니스웰드의 기술개발현황

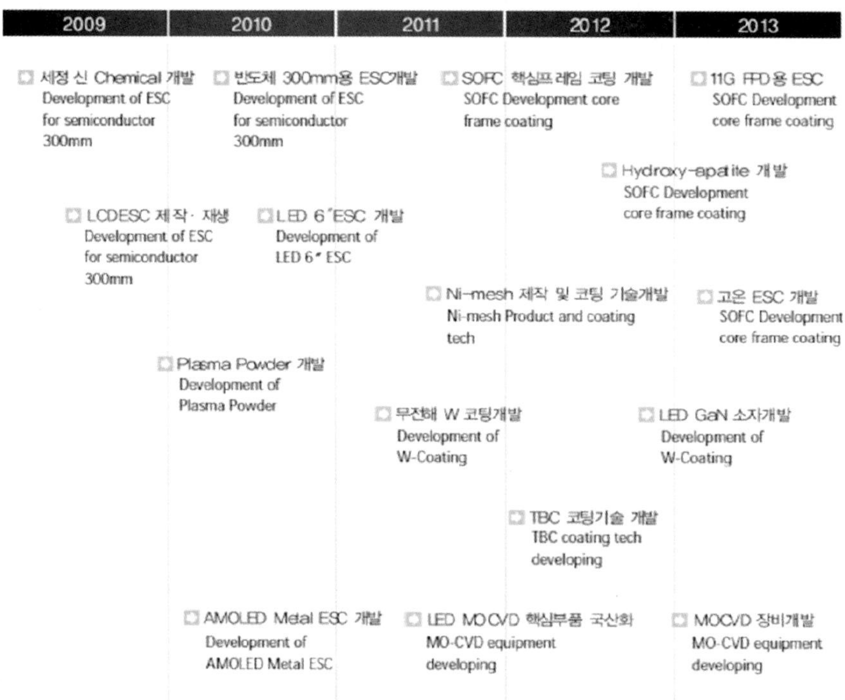

출처: http://www.zenith21c.com

<표 4-1>은 기업의 미래 성장 동력 축으로 작용하는 기술개발의 성공도 이어지고 있음을 보여주는데, 컬러 레이저 대비 50% 저렴한 출력 비용 HP 오피스젯 프로

7) 충청투데이 2009년 11월 30일

LCD 생산공정에 적용할 수 있는 무전해 Ni(니켈)-W(텅스텐) 코팅기술을 국내 처음으로 개발하였다. ㈜제니스월드는 LCD 유리기판의 건식식각 공정에 사용되는 핵심 부품인 상부전극에 금속표면 처리기술인 무전해 Ni-W 코팅기술을 세계 처음으로 적용하는데 성공했다고 20일 밝혔다. 무전해 Ni-W 코팅기술은 용액 중에 존재하는 금속 이온에 전기적인 에너지를 가하지 않고 환원제를 이용해 소재 표면에 석출시키는 도금 기법으로, 부식과 마모에 강한 것이 특징이다. 국내에서는 그동안 선박·자동차 기계류 부품에 주로 활용돼 왔다. 최근까지도 디스플레이 분야에 이 기술을 적용하려는 시도가 있었지만, 고온의 플라즈마 환경에서 적용 가능한 기술을 확보하지 못해 상용화하지 못했다. ㈜제니스월드는 이 기술을 LCD에 적용한 결과 기존 아노다이징 피막을 사용할 때보다 균일하게 피막이 형성돼 부품의 치수 정밀도가 높아지고, 표면 부식 현상도 크게 줄일 수 있었다고 설명했다. 생산 공정에 도입할 경우 부품 사용 주기가 연장되고 제품 수율 향상 등 효과도 기대할 수 있다고 밝혔다. ㈜제니스월드는 현재 국내 LCD 생산업체 장비를 대상으로 기술 테스트를 준비하고 있으며, 이 기술을 기반으로 CVD, OLED, 반도체 등 부품산업으로 적용 범위를 넓혀 나가고 있다.[8)]

2. 재무현황

(주)제니스월드의 최근 3개년 간 재무자료는 금융감독원의 전자공시시스템을 통해 수집하였으며 세부적인 사항은 다음 <표 4-2>와 같다.

8) 전자신문 2011년 7월 22일

<표 4-2> (주)제니스월드의 요약 재무제표

(단위 : 원)

과목	2010	2009	2008
유동자산	7,609,270,451	4,998,090,521	4,485,157,180
재고자산	3,237,410,158	2,332,608,483	1,365,719,156
토지	518,542,288	518,542,288	631,931,708
토지이외 유형자산	12,359,219,876	10,547,632,352	9,944,578,020
무형자산	947,823,384	614,034,203	75,398,018
개발비	848,482,000	511,167,000	0
기타비유동자산	1,026,773,711	598,503,710	385,013,510
총자산	22,873,946,211	18,501,955,586	16,904,867,687
매출액	17,918,545,663	10,456,706,185	10,753,377,992
매출원가	14,131,594,727	9,218,907,169	8,807,469,062
감가상각비	52,440,257	57,071,863	43,262,885
무형자산상각비	122,769,389	21,518,884	9,013,982
개발비상각비	94,276,000	0	0
영업이익	1,681,401,483	(279,577,216)	406,925,859
당기순이익	751,161,209	(2,108,344,432)	406,925,859

출처: https://dart.fss.or.kr

* 2010년의 무형자산은 개발비가 848,482,000원으로 외부구입이 아니라 내부창출임. 개발비는 무형자산의 인식요건을 충족하고 있다.

** 2010년 감사보고서 주석 6을 보면 무형자산은 매입원가 또는 발생원가에 취득부대비용과 자본적지출(미래경제적 효익을 실질적으로 증가시킬 가능성이 매우 높으며 직접적으로 관련된 지출금액)을 가산한 금액을 취득원가로 하며 내용연수 5년에 걸쳐 정액법으로 상각하여 직접법으로 표시하고 있음. 한편 무형자산의 회수가능액이 장부금액에 미달하는 경우에는 장부금액을 회수가능액으로 조정하고 그 차액을 손상차손으로 처리하고 있다고 하나, 인식한 손상차손은 없으며 전액 상각을 통해 판관비로 처리하고 있음.

*** 기타비유동자산의 주요 변동과목은 이연법인세자산으로 파악됨(2008년은 256,999,210원에서 2009년은 464,544,410원으로 증가하였음)

****

연도	2010년	2009년	2008년
무형자산 / 총자산	4.14%	3.32%	0.45%
무형자산상각비 / 판관비	5.83%	1.27%	0.53%
개발비상각비 / 판관비	4.48%	0.00%	0.00%

무형자산 중에서 개발비가 차지하는 비중은 2008년에는 0%, 2009년에는 83.25% 및 2010년에는 89.52%를 나타내고 있다. 이는 (주)제니스월드가 기술개발을 위해 많은 노력을 기울이고 있음을 의미한다. 총자산 중에서 토지이외 유형자산이 차지하는 비중은 2008년에는 58.83%, 2009년에는 57.01% 그리고 2010년에는 54.03%를 보이고 있다. 이는 (주)제니스월드가 제품생산을 위해 많은 설비자산을 가지고 있는 것으로 판단된다. ㈜제니스월드의 토지와 무형자산의 증가 추이를 분석한 결과 토지는 거의 변동이 없었고 무형자산은 큰 증가 추세를 보이고 있었다. 무형자산 중에서 개발비가 대부분을 차지하고 있으므로 (주)제니스월드는 기술개발을 위해 많은 노력을 기울이고 있음을 알 수 있다.

〈표 4-2〉에서 매출액을 살펴보면 2008년과 2009년에는 비슷한 수준을 보이다가 2010년에 증가하는 추세를 보이고 있다. 영업이익과 당기순이익을 살펴보면 2008년과 2009년에 손실을 보이다가 2010년에 흑자전환 한 것으로 나타나고 있다. 이는 신기술 개발로 인한 성과가 2010년에 이루어졌기 때문인 것으로 판단된다. 이러한 사실은 개발비상각비를 살펴보면 알 수 있다. 2009년에 처음으로 계상된 개발비는 2009년에 상각하지 않았다. 2010년에 처음으로 개발비를 상각한 것으로 나타나고 있다. 이는 개발비가 2010년부터 생산에 투입되었음을 의미한다.

2009년에는 기술개발이 이루어졌으나 생산에 투입되지 않았고 2010년부터 생산에 투입되었다. 또한 영업이익과 당기순이익도 음(-)의 값을 보이고 있다. 따라서 본 연구는 2008년과 2010년을 비교하여 살펴보도록 한다. 2008년에서 2010년까지의 개발비증가율은 4.27%이고 토지이외의 유형자산증가율은 12.14%이다. 영업이익증가율은 6.40%이고 당기순이익증가율은 1.73%이다. 이를 통해 신제품 개발(개발비)의 성공이 유형자산(설비투자)의 증가를 불러일으키고 이는 매출의 증대로 이어지는 선순환의 고리형태를 나타낸다는 사실을 확인할 수 있었다.[9]

9) 개발비 증가율 = (2010년 개발비 - 2008년 개발비) / 평균총자산, 토지이외 유형자산 증가율 =(2010년 토지이외 유형자산 - 2008년 토지이외 유형자산) / 평균총자산, 영업이익 증가율 = (2010년 영업이익 - 2008년 영업이익) / 평균총자산, 당기순이익 증가율 = (2010년 당기순이익 - 2008년 당기순이익) / 평균총자산

제4절 분석결과

(주)제니스월드의 감사보고서 주석5에 의하면, 유형자산을 정액법에 의하여 감가상각하고 그 감가상각비를 계상하고 있으며, 각 기간의 감가상각비는 다른 자산의 제조와 관련된 경우에는 관련 자산의 제조원가로, 그 밖의 경우에는 판매관리비로 계상하고 있다. 또한 주석 6에 의하면 무형자산의 상각비는 내용연수 5년 정액법으로 상각하여 판매관리비로 계상하고 있다. 유형자산의 경우 현행 기업회계기준과 일치되게 회계처리 되고 있어서 수익·비용대응이 적절하게 이루어지고 있다. 그러나 무형자산의 경우 현행 기업회계기준과 일치하지 않는다. 즉, (주)제니스월드의 개발비는 모두 제조공정에 사용되었다. 그러므로 (주)제니스월드의 개발비상각비는 당기손익으로 처리하지 않고 재고자산의 원가로 계상해야 한다. (주)제니스월드는 무형자산상각비를 모두 당기손익으로 계상하였기 때문에 비용을 과대계상되고 이익은 과소계상하게 되었다. 이는 수익·비용대응이 부적절하다는 것을 의미한다.

(주)제니스월드가 이와 같은 회계처리를 수행한 이유를 두 가지 측면에서 생각해 볼 수 있다. 첫째, (주)제니스월드가 비용을 과대계상하는 것은 보수적인 회계처리이므로 회계관습인 보수주의에 부합하지만, 2009년에 큰 손실이 발생한 (주)제니스월드가 2010년에 비용을 과대계상하는 보수적인 회계처리를 수행했다고 판단하기 어렵다. 즉, 2010년에 처음으로 개발비상각이 이루어졌고, 무형자산상각비는 일반적인 경우 당기손익으로 처리하기 때문에 이에 준해서 회계처리 했을 가능성이 존재한다. 둘째, 법인세 절감을 위해서 이익을 낮추는 이익조정을 수행한 경우도 존재할 수 있다. 즉, 적자에서 흑자로 전환하는데 성공하였지만 그 이익이 한 해에 집중되어 나타났기 때문에 이익을 줄여 세금을 줄이려는 의도가 있을 수 있다. 따라서 기업에서는 이익조정 시 유형자산 상각보다는 무형자산 상각을 이용하여 이익조정을 수행할 가능성이 존재한다.

<표 4-3> (주)제니스월드의 추정 재무제표

(단위 : 원)

과 목	수정 전	수정 후	차이
	2010	2010	
유동자산	7,609,270,451	7,609,270,451	
재고자산	3,237,410,158	3,331,686,158	94,276,000
토지	518,542,288	518,542,288	
토지이외유형자산	12,359,219,876	12,359,219,876	
무형자산	947,823,384	947,823,384	
개발비	848,482,000	848,482,000	
기타비유동자산	1,026,773,711	1,026,773,711	
총자산	22,873,946,211	22,968,222,211	94,276,000
매출액	17,918,545,663	17,918,545,663	
매출원가	14,131,594,727	14,131,594,727	
감가상각비	52,440,257	52,440,257	
무형자산상각비	122,769,389	122,769,389	
개발비상각비	94,276,000	0	(94,276,000)
영업이익	1,681,401,483	1,775,677,483	94,276,000
법인세차감전순이익	728,555,191	822,831,191	94,276,000
당기순이익	751,161,209	845,437,209	94,276,000

출처: https://dart.fss.or.kr

<표 4-3>은 (주)제니스월드의 추정 재무제표를 나타낸 것이다. 개발비상각에 대해서 다음과 같은 가정을 한다. 만약 2010년에 계상된 개발비상각비가 판관비로 처리되지 않고 모두 재고자산으로 처리되었고, 이 재고자산이 모두 팔리지 않았을 경우를 가정해보자. 이러한 경우 재무상태표에서의 변화를 살펴보면, 2010년의 개발비상각비는 0원이 되고, 이를 재고자산으로 회계처리하면 재고자산은 3,331,686,158원으로 증가하게 된다. 이에 따라 총자산도 증가하게 된다. 포괄손익계산서에서의 변화를 살펴보면, 영업이익이 1,775,677,483원으로 증가하고 당기순이익도 845,437,209원으로 증가하게 된다. 개발비상각에 따른 법인세효과를 살펴보면, 감사보고서 주석 16에서 법

인세 부담액이 0원으로 나타나있다. 이는 2010년에 이익이 발생하였지만 당기이전에 발생한 결손금으로 인하여 법인세 부담액이 0원으로 나타난 것으로 판단된다.

2010년 수정 후 법인세차감 전 순이익은 822,831,191원이고 세무상 이월결손금은 1,123859,000원이다. 이는 개발비상각에 대한 회계처리와 관계없이 법인세부담금은 동일하게 0원이라는 것을 의미한다. 그러므로 (주)제니스월드는 이익조정을 위하여 개발비상각비를 판관비로 처리한 경우라기 보다는 일반적인 경우 개발비상각비가 판관비로 처리하기 때문에 이에 준해서 회계처리를 수행한 것으로 사료된다. 그러나 점점 무형자산 중 개발비가 많아지고 있는 상황에서 현행과 같이 개발비상각비를 판관비로 처리하면 수익·비용대응원칙에도 맞지 않을뿐더러 기업의 이익이 왜곡되는 현상을 가져오며, 이는 회계정보이용자들에게 잘못된 정보를 전달하는 결과를 초래할 것이다.

제5절 결론

본 사례분석은 기업의 선순환 고리가 이루어지는지 사례분석을 통하여 규명하고, 제품개발로 인해 발생하는 무형자산의 상각에 대한 회계처리가 회계이익에 미치는 영향을 살펴보았다. 본 사례를 통해 신제품 개발을 통한 선순환의 고리가 실제 기업에서 발생하고 있다는 것을 알 수 있었다. 본 연구의 사례기업인 (주)제니스월드의 회계처리를 살펴보면, 유형자산의 감가상각비는 제품제조와 관련이 있으면 제조원가 중 제조간접비에 포함되어 매출 시에 매출원가로 처리되고, 매출이 일어나기 전까지는 재고자산으로 계상된다. 반면, 무형자산의 상각비는 전액 당기비용으로 처리하고 있다. 이러한 회계처리의 차이로 인해 유형자산보다 무형자산이 당기손익에 미치는 영향이 더 큰 것으로 나타났다. (주)제니스월드의 무형자산인 개발비는 외부구입이 아니라 내부창출로 획득되었고 모두 제품생산에 사용되었다. 이는 개발비 상각 시 개발비상각비를 당기손익으로 처리하면 안 되고 제품원가에 포함시켜야 한다는 것을 의미한다. 따라서 (주)제니스월드의 이러한 회계처리는 적절한 수익·비용대응을 저해하여 이익의 질을 떨어뜨리고 정보이용자의 의사결정에 영향을 미치게 된다. 본 연구는 다음과 같은 학습기회를 제공한다. 첫째, 실제 기업의 무형자산 상각의 회계처리를 살펴봄으로써 무형자산에 대한 이해를 높일 수 있다. 둘째, 회계처리방법에 따른 가상 재무제표도 작성해 봄으로써 무형자산 상각에 대한 회계처리가 재무제표에 미치는 영향을 살펴볼 수 있다. 마지막으로 본 연구는 무형자산 상각의 회계처리가 수익·비용 대응에 영향을 미친다는 선행연구결과에 대한 구체적인 사례를 제공할 수 있을 것으로 기대된다.

참고문헌

금융감독원전자공시시스템. (주)제니스월드 감사보고서 2009.12.31., 2010.12.31.

백원선. 2011. 수익·비용대응원칙과 이익의 질. 회계학연구. 제36권 제2호: 101-127.

백원선. 2011. 회계환경의 변화와 수익·비용대응원칙. 경영학연구. 제40권 제1호: 29-49.

이장희, 김진호, 오현택, 배기수. 2012. K-IFRS 중급재무회계.

한국회계기준원. 2009. 한국채택국제회계기준 제1016호 유형자산.

한국회계기준원. 2009. 한국채택국제회계기준 제1038호 무형자산.

Anderson, Eugene W. 1996. Customer Satisfaction and Price Tolerance, Marketing Letters, 7(3): 19-30.

B. Lev and Sougiannis. 1996. The Captialization, Amortization and Value Relevance of R & D. Journal of Accounting and Economics. 21 : 107-138.

Brist, L. et al. 2000. Estimating the Price Premium for Brand Products. http://home1.gte. net/resozcia.

Dichev, I. and V. Tang. 2008. Matching and changing properties of accounting earnings over the last 40 years. *The Accounting Review* 83(6) : 1425-1460.

Knott A.M. et al. 2001. On the Strategic Accumulation of Intangible Asset. http://www. ssrn.com.

Oriani, R. et al. 2000. Uncertainty and Market Value of Firm. http://www.ssrn.com.

Reichheld, Frederick F. and W. Earl Sasser jr. 1990. Zero Defections: Quality Comes to Services. Harvard Business Review 68 (september- October) : 105-111.

Sveiby, K.E. 1997. The New Organizational Wealth. Brette Koehler publishers.

제 5 장

무형자산 회계처리 Ⅱ

제5장 무형자산 회계처리 Ⅱ

제1절 서론

최근 급속한 고령화에 따라 삶의 질에 관해 정치권과 학계 및 산업계의 관심이 고조되고 있다. 의생명산업은 인체에 미치는 영향으로 인해 고도의 정밀한 기술을 요한다. 이에 축적된 높은 기술력을 요구하기에 수익을 창출하기 위한 큰 축인 유형자산과 무형자산 중 무형자산의 비중이 더 높다.

의생명산업은 신체적·정신적 장애를 치료, 예방 및 발견하고 사람들의 신체적·심리적·사회적 안녕을 도모하기 위한 활동과 관련된 산업이다. 현재 제약과 의료기기, 의료서비스를 포함한 의생명산업의 세계시장규모는 2012년 6월 기준 약 4조2000억 달러로 IT시장의 3.2배에 달한다. IT산업보다 규모가 클 뿐 아니라 고령화 시대를 맞아 더 큰 성장 가능성을 지니고 있기 때문에 산업계에서 매우 각광받고 있으며, 성장속도 또한 가파르다. 이러한 의생명산업의 성장은 기업가치에도 반영되어 관련 주가가 가파르게 상승하고 있는 것으로 경제일간지는 다음과 같이 보도하고 있다. "최근 코스닥 시장에서 의생명주가 강세를 보이고 있다. 이 중 뷰웍스와 에스텍파마의 상승세가 눈에 띈다. 22일에도 뷰웍스가 전일 대비 3.44%, 에스텍파마가 2.45% 올랐다."[10] 코스닥에서는 신약 개발과 줄기세포를 중심으로 하는 바이오주가 많이 올랐지만 의료기기 업체를 중심으로 하는 의생명주도 그에 못지않은 테마로 강세를 보였으며, 2012년 들어 더욱 강세를 띠고 있다. 해외에서는 큰 의미에서 의생명(health care)산업이 제약·생명과학, 건강관리서비스·장비 두 업종으로 구분된다. 바이오 테마가 전자라면 의생명 테마는 후자에 해당된다. 주요 의생명기업 주가 성적표를 살펴보면 체성분 분석기를 만드는 바이오페이스가 339% 올랐고, 의료기기를 만드는 세운메디칼도 162%나 올랐다. 그 외에도 휴비츠 154%, 제이브이엠 66%의 순으로 강세를 보였다. 의생

10) 매일경제, 2012년 8월 22일

명주 강세는 실적보다는 정치적이고 사회적인 영향이 더 컸다. 고령화와 더불어 복지의 중요성이 높아지면서 의료산업에 대한 민간과 정부 지출이 더 커질 것이라는 기대감이 높아졌기 때문이다. 교육과학기술부에서 과학비즈니스벨트 사업의 일환으로 추진하고 있는 PSM(professional science master) 사업도 이와 맥락을 같이한다.

우리 사회는 여전히 노약자 및 장애인이 정보통신기술로부터 소외되는 성향을 보이고 있으므로 이를 개선하기 위해서는 구체적이며 실천적인 정책이 제시되어, 효과적인 사회통합과정(Social Inclusion Process)이 이루어지도록 노력할 필요가 있다. 최근 정보 기술 서비스의 가장 큰 변화중 하나는 스마트폰 발전에 따른 모바일 기기와 컴퓨터의 융합이 있다. 과거에는 PC와 인터넷에서나 누릴 수 있었던 다양한 정보, 서비스가 현재는 스마트폰의 모바일 애플리케이션을 통해 제공되고 있다. 특히 초소형전자공학(Microelectronics)과 감성기반 HCI(Human Computer Interaction)의 기술 발전은 건강보조 장비(medical care device) 및 생활 보조 장비(assistive device)의 소형화를 가능하게 하여 이의 휴대성을 증가시켰고, 스마트폰과의 연결을 가능하게 함으로써, 모바일 의료(mobile health) 및 모바일 케어 서비스가 현실화되었다.

본 연구에서는 의생명기업을 대상으로 성장 동력의 한 축인 무형자산 개발비가 기업가치에 어떠한 영향을 미치는 지를 분석하고자 한다. 의생명기업의 무형자산 개발비가 기업가치에 어떠한 영향을 미치는 지를 분석한 본 연구결과는 의생명산업의 활성화와 투자자, 정부 및 감독기관의 의사결정에 도움을 줄 것으로 기대된다. 본 연구의 구성은 다음과 같다. Ⅰ장 서론에 이어 Ⅱ장에서는 관련 선행연구를 제시하였으며, Ⅲ장에서는 연구에 대한 설계를 하였으며, Ⅳ장에서는 실증분석에 대해 다루었다. 마지막으로 Ⅴ장에서는 본 논문의 결론과 한계점을 기술하였다.

제2절 이론적 배경 및 선행연구

본 연구의 목적은 의생명기업의 내생적 성장 동력인 무형자산 개발비가 기업가치에 어떠한 영향을 미치는 지를 분석하는 것이다. 먼저 의생명기업의 서비스형태를 살펴보면 혈압, 산소농도, 심전도 등을 측정하는 휴대용 의료기기와 스마트폰이 연계하여 의료데이터를 의료서버로 지속적으로 전달하는 모바일 의료 서비스로 구분된다. 의료서버는 고령자 및 장애인의 신체 변화 지수를 지속적으로 업로드하고, 데이터를 실시간으로 분석하게 된다. 만약 그 과정에서 위급상황이 발생한 것으로 판단되면, 스마트폰을 이용하여 분석 결과 또는 처방을 전달하고, 결과를 받은 스마트폰의 의료 애플리케이션은 필요 시 현재 환자의 위치정보와 함께 응급서비스 요청을 가까운 응급처리 시설로 보내게 되는 서비스이다. 이 사례에서 알 수 있듯이, 스마트폰을 이용한 모바일 의료 서비스가 잘 활용되면, 환자가 병원이나 시설 또는 홈케어 장치가 장착된 자신의 집에 있지 않더라도 의료 서비스를 받을 수 있게 된다. 즉, 전통적인 의료서비스에서는 환자가 병원에 있어야 했지만, 홈케어 서비스에서는 환자가 적절한 장비와 인터넷이 장착된 자신의 집에서도 의료서비스를 받을 수 있다. 그러나 모바일 의료 서비스에서는 환자가 언제 어디서든지 의료서비스를 받게 된다. 이러한 모바일 서비스는 의료 뿐 아니라 노약자와 장애인을 위한 생활 지원에도 활용될 수 있으며, 서비스가 보편화됨에 따라 필요한 서비스를 받기 위하여 고령자 및 장애인이 직접 이동을 해야 하는 필요성이 상당히 감소할 수 있음을 의미한다.

다음으로 내생적 성장 동력인 무형자산에 관한 연구와 기업가치에 관한 연구로 구분하여 살펴보면 다음과 같다. 먼저 내생적 성장 동력인 무형자산에 대한 연구로 유태욱과 양동우(2010)는 기술혁신형 중소기업 578개를 대상으로 기술혁신 활동과 기술적 성과 및 경제적 성과간의 관계를 분석하였다. 분석결과 연구개발 집약도는 기술적 성과와 매출액 증가율에 대해서는 유의한 양(+)의 영향을 미치는 것으로 나타났다.

장성근 등(2009)은 기술개발연구소를 보유한 175개 기업을 대상으로 연구개발투자수준과 기업성과 간에 과정변수인 기업경영능력을 추가하여, 연구개발투자와 기술경영능력 및 기업성과간의 관계를 분석하였다. 분석결과 기술경영능력이 연구개발투자와 기업성과간의 관계를 조절하는 것으로 나타났으며, 연구개발투자수준과 기업성과 간에는 음(-)의 유의적인 관계가 있는 것으로 나타났다. 이러한 분석결과는 기업성과를 높이기 위해서는 연구개발비만을 단순히 증가시키는 것보다는 기술경영능력을 강화하는 것이 더 중요하다는 것을 의미한다. 특히 기술경영능력이 부족한 상황에서 연구개발투자를 계속 증가시키는 것은 기업의 중요한 경영자원을 크게 낭비시킬 수 있으며, 궁극적으로 기업의 생존 및 발전에 위험 요소로 작용할 수 있음을 시사한다.

곽태완과 왕현선(2013)은 2001년부터 2010년까지 한국신용평가(주)의 KIS-VALUE에 수록된 증권거래소 상장기업 중에서 추출한 5886개 표본에 대해 기업특성을 첨단산업/비첨단산업, 성장성이 높은 기업/성장성이 낮은 기업 등으로 구분하여 연구개발비가 기업가치에 미치는 영향에 차이가 있는지와 자본화된 연구개발비와 비용화된 연구개발비가 주가설명력에 차이가 있는지를 분석하였다. 분석결과 첨단기업과 성장성이 높은 기업은 연구개발투자를 자산화로 처리하든 비용화로 처리하든 모두 기업가치에 반영되기 때문에 투자규모를 지속적으로 확대하여야만 기업가치의 증대를 가져올 수 있을 것으로 나타났다.

박준우(2009)는 연구개발비 투자는 기술혁신을 통하여 생산품의 품질, 디자인, 그리고 서비스의 개선이 이루어져 경쟁우위를 가져다준다고 주장하고, 한국의 하이테크 기업을 대상으로 연구개발비 투자와 기업가치와의 관련성을 다중회귀분석을 통해서 살펴보았으며, 또한 연구개발비의 회계처리방법에 따라 기업가치에 어떠한 영향을 미치는지를 살펴보았다. 분석결과 연구개발비투자는 회계처리방법과 관계없이 기술혁신을 통해 기업성과의 향상을 가져와 기업가치의 증가를 가져온다는 것을 알 수 있으며, 특히, 비용처리 연구개발비투자의 그 효익이 기업가치에 미치는 영향을 고려할 때, 당해 연도 비용으로 처리하지 않고 자산으로 계상하는 것이 오히려 타당할 수도 있음을 시사하였다.

정재권 등(2012)는 연구개발비가 기업가치에 긍정적인 영향을 준다는 선행연구검토결과를 토대로 연구개발비 비중이 높은 코스닥등록기업을 대상으로 연구개발비가 기업가치에 어떠한 영향을 미치는지에 대해 분석하였다. 분석결과 코스닥 증권시장에 등록된 제조기업을 대상으로 한 총연구개발비가 기업가치에 양(+)의 유의한 영향을 미친다고 나타났다. 이는 연구개발비의 비중이 높은 코스닥 제조기업에서 기업가치를 증대시키기 위해서는 연구개발이 무엇보다 중요하다는 것에 대한 간접적인 증거를 제시한다.

기업가치에 대한 연구로 박기성(2002)은 내부 대주주 지분율이 높을수록 기업가치가 높다고 보고하였다. 그러나 Tobin's Q는 일정의 소유지분율 이상으로 증가할 때 높아지는 것으로 나타나 일정한 범위가 있음을 발견하였다. 김병호(2002)는 Tobin's Q가 임원지분율이 5~30%인 구간에서만 유의한 수준으로 감소한다는 것을 발견하였다. 이외에도 김우택 등(1993), 김영숙과 이재춘(2000)의 연구는 대주주 1인 지분율 및 임원 지분율과 기업가치와의 관계가 비선형이라고 보고하였다.

이러한 선행연구들은 무형자산 개발비가 기업가치에 미치는 영향을 분석하는데 사용할 수 있고, 기업가치의 측정 대용치로 Tobin's Q의 측정분석을 가능하게 한다. 이러한 선행연구검토 결과를 바탕으로 다음과 같이 연구설계를 하였다.

제3절 분석설계

1. 연구가설

의생명기업의 내생적 성장 동력인 무형자산 개발비와 기업가치 간의 관계를 분석하는데 있어 종속변수는 박기성(2002)와 김병호(2002)와 같이 기업가치의 대용치로 Tobin's Q를 이용하였다. 관심변수는 총연구개발비(TRD)와 무형자산 개발비(NPPER)이며, 기업규모(BSIZE)와 유형자산(TA)이 기업가치에 미치는 영향을 통제하기 위해 박광우 등(2005)연구에서의 측정방법을 이용하였다. 수익성의 영향력을 측정하기 위해 박경서 등(2003)에서 이용된 ROA를 사용하였다. Black 등(2003)은 경영진의 능력과 성과에 대한 긍정적인 정보가 조직운영상의 이완(slack)을 가져 올 수 있기 때문에 기업의 수익률이 높을수록 기업가치가 높다고 주장하였다. 이는 투자자에게 긍정적인 정보로 반영될 것이다.

정재권 등(2012)는 코스닥 증권시장에 등록된 제조기업의 총연구개발비와 기업가치(Tobin's Q)간의 상관성을 분석한 결과 총연구개발비(TRD)는 기업가치(Tobin's Q)와 양(+)의 유의한 관계가 있다는 것을 볼 수 있다. 이에 의생명기업의 무형자산 개발비와 기업가치 간의 관계를 분석하기 위해 의생명기업의 총연구개발비와 기업가치 간에 유의한 양(+)의 관계가 있을 것이라는 가설 1을 다음과 같이 설정하였다.

가설 1: 의생명기업의 총연구개발비는 기업가치에 유의한 양(+)의 영향을 미친다.

우리나라 기업회계기준에서는 연구개발비를 개발활동과 관련된 비경상 연구개발비와 연구활동에 관련된 경상연구개발비로 구분하여 회계처리하고 있다. 개발활동과 관련된 비용 중 일정한 요건을 모두 충족할 경우에는 개발비로 하여 무형자산으로 처리하고, 이외의 경우에는 제조원가나 판매비와 일반관리비로 처리하도록 규정하고 있다.(정재권 등,2012) 곽태완과 왕현선(2013)은 첨단기업과 성장성이 높은 기업은 연구개발투자를 자산으로 처리하든 비용으로 처리하든 모두 기업가치에 반영되기 때문에 투자규모를 지속적으로 확대하여야만 기업가치의 증대를 가져올 수 있다고 하였다. 박준우(2009)는 연구개발비투자는 회계처리방법과 관계없이 기술혁신을 통해 기업성과의 향상을 가져와 기업가치의 증가를 가져온다는 것을 알 수 있으며, 특히, 비용처리 연구개발비투자의 그 효익이 기업가치에 미치는 영향을 고려할 때, 당해 연도 비용으로 처리하지 않고 자산으로 계상하는 것이 오히려 타당할 수도 있음을 시사하였다. 이에 의생명기업의 무형자산 개발비와 기업가치 간의 관계를 실증분석 하기 위한 가설 2를 다음과 같이 설정하였다.

가설 2: 의생명기업의 무형자산 개발비는 기업가치에 유의한 양(+)의 영향을 미친다.

2. 연구모형

Black 등(2003)은 광고선전비(MKT)와 교육훈련비(EUD)의 지출이 높은 기업일수록 기업가치에 긍정적인 영향이 있음을 보고하였고, 위 변수들 중에서 내생성(endogenous)문제를 통제하기 위해 내생 성장 동력 연구개발비 변수와 광고선전비, 교육훈련비 및 수익성비율은 종속변수에 대하여 1년 전의 자료로 대응시켜 이용하였다. 본 연구에서의 내생성(endogenous)문제는 기업가치에 내생 성장 동력 연구개발비가 미치는 영향을 검증하는 과정에서 주가가 올라서 내생 성장 동력 연구개발비에 변화를 가져 온 것인지, 내생 성장 동력 연구개발비의 변화가 주가에 영향을 미쳤는지 인과관계의 방향을 명확히 알 수 없는 문제를 말한다. 이러한 문제를 해결하기 위해서 기업i의 t년도 기업가치에 대응하는 통제변수들 중에 내생성문제가 발생할 가능성이 있는 변수는 기업i의 t-1년도의 것으로 대응시켰다. 다변량 회귀분석(MRA)방법을 이용하여 연구가설 1과 2를 증명하기 위한 연구모형은 식(1), 식(2)와 같다.

$$\text{Tobin's Q} = a + b\ TRD + b\ MKT + b\ EUD + b\ ROA + b\ BSIZE + b\ TA + \varepsilon$$

… 식(1)

Tobin's Q =a+b NPPER +b R&D +b MKT +b EUD +b ROA +b BSIZE +b TA +ε … 식(2)

여기서

Tobin's Q(기업가치) : 당기(장부가치 총부채+자기자본 시가총액)/(장부가치 총자산)

TRD(총연구개발비) : 당기 총연구개발비/당기 장부가치 총자산

NPPER(무형자산 개발비) : 당기 무형자산 개발비/당기 장부가치 총자산

R&D(연구개발비) : 당기 연구개발비/당기 장부가치 총자산

MKT(광고선전비) : 당기 광고선전비/당기 장부가치 총자산

EUD(교육훈련비) : 당기 교육훈련비/당기 장부가치 총자산

ROA(수익성비율) : 당기 당기순이익/전기말 장부가치 총자산

BSIZE(기업규모) : 전기 Log(장부가치 총자산)

TA(유형자산) : 당기 유형자산/당기 장부가치 총자산

제3절 표본선정

수익성비율의 시차를 1개 연도로 설정하였으므로 검증에 필요한 변수별 재무자료는 2002년부터 2013년까지의 자료를 이용하고, 검증기간은 2004년부터 2013년까지 10년간으로 하였다. 실증분석을 위한 표본기업은 우리나라 코스닥, 유가증권시장에 등록된 기업을 대상으로 다음과 같은 조건을 충족하는 의생명기업을 선정하였다.

(1) KisValue Library에서 코스닥, 유가증권 시장을 대상으로 본 연구에 필요한 재무정보를 얻을 수 있는 의생명기업

(2) 도소매업, 서비스업 등에 해당하지 않는 의생명기업

(3) 결산월이 12월인 기업

<표 5-1> 표본기업

기업 분류	개수
의약용 화합물 및 항생물질 제조업	10
완제 의약품 제조업	58
의료용품 및 기타 의약관련제품 제조업	10
기타 의료용 기기 제조업	7
기업 총계	85

이상과 같은 조건을 만족하는 표본기업은 <표 3-1>과 같이 총 85개 기업이며, 이 중, 완제 의약품 제조업이 58개로 가장 많은 것으로 나타났다.

제4절 실증분석

1. 변수의 기술통계 분석

주요 변수들의 기술통계량은 <표 5-1>과 같다. 패널 A는 모형 식(1)의 주요 변수들의 기술통계량이고, 패널 B는 모형 식(2)의 주요 변수들의 기술통계량이다. 두 모형의 종속변수인 기업가치(Tobin's Q)의 평균과 중위수는 각각 1.2427과 0.9662이다. 본 연구의 관심변수인 총연구개발비(TRD)의 평균은 0.0531, 표준편차는 0.0780로, 무형자산 개발비(NPPER)의 평균과 표준편차는 각각 0.0304, 0.0687로, 연구개발비(R&D)는 0.0227, 0.0370로 나타나 고르게 분포되어 있는 것으로 나타났다. 다른 통제변수들의 표준편차도 1.2이하로 고르게 분포되어 있는 것으로 나타났다.

<표 5-1> 주요 변수의 기술통계량

패널 A: 모형 식(1)의 주요 변수 기술통계량

변수	표본수	평균	표준편차	최소값	25%	중간값	75%	최대값
Tobins'Q	792	1.2427	1.0666	0.0617	0.7129	0.9662	1.4733	12.8646
TRD	792	0.0531	0.0780	0.0000	0.0069	0.0258	0.0633	0.6192
MKT	792	0.0233	0.0305	0.0000	0.0022	0.0133	0.0332	0.2542
EUD	792	0.0022	0.0037	0.0000	0.0002	0.0008	0.0024	0.0372
ROA	792	0.0349	0.1853	-2.0307	0.0133	0.0597	0.1064	0.8700
BSIZE	792	24.9644	1.1965	20.4931	24.3080	25.0378	25.7052	27.9857
TA	792	0.2807	0.1295	0.0001	0.2035	0.2775	0.3577	0.7785

패널 B: 모형 식(2)의 주요 변수 기술통계량

변수	표본수	평균	표준편차	최소값	25%	중간값	75%	최대값
Tobins'Q	792	1.2427	1.0666	0.0617	0.7129	0.9662	1.4733	12.8646
NPPER	792	0.0304	0.0687	0.0000	0.0000	0.0000	0.0251	0.5442
R&D	792	0.0227	0.0370	0.0000	0.0022	0.0137	0.0285	0.5317
MKT	792	0.0233	0.0305	0.0000	0.0022	0.0133	0.0332	0.2542
EUD	792	0.0022	0.0037	0.0000	0.0002	0.0008	0.0024	0.0372
ROA	792	0.0349	0.1853	-2.0307	0.0133	0.0597	0.1064	0.8700
BSIZE	792	24.9644	1.1965	20.4931	24.3080	25.0378	25.7052	27.9857
TA	792	0.2807	0.1295	0.0001	0.2035	0.2775	0.3577	0.7785

Tobin's Q(기업가치) : 당기 (장부가치 총부채+자기자본 시가총액)/(장부가치 총자산)

TRD(총연구개발비) : 당기 총연구개발비/당기 장부가치 총자산

NPPER(무형자산 개발비) : 당기 무형자산 개발비/당기 장부가치 총자산

R&D(연구개발비) : 당기 연구개발비/당기 장부가치 총자산

MKT(광고선전비) : 당기 광고선전비/당기 장부가치 총자산

EUD(교육훈련비) : 당기 교육훈련비/당기 장부가치 총자산

ROA(수익성비율) : 당기 당기순이익/전기말 장부가치 총자산

BSIZE(기업규모) : 전기 Log(장부가치 총자산)

TA(유형자산) : 당기 유형자산/당기 장부가치 총자산

2. 상관관계분석

<표 5-2>의 패널 A와 패널 B는 각각 모형 식(1)과 식(2)의 주요 변수들 간의 상관분석을 보여준다. 종속변수인 기업가치(Tobin's Q)는 광고선전비(MKT), 수익성비율(ROA), 유형자산(TA) 등 변수와 유의수준 5%에서 유의한 음(-)의 상관관계가 있는 것으로 나타났다. 이는 의생명기업의 광고선전비(MKT)가 많을수록 기업가치는 떨어진다는 것으로 설명할 수 있다. 기업가치(Tobin's Q)와 수익성비율(ROA) 간의 음(-)의 상관관계는 선행연구 정재권 등(2012)의 결과와 일치하다. 기업규모(BSIZE)와는 유의수준 10%에서 유의한 양(+)의 상관관계를 보여주고 이는 선행연구(정재권 등 2012, 박준우 2009)의 결과와 일치하다. 교육훈련비(EUD)와는 음(-)의 상관관계를 보여주지만 유의성이 없는 것으로 나타났다. 본 연구의 관심변수인 총연구개발비(TRD), 무형자산 개발비(NPPER), 연구개발비(R&D)와는 양(+)의 상관관계를 보여주지만 유의성이 없다.

<표 5-2> 주요 변수의 상관관계

패널 A: 모형 식(1)의 주요 변수의 상관관계

	Tobin'sQ	TRD	MKT	EUD	ROA	BSIZE	TA
Tobin'sQ	1						
TRD	.047 .186	1					
MKT	-.121** .001	-.075* .035	1				
EUD	-.029 .417	.029 .416	.286** .000	1			
ROA	-.135** .000	-.186** .000	.109** .002	.068 .057	1		
BSIZE	.071* .045	-.419** .000	.268** .000	.201** .000	.240** .000	1	
TA	-.109** .002	-.226** .000	.041 .253	-.069 .051	.141** .000	.248** .000	1

패널 B: 모형 식(2)의 주요 변수의 상관관계

	Tobin'sQ	NPPER	R&D	MKT	EUD	ROA	BSIZE	TA
Tobin'sQ	1							
NPPER	.048 .178	1						
R&D	.010 .776	-.001 .972	1					
MKT	-.121** .001	-.121** .001	.068 .057	1				
EUD	-.029 .417	-.029 .421	.114** .001	.286** .000	1			
ROA	-.135** .000	-.123** .001	-.165** .000	.109** .002	.068 .057	1		
BSIZE	.071* .045	-.439** .000	-.067 .059	.268** .000	.201** .000	.240** .000	1	
TA	-.109** .002	-.183** .000	-.137** .000	.041 .253	-.069 .051	.141** .000	.248** .000	1

주) *는 10% 수준에서 유의, **는 5% 수준에서 유의함을 나타낸다.

3. 회귀분석 결과

의생명기업의 총연구개발비(TRD)가 기업가치(Tobin's Q)에 미치는 영향과 무형자산 개발비(NPPER)가 기업가치(Tobin's Q)에 미치는 영향을 분석하기 위해 다중회귀분석을 실시하였다.

<표 5-3> 회귀분석 결과

패널 A: 의생명기업의 총연구개발비와 기업가치 간의 회귀분석

R	R^2	수정된 R^2	추정값의 표준편차		
.261a	.068	.061	1.03349		
	제곱합	자유도	평균제곱	F	유의확률
선형회귀모형	61.471	6	10.245	9.592***	.000
잔 차	838.460	785	1.068		
합 계	899.931	791			
	비표준화계수		표준화계수	t	유의확률
	β	표준오차	β		
(상수)	-3.018	.904		-3.338***	.001
TRD	.981	.529	.072	1.853*	.064
MKT	-5.000	1.290	-.143	-3.874***	.000
EUD	-9.115	10.731	-.031	-.849	.396
ROA	-.787	.206	-.137	-3.817***	.000
BSIZE	.186	.037	.209	5.095***	.000
TA	-1.005	.299	-.122	-3.367***	.001

주) *는 10% 수준에서 유의, ***는 1% 수준에서 유의함을 나타낸다.

<표 5-3>의 패널A는 식(1)의 회귀분석 결과이다. 종속변수는 기업가치(Tobin's Q)이고, 관심변수는 총연구개발비(TRD)이며, 통제변수는 광고선전비(MKT), 교육훈련비(EUD), 수익성비율(ROA), 기업규모(BSIZE), 유형자산(TA)이다. 분석 결과를 보면, 회귀모형의 F값이 9.592이고, 유의수준 1%에서 통계적으로 유의한 값을 나타냄으로써 추정된 회귀모형의 타당성을 보여주고 있다. 관심변수인 총연구개발비(TRD)는 종속변수인 기업가치(Tobin's Q)에 유의수준 10%에서 통계적으로 유의한 양(+)값을 나타낸다. 이는 의생명기업이 새로운 약품 또는 의료기기를 개발하기 위해 투입하는 총연구개발비는 기업가치를 제고한다고 설명할 수 있다. 광고선전비(MKT), 수익성비율(ROA), 유형자산(TA)는 기업가치(Tobin's Q)에 유의수준 1%에서 유의한 음(-)의 값을 나타낸다. 이는 의생명기업의 광고선전비(MKT)는 기타 산업에 비해 광고투자의 효익을 받지 않으며 오히려 기업가치가 떨어진다고 설명할 수 있고, 의생명기업의 수익성은 단기적으로는 기업가치를 떨어뜨린다고 설명 할 수 있다. 기업규모(BSIZE)는 유의수준 1%에서 유의한 양(+)의 값을 나타내고 이는 선행연구의 결과와 일치하다. 교육훈련비(EUK)는 음(-)의 값을 나타내지만 유의하지 않다.

<표 5-3> 회귀분석 결과

패널 B: 의생명기업의 무형자산 개발비와 기업가치 간의 회귀분석

<table>
<tr><th>R</th><th>R²</th><th>수정된 R²</th><th colspan="3">추정값의 표준편차</th></tr>
<tr><td>.265</td><td>.070</td><td>.062</td><td colspan="3">1.03318</td></tr>
<tr><th></th><th>제곱합</th><th>자유도</th><th>평균제곱</th><th>F</th><th>유의확률</th></tr>
<tr><td>선형회귀모형</td><td>63.041</td><td>7</td><td>9.006</td><td>8.437***</td><td>.000</td></tr>
<tr><td>잔 차</td><td>836.890</td><td>784</td><td>1.067</td><td></td><td></td></tr>
<tr><td>합 계</td><td>899.931</td><td>791</td><td></td><td></td><td></td></tr>
<tr><th rowspan="2"></th><th colspan="2">비표준화계수</th><th>표준화계수</th><th rowspan="2">t</th><th rowspan="2">유의확률</th></tr>
<tr><th>β</th><th>표준오차</th><th>β</th></tr>
<tr><td>(상수)</td><td>-3.173</td><td>.913</td><td></td><td>-3.476***</td><td>.001</td></tr>
<tr><td>NPPER</td><td>1.322</td><td>.599</td><td>.085</td><td>2.206**</td><td>.028</td></tr>
<tr><td>R&D</td><td>-.085</td><td>1.026</td><td>-.003</td><td>-.083</td><td>.934</td></tr>
<tr><td>MKT</td><td>-4.894</td><td>1.293</td><td>-.140</td><td>-3.785***</td><td>.000</td></tr>
<tr><td>EUD</td><td>-8.335</td><td>10.747</td><td>-.029</td><td>-.776</td><td>.438</td></tr>
<tr><td>ROA</td><td>-.818</td><td>.208</td><td>-.142</td><td>-3.939***</td><td>.000</td></tr>
<tr><td>BSIZE</td><td>.193</td><td>.037</td><td>.217</td><td>5.222***</td><td>.000</td></tr>
<tr><td>TA</td><td>-1.023</td><td>.299</td><td>-.124</td><td>-3.422***</td><td>.001</td></tr>
</table>

주) **는 5% 수준에서 유의, ***는 1% 수준에서 유의함을 나타낸다.

〈표 5-3〉 패널B는 식(2)의 회귀분석 결과이다. 종속변수는 기업가치(Tobin's Q)이고, 관심변수는 무형자산 개발비(NPPER)이며, 통제변수는 연구개발비(R&D), 광고선전비(MKT), 교육훈련비(EUD), 수익성비율(ROA), 기업규모(BSIZE), 유형자산(TA)이다. 분석 결과를 보면, 회귀모형의 F값이 8.437이고, 유의수준 1%에서 통계적으로 유의한 값을 나타냄으로써 추정된 회귀모형의 타당성을 보여주고 있다. 관심변수인 무형자산 개발비(NPPER)는 종속변수인 기업가치(Tobin's Q)에 유의수준 5%에서 통계적으로 유의한 양(+)값을 나타내고 연구개발비(R&N)는 유의하지 않은 음(-)의 값을 나타낸다. 이는 비록 의생명기업의 연구개발투자가 증가하더라도 자산으로 처리되는 개발비가 증가하여야만 기업가치를 제고한다고 설명할 수 있다. 광고선전비(MKT), 수익성비율(ROA), 유형자산(TA)는 기업가치(Tobin's Q)에 유의수준 1%에서 유의한 음(-)의 값을 나타내고 기업규모(BSIZE)는 유의수준 1%에서 유의한 양(+)의 값을 나타낸다. 교육훈련비(EUK)는 음(-)의 값을 나타내지만 유의하지 않은 것으로 나타났다.

제5절 요약 및 결론

의생명기업의 무형자산 개발비가 기업가치에 어떠한 영향을 미치는지에 대해 분석하고, 무형자산 개발비와 비용화 연구개발비의 합인 총연구개발비가 기업가치에 유의한 영향을 주는지를 검증함으로써 연구모형의 타당성과 선행연구 결과와의 일치성을 확인하고자 하였다. 2002년부터 2013년까지 KisValue Library에서 코스닥, 유가증권시장에 등록 된 의생명기업을 대상으로 다중회귀분석을 통하여 실증분석을 하였다. 종속변수는 기업가치 대용치인 Tobin's Q를 사용하였고 관심변수로 무형자산 개발비(NPPER), 비용화 연구개발비(R&D)와 그들의 합인 총연구개발비(TRD)로 하였다. 광고선전비(MKD), 교육훈련비(EUD), 수익성비율(ROA), 기업규모(BSIZE), 유형자산(TA)를 통제변수로 하여 분석하였다.

분석결과 첫째, 의생명기업의 무형자산 개발비와 비용화 연구개발비의 합인 총연구개발비와 기업가치는 유의수준 10%에서 유의한 양(+)의 값을 나타내면서 연구모형의 타당성을 입증하고 연구개발비의 비중이 높은 의생명기업에서 기업가치를 증대시키기 위해서는 기술혁신을 통해 기업성과를 향상시켜야 해야 함을 제시한다. 둘째, 의생명기업의 무형자산 개발비는 유의수준 5%에서 기업가치에 유의한 양(+)의 영향을 미치고 비용화 연구개발비와 기업가치는 음(-)의 상관관계이며 유의하지 않음을 보여 주었다. 이는 의생명기업에서 기업가치를 증가함에 있어 연구개발의 중요성을 말해주며 또한 자산화 연구개발비인 무형자산 개발비는 기업가치의 증가에 일조하지만 비용화 처리 되는 연구개발비의 증가는 오히려 기업가치를 감소할 수 있음을 보여주므로 의생명기업의 연구개발비투자의 효익은 기업가치에 미치는 영향을 고려할 때, 당해 연도 비용으로 처리하지 않고 자산으로 계상하는 것이 오히려 타당할 수도 있음을 제시한다.

분석에 있어 다음과 같은 한계점을 가지고 있는바 향후 연구에서 확장하여 분석할 필요가 있다. 첫째, 연구 표본으로 산정된 의생명기업의 기업수가 한정된 관계로 제약기업과 의료기기 제조 기업에 대해 세분화 하여 분석하지 못한 것이다. 둘째, 총연구개발비를 자산화된 무형자산 개발비와 비용화된 연구개발비로 구분하는데 있어서 경영자가 재량적으로 자산화 하여야 할 연구개발비를 비용 처리한 금액이 있을 경우를 구분하지 못하였다.

참고문헌

김병호(2002), "기업의 소유구조와 기업가치 및 수익률에 대한 연구: 임원지분율을 중심으로", 한국증권학회지, 제30집, pp.391-434.

김영숙·이재춘(2000), "기업가치와 기업소유구조와의 관련성", 한국증권학회지, 제26집, pp.173-197.

김우택·장대홍·김경수(1993), "기업가치와 소유경영구조에 관한 실증적 연구", 재무연구, 제6호, pp.55-75.

곽태완, 왕현선(2013), "기업특성에 따른 연구개발비의 가치관련성에 관한 연구", 국제회계연구, 제50집, pp.159-182

박경서·이은정·장하성(2003), "한국 상장기업의 사회이사제도 운영에 관한 연구", 한국증권학회, 제4차 정기학술발표회 발표논문집, pp.105-135.

박광우·박래수·황이석(2005), "기업지배구조와 주주부의 배분에 관한 연구", 한국증권학회지, 제34권 제4호, pp.149-188.

박기성(2002), "소유구조와 기업의 회계적 성과 및 Tobin's Q의 관계에 관한 연구", 한국증권학회지, 제30집, pp.297-325.

박준우(2009), "하이테크 기업의 연구개발비와 광고비가 기업가치에 미치는 영향", 한국상업교육학회, pp.377-395.

유태욱·양동우(2010), "기술혁신요인이 기술적 성과 및 경제적 성과에 미치는 영향에 관한 실증연구", 벤처경영연구, 제12권 제4호, pp.69-93.

장성근·신영수·정해혁(2009), "R&D투자·기술경영능력·기업성과간의 관계", 경영학연구, 제38권 제1호, pp.105-132.

정재권, 조희제, 곽종민, 배기수(2012), "코스닥기업의 연구개발비와 기업가치", 재무와회계정보저널, 제12권 제4호, pp.57-71.

Black, B., Jang, H., and Kim, W.(2003), "Does Corporate Governance Affect Firms' Market Values? Evidence from Korea", Working Paper, Stanford Law School and Korea University Business School.

제 6 장

무형자산 회계처리 Ⅲ

제6장 무형자산 회계처리 Ⅲ

제1절 서론

우리나라 과학기술은 지난 수십 년간 양적 질적 측면에서 비약적인 성장을 이루었다. 과학경쟁력 세계 7위, 기술경쟁력 세계 6위(IMD), SCI 논문수 세계 13위(23,286건), 총 연구개발비는 세계 7위(GDP의 3.23%), 연구원 수 256,598명으로 집계되고 있다. 급격한 외부 환경 변화에도 불구하고 우리나라는 경공업에서 중화학공업, IT 산업으로 산업구조가 고도화되었으며, 선진국 시장에서 중국, 인디아 등 신흥 시장으로 다변화하면서 수출주도의 경제성장 지속. 국내 총생산 세계 13위(9,570억 달러), 1인당 GDP 세계 41위(20,045달러), 하이테크산업 수출비중 세계 9위(29.5%)이다. 그러나 최근 국가 간 무한 경쟁체제 아래 선진국과 후발경쟁국 사이에서 국가경쟁력 확보를 위해서는 과학기술투자의 효율성 제고와 새로운 성장동력의 확충이 시급하다. 새로운 과학기술지식의 창출과 활용을 강화하기 위해서는 창조형, 선도형 혁신기반 확대가 필요하다. 일반적으로 미래 시장 전망을 위한 연구에서는 시장 수요의 정성적, 정량적 변화에 초점을 맞추는 Demand Pull 방식의 미래 분석 및 예측이 주로 이루어져 왔고, 기술발전 전망에 관련해서는 기술로드맵, 특허분석, 갭분석 등과 같은 기술자체의 속성과 연구개발 동향에 기반한 Technology Push 성격의 연구가 주류를 이루고있다.

미래 ICT 전략기술 도출의 궁극적 목적이 미래 ICT 핵심기술의 선도와 신성장 분야의 선점이라는 점에 비추어 볼 때, 수요의 변화방향과 기술발전의 자체적 속성을 모두 고려한 미래 예측이 필요하다. 미래 니즈와 기술에 관련된 예측과 전망은 활용가능한 계량적 자료가 없는 반면에 불확실성이 높은 만큼, 경험과 이론적 지식을 갖춘 전문가의 통찰력을 효과적으로 활용하는 것이 필요하다. 미래 사회의 변화는 기술분야 뿐만 아니라 정치, 경제, 환경, 시장 등의 고도로 복잡한 측면의 변화가 모두 반영되어 나타나는 만큼 ICT 분야 전문가 외에 사회 각 분야에서 경험을 쌓아온 다양한 배경의 전문가 집단이 가진 직관과 통찰력 결집이 필요하다.

한편 전문가 의견에만 의존할 경우에 발생할 수 있는 예측과 전망의 편향을 조정하고 최종적인 ICT 기술 및 서비스 이용자 의견을 반영한다는 측면에서 일반 대중의 의견 수집과 분석에 기반한 미래 니즈 파악도 중요하다. 이에 미래 ICT 전략기술에 대하여 국내외 연구개발 동향, 이용자 측면에서의 구체적인 기술개발 니즈, 해당 기술 분야별 선도국과의 격차, 관련 시장규모와 기술개발 경제성 등에 대한 종합적 분석을 거쳐 각 전략 기술별 혹은 전략기술 그룹별로 R&D 기획의 기초자료 산출이 필요하다. 또한 무형자산이 주를 이루고 있는 ICT 기업에서 이러한 ICT R&D에 대한 투자는 궁극적으로 기업가치에 지대한 영향을 미칠 것이다. 이러한 연구배경 하에 미래 ICT R&D 추진전략 방향을 도출하고 이들 주요 ICT 기업의 무형자산과 기업가치에 대한 분석을 목적으로 한다.

제2절 이론적 배경 및 선행 연구

미래의 기술은 복잡 고도화로 진행됨에 따라 어느 기술의 진보는 타 기술의 진보가 필요하면서 상호의존·기여하게 되고, 현재의 어느 기술의 정체는 어느 기술 분야의 병목현상(Bottle neck)에서 기인하는가를 파악하여 장래의 어느 기술의 발전을 위해서는 어떤 분야의 기술의 진보가 필요한지 고찰할 수 있다.

그리고 연도별 기술을 조사하여 기간별로 각 기술 분야를 고찰함으로써 현재 중요한 기술은 어떤 기술일까? 전체적으로 세계의 기술진보는 어떠한 방향으로 향하고 있는가? 따라서 장래에 어떤 기술을 육성해야 되는가라는 기술전략을 수립할 수 있다. 그러나 기술연관 문제를 해결하기 위하여 많은 학자·연구자들이 기술연관의 분석도구를 모색해 왔으나 어느 것 하나 충분한 성과를 거두었다고 할 수 없다.[11)]

그 이유는[12)] 첫째, 기술 분류가 산업분류에 비하여 훨씬 복잡하고, 제품 및 생산

11) 박종원, "기술연관분석을 이용한 기술전략의 의사결정방법에 관한 연구", 충남대학교 2001. 10.
12) 김자수, "정보통신과기술연관분석", 중앙경제사(일본), 1995. 9.

방법 또는 제조방법을 기준으로 분류할 것인가를 선택하여야 하며 또한 기술 분야를 얼마나 세분화할 것인가 하는 문제가 있다. 기술을 상세하게 세분화하면 분석이 지나치게 복잡하게 되고 반대로 대충 분류하면 기술연관의 진면목을 파악하기 어렵게 된다. 더욱이 오늘날의 기술은 과학과의 경계가 모호하고 기술과 기능과의 관계도 복잡한 양상을 보이고 있어 기술자체의 범위조차 모호해 지고 있다.

둘째, 기술이란 창조적 파괴의 과정을 거쳐 끊임없이 발전하고, 부단한 신기술이 생성되며 기술 간의 융합·경쟁·대체를 통하여 경계영역도 유동적이며 부단히 변화한다는 특성을 지니고 있기 때문이다.

셋째, 기술에 관한 데이터가 거의 존재하지 않는다는 점이다. 현실적으로 분석에 사용할 수 있는 데이터는 연구개발비와 연구인력의 통계, 기술료 수지 등에 한정되어 있다. 또한 연구개발비와 연구인력에 대한 정의도 주체 간에 서로 달라 신뢰성에 문제가 제기될 수 있다. 그러나 이와 같은 제약 속에서도 기술연관분석은 꾸준하게 연구되어 왔다.

먼저 기술연관 개념에 대하여 살펴보면 김자수 등(1995)이 연구한 “정보통신과기술연관분석”을 인용하면 기술연관분석이란 산업연관분석에서 유추되었다고 설명하고 있다. 산업 간에는 산업연관표라는 산업 간의 투입·산출관계를 명확히 나타내어 주는 요소가 있어 산업 및 수요의 동향, 산업구조 등의 거시적 관찰이 용이하다.

이러한 산업연관표에 대해서 어떤 기술연관표를 만들 수 없을까 하는 일종의 방법론적 유추로부터 기술연관 분석이 비롯되었다고 볼 수 있다. 그리고 이 방법론에 접합시킨 새로운 이론 및 내용을 탐구하고 구성하는 과정으로 기술연관분석이 진행되어 왔다. 이에 따라 기술연관분석의 추진을 위해서는 사전·사후적으로 적절한 수단을 확립해야만 할 필요성이 언제나 제기된다.

다음으로 내생적 성장 동력인 무형자산에 관한 연구와 기업가치에 관한 연구로 구분하여 살펴보면 다음과 같다. 먼저 내생적 성장 동력인 무형자산에 대한 연구로 유태욱과 양동우(2010)는 기술혁신형 중소기업 578개를 대상으로 기술혁신 활동과 기술적 성과 및 경제적 성과간의 관계를 분석하였다. 분석결과 연구개발 집약도는 기술적 성과와 매출액 증가율에 대해서는 유의한 양(+)의 영향을 미치는 것으로 나타났다. 장성근 등(2009)은 기술개발연구소를 보유한 175개 기업을 대상으로 연구개발투자수준과 기업성과 간에 과정변수인 기업경영능력을 추가하여, 연구개발투자와 기술경영능력 및 기업성과간의 관계를 분석하였다. 분석결과 기술경영능력이 연구개발투자와 기업성과간의 관계를 조절하는 것으로 나타났으며, 연구개발투자수준과 기업성과 간에는 음(-)의 유의적인 관계가 있는 것으로 나타났다. 이러한 분석결과는 기업성과를 높이기 위해서는 연구개발비만을 단순히 증가시키는 것보다는 기술경영능력을 강화하는 것이 더 중요하다는 것을 의미한다. 특히 기술경영능력이 부족한 상황에서 연구개발투자를 계속 증가시키는 것은 기업의 중요한 경영자원을 크게 낭비시킬 수 있으며, 궁극적으로 기업의 생존 및 발전에 위험 요소로 작용할 수 있음을 시사한다. 배기수(2012)는 규모가 작은 벤처기업에서 지배구조가 이익조정을 측정하는 재량적 발생액에 어떠한 영향을 미치는 지를 분석한 결과 GOV1만을 포함하여 분석한 GOV1의 회귀계수는 0.464로 유의수준 1%에서 양(+)의 관련성이 나타났으며 Model 2의 2대 주주지분율인 GOV2도 0.704로 1% 수준에서 유의한 양(+)의 관련성이 있다는 것을 보고하였다. 또한 배기수 등(2012)은 코스닥 증권시장에 상장된 벤처기업을 대상으로 내생적 성장 연구개발비가 기업가치에 미치는 영향을 분석하였다. 분석결과 벤처기업의 내생적 성장 연구개발비가 기업규모에 양(+)의 유의한 영향을 미치고 있는 것으로 나타났다. 반면 유형자산과 광고선전비 및 교육훈련비 등은 음(-)의 유의한 영향을 미치는 것으로 나타났다. 벤처기업의 기업규모가 기업가치에 양(+)의 유의한 영향을 보인 것은 기술개발을 중점적으로 추진하는 벤처기업의 특성상 내생적 성장 무형자산이 기업가치에 유의적인 영향을 미치고 있는 것으로 해석된다. 결론적으로 코스닥 등록 벤처기업의 내생적 성장 연구개발비와 기업가치 간에는 양(+)의 상관관계를 갖고 있는 것으로 검증되었고, 벤처기업은 개발비 등 무형자산에 대한 투자가 집중되는 기업의 특성으로 인하여 벤처기업의 기업규모(총자산)가 기업가치에 양(+)의 유의한 영향을 미치는 것으로 분석되었다. 이외에도 배기수와 전희영(2013)은 투자자에게 공시된 연구개발비 지출액과 관련된 회계정보가 신규상장기업의 경영성과 및 기업가치에 어떠한 영향을 미치는지를 분석하였다. 연구개발비 총액과 사용방식에 따라 구분하여 분석한 연구결과는 다음과 같다. 첫째, 연구개발비와 경영성과간의 영향정도를 살펴보면, 신규상장기업의 경영성과(Tobin's Q)에 연구개발비 총액, 자산화된 연구개발비, 비용화된 연구개발비 모두 유의한 양(+)의 영향을 미치는 것으로 나타났다. 둘째, 연구개발비와 기업가치(최초시장가격)의 분석 결과를 살펴보면, 신규상장기업의 기업가치(최초시장가격)에 연구개발비 총액, 자산화된 연구개발비, 비용화된 연구개발비 모두 유의한 양(+)의 영향을 미치는 것으로 나타났다. 이상의 분석 결과들은 기존의 연구결과와 크게 다르지 않으며, 신규상장기업의 성과 및 기업가치에 연구개발비 총액, 자산화된 연구개발비, 비용화된 연구개발비 모두가 일관되게 유의적인 양(+)의 영향을 미치는 것으로 나타났다.

기업가치에 대한 연구로 박기성(2002)은 내부 대주주 지분율이 높을수록 기업가치가 높다고 보고하였다. 그러나 Tobin's Q는 일정의 소유지분율 이상으로 증가할 때 높아지는 것으로 나타나 일정한 범위가 있음을 발견하였다. 김병호(2002)는 Tobin's Q가 임원지분율이 5~30%인 구간에서만 유의한 수준으로 감소한다는 것을 발견하였다. 이외에도 김우택 등(1993), 김영숙과 이재춘(2000)의 연구는 대주주1인 지분율 및 임원 지분율과 기업가치와의 관계가 비선형이라고 보고하였다.

이러한 선행연구들은 무형자산이 기업가치에 미치는 영향을 분석하는데 사용할 수 있고, 기업가치의 측정 대용치로 Tobin's Q의 측정분석을 가능하게 한다. 이러한 선행연구검토 결과를 바탕으로 다음과 같이 연구설계를 하였다.

제3절 연구설계

1. 표본의 선정

ICT 기업이 속해 있는 코스닥시장은 2004년 1월 29일 한국증권선물거래소법의 제정으로 증권거래소, 선물거래소, (주)코스닥증권시장의 합병을 통해 2005년 1월 27일 한국증권선물거래소가 새로 출범하게 되었다. 코스닥시장은 유가증권거래소가 기존의 전통기업 및 대규모 기업이 상장된 반면 코스닥시장은 기술력과 성장성 있는 벤처기업 등의 중소기업이 주로 상장되어 있다. 본 연구에서는 코스닥시장에 등록된 기업들 중 헬스케어기업의 내생 성장 동력 연구개발비가 기업가치에 미치는 영향을 분석함으로써 투자자와 채권자 및 정부 감독기관에 유용한 정보를 제공하고자 한다.

분석 목적을 달성하기 위해 분석대상 표본은 2014년 현재 코스닥시장에 등록된 기업들 중 KIS-FAS와 TS2000에서 필요한 재무자료 및 지분율 자료의 입수가 가능하고 다음의 조건을 충족시키는 기업을 표본으로 선정하였다.

실증분석 대상기간은 2008년부터 2012년까지로 하였으며, 표본을 구성하는데 있어서 조건(1)은 연구결과의 편의(bias)를 제거하기 위해 12월 결산법인으로 선정하였다. 조건(2)에서 분석에 필요한 재무자료는 한국신용평가(주)의 KIS-FAS 및 한국상장회사협의회(주) TS2000웨어하우스에서 획득하였고 이러한 데이터베이스를 통해서도 얻을 수 없는 기업들은 제외하였다. 조건(3)은 금융감독원의 전자공시시스템을 통해서 ICT 기업관련 자료를 추출하였고, 자료 입수가 불가능한 기업들은 제외하였다. 조건(4)는 개별기업의 잔차값을 이용하여 Studentized Residuals의 절대값이 2를 벗어나는 기업을 극단치로 보아 표본에서 제외하였으며, 표본에서 자본잠식 기업도 제외하였다.

ICT 기업의 무형자산이 기업의 가치에 미치는 영향을 분석하기 위하여 본 연구에서는 2008년부터 2012년까지 최근 5년간을 분석대상 기간으로 하였다.[13] 이 기간 동안에 한국증권거래소(KSE)에 상장되어 있는 기업들 중 다음 표와 같이 조건을 충족시키는 기업을 표본으로 선정하였다. 위의 기준에 의해서 선정된 최종표본기업은 모두 520개이다.

<표 6-1> 표본기업의 선정과정

표본기업 선정과정	표본의 수
(1) 2008년부터 2012년까지 증권거래소 상장기업들 중 12월 결산법인이며 ICT 기업으로 분류된 기업	563개
(2) 재무자료가 불가능한 기업과 자기자본이 음수인 기업	(-) 13개
(3) 감사의견이 비적정인 기업	(-) 20개
(4) 변수의 크기가 R-student ±2의 범위 내에 속하지 않는 기업	(-) 10개
최 종 표 본	520개

13) 2013년 감사보고서는 2014년에 공시되기 때문에 2012년까지 분석대상 기간으로 하였다.

2. 연구모형의 설계

ICT 산업은 고도의 정밀한 기술을 요하는 산업이다. 이에 고도의 지식축적이 필요할 뿐만 아니라 고가의 장비 및 숙련된 기술인력을 요구한다. 이러한 ICT 산업의 특징으로 인해 기존 기업의 수익창출활동으로 주로 사용되었던 유형자산 보다는 무형자산이 수익창출에 더 큰 영향을 미칠 것으로 판단된다.

김정교와 서지성(2007)은 연구개발비가 주식수익률에 양(+)의 영향을 미친다고 보고하였다. 즉, 연구개발비는 미래 기업의 가치에 양(+)의 영향을 미치며, 이는 주가에 긍정적인 영향을 준다는 것이다. 주식수익률은 기업의 미래가치를 반영하는 주요 지표로 투자자들이 투자판단의 기준으로 활용하는 대표적인 정보이다. 이에 본 연구에서는 다음과 같은 연구가설을 설정하였다.

가설 : ICT 기업의 무형자산은 기업가치에 양(+)의 영향을 미친다.

유태욱과 양동우(2010)은 연구개발집약도는 기술적 성과와 매출액 증가율에 대해서 유의한 양(+)의 영향을 미친다고 보고하였다. 즉, 기업의 연구개발활동은 수익창출활동에 유의한 양(+)영향을 주며, 이는 기업가치에 반영된다는 것이다. 이에 ICT 기업의 무형자산이 기업가치에 미치는 영향에 대한 방향은 양(+)의 방향으로 예측하였다.

본 연구의 목적은 ICT 기업의 내생적 성장 동력인 무형자산과 기업가치와의 관계를 분석하는 것이다. 이에 종속변수는 박기성(2002)와 김병호(2002)와 같이 기업가치의 대용치로 Tobin's Q를 이용하였다. 실험변수는 연구개발비(RND)이며, 기업규모(BSIZE)와 유형자산(TA)이 기업가치에 미치는 영향을 통제하기 위해 박광우 등(2005)연구에서의 측정방법을 이용하였다. 배기수 등(2012)은 총자산수익률(ROA)과 기업가치 간에 유의적인 양(+)의 관계를 보고하였다. 수익성의 영향력을 측정하기 위해 박경서 등(2003)에서 이용된 ROA를 사용하였다. 배기수 등(2012)은 경영진의 능력과 성과에 대한 긍정적인 정보가 조직운영상의 이완(slack)을 가져 올 수 있기 때문에 기업의 수익률이 높을수록 기업가치가 높다고 주장하였다. 이는 투자자에게 긍정적인 정보로 반영될 것이다.

Black 등(2003)은 광고선전비(MKT)와 교육훈련비(EUD)의 지출이 높은 기업일수록 기업가치에 긍정적인 영향이 있음을 보고하였고, 위 변수들 중에서 내생성(endogenous)문제를 통제하기 위해 내생 성장 동력 연구개발비 변수와 광고선전비, 교육훈련비 및 수익성비율은 종속변수에 대하여 1년전의 자료로 대응시켜 이용하였다. 본 연구에서의 내생성(endogenous)문제는 기업가치에 내생 성장 동력 연구개발비가 미치는 영향을 검증하는 과정에서 주가가 올라서 내생 성장 동력 연구개발비에 변화를 가져 온 것인지, 내생 성장 동력 연구개발비의 변화가 주가에 영향을 미쳤는지 인과관계의 방향을 명확히 알 수 없는 문제를 말한다. 본 연구에서는 이러한 문제를 해결하기 위해서 기업i의 t년도 기업가치에 대응하는 통제변수들 중에 내생성문제가 발생할 가능성있는 변수는 기업i의 t-1년도의 것으로 대응시켰다. 다변량 회귀분석(MRA)방법을 이용하여 분석하기 위한 모형식은 식(1)과 같다.

$$\text{Tobin's } Q = a + b\ RND + b\ MKT + b\ EUD + b\ ROA + b\ BSIZE + b\ TA + \varepsilon \quad \cdots \text{식(1)}$$

변수에 대한 정의는 다음과 같다.

Tobin's Q(기업가치) : 당기 (장부가치 총부채+자기자본시가총액)/(장부가치총자산)

RND(연구개발비) : 당기연구개발비/당기장부가치 총자산

MKT(광고선전비) : 당기 광고선전비/당기 장부가치 총자산

EUD(교육훈련비) : 당기 교육훈련비/ 당기 장부가치 총자산

ROA(수익성비율) : 전기 당기순이익/전기말 장부가치 총자산

BSIZE(기업규모) : 전기 Log(장부가치 총자산)

TA(유형자산) : 당기유형자산/당기장부가치 총자산

제4절 실증분석 결과

1. 기술연관도 분석결과

FGI 결과물을 통해 산출된 25개 ICT 과제에 대한 기술가치, 기술파급효과, 시장규모 및 필요성 등을 분석 한 후 Matrix analysis 방법을 통해 기술유사성을 중심으로

군집분석을 실시하고 10개의 중형과제로 도출하였다. 이렇게 도출된 중형과제 10개에 대하여 Matrix analysis 방법을 통해 최종 3개의 과제로 도출하였다. 고해상도 홀로그램 디스플레이, 클라우드 기반의 초경량 지능형 스마트 단말기, 음성/이미지/문서 인식 기반의 실시간 다국어 통역/번역시스템 기술 등의 필요성이 40%로 가장 높게 나탔다. 반면, 멀티미디어 콘텐츠의 이기종간 실시간 자동변환시스템, 특정점 인식기반의 동영상 객체 추적/검색 솔루션 등은 필요성이 5%로 낮게 나타났다. 산업파급효과가 가장 크게 나타난 기술은 고행상도 홀로그램 디스플레이, 클라우드 기반의 초경량 지능형 스마트 단말기 등으로 나타났으며, 산업파급효과가 낮게 나타난 기술은 고품질 콘텐츠 고속 송수신의 개방향 미들웨어 등으로 나타났다. 또한 시장규모가 가장 크게 나타난 기술은 고해상도 홀로그램 디스플레이 기술이었으며, 기술파급효곽 가장 큰 기술도 고해상도 홀로그램 디스플레이 기술인 것으로 나타났다.

2. 기술통계 분석결과

주요 변수에 대한 기술통계 분석결과는 다음 표와 같다. 표에서 보는 바와 같이 기업가치를 나타내는 Tobin Q는 평균이 0.503, 표준편차 0.591로 고르게 분포되어 있는 것으로 나타났으며, 총자산수익률인 ROA의 표준편차도 15.45로 고르게 분포되어 있는 것으로 나타났다. 기타 변수의 표준편차도 3.1이하로 본 연구에서 사용한 변수들의 표본이 모두 고르게 분포되어 있는 것으로 나타났다.

<표 6-2> 기술통계 분석 결과

구 분	최소값	최대값	평균	중위수	표준편차
Tobin Q	-0.524	5.091	0.503	0.400	0.591
RND	0.000	1.643	0.028	0.010	0.103
TA	0.008	8.512	0.508	0.368	0.638
MKT	0.000	0.219	0.008	0.000	0.021
EUD	0.000	0.051	0.000	0.000	0.003
BISZE	0.208	74.999	1.580	1.153	3.025
ROA	-149.3	42.680	1.767	3.770	15.45

주) 변수의 설명 : 식(1)참조

3. 상관관계 분석

본 분석에서 사용한 변수의 상관관계 분석결과는 다음 표와 같다. 표에서 보는 바와 같이 기업가치인 Tobin Q와 내생 성장 동력인 연구개발비 RND의 상관관계는 1% 수준에서 유의적인 양(+)의 관계로 나타났다. 이와 같은 분석결과는 헬스케어기업에서 내생 성장 동력인 연구개발비의 증가는 기업가치의 증가로 이어진다는 것을 의미한다. 또한 유형자산(TA)과 교육훈련비(EUD) 및 기업규모(BSIZE)도 기업가치에 대해 1% 수준에서 유의적인 양(+)의 관계에 있는 것으로 나탔다. 이는 유형자산과 교육훈련비 및 기업규모가 클수록 기업가치가 크다는 것을 의미한다.

<표 6-3> 상관관계 분석 결과

구 분	TobinQ	RND	TA	MKT	EUD	BISZE	ROA
TobinQ	1						
RND	0.326**	1					
TA	0.195**	0.143**	1				
MKT	-0.016	0.074*	-0.029	1			
EUD	0.240**	0.786**	-0.026	0.206**	1		
BISZE	0.131**	0.207**	0.307**	0.036	0.110**	1	
ROA	-0.230**	-0.189**	-0.122**	-0.007	-0.100**	-0.174**	1

주) 변수의 설명 : 식(1)참조, * 5% 유의수준, ** 1% 유의수준.

반면, 광고선전비(MKT)는 Tobin Q에 대해 1% 수준에서 유의적인 음(-)의 관계가 있는 것으로 나타나, 광고선전비가 많을수록 기업가치는 떨어지는 것으로 나타났다. 이는 현행 회계처리기준이 광고선전비 지출을 당기비용으로 처리하는데 기인한 것으로 판단된다. 이러한 분석결과는 기업가치에 미치는 영향을 타 변수의 영향을 통제하지 않고 내생 성장 동력 연구개발비와 기업가치의 관계를 분석한 단일변량 분석결과이다. 이에 이하에서는 헬스케어기업의 내생 성장 동력 연구개발비가 기업가치에 어떠한 영향을 미치는 지에 대해 보다 정교한 분석결과를 얻기 위해 기업가치에 영향을 미치는 타 변수들을 통제한 후의 분석결과인 다변량 회귀분석결과를 살펴보도록 하겠다.

4. ICT 기업의 무형자산이 기업가치에 미치는 영향

다음 표는 ICT 기업의 내생 성장 동력 연구개발비가 기업가치에 미치는 영향에 대해 다변량 회귀분석을 한 결과이다. 표에서 보는 바와 같이 모형의 적합도를 나타내는 F값은 23.557로 1% 수준에서 유의한 것으로 나타났으며, 모형의 수정 R^2은 0.149로 설명력은 14.9%로 나타났다. 본 연구의 주된 관심변수인 내생 성장 동력 연구개발비 RND의 t값은 4.221로 1% 수준에서 기업가치인 Tobin Q에 대해 양(+)의 영향을 미치는 것으로 나타났으며, 이는 단일변량 분석결과와도 일치하는 결과이다. 다변량 분석결과와 단일변량 분석결과의 일치는 본 연구의 분석결과를 더욱 강건하게 해 주는 분석결과이다.

<표 6-4> 다변량 회귀분석 결과

수정된 R^2 : 0.149			
F : 23.557**			
	베타	t	VIF
(상수)		14.941**	
RND	.242	4.221**	2.975
TA	.139	3.869**	1.166
MKT	-.040	-1.176	1.069
EUD	.046	.804	2.930
BISZE	.007	.182	1.156
ROA	-.162	-4.733**	1.066

주) 변수의 설명 : 식(1)참조, * 5% 유의수준, ** 1% 유의수준.

이러한 분석결과는 ICT 기업의 내생 성장 동력 연구개발비는 기업가치에 양(+)의 영향을 준다는 것으로 본 연구가설 'ICT 기업의 무형자산은 기업가치에 양(+)의 영향을 미친다'를 지지한다. 통제변수 중 유형자산(TA)도 1% 수준에서 기업가치 Tobin Q에 대해 유의한 양(+)의 영향을 미치는 것으로 나타나, 단일변량분석 결과와 동일한 방향을 보였다.

제5절 결론

창조경제의 영향으로 일자리 창출에 대한 산업계의 관심이 고조되고 있다. 이러한 세간의 관심은 주식시장에도 반영되어 ICT 기업의 주가에 영향을 미치고 있다. ICT 기업의 특징은 유형자산이 주요 수익 창출활동이었던 기존 전통 제조업과 달리, 고도의 정밀기술집약적인 특징으로 인해 무형자산이 주요 수익창출활동의 근원으로 작동하고 있다. 본 연구에서는 이러한 현상에 착안하여 ICT 기업의 무형자산 중 대표적인 내생 성장 동력 연구개발비가 기업가치에 미치는 영향을 분석하였다.

이러한 연구목적을 달성하기 위하여 ICT 기업을 대상으로 다변량 회귀분석모형을 설정하여 분석하였다. 기업가치를 측정한 Tobin Q를 종속변수로 하였으며, 연구개발비는 실험변수로 하고 선행연구에서 기업가치에 영향을 미치는 변수들로 밝혀진 유형자산, 교육훈련비 및 광고선전비 등을 통제변수로 하였다.

분석결과 기업가치에 대해 내생 성장 동력 연구개발비는 1% 수준에서 유의한 양(+)의 영향을 미치는 것으로 나타났. 이러한 분석결과는 ICT 기업의 내생 성장 동력 연구개발비는 기업가치에 양(+)의 영향을 준다는 것으로 본 연구가설 'ICT 기업의 무형자산은 기업가치에 양(+)의 영향을 미친다'를 지지하는 결과이다. 통제변수 중 유형자산(TA)도 1% 수준에서 기업가치 Tobin Q에 대해 유의한 양(+)의 영향을 미치는 것으로 나타나, 단일변량분석 결과와 동일한 방향을 보였다.

그 어느 때 보다도 창조의 경제의 영향으로 ICT 기업에 정치권, 산업계 및 학계에서 많은 관심을 보이고 있다. 이러한 ICT 기업에 대한 관심에 산업계에서 발빠르게 대응하고 있으며, 이는 기업의 가치로 나타나고 있다. ICT 기업의 기업가치를 증가시키기 위해서는 연구개발이 무엇보다 중요하다는 본 분석결과는 산업계와 투자자 및 정부·감독기관에 유용한 정보를 제공해 줄 수 있을 것으로 기대된다.

참고문헌

김병호. 2002. 기업의 소유구조와 기업가치 및 수익률에 대한 연구: 임원지분율을 중심으로. 한국증권학회지. 제30집 : 391-434.

김영숙·이재춘. 2000. 기업가치와 기업소유구조와의 관련성. 한국증권학회지. 제26집 : 173-197.

김우택·장대홍·김경수. 1993. 기업가치와 소유경영구조에 관한 실증적 연구. 재무연구. 제6호 : 55-75.

김자수. 1995. 정보통신과기술연관분석. 중앙경제사(일본).

김정교·서지성. 2007. 연구개발비가 기업가치에 미치는 영향. 국제회계연구. 제20집 : 207-229.

박경서·이은정·장하성. 2003. 한국 상장기업의 사회이사제도 운영에 관한 연구. 한국증권학회. 제4차 정기학술발표회 발표논문집 : 105-135.

박기성. 2002. 소유구조와 기업의 회계적 성과 및 Tobin's Q의 관계에 관한 연구. 한국증권학회지. 제30집 : 297-325.

박종원. 2001. 기술연관분석을 이용한 기술전략의 의사결정방법에 관한 연구. 충남대학교.

배기수. 2012. 벤처기업의 지배구조가 회계정보의 유용성에 미치는 영향, 세무회계연구. 제34호 : 69-82.

배기수·전희영. 2013. 코스닥 IPO 기업의 연구개발비와 기업가치의 관계에 관한 연구. 국제경상교육연구. 제10권 제2호 : 79-103.

배기수·조희제·송영화. 2012. 벤처기업의 내생적 성장이 기업가치에 미치는 영향, 한국콘텐츠학회논문지. 제12권 제10호 : 430-438.

유태욱·양동우. 2010. 기술혁신요인이 기술적 성과 및 경제적 성과에 미치는 영향에 관한 실증연구. 벤처경영연구. 제12권 제4호 : 69-93.

장성근·신영수·정해혁. 2009. R&D투자·기술경영능력·기업성과간의 관계. 경영학연구. 제38권 제1호 : 105-132.

Black, B., Jang, H., and Kim, W. 2003. Does Corporate Governance Affect Firms' Market Values? Evidence from Korea. *Working Paper*, Stanford Law School and Korea University Business School.

제 7 장

지식재산가치 분석 I

제7장 지식재산가치 분석 I

제1절 지식재산가치분석관련 선행연구

1. 전략적 제휴를 통한 신약 개발의 기술가치평가 분석 : 공동연구개발 중심으로

최근 4차산업 혁명으로 인한 비약적인 기술의 발전을 이루는 현대사회에서 경쟁우위를 점하기 위한 방법 중 하나인 전략적 제휴를 제약산업의 관점에서 신약개발 시 공동연구개발의 효율성을 알아볼 필요가 있다. 이전 선행연구에서의 제휴 시 임상성공률 및 R&D효율성 증가 등의 사례를 토대로 제약·바이오산업에서 공동연구개발 시의 기술가치와 비제휴시의 기술가치 차이를 비교하여 전략적 제휴의 효율성을 시각적인 가치의 개념으로 분석하였다. 연구 방법으로는 A사 개량신약의 가치평가사례를 바탕으로 바이오 기술가치평가 시 사용되는 r-NPV방법을 이용하여 비제휴 시 개량신약의 가치를 구하고, 이를 가상으로 만들어진 공동연구개발 시 개량신약의 가치와 비교하여 효율성을 분석하였다. 공동연구개발 시의 개량신약의 경우 연구성과에 대한 분배, 투입비용의감소, 임상성공률의 증가 등의 요인을 고려하여 제휴 시 가치를 구하였다. 연구결과는 비제휴 및 공동연구개발 시 개량신약의 잉여현금흐름의 현재가치는 동일하지만 Deloitte에서 보고된 제휴 시 높은 임상 성공률의 차이로 인하여 비제휴 시보다 높은 누적 신약승인확률을 보여주었으며(Marcello et al.,2015), 이 결과로 개량신약의 공동연구개발 시 97,428백만 원, 비제휴 시 21,390백만 원의 기술가치를 가졌다. 이후 공동연구개발의 연구성과에 대한 분배로 인하여 공동연구개발 시 개량신약의 기술가치를 절반으로 나누었으며, 이를 기존의 기술가치와 비교 시 투입자원을 절반으로 하였음에도 불구하고 2.3배 높은 기술가치를 보여주었다. 이 결과는 공동연구개발 시 투입자원이 절반으로 들어갔기 때문에 기업에서는 자원을 다른 곳에 사용할 수 있는 선택지가 생성될 수 있을 것으로 예상된다.

제약산업에서 기존에 연구되지 않았던 제휴활동 중 공동연구개발 시의 효율성을 가치평가적으로 분석하여 연구하였다는 것에 의미가 있다. 본 연구의 중요성은 전 세계적으로 기술 및 시장의 변화가 점차 가속화됨에 따라 기업들의 생존 경쟁을 위해 시간과 비용을 효율적으로 사용하는 방법으로 점차 전략적 제휴의 중요성이 강조될 것이다. 더욱이 고도의 기술이 집약된 제약산업은 많은 시간과 긴 시간을 투자하여 고부가가치를 창출해낸다는 특성이 있지만 임상시험단계라는 위험 요소가 존재하여 신약개발의 성패의 여부가 기업의 미래 운영에 많은 영향을 미치기 때문에 제휴에 대한 의사결정의 방향성을 잡는 근거가 필요함에도 아직까지 의사결정의 도움을 줄 수 있는 기술가치평가방법에 대한 연구는 부족하며, 본 연구는 제약산업에서 제휴의 결정을 위한 새로운 가치평가 연구에 대한 필요성의 근거자료로써 도움이 될 것으로 기대된다.

2. 시장접근법을 이용한 동산가치 평가항목의 도출 - 산업기계를 중심으로 -

감정평가 중 산업기계의 시장접근법에 필요한 평가항목과 미래가치를 포함한 가격결정을 위한 가중치의 도출이다. 우리나라의 기업들이 보유하고 있는 고가의 동산 특히 산업기계의 가치를 제대로 평가받고 금융권에 담보로 제공할 수만 있다면 중소기업의 자금사정(유동성)은 훨씬 좋아지고 국가 경제도 활성화될 것임에 틀림없다. 이를 위해서는 금융권의 대출 담당자들이 우려하는 몇 가지 사항을 불식시켜 주어야 한다. 이를 테면 담보용 기계류의 담보가치를 정기 또는 수시로 정확하게 평가받고, 일단 담보권을 실행하게 되면 이를 용이하게 처분하여 채권을 회수할 수 있어야 한다. 현재 국내의 감정평가 체계는 부동산에 한정되어 실시되고 있어 동산에 대한 가치평가체계가 요구되며, 원가, 비용, 소득 각 접근별 평가항목들이 필요하다. 각 평가항목들을 만들어 공정성을 확보하고가격평가 및 미래가치 평가에 필요한 항목들을 도출하는데 본 연구의 목적이 있으며, 이 연구를 통해 동산평가 중 산업기계의 가치평가의 논의의 시발점이 될 수 있을 것이다.

3. 지적재산권의 기술가치평가에 관한 신소재 사례분석 연구 - 이소결성 알루미나의 수익접근법 사례를 중심으로 -

최근 산업의 발전과 더불어 기술의 수요가 증대되면서 지적재산권에 대한 관심이 높아지고 지식기반 경제사회의 도래와 더불어 기술거래에 대한 사회적수요가 증대되면서 기술가치평가에 대한 연구가 큰 관심을 받고 있다. 특히 최근에 이르러 개인이나 기업, 그리고 국가,지방자치단체 등에서 지적재산권에 대한 관심과 관리 필요성, 계약 등의 바램때문에 기술평가를 하고있는데, 기술이라고 하는 것은 사용하는 사람에 따라 보는 관점이 달라지므로 어떠한 기술평가라 할지라도 객관적인 접근이 쉽지 않는 것이 사실이다. 본 연구에서는 기술가치평가의 개념과 모델에 대해서 알아보고, 기술가치평가방법 중에서 적용범위가 넓고 일반화된 평가방법인 수익접근법에 대해 중점적으로 고찰했다. 사례를 통한 기술가치평가모형으로 첨단소재기술의 하나인"이소결성 알루미나 제조기술"에 대한 기술과 시장을 중심으로, 사업가치와기술가치를 분석하여 수익접근법에 근거하여 비율법과 지수법으로 평가했다. 이를 통해 이소결성 알루미나 제조 기술에 대하여 기술이전이 필요한 기업과 투자자간의 거래과정에서 기술거래와 관련한 협상능력을 높이고, 기술의사업화에 참조할 수 있는 대상기술의 가치를 금액으로 평가했다. 본 평가의 결과 이소결성 알루미나 제조기술의 기술가치는 179억원으로 추정하여, 추후 기업에서 필요로 하는 여러 가지 목적으로 적용가능한 기준을 제시했다.

4. 이동통신용 주파수 가치산정에 관한 연구 : 미시적 수익접근법을 중심으로

주파수는 경제적 관점에서 접근하면 희소자원에 해당된다. 합리적인 주파수 가격을 책정하고 비효율적인 수요자의 시장진입을 규제하는 등 주파수의 효율적 이용 도모가 증대되고 있다. 주파수를 사용하기 위해서는 공유자원 관리를 위한 기술적 규제 문제와 함께 주파수 대역의 용도를 지정하는 분배의 문제 그리고 이용권을 부여하는 할당의 문제 등이 제기된다. 이러한 문제의식에 기초하여, 본 연구는 이동통신 서비스 시장 및주파수 할당분석, 주파수 재배치 계획 등을 토대로 이동통신용 주파수 활용의 구조적 분석을 실시하였다.

특히, 주파수가치 산정을 위한 다양한 분석법을 모색하여 최적의 분석법으로서 미시적 수익접근법에 착안하였다. 본 산정방법론을 적용한 분석에 있어 가입자 수, 가입자당 매출액 등의 변수조합을 통해 800Mhz 주파수 대역에 대한 경제적 가치를 산출하였다. 본 연구는 이러한 분석결과를 토대로 산출된 주파수의 경제적가치에 대한 정책적 의의를 도출하는데 그 목적을 두고 있다.

5. 브랜드 자산의 가치 및 사용료율 평가 : A지주회사 사례

브랜드를 비롯한 고객관계, 특허 등의 산업재산권, 영업비밀, 데이터, 노하우 등의 무형자산은 빅테크 기업과 4차 산업혁명 시대를 맞이한 대부분의 기업에서 기업가치 창출의 핵심적인 동력으로 부상하고 있다. 상표를 포함하는 광의의 브랜드는 상품이나 서비스에 함유된 본질과 가치와 속성 등을 함축하기 위해 사용하는 독특한 디자인, 상징, 명칭 등의 결합체라고 정의되며, 타 상품 및 서비스와의 구별, 출처의 표시, 품질 보증 등의 본원적 기능과 함께 고객의 인지도와 충성도 제고 등의 마케팅 기능을 갖는다. 본 연구에서는 그룹 브랜드를 소유하는 지주회사가 브랜드 사용 계열사와 브랜드 라이선스 계약을 체결하고 브랜드 사용료를 수취하기 위해 브랜드 자산의 가치와 사용료율을 평가하는 과정을 살펴본다. 브랜드 자산의 평가를 위해 우선 브랜드의 개념을 상표법상의 등록상표 등의 규정과 비교하여 살펴보고, 무형자산의 정의와 인식 기준을 한국채택국제회계기준(K-IFRS) 제1038호의 관련 규정을 통해 검토한다. 이후 K-IFRS 제1113호에 규정된 공정가치의 정의와 측정방법을 살펴본다. 가치평가기법을 적용한 공정가치 측정을 원가방식(원가접근법), 비교방식(시장접근법), 수익방식(이익접근법)을 통해 살펴보고 수익방식의 일종인 초과이윤추정법에 의해 브랜드 자산의 가치를 평가한다. 초과이윤추정법은 업종의 통상이익을 초과하는 이익을 무형자산이 창출하는 것으로 보고 기업 전체의 무형자산의 가치를 추정하는 방법이다. 기업 전체의 무형자산의 가치 중 브랜드 자산의 기여분을 추정하여 브랜드 자산의 가치를 평가한다. 공정가치 측정을 위해 복수의 가치평가기법을 사용하는 경우에는 사용한 가치평가기법 외에 다른 방식의 평가결과를 반영하여 합리성을 검토하도록 하고 있으므로, 비교방식에 의한 브랜드 사용료율을 산정한 후 초과이윤추정법과 비교한다. 지주회사 체제로 기업 지배구조를 개편하는 대기업 집단이 증가하면서 지주회사의 주 수익원인 브랜드 자산의 가치평가에 대한 관심이 증대되고 있다, 브랜드 등의 무형자산에 대한 관심이 증대되는 상황에서, 본 사례연구는 기존의 브랜드 자산의 가치평가기법으로 주로 사용되던 로열티 면제법과 다기간초과이익법 외에 초과이윤추정법에 의한 가치평가기법의 추정 사례를 제시했다는 점에서 무형자산 평가 및 재무제표 작성 관련 실무자와 경영자, 학계, 관련 기관 등에 시사점을 제공할 것으로 기대한다.

6. 특허권정보가 기업성과와 기업가치에 미치는 영향

무형자산의 중요성이 커지고 있는 상황에서 특허권과 매출액, 특허권과 기업가치 간의 관련성에 대하여 실증 분석하였다. TS2000을 이용해서 2008 - 2016년까지 유가증권상장기업(코스피 기업)과 코스닥 시장에 등록된 제조업 1,824개 기업의 공시된 기업-연도별 자료를 수집하고 수집된 자료를 사용해서 세 단계를 통해서 연구하였다. 1단계는 유가증권상장기업(코스피 기업)과 코스닥 시장에 등록된 제조업 1,824개 기업 중 특허권이 공시한 179개 기업을 대상으로 연구하였다. 179개 기업은 장부상 특허권이 최초로 공시할 때 특허권이 공시년도 매출액증가율과 공시 전연도 매출액증가율을 비교한다. 매출액증가율이 어떻게 변화하는지 살펴본다. 2단계는 특허권이 공시한 179개 기업이 산업별로 구분하고 상위 6개 산업을 대상으로 특허권 공시한 기업과 특허권 공시하지 않는 기업의 매출액증가율을 비교 분석하고 특허권 공시한 기업과 특허권 공시하지 않는 기업의 매출액증가율이 어떻게 변화하는지 살펴본다. 마지막 단계는 가치평가모형을 통해서 특허권과 기업가치 간의 관계를 살펴본다. 연구결과 1단계는 기업은 장부상 특허권이 최초로 공시할 때 특허권 공시연도의 매출액증가율이 특허권 공시 전연도의 매출액증가율보다 증가하는 것을 보일 수 있다. 하지만 통계적인 유의하지 않았다. 2단계는 특허권이 공시한 179개 기업이 산업별로 구분한 상위 6개 산업 중 상 3위 산업 (전자부품, 컴퓨터, 영상, 음향 및 통신장비 제조업, 의료용 물질 및 의약품 제조업, 기타 기계 및 장비 제조업)에서 특허권을 공시한 기업은 특허권이 공시하지 않은 기업보다 매출액증가율이 높은 것을 나타났다. 3단계의 결과는 코스피 시장에서 장부상 특허권자산이 기업가치에 통계적으로 의미 없게 나타났다. 양의 영향을 미칠 것이라는 가설을 지지하지 않았다. 반면 코스닥 시장에서 장부상 특허권자산이 기업가치에 통계적으로 양의 관계를 나타났다. 연구결과 본 연구의 가설 1 장부상 특허권이 최초로 공시된 기간의 매출액증가율은 전년도에 비해서 높을 것이 라는 가설을 지지하지 않았다. 가설 1.1 특허권이 공시한 기업은 공시하지 않은 기업보다 매출액증가율이 높을 것이 라는 가설을 전자부품, 컴퓨터, 영상, 음향 및 통신장비 제조업, 의료용 물질 및 의약품 제조업지에서 지지하고 도매 및 상품 중개업, 출판업, 화학물질 및 화학제품 제조업에서 지지하지 않았다. 가설 2 장부상 특허권자산이 기업가치에 양의 영향을 줄 것이 라는 가설을 코스닥 시장에서 지지하고 코스피 시장에서 지지하지 않았다. 코스피 사장에서 특허권과 기업가치 간의 관련성이 양의 상관관계를 검증할 수 없지만 코스닥 시장에서 특허권이 기업가치 간의 가치 관련성을 가지고 있음을 확인하였다는데 의의가 있다. 한계점으로는 내부 관리자와 외부 정보 이용자, 전문가와 일반투자자간의 정보의 비대칭 때문에 특허권 공시가 주가시장에서 유효하게 반응하지 않았다. 그리고 특허권 공시와 동시에 여러 사건이 발생할 수도 있다. 주가에 영향을 줄 수 있는 요인이 많다. 발생한 요인이 특허권 공시보다 주식시장에게 더 큰 영향을 줄 수 있으면 특허권 공시가 주시시장에서 반응하지 않았다. 그리고 매출액에 영향을 줄 수 있는 요인이 많다. 예를 들어 상품의 디자인, 상품의 효능, 상품의 가격, 판매원의 태도, 판매 이벤트, 고객님의 상품 구매의도, 고객님의 상품 구매 만족도 등 요인이 있다. 그래서 특허권 공시 효과는 매출액에 유용하게 반응하지 않을 수 있다. 마지막으로 제품시장과 주식시장 간의 괴리 때문에 특허권 정보가 신속하고 유용하게 기업가치에 영향을 제대로 전달 못하기 때문으로 여겨진다. 본 연구에서 사용한 가치모형과 다른 모형을 이용해서 특허권과 기업가치 간의 관계를 어떻게 반응하는지 분석할 수 있을 것이다.

7. 특허 포트폴리오가 기술금융에 미치는 영향에 관한 연구

사회 발전에 따라 가치창출을 위한 성장동력이 변화하고 있으며, 현대에는 과학기술 또는 지식재산이 혁신활동의 주요 원인으로 작용하고 있다. 이에 기업은 성장을 위해 지식재산 및 기술을 성장동력으로 채택하여 혁신활동을 지속적으로 추진하고 있으며, 이를 통해 발생한 성과 및 기업 가치를 효율적으로 활용하기 위해 지식재산을 선택하여 지식재산의 중요성은 점점 커지고 있다.

하지만 대부분의 기술기반 기업이 혁신활동 중 자본 및 자산 조달에 어려움을 겪고 죽음의 계곡을 넘지 못하는 경우가 많아 정부에서는 기업성장 및 혁신활동의 지원을 위해 기술금융제도 중에 보유 지식재산을 담보로한 기술가치평가 기반 금융지원제도(지식재산 담보대출)를 운영하고 있다. 또한, 금융지원 활성화 및 환경변화에 따라 특허 포트폴리오 및 특허정보 기반 평가의 중요성이 커지고 있다. 그러나, 현재 기술가치평가 방법은 개별 지식재산 중심 및 활성 기술거래 시장을 중심으로 평가한다는 점에서 한계가 있다는 점에서 연구 주제를 도출하게 되었으며, 특허 포트폴리오 구축 및 특허품질지표가 지식재산담보 대출에 영향을 미칠 것이라는 가설을 설정하고 연구를 수행하였다. 연구결과 특허 포트폴리오는 지식재산담보대출에 양(+)의 영향을 미치며, 특허품질지표 중에는 청구항수 및 패밀리국가수가 지식재산담보대출에 양(+)의 영향을 미치는 것으로 분석되었다. 본 연구를 통해 기술평가에 있어서 특허 포트폴리오와 특허 품질지표는 새로운 평가지표로서 고려될 수 있을 것으로 판단된다.

제2절 지식재산관련 회계기준

지식재산권은 기업의 핵심 자산 중 하나로서, 국제적으로 고유한 권리와 가치를 가진 재산으로 정의된다. 이러한 지식재산권은 기업이 경쟁우위를 유지하고 성과를 창출하는 데 중요한 역할을 합니다. K-IFRS(한국국제회계기준)는 국제적으로 표준화된 회계기준으로, 기업은 이를 기반으로 자신의 회계정보를 작성하고 보고한다.

1. 용어의 정의

이 보고서에서 사용하는 용어의 정의는 다음과 같다.

(가) "무형자산"은 재화의 생산이나 용역의 제공, 타인에 대한 임대 또는 관리에 사용할 목적으로 기업이 보유하고 있으며, 물리적 형체가 없지만 식별가능하고, 기업이 통제하고 있으며, 미래 경제적 효익이 있는 비화폐성자산을 말한다.

(나) "비화폐성자산"은 화폐성자산 외의 자산을 말한다. "화폐성자산"은 현금 및 확정되었거나 확정가능한 화폐금액으로 받을 자산을 말한다.

(다) "연구"는 새로운 과학적 또는 기술적 지식을 얻기 위해 수행하는 독창적이고 계획적인 탐구활동을 말한다.

(라) "개발"은 상업적인 생산 또는 사용 전에 연구결과나 관련 지식을 새롭거나 현저히 개량된 재료, 장치, 제품, 공정, 시스템 및 용역의 생산을 위한 계획이나 설계에 적용하는 활동을 말한다.

(마) "상각"은 무형자산의 상각대상금액을 그 자산의 내용연수 동안 체계적인 방법

에 의하여 각 회계기간의 비용으로 배분하는 것을 말한다.

(바) "상각대상금액"은 무형자산의 취득원가에서 잔존가액을 차감한 금액을 말한다.

(사) "내용연수"는 자산의 예상사용기간 또는 자산으로부터 획득할 수 있는 생산량이나 이와 유사한 단위를 말한다.

(아) "취득원가"는 자산을 취득하기 위하여 자산의 취득시점이나 생산시점에서 지급한 현금 및 현금성자산 또는 제공하거나 부담할 기타 대가의 공정가액을 말한다.

(자) "잔존가액"은 자산의 내용연수가 종료되는 시점에서 그 자산의 예상처분대가에서 예상처분비용을 차감한 금액을 말한다.

(차) "공정가액"은 합리적인 판단력과 거래의사가 있는 독립된 당사자간에 거래될 수 있는 교환가격을 말한다.

(카) "거래시장"은 다음과 같은 조건이 모두 충족되는 시장을 말한다.

(1) 거래되는 항목들이 동질적이다.

(2) 거래의사가 있는 다수의 구매자와 판매자가 항상 존재한다.

(3) 가격이 알려져 있다.

(타) "감액손실"은 자산의 회수가능가액이 장부가액에 미달하는 경우 그 차액을 말한다.

(파) "장부가액"은 자산의 취득원가에서 상각누계액과 감액손실누계액을 차감한 금액을 말한다.

(하) "회수가능가액"은 순매각가액과 사용가치 중 큰 금액을 말한다.

1) 무형자산

기업은 경제적 자원을 사용하거나 부채를 부담하여 과학적 또는 기술적 지식, 새로운 공정이나 시스템의 설계와 실행, 라이선스, 지적재산권, 시장에 대한 지식과 상표권(상표명 및 출판권 포함) 등의 무형자원을 취득, 개발, 유지 또는 개선한다. 이러한 예에는 컴퓨터소프트웨어, 특허권, 저작권, 영화필름, 거래처목록, 어업권, 수입할당량, 프랜차이즈, 고객 또는 공급자와의 관계, 고객충성도, 시장점유율과 판매권 등이 있다.

무형자산의 정의 즉, 식별가능성, 자원에 대한 통제 및 미래 경제적 효익의 존재를 모두 충족하는 경우에는 무형자산으로 인식하지만, 충족하지 못할 경우에는 그것을 취득 또는 창출하는 데 소요되는 지출을 발생했을 때 비용으로 인식한다. 그러나 이러한 항목이 매수기업결합에 의해 취득되는 경우에는 매수일에 인식한 영업권의 일부로 포함된다

2) 식별가능성

매수기업결합에서 발생한 영업권과 그 밖의 무형자산을 구별할 수 있는 유일한 차이는 매수기업결합에서 발생한 영업권은 식별가능하지 않고 그 밖의 무형자산은 식별가능하다는 점이다.

식별가능성은 대체로 자산의 분리가능성 여부에 의해 판단할 수 있다. 무형자산이 분리가능하면 그 무형자산은 식별가능하다. 자산이 분리가능하다는 것은 그 자산과 함께 동일한 수익창출활동에 사용되는 다른 자산의 미래 경제적 효익을 희생하지 않고 그 자산을 임대, 매각, 교환 또는 분배할 수 있는 것을 말한다.

무형자산이 분리가능하지 않더라도 다른 방법으로 무형자산을 식별할 수 있는 경우가 있다. 예를 들면, 제조설비를 제조공정에 대한 특허권과 함께 일괄취득한 경우에는 그 특허권은 분리가능하지는 않지만 식별가능하다. 또한, 어떤 자산이 다른 자산과 결합해야만 미래 경제적 효익을 창출하는 경우에도 그 자산으로부터 유입되는 미래 경제적 효익을 확인할 수 있다면 그 자산은 식별가능한 것이다.

3) 통제

무형자산의 미래 경제적 효익을 확보할 수 있고 제3자의 접근을 제한할 수 있다면 자산을 통제하고 있는 것이다. 무형자산의 미래 경제적 효익에 대한 통제는 일반적으로 법적 권리로부터 나오며, 법적 권리가 없는 경우에는 통제를 입증하기 어렵다. 그러나 권리의 법적 집행가능성이 통제의 필요조건은 아니다.

시장에 대한 지식 및 기술적 지식으로부터도 미래 경제적 효익이 발생할 수 있다. 이러한 지식이 저작권, 계약상의 제약 또는 기밀유지에 대한 종업원의 법적 의무 등과 같은 법적 권리에 의해 보호된다면, 기업은 그러한 지식으로부터 얻을 수 있는 미래 경제적 효익을 통제하고 있는 것이다.

숙련된 종업원이나 훈련을 통해 습득된 종업원의 기술도 미래 경제적 효익을 가져다 줄 수 있으며, 기업은 이와 같은 효익이 미래에도 계속될 것으로 기대할 수 있다. 그러나 숙련된 종업원이나 그들의 기술로부터 창출될 미래 경제적 효익은 기업이 충분히 통제하기가 어렵기 때문에 무형자산의 정의를 충족하지 못한다. 또한 특정인의 경영능력이나 기술적 재능도 기업이 그것을 사용하여 미래 경제적 효익을 확보하는 것이 법에 의해 보호되지 않는 한 무형자산의 정의를 충족시킬 수 없다.

기업은 고객과의 관계를 잘 유지함으로써 고정고객과 시장점유율을 확보할 수 있다. 그러나 그러한 고객과의 관계나 고객의 충성도를 지속시킬 수 있는 법적 권리나 그것을 통제할 기타의 방법이 존재하지 않는다면 기업이 고객과의 관계로부터 창출될 미래 경제적 효익을 충분히 통제하고 있다고 보기 어렵다. 따라서 고정고객, 시장점유율, 고객과의 관계, 고객의 충성도 등은 일반적으로 무형자산의 정의를 충족하지 못한다.

4) 미래 경제적 효익

무형자산의 미래 경제적 효익은 재화의 매출이나 용역수익, 원가절감, 또는 자산의 사용에 따른 기타 효익의 형태로 발생한다.

5) 무형자산의 인식과 최초측정

무형자산으로 인식하기 위해서는 (가)의 정의와 다음의 인식조건을 모두 충족하여야 한다.

(가) 자산으로부터 발생하는 미래 경제적 효익이 기업에 유입될 가능성이 매우 높다.

(나) 자산의 취득원가를 신뢰성 있게 측정할 수 있다.

미래 경제적 효익이 기업에 유입될 가능성에 대한 평가는 무형자산의 내용연수 동안 존재할 경제적 상황에 대한 합리적이고 객관적인 가정에 근거하여야 한다.

미래 경제적 효익의 확실성 정도에 대한 평가는 기업이 무형자산을 최초로 인식하는 시점에서 입수가능한 증거에 근거하며, 외부 증거에 더 큰 비중을 둔다.

무형자산을 최초로 인식할 때에는 취득원가로 측정한다.

6) 개별 취득

무형자산을 개별적으로 취득하는 경우에는 취득원가를 신뢰성 있게 측정할 수 있다. 특히 현금 또는 기타 화폐성자산으로 구입대가를 지급하는 경우에는 보다 신뢰성 있게 취득원가를 측정할 수 있다.

무형자산의 취득원가는 구입원가와 자산을 사용할 수 있도록 준비하는 데 직접 관련되는 지출로 구성된다. 매입할인 등이 있는 경우 이를 차감하여 취득원가를 산출한다.

무형자산에 대한 대금지급기간이 일반적인 신용기간보다 긴 경우에는 무형자산의 구입원가는 현금구입상당액이 된다. 현금구입상당액과 실제 총지급액과의 차액은 다른 기업회계기준에 따라 자본화하지 않는 한 신용기간에 걸쳐 이자비용으로 인식한다.

기업이 발행한 지분증권과 교환하여 취득한 무형자산의 취득원가는 그 지분증권의 공정가액으로 한다.

무형자산과 기타의 자산을 일괄취득한 경우에는, 총취득원가를 무형자산과 기타의 자산의 공정가액에 비례하여 배분한 금액을 각각 무형자산과 기타의 자산의 취득원가로 한다.

7) 매수기업결합으로 인한 취득

매수기업결합으로 취득한 무형자산의 취득원가는 기업인수·합병등에관한회계처리준칙에 따라 매수일의 공정가액으로 한다.

매수기업결합으로 취득한 무형자산은 그 공정가액을 신뢰성 있게 측정할 수 있는 경우에는 영업권과 구분하여 개별적으로 인식한다. 해당 자산의 거래시장이 존재한다면 가장 신뢰할 수 있는 공정가액은 일반적으로 그 시장에서 형성된 시장가격이다. 만일 현재 시장가격이 존재하지 않는다면 가장 최근에 발생한 유사한 거래에서 형성된 가격을 근거로 공정가액을 추정할 수 있다.

무형자산에 대한 거래시장이 존재하지 않는 경우, 그 무형자산의 취득원가는 취득일 현재 합리적인 판단력과 거래의사가 있는 독립된 당사자들이 최선의 정보에 근거하여 거래하였을 금액을 반영하여 결정한다.

특정 무형자산의 매매거래에 관여하는 기업이 현행 거래내용과 관행을 반영하여 공정가액을 추정하는 기법을 개발하는 경우에는, 그 기법을 매수기업결합에서 취득한 무형자산의 최초 측정에 사용할 수 있다. 이러한 기법의 예로는 자산의 수익성 지표(매출, 시장점유율, 경상이익 등)에 현행 시장상황을 반영하는 배수를 적용한다든가 또는 그 자산으로부터의 미래 순현금흐름을 추정하여 할인하는 방법 등이 있다.

이 기준서와 기업인수·합병등에관한회계처리준칙에 따라 매수회사는 피매수회사의 재무제표에는 인식되지 않았던 무형자산이라 하더라도 인식기준을 충족하는 경우에는 이를 무형자산으로 인식한다. 매수기업결합으로 취득한 무형자산의 공정가액을 신뢰성 있게 측정할 수 없는 경우에는 그 자산을 개별 무형자산으로 인식하지 않고 영업권에 포함시킨다

매수기업결합으로 취득한 무형자산의 거래시장이 존재하지 않는 경우에는 매수일 현재 부의 영업권을 발생시키거나 증가시키지 않는 범위까지만 무형자산을 인식할 수 있다.

8) 국고보조 등에 의한 취득

국고보조 등에 의해 무형자산을 무상 또는 공정가액보다 낮은 대가로 취득한 경우에는 그 무형자산의 취득원가는 취득일의 공정가액으로 한다. 국고보조금 등은 취득원가에서 차감하는 형식으로 표시하고 그 자산의 내용연수에 걸쳐 상각금액과 상계하며, 그 자산을 처분하는 경우에는 그 잔액을 처분손익에 반영한다. 다만, 무형자산의 공정가액을 알 수 없는 경우에는 그 무형자산의 취득원가는 구입원가와 자산을 사용할 수 있도록 준비하는 데 직접 관련되는 지출을 합한 금액으로 한다.

9) 자산교환에 의한 취득

다른 종류의 무형자산이나 다른 자산과의 교환으로 무형자산을 취득하는 경우에는 무형자산의 취득원가는 교환으로 제공한 자산의 공정가액으로 측정한다. 다만, 교환으로 제공한 자산의 공정가액이 불확실한 경우에는 교환으로 취득한 자산의 공정가액을 취득원가로 할 수 있다. 자산의 교환에 현금수수액이 있는 경우에는 현금수수액을 반영하여 취득원가를 결정한다.

동일한 업종 내에서 유사한 용도로 사용되고 공정가액이 비슷한 동종 자산과의 교

환으로 무형자산을 취득하거나, 동종 자산에 대한 지분과의 교환으로 무형자산을 매각할 수 있다. 이러한 경우에는 수익창출과정이 완료되지 않았기 때문에 교환에 따른 거래손익을 인식하지 않아야 하며, 교환으로 취득한 자산의 취득원가는 교환으로 제공한 자산의 장부가액으로 한다. 그러나 취득한 자산의 공정가액에 비추어 볼 때 제공한 자산에 감액손실이 발생하였음을 알 수 있는 경우에는 감액손실을 먼저 인식하고 감액손실 차감 후의 장부가액을 취득한 자산의 취득원가로 한다.

10) 내부적으로 창출된 영업권

미래 경제적 효익을 창출하기 위하여 발생한 지출이라도 이 기준서의 인식기준을 충족하지 못하면 무형자산으로 인식할 수 없다. 그러한 지출은 대부분 내부적으로 영업권을 창출하지만, 내부적으로 창출된 영업권은 취득원가를 신뢰성 있게 측정할 수 없을 뿐만 아니라 기업이 통제하고 있는 식별가능한 자원도 아니기 때문에 자산으로 인식하지 않는다.

특정 시점에서 기업의 시장가치와 식별가능한 순자산의 장부가액과의 차이는 기업의 가치에 영향을 미치는 여러 가지 요인이 복합되어 발생한다. 따라서 이와 같은 차이금액 전부가 기업이 통제하고 있는 무형자산의 원가라고 볼 수는 없다.

11) 내부적으로 창출된 무형자산

내부적으로 창출된 무형자산이 자산의 인식기준에 부합하는지를 평가하기는 쉽지 않다. 미래 경제적 효익을 창출할 무형자산의 존재 여부와 인식시점을 식별하기 어렵고, 그러한 자산의 원가를 신뢰성 있게 측정하기 어렵기 때문이다. 어떤 경우에는 내부적으로 창출된 무형자산의 원가를 내부적으로 창출된 영업권을 유지 또는 향상시키는 비용이나 일상적인 경영관리활동에서 발생하는 비용과 구별할 수 없다.

내부적으로 창출된 무형자산이 인식기준에 부합하는지를 평가하기 위하여 무형자산의 창출과정을 연구단계와 개발단계로 구분한다. '연구단계'와 '개발단계'라는 용어는 '연구'와 '개발'의 정의보다 더 넓은 의미를 갖는다.

무형자산을 창출하기 위한 내부 프로젝트를 연구단계와 개발단계로 구분할 수 없는 경우에는 그 프로젝트에서 발생한 지출은 모두 연구단계에서 발생한 것으로 본다.

12) 연구단계

프로젝트의 연구단계에서는 미래 경제적 효익을 창출할 무형자산이 존재한다는 것을 입증할 수 없기 때문에 연구단계에서 발생한 지출은 무형자산으로 인식할 수 없고 발생한 기간의 비용으로 인식한다.

연구단계에 속하는 활동의 일반적인 예는 다음과 같다.

(가) 새로운 지식을 얻고자 하는 활동

(나) 연구결과 또는 기타 지식을 탐색, 평가, 최종 선택 및 응용하는 활동

(다) 재료, 장치, 제품, 공정, 시스템, 용역 등에 대한 여러 가지 대체안을 탐색하는 활동

(라) 새롭거나 개선된 재료, 장치, 제품, 공정, 시스템, 용역 등에 대한 여러 가지 대체안을 제안, 설계, 평가 및 최종 선택하는 활동

13) 개발단계

개발단계에서 발생한 지출은 다음의 조건을 모두 충족하는 경우에만 무형자산으로 인식하고, 그 외의 경우에는 경상개발비의 과목으로 하여 발생한 기간의 비용으로 인식한다.

(가) 무형자산을 사용 또는 판매하기 위해 그 자산을 완성시킬 수 있는 기술적 실현가능성을 제시할 수 있다.

(나) 무형자산을 완성해 그것을 사용하거나 판매하려는 기업의 의도가 있다.

(다) 완성된 무형자산을 사용하거나 판매할 수 있는 기업의 능력을 제시할 수 있다.

(라) 무형자산이 어떻게 미래 경제적 효익을 창출할 것인가를 보여줄 수 있다. 예를 들면, 무형자산의 산출물, 그 무형자산에 대한 시장의 존재 또는 무형자산이 내부적으로 사용될 것이라면 그 유용성을 제시하여야 한다.

(마) 무형자산의 개발을 완료하고 그것을 판매 또는 사용하는 데 필요한 기술적, 금전적 자원을 충분히 확보하고 있다는 사실을 제시할 수 있다.

(바) 개발단계에서 발생한 무형자산 관련 지출을 신뢰성 있게 구분하여 측정할 수 있다.

개발단계는 연구단계보다 훨씬 더 진전되어 있는 상태이기 때문에 프로젝트의 개

발단계에서는 무형자산을 식별할 수 있으며, 그 무형자산이 미래 경제적 효익을 창출할 것임을 입증할 수 있다.

개발단계에 속하는 활동의 일반적인 예는 다음과 같다.

㈎ 생산 전 또는 사용 전의 시작품과 모형을 설계, 제작 및 시험하는 활동

㈏ 새로운 기술과 관련된 공구, 금형, 주형 등을 설계하는 활동

㈐ 상업적 생산목적이 아닌 소규모의 시험공장을 설계, 건설 및 가동하는 활동

㈑ 새롭거나 개선된 재료, 장치, 제품, 공정, 시스템 및 용역 등에 대하여 최종적으로 선정된 안을 설계, 제작 및 시험하는 활동

무형자산을 완성하고 그로부터 효익을 획득하는데 필요한 자원의 확보가능성은 필요한 기술적, 재무적 자원 등을 동원할 수 있는 기업의 능력이 설명된 사업계획이나 그 사업계획에 대한 자금제공자의 참여의사표시로 제시할 수 있다.

내부적으로 창출된 브랜드, 고객 목록 및 이와 유사한 항목에 대한 지출은 무형자산으로 인식하지 않는다.

14) 내부적으로 창출된 무형자산의 취득원가

내부적으로 창출된 무형자산의 취득원가는 그 자산의 창출, 제조, 사용준비에 직접 관련된 지출과 합리적이고 일관성있게 배분된 간접 지출을 모두 포함한다. 취득원가에 포함되는 항목의 예는 다음과 같다.

㈎ 무형자산의 창출에 직접 종사한 인원에 대한 급여, 상여금, 퇴직급여 등의 인건비

㈏ 무형자산의 창출에 사용된 재료비, 용역비 등

㈐ 무형자산의 창출에 직접 사용된 유형자산의 감가상각비와 무형자산(특허권, 라이선스 등)의 상각비

㈑ 법적 권리를 등록하기 위한 수수료 등 무형자산을 창출하는 데 직접적으로 관련이 있는 지출

㈒ 무형자산의 창출에 필요하며 합리적이고 일관된 방법으로 배분할 수 있는 간접비 (건물 등 유형자산의 감가상각비, 보험료, 임차료, 연구소장 또는 연구지원실 관리직원의 인건비 등)

㈓ 자본화대상 금융비용

다음은 내부적으로 창출된 무형자산의 취득원가에 포함할 수 없다.

(가) 판매비, 관리비, 기타 간접 지출(다만, 무형자산의 사용준비에 직접 기여하는 경우는 제외함)

(나) 무형자산이 계획된 성과를 달성하기 전에 발생한 명백한 비효율로 인한 손실 및 초기단계의 운용손실

(다) 무형자산을 운용하는 직원의 훈련과 관련된 지출

15) 비용의 인식

다음에 해당하지 않는 무형자산 관련 지출은 발생한 기간의 비용으로 인식한다.

(가) 인식기준에 부합하는 무형자산 취득원가의 일부가 되는 경우

(나) 매수기업결합에서 영업권으로 인식하는 경우 (기업인수·합병등에관한회계처리준칙 참조)

미래 경제적 효익을 가져오는 지출이 발생하였더라도 인식기준을 충족하는 무형자산이나 다른 자산이 획득 또는 창출되지 않는다면, 그 지출은 발생한 기간의 비용으로 인식한다. 예를 들면, 연구활동을 위한 지출은 항상 비용으로 인식한다. 발생한 기간의 비용으로 인식하는 기타 지출의 예는 다음과 같다.

(가) 법적 실체를 설립하는 데 발생하는 법적 비용과 같은 창업비, 새로운 시설이나 사업을 개시할 때 발생하는 개업비, 그리고 새로운 영업을 시작하거나 새로운 제품 또는 공정을 시작하기 위하여 발생하는 지출 등과 같은 사업개시비용

(나) 교육 훈련을 위한 지출

(다) 광고 또는 판매촉진 활동을 위한 지출

(라) 기업의 전부 또는 일부의 이전 또는 조직 개편에 관련된 지출

무형자산에 대한 지출로서 과거 회계연도의 재무제표나 중간재무제표에서 비용으로 인식한 지출은 그 후의 기간에 무형자산의 취득원가로 인식할 수 없다.

16) 취득 또는 완성 후의 지출

무형자산의 취득 또는 완성 후의 지출로서 다음의 요건을 모두 충족하는 경우에는 자본적 지출로 처리하고, 그렇지 않은 경우에는 발생한 기간의 비용으로 인식한다.

(가) 관련 지출이 무형자산의 미래 경제적 효익을 실질적으로 증가시킬 가능성이 매우 높다.

(나) 관련된 지출이 신뢰성 있게 측정될 수 있으며, 무형자산과 직접 관련된다.

취득 또는 완성 후의 지출이 최초에 평가된 무형자산의 성능수준을 유지하기 위한 것이라면 비용으로 인식한다. 취득 또는 완성 후의 지출로 인하여 무형자산으로부터의 경제적 효익이 증가될지의 여부를 판단하는 것은 매우 어렵다. 또한 그러한 지출을 사업전체가 아닌 특정 무형자산에 직접 귀속시키기도 어렵다. 따라서 취득 또는 완성 후의 지출을 무형자산의 자본적 지출로 처리하는 것은 매우 제한적인 경우에 한한다.

17) 상각기간

무형자산의 상각대상금액은 그 자산의 추정내용연수 동안 체계적인 방법에 의하여 비용으로 배분한다. 무형자산의 상각기간은 독점적·배타적인 권리를 부여하고 있는 관계 법령이나 계약에 정해진 경우를 제외하고는 20년을 초과할 수 없다. 상각은 자산이 사용 가능한 때부터 시작한다.

무형자산의 미래 경제적 효익은 시간의 경과에 따라 소비되기 때문에 상각을 통하여 장부가액을 감소시킨다. 무형자산의 공정가액 또는 회수가능가액이 증가하더라도 상각은 취득원가에 기초한다. 무형자산의 추정내용연수를 결정하기 위해서 다음과 같은 요인을 종합적으로 고려한다.

(가) 예상되는 자산의 사용방식과 자산의 효율적 관리여부

(나) 해당 자산의 제품수명주기 및 유사한 자산의 추정내용연수에 관한 정보

(다) 기술적, 공학적 또는 기타 유형의 진부화

(라) 산업의 안정성 및 제품시장의 수요변화

(마) 기존 또는 잠재적인 경쟁자의 예상 전략

(바) 예상되는 미래 경제적 효익의 획득에 필요한 자산 유지비용의 수준과 그 수준의 비용을 부담할 수 있는 능력과 의도

(사) 자산의 통제가능 기간 및 자산사용에 대한 법적 또는 유사한 제한

(아) 해당 자산의 내용연수가 다른 자산의 내용연수와 상관이 있는지 여부

무형자산 중 컴퓨터소프트웨어 등과 같이 기술적 진부화의 영향을 받아 경제적 효익이 매우 단기로 예상되는 경우에는 경제적 실질이 가장 충실히 반영되는 내용연수 동안 상각한다.

예외적으로 무형자산의 내용연수가 법적 또는 계약상 20년을 초과한다는 명백한 증거가 있는 경우에는 다음과 같이 처리한다.

(가) 자산은 최적 추정내용연수 동안 상각한다.

(나) 자산의 감액손실의 발생여부를 확인하기 위해서 최소한 매 회계연도말에 무형자산의 회수가능가액을 추정한다.

(다) 자산의 내용연수가 법적 또는 계약상 20년을 초과한다는 명백한 증거와 내용연수를 결정하는 데 중요한 역할을 한 요인들을 공시한다.

일정 기간 동안 보장된 법적 권리를 통해 무형자산의 미래 경제적 효익에 대한 통제가 획득된 경우에는 법적 권리가 갱신될 수 있고 갱신이 실질적으로 거의 확실한 경우를 제외하고는 내용연수가 그 법적 권리의 기간을 초과할 수 없다.

무형자산의 내용연수는 경제적 요인과 법적 요인의 영향을 받는다. 경제적 요인은 자산의 미래 경제적 효익이 획득되는 기간을 결정하고, 법적 요인은 기업이 그 효익에 대한 제3자의 접근을 통제할 수 있는 기간을 제한한다. 내용연수는 이러한 요인에 의해 결정된 기간 중 짧은 기간으로 한다.

특히 다음의 조건을 모두 만족하는 경우는 법적 권리의 갱신이 실질적으로 확실한 것으로 본다.

(가) 무형자산의 공정가액이 최초로 설정된 만기일이 되어도 감소하지 않거나, 감소한 금액이 갱신에 필요한 비용을 초과하지 않는다.

(나) 과거 경험 등에 비추어 법적 권리가 갱신될 것이라는 객관적인 증거가 있다.

(다) 법적 권리 갱신을 위해 필요한 조건들이 충족될 것이라는 증거가 있다.

18) 상각방법

무형자산의 상각방법은 자산의 경제적 효익이 소비되는 행태를 반영한 합리적인 방법이어야 한다. 무형자산의 상각대상금액을 내용연수 동안 합리적으로 배분하기 위해 다양한 방법을 사용할 수 있다. 이러한 상각방법에는 정액법, 체감잔액법(정률법 등), 연수합계법, 생산량비례법 등이 있다. 다만, 합리적인 상각방법을 정할 수 없는 경우에는 정액법을 사용한다.

무형자산의 상각이 다른 자산의 제조와 관련된 경우에는 관련 자산의 제조원가로, 그 밖의 경우에는 판매비와 관리비로 계상한다. 예를 들면, 제조공정에서 사용된 무형자산의 상각비는 재고자산의 원가를 구성한다.

19) 잔존가액

무형자산의 잔존가액은 없는 것을 원칙으로 한다. 다만, 경제적 내용연수보다 짧은 상각기간을 정한 경우에 상각기간이 종료될 때 제3자가 자산을 구입하는 약정이 있거나, 그 자산에 대한 거래시장이 존재하여 상각기간이 종료되는 시점에 자산의 잔존가액이 거래시장에서 결정될 가능성이 매우 높다면 잔존가액을 인식할 수 있다.

무형자산의 잔존가액은 유사한 환경에서 사용하다가 매각된 동종 무형자산의 매각가격을 이용하여 추정할 수 있다. 잔존가액을 결정한 후에는 가격이나 가치의 변동에 따라 증가시키지 않는다.

20) 상각기간과 상각방법의 변경

상각기간과 상각방법은 매기 계속하여 적용하고 정당한 사유 없이 이를 변경할 수 없다. 상각기간과 상각방법의 변경에 따른 회계처리는 기업회계기준서 제1호 '회계변경과 오류수정'을 적용한다.

무형자산을 사용하는 동안 내용연수에 대한 추정이 적절하지 않다는 것이 명백해지는 경우가 있다. 예를 들면, 취득 또는 완성 후의 지출로 인하여 자산의 성능이 향상되거나 감액손실을 인식하는 경우에는 상각기간의 변경이 필요할 수 있다.

20) 감액손실

자산의 진부화 및 시장가치의 급격한 하락 등으로 인하여 무형자산의 회수가능가액이 장부가액에 중요하게 미달하게 되는 경우에는 장부가액을 회수가능가액으로 조정하고 그 차액을 감액손실로 처리한다. 다만, 차기 이후에 감액된 자산의 회수가능가액이 장부가액을 초과하게 되는 경우에는 그 자산이 감액되기 전 장부가액의 상각

후 잔액을 한도로 하여 그 초과액을 감액손실환입으로 처리한다.

매수기업결합으로 취득한 무형자산의 감액손실이 있음을 취득 이후에 개시하는 최초의 회계연도말 이전에 발견하였을 때는 매수일에 인식한 무형자산과 영업권(또는 부의 영업권)을 조정한다. 그러나 감액손실이 매수일 후에 발생한 특정한 사건이나 상황의 변화와 직접적인 관계가 있을 때는 당기손실로 처리한다.

다음 중 하나에 해당하는 무형자산은 최소한 매 회계연도말에 회수가능가액을 반드시 추정하여야 한다.

㈎ 아직 사용가능하지 않은 무형자산

㈏ 추정내용연수가 20년을 초과하는 무형자산

무형자산이 취득원가를 회수하기에 충분한 미래 경제적 효익을 창출할 수 있을지의 여부는 사용가능할 때까지는 확실하지 않다. 따라서 아직 사용가능하지 않은 무형자산의 장부가액에 대해서는 최소한 매 회계연도말에 감액손실여부를 검토한다.

무형자산이 진부화되었다는 명백한 증거가 항상 있는 것은 아니므로 감액손실이 발생하였는지를 확인하기는 어려우며, 특히 내용연수가 장기일수록 더욱 그러하다. 따라서 사용가능일로부터 내용연수가 20년을 초과하는 무형자산에 대해서는 최소한 매 회계연도말에 회수가능가액을 계산하여야 한다.

최초에는 무형자산의 내용연수를 20년 이내로 추정하였으나 취득 또는 완성 후의 지출에 의해서 내용연수가 사용가능일로부터 20년을 초과하게 된 경우에도 최소한 매 회계연도말에 회수가능가액을 평가한다.

사용을 중지하고 처분을 위해 보유하는 무형자산은 사용을 중지한 시점의 장부가액으로 유지한다. 이러한 무형자산에 대해서는 매 회계연도말에 회수가능가액을 평가하고 감액손실을 인식한다.

21) 공시

무형자산은 각 종류별로 다음 사항을 재무제표의 주석으로 기재한다.

㈎ 무형자산 상각에 관련된 회계정책 : 상각방법, 내용연수 또는 상각률 및 잔존가액

㈏ 기초와 기말의 총장부가액, 상각누계액 및 감액손실누계액

(다) 무형자산의 상각액이 포함되어 있는 손익계산서의 계정과목과 상각금액

(라) 다음과 같은 무형자산 장부가액의 변동내용

(1) 당기중 증가금액 : 매수기업결합으로 인한 증가액과 그 외의 증가액으로 구분

(2) 폐기와 처분

(3) 상각액

(4) 손익계산서에 당기손익으로 인식하거나 환입한 감액손실

(5) 해외소재기업의 외화표시 재무제표 환산시 발생하는 환산차액

(6) 기타 장부가액의 증감

(마) 중요한 개별 무형자산의 내용, 장부가액 및 잔존상각기간

(바) 내용연수가 20년을 초과하는 경우 그 근거 및 내용연수 결정에 고려한 중요 요소

(사) 권리가 제한되어 있는 무형자산과 담보제공 무형자산의 장부가액

(아) 무형자산의 취득에 대한 약정사항 및 금액

무형자산은 사업상 비슷한 성격과 효용을 가진 종류로 분류하여 표시한다. 다만, 재무제표 이용자에게 보다 유용한 정보를 제공할 수 있다면 무형자산의 종류는 더 큰 단위로 통합하거나 더 작은 단위로 구분할 수 있다. 무형자산의 종류의 예는 다음과 같다.

(가) 산업재산권(특허권, 실용신안권, 의장권, 상표권, 상호권 및 상품명 포함)

(나) 라이선스와 프랜차이즈

(다) 저작권

(라) 컴퓨터소프트웨어

(마) 개발비(제조비법, 공식, 모델, 디자인 및 시작품 등의 개발)

(바) 임차권리금

(사) 광업권, 어업권 등

당기에 비용으로 인식한 연구비와 경상개발비는 총액을 별도로 주석으로 기재한다.

연구비와 경상개발비는 연구활동 또는 개발활동과 직접 관련이 있거나, 합리적이고 일관성 있는 기준에 따라 그러한 활동에 배부될 수 있는 모든 지출을 포함한다.

2. 일반기업회계기준

식별가능성

무형자산의 정의에서는 영업권과 구별하기 위하여 무형자산이 식별가능할 것을 요구한다. 사업결합으로 인식하는 영업권은 사업결합에서 획득하였지만 개별적으로 식별하여 별도로 인식하는 것이 불가능한 그 밖의 자산에서 발생하는 미래경제적효익을 나타내는 자산이다. 그 미래경제적효익은 취득한 식별가능한 자산 사이의 시너지효과나 개별적으로 인식기준을 충족하지 않는 자산으로부터 발생할 수 있다.

자산은 다음 중 하나에 해당하는 경우에 식별가능하다.

(1) 자산이 분리가능하다. 즉, 기업의 의도와는 무관하게 기업에서 분리하거나 분할할 수 있고, 개별적으로 또는 관련된 계약, 식별가능한 자산이나 부채와 함께 매각, 이전, 라이선스, 임대, 교환할 수 있다.

(2) 자산이 계약상 권리 또는 기타 법적 권리로부터 발생한다. 이 경우 그러한 권리가 이전가능한지 여부 또는 기업이나 기타 권리와 의무에서 분리가능한지 여부는 고려하지 아니한다.

무형자산이 분리가능하지 않더라도 다른 방법으로 무형자산을 식별할 수 있는 경우가 있다. 예를 들면, 제조설비를 제조공정에 대한 특허권과 함께 일괄취득한 경우에는 그 특허권은 분리가능하지는 않지만 식별가능하다. 또한, 어떤 자산이 다른 자산과 결합해야만 미래경제적효익을 창출하는 경우에도 그 자산으로부터 유입되는 미래경제적효익을 확인할 수 있다면 그 자산은 식별가능한 것이다.

통제

무형자산의 미래경제적효익을 확보할 수 있고 그 효익에 대한 제3자의 접근을 제한할 수 있다면 자산을 통제하고 있는 것이다. 무형자산의 미래경제적효익에 대한 통제는 일반적으로 법적 권리로부터 나오며, 법적 권리가 없는 경우에는 통제를 입증하기 어렵다. 그러나 권리의 법적 집행가능성이 통제의 필요조건은 아니다.

개별 취득

개별 취득하는 무형자산의 원가는 다음 항목으로 구성된다.

(1) 구입가격(매입할인과 리베이트를 차감하고 수입관세와 환급받을 수 없는 제세금을 포함한다)

(2) 자산을 의도한 목적에 사용할 수 있도록 준비하는 데 직접 관련되는 원가

사업결합으로 인한 취득

사업결합으로 취득한 무형자산의 원가는 제12장 '사업결합'에 따라 취득일의 공정가치로 한다.

정부보조 등에 의한 취득

정부보조 등에 의해 무형자산을 무상 또는 공정가치보다 낮은 대가로 취득한 경우에는 '정부보조금의 회계처리'에 따라 무형자산의 원가를 결정한다.

자산교환에 의한 취득

다른 종류의 무형자산이나 다른 자산과의 교환으로 무형자산을 취득하는 경우에는 무형자산의 원가를 교환으로 제공한 자산의 공정가치로 측정한다. 다만, 교환으로 제공한 자산의 공정가치가 불확실한 경우에는 교환으로 취득한 자산의 공정가치를 원가로 할 수 있다. 자산의 교환에 현금수수액이 있는 경우에는 현금수수액을 반영하여 원가를 결정한다.

동일한 업종 내에서 유사한 용도로 사용되고 공정가치가 비슷한 동종 자산과의 교환으로 무형자산을 취득하거나, 동종 자산에 대한 지분과의 교환으로 무형자산을 매각할 수 있다. 이러한 경우에는 수익창출과정이 완료되지 않았기 때문에 교환에 따른 거래손익을 인식하지 않아야 하며, 교환으로 취득한 자산의 원가는 교환으로 제공한 자산의 장부금액으로 한다. 그러나 취득한 자산의 공정가치에 비추어 볼 때 제공한 자산에 손상차손이 발생하였음을 알 수 있는 경우에는 손상차손을 먼저 인식하고 손상차손 차감 후의 장부금액을 취득한 자산의 원가로 한다.

내부적으로 창출한 영업권

미래경제적효익을 창출하기 위하여 발생한 지출이라도 이 장의 인식기준을 충족하지 못하면 무형자산으로 인식할 수 없다. 그러한 지출은 대부분 내부적으로 영업권을 창출하지만, 내부적으로 창출한 영업권은 원가를 신뢰성 있게 측정할 수 없을 뿐만 아니라 기업이 통제하고 있는 식별가능한 자원도 아니기 때문에 자산으로 인식하지 않는다.

내부적으로 창출한 무형자산

내부적으로 창출한 무형자산이 인식기준에 부합하는지를 평가하기 위하여 무형자산의 창출과정을 연구단계와 개발단계로 구분한다.

무형자산을 창출하기 위한 내부 프로젝트를 연구단계와 개발단계로 구분할 수 없는 경우에는 그 프로젝트에서 발생한 지출은 모두 연구단계에서 발생한 것으로 본다.

연구단계

프로젝트의 연구단계에서는 미래경제적효익을 창출할 무형자산이 존재한다는 것을 입증할 수 없기 때문에 연구단계에서 발생한 지출은 무형자산으로 인식할 수 없고 발생한 기간의 비용으로 인식한다.

개발단계

개발단계에서 발생한 지출은 다음의 조건을 모두 충족하는 경우에만 무형자산으로 인식하고, 그 외의 경우에는 발생한 기간의 비용으로 인식한다.

(1) 무형자산을 사용 또는 판매하기 위해 그 자산을 완성시킬 수 있는 기술적 실현가능성을 제시할 수 있다.
(2) 무형자산을 완성해 그것을 사용하거나 판매하려는 기업의 의도가 있다.
(3) 완성된 무형자산을 사용하거나 판매할 수 있는 기업의 능력을 제시할 수 있다.
(4) 무형자산이 어떻게 미래경제적효익을 창출할 것인가를 보여줄 수 있다. 예를 들면, 무형자산의 산출물, 그 무형자산에 대한 시장의 존재 또는 무형자산이 내부적으로 사용될 것이라면 그 유용성을 제시하여야 한다.

내부적으로 창출한 무형자산의 원가는 문단 11.7에서 설명하고 있는 인식기준을 최초로 충족한 이후에 발생한 지출금액으로 한다.

내부적으로 창출한 무형자산의 원가는 그 자산의 창출, 제조, 사용준비에 직접 관련된 지출과 합리적이고 일관성있게 배분된 간접 지출을 모두 포함한다.

상각기간

무형자산의 상각대상금액은 그 자산의 추정내용연수 동안 체계적인 방법에 의하여 비용으로 배분한다. 무형자산의 상각기간은 독점적·배타적인 권리를 부여하고 있는 관계 법령이나 계약에 정해진 경우를 제외하고는 20년을 초과할 수 없다. 상각은 자산이 사용가능한 때부터 시작한다.

무형자산의 미래경제적효익은 시간의 경과에 따라 소비되기 때문에 상각을 통하여 장부금액을 감소시킨다. 무형자산의 공정가치 또는 회수가능액이 증가하더라도 상각은 원가에 기초한다. 무형자산의 추정내용연수를 결정하기 위해서 다음과 같은 요인을 종합적으로 고려한다.

(1) 예상되는 자산의 사용방식과 자산의 효율적 관리여부
(2) 해당 자산의 제품수명주기 및 유사한 자산의 추정내용연수에 관한 정보
(3) 기술적, 공학적 상업적 또는 기타 유형의 진부화
(4) 자산으로부터 산출되는 제품이나 용역의 시장수요 변화
(5) 기존 또는 잠재적인 경쟁자의 예상 전략
(6) 예상되는 미래경제적효익의 획득에 필요한 자산 유지비용의 수준과 그 수준의 비용을 부담할 수 있는 능력과 의도
(7) 자산의 통제가능 기간 및 자산사용에 대한 법적 또는 유사한 제한
(8) 자산의 내용연수가 다른 자산의 내용연수에 의해 결정되는지의 여부

일정 기간 동안 보장된 법적 권리를 통해 무형자산의 미래경제적효익에 대한 통제가 획득된 경우에는 법적 권리가 갱신될 수 있고 갱신이 실질적으로 거의 확실한 경우를 제외하고는 내용연수가 그 법적 권리의 기간을 초과할 수 없다.

무형자산의 내용연수는 경제적 요인과 법적 요인의 영향을 받는다. 경제적 요인은

자산의 미래경제적효익이 획득되는 기간을 결정하고, 법적 요인은 기업이 그 효익에 대한 제3자의 접근을 통제할 수 있는 기간을 제한한다. 내용연수는 이러한 요인에 의해 결정된 기간 중 짧은 기간으로 한다.

3. 중소회계기업기준

12조(무형자산)

① '무형자산'이란 재화를 생산하거나 용역을 제공하기 위하여, 또는 타인에게 임대하거나 직접 사용하기 위하여 보유한, 물리적 형체가 없는 비화폐성자산을 말한다.

② 무형자산에는 지식재산권, 개발비, 컴퓨터소프트웨어, 광업권, 임차권리금과 영업권 등이 포함된다.

③ 무형자산은 상각누계액과 손상차손누계액을 취득원가에서 직접 차감한 잔액으로 대차대조표에 표시한다.

④ 무형자산을 처분하는 경우 그 자산을 대차대조표에서 제거하고 처분금액과 장부금액의 차액을 무형자산처분손익으로 인식한다.

(1) 인식 조건

무형자산은 해당 항목에서 발생하는 미래경제적 효익이 회사에 유입될 가능성이 매우 높고, 그 원가를 신뢰성 있게 측정할 수 있는 경우에 대차대조표에 인식한다.(제6조④)

(2) 취득원가

무형자산은 최초에 취득원가로 인식한다.(제36조①) 무형자산의 취득원가는 구입가격 또는 제작원가와 의도하는 방식으로 자산을 가동하는 데 필요한 장소와 상태에 이르게 하는 데 직접 관련되는 원가를 포함하며, 매입에누리, 매입할인과 매입환출을 차감한 금액을 말한다.(제38조①) 무형자산의 취득 자금에 포함된 차입금의 이자비용 등은 법인세법 제28조에 따라 해당 자산의 취득원가에 포함할 수 있다.(제38조②)취

득부대원가 | 무형자산을 사용할 수 있는 상태로 만드는 데 직접 기여한 종업원의 급여, 전문가 수수료, 기능 검사 원가도 자산을 가동하는 데 필요한 장소와 상태에 이르게 하는 데 직접 관련되는 원가에 포함될 수 있다. 교환, 현물출자, 증여, 그 밖에 무상으로 취득한 자산은 공정가치를 취득원가로 한다. 다만, 같은 종류의 자산을 교환하였을 때에는 제공한 자산의 장부금액을 취득원가로 한다.(제36조②)

(3) 개발지출 연구단계와 개발단계에서 발생한 지출은 발생한 회계연도에 판매비와관리비로 인식한다. 다만, 개발단계에서 발생한 지출이 제6조제3항제1호 자산의 정의와, 같은 조제4항제1호 자산의 인식 조건을 모두 충족한다면 무형자산의 개발비로 인식한다.(제29조④)

개발단계에서 발생한 지출이 다음을 모두 충족한다면 자산의 정의와 인식 조건을 충족한다고 본다.

① 개발단계에서 발생한 지출을 신뢰성 있게 구분하여 측정할 수 있다.

② 무형자산을 완성시킬 수 있는 기술의 실현가능성과 이를 사용·판매하려는 회사의 의도를 제시할 수 있다.

③ 무형자산 또는 이를 사용한 제품·용역 시장의 존재, 내부적으로 사용되는 경우의 유용성 등을 제시할 수 있다.

④ 무형자산의 개발 완료, 사용·판매하는 데 필요한 자원(기술, 금전 등)을 충분히 확보하고 있다는 사실을 제시할 수 있다.

연구단계에서는 미래경제적 효익을 창출할 무형자산이 존재한다는 것을 제시할 수 없기 때문에 해당 단계에서 발생한 지출은 발생 시점에 비용으로 인식한다. 연구단계와 개발단계로 구분할 수 없는 경우에는 그 활동에서 발생한 지출은 모두 연구단계에서 발생한 것으로 본다. 연구단계에 속하는 활동의 일반적인 예는 다음과 같다.

① 새로운 지식을 얻고자 하는 활동

② 연구 결과나 그 밖의 지식을 탐색·평가·최종선택·응용하는 활동

③ 재료, 장치, 제품, 공정, 시스템, 용역 등의 여러 가지 대안을 탐색하는 활동

④ 새롭거나 개선된 재료, 장치, 제품, 공정, 시스템, 용역 등의 여러 가지 대안을 제안·설계·평가·최종선택하는 활동

개발단계는 연구단계보다 훨씬 더 진전되어 있는 상태이기 때문에 무형자산을 식별할 수 있고 미래경제적 효익을 창출할 것임을 제시할 수 있는 경우가 있다. 개발단계에 속하는 활동의 일반적인 예는 다음과 같다.

① 생산 또는 사용 전의 시작품과 모형을 설계·제작·시험하는 활동

② 새로운 기술과 관련된 공구, 금형, 주형 등을 설계하는 활동

③ 상업적 생산 목적이 아닌 소규모의 시험공장을 설계·건설·가동하는 활동

④ 새롭거나 개선된 재료, 장치, 제품, 공정, 시스템 및 용역 등의 최종 선정된 안을설계·제작·시험하는 활동

이미 비용으로 인식한 지출은 그 후에 무형자산의 원가로 인식할 수 없고 자산의 정의와 인식 조건을 충족한 이후 발생한 지출금액부터 무형자산의 원가에 포함한다.

미래경제적 효익을 가져올 수 있는 지출이 발생하였더라도 인식기준을 충족하는 무형자산이나 다른 자산을 획득하거나 창출하지 못한다면, 그 지출은 발생한 기간에 비용으로 인식한다. 발생한 기간에 비용으로 인식하는 지출의 예는 다음과 같다.

① 법적 실체(회사)를 설립하는 데 발생하는 법적 비용과 같은 창업비

② 새로운 시설이나 사업을 개시할 때 발생하는 개업비

③ 새로운 영업을 시작하거나 새로운 제품 또는 공정을 시작하기 위하여 발생하는 지출 등과 같은 사업 개시 비용

④ 교육·훈련을 위한 지출

⑤ 광고 또는 판매촉진 활동을 위한 지출

⑥ 회사의 전부 또는 일부 이전이나 조직 개편에 관련된 지출

⑦ 연구단계의 활동을 위한 지출

⑧ 내부적으로 창출한 브랜드, 고객 목록 또는 이와 유사한 항목에 대한 지출

(1) 장부금액

최초 인식 후에 무형자산의 장부금액은 취득원가에서 상각누계액과 손상차손누계액을 차감한 금액으로 결정한다.(제38조④)

(2) 자본적 지출과 수익적 지출

무형자산의 생산능력을 향상시키거나 내용연수를 연장시키는 등 자산의 가치를 실질적으로 높이는 지출(자본적 지출)은 해당 자산의 장부금액에 가산하고, 원상을 회복

시키거나 능률을 유지하기 위한 지출은 발생한 회계연도의 비용으로 인식한다.(제38조③)

(3) 상각

취득원가에서 잔존가치를 차감하여 결정되는 무형자산의 상각대상금액은 해당 자산을 사용할 수 있는 때부터 내용연수에 걸쳐 배분한다.(제38조⑤)

무형자산의 상각대상금액을 해당 자산을 사용할 수 있는 때부터 내용연수에 걸쳐 배분하는 것을 상각이라고 한다.

무형자산의 잔존가치는 없는 것으로 한다. 다만, 경제적 내용연수보다 짧은 상각기간을 정한 경우, 상각기간이 끝나는 시점에 잔존가치가 존재할 가능성이 매우 높다면 내용연수가 끝나는 시점의 예상처분대가에서 예상처분원가를 차감한 금액으로 추정한다. 무형자산의 잔존가치는 법인세법 제23조에 따라 결정할 수도 있다.(제38조⑥)

무형자산의 상각기간은 독점적·배타적인 권리를 주는 관계법령이나 계약에서 정해진 경우를 제외하고는 20년을 초과할 수 없다. 다만, 내용연수는 법인세법 제23조에 따라 결정할 수 있다.(제38조⑦)

무형자산의 상각방법은 정액법과 생산량비례법 중 하나를 선택한다. 다만, 사업결합에서 발생한 영업권에는 정액법을 사용한다.(제38조⑧)무형자산의 상각방법

① **정액법** 자산의 내용연수에 걸쳐 균등하게 상각비를 인식하는 방법이다. 이는 시간의 경과에 따라 자산의 가치가 일정하게 감소하는 경우 사용하기 적합한 방법이다. 정액법을 적용하는 경우 상각비는 다음과 같이 계산한다.

상각비 = (취득원가 - 잔존가치)÷내용연수

② **생산량비례법** 생산량에 비례하여 자산이 소비된다는 것을 전제로 상각비를 계산하는 방법이다. 예를 들면, 광업권의 매 회계연도 상각비는 총채굴 예정량에 대한 매 회계연도의 실제 채굴량의 비율을 상각대상금액에 곱하여 계산한다. 생산량비례법을 적용하는 경우 상각비는 다음과 같이 계산한다.

상각비 = (취득원가 - 잔존가치)×(당기 실제생산량÷추정 총생산량)

잔존가치 또는 내용연수에 대한 추정이 변경되거나 상각방법이 변경되는 경우에는 전진적으로 회계처리하여 그 효과를 당기와 그 이후의 회계연도에 반영한다. (제38조 ⑨)

구 분			내 용
최초 인식	취득원가	개별 취득	· 구입원가 또는 제작원가(개발비의 경우 자산의 정의와 인식 조건을 모두 충족한 이후의 개발단계에서 발생한 지출) · 경영진이 의도하는 방식으로 자산을 가동하는 데 필요한 장소와 상태에 이르게 하는 데 직접 관련된 원가 가산 · 매입에누리 · 매입할인 · 매입환출 차감 · 이자비용 등은 취득원가에 포함 가능(법인세법 적용)
		현물출자, 증여, 기타 무상 취득	· 공정가치
		교환	· 이종 자산 교환: 제공한 자산의 공정가치(제공한 자산의 공정가치가 불확실한 경우 취득한 자산의 공정가치) · 동종 자산 교환: 제공한 자산의 장부금액
후속 측정	인식시점 이후지출	자본적 지출	· 해당 자산의 장부금액에 가산
		수익적 지출	· 당기비용
	장부금액		· 취득원가 – 상각누계액 – 손상차손누계액
	상각	의미	· 상각대상금액을 해당 자산을 사용할 수 있는 때부터 내용연수에 걸쳐 배분
		상각대상금액	· 취득원가 – 잔존가치
		잔존가치	· 원칙: 0 · 예외: 예상처분대가 – 예상처분비용 · 법인세법에 따라 잔존가치 결정 가능
		내용연수	· 자산의 예상 사용기간, 생산량 등을 고려하여 합리적으로 결정[20년 이내(관계 법령, 계약에서 정해진 경우 제외)] · 법인세법에 따라 내용연수 결정 가능
		상각방법	· 정액법, 생산량비례법 중 선택(단, 영업권: 정액법)
		변경	· 잔존가치 또는 내용연수 추정 변경, 상각방법의 변경: 전진적 회계처리(효과를 당기와 그 이후의 기간에 반영)
제거			· 처분: 자산을 대차대조표에서 제거, 처분금액과 장부금액의 차액을 당기손익으로 인식

출처: 이장희 등(2023), K-IFRS 최신 중급재무회계, 세학사

4. 재무비율 분석

재무비율은 유용한 정보를 이용하여 의사결정을 할 때 필요하다. 재무비율은 경제적 의미와 논리적 관계가 있는 재무제표의 항목을 비교하여 상대적 비율을 구하는 것이다. 재무제표를 구성하는 수많은 계정과목을 대응하여 계산하게 되므로 무수히 많은 비율이 산출될 수 있다.

계정과목: 손익계산서, 이익잉여금처분계산서, 결손금처리계산서, 현금흐름표, 주기, 주석, 재무상태표, 제조원가명세서 등

비율의 분류		비율의 의미	비율의 예
수익성 분석비율	수익성비율	기업경영에서 발생된 이익을 투하자본이나 매출액과 대비시켜 나타낸 비율	자기자본이익률, 총자산이익률, 매출액총이익률, 매출액영업이익률, 매출액순이익률
	효율성비율	영업활동에 투입된 자산의 활용 정도를 측정하는 비율	총자산회전율, 영업운전자본회전율, 매출채권회전율, 재고자산회전율, 비유동자산회전율
재무위험 분석비율	유동성비율	기업의 단기적 지급능력을 평가하는 비율	유동비율, 당좌비율, 현금비율, 영업현금흐름 대 유동부채 비율
	레버리지비율	타인자본 의존에 따른 장기적 지급능력을 평가하는 비율	부채비율, 이자보상비율, 고정비율, 고정장기적합률
성장성비율		기업규모의 증가, 이익의 증가 등을 측정하는 비율	총자산증가율, 자기자본증가율, 매출액증가율, 순이익증가율
시장가치비율		기업의 주식가격과 재무제표 항목을 대비시키는 비율	주가이익비율, 주가순자산비율, 주가매출액비율, 주가현금흐름비율

출처: 이장희 등(2023), K-IFRS 최신 중급재무회계, 세학사

재무비율은 크게 5가지로 분류할 수 있다. 기업이 영업을 해서 얼마만큼 남기는지에 대한 수익성, 얼마나 성장했는지에 대한 성장성, 기업이 보유하는 자산을 얼마나 효율적으로 사용했나를 알아보는 효율성, 조달한 자본에 대한 안정성, 그리고 현금흐름과 관련된 비율이다. 이들 5가지 비율을 통해 기업이 어떻게 변해왔는지, 그리고 현재의 기업상태는 어떤지에 대해서 판단할 수 있게 된다.

a. 자기자본비율(BIS)

총 자산중에 자본이 차지하는 비율로 기업의 재무구조의 건정성을 나타내는 가장 대표적 지표.

b. 매출총이익율

매출로부터 얼마만큼의 이익을 얻느냐를 나타내는 비율로 사업의 특질에서 오는 수익성을 나타내는 지표.

c. 유동비율

회사의 지불능력을 판단하기 위해서 사용하는 분석지표.

d. 당좌비율

기업의 지불능력의 대소를 판단하는 분석지표.

e. 부채비율

기업자본 구성의 안전도, 특히 타인자본 의존도를 표시하는 지표

a. 자기자본비율(BIS)
=(자본 / 자산)X100 (높을수록 좋다. 기준은 50)

b. 매출총이익율
=(매출총이익 / 매출액) X 100 (높을수록 좋다)

c. 유동비율
=(유동자산 / 유동부채) X 100 (높을수록 좋다)

d. 당좌비율
=(당좌자산 / 유동부채) X 100 (높을수록 좋다)

e. 부채비율
=(부채총계 / 자기자본) X100 (낮을수록 좋다)

■ 그 외, 주요 재무비율

a. 자기자본이익율 (ROE)

총자산 가운데 부채를 제외한 자기자본 금액만을 기준으로 수익성을 측정하는 비율지표

= 당기순이익 / 자기자본(자본총계) X 100

b. 매출액증가율

영업활동에서 계속적으로 발생하는 영업수입으로, 기업의 성장률을 판단하는 대표적인 비율.

= (당기 매출액 -전기 매출액) / 전기 매출액 X 100

c. 총자산증가율

기업의 규모가 얼마나 증가했는지 보여주는 성장성 지표.

= (당기말 총자산- 전기말 총자산) / 전기말 총자산 X 100

d. 영업이익증가율

전년 대비 영업이익이 얼마나 증가했는가를 보여주는 성장성 지표.

= (당기 영업이익 - 전기 영업이익) / 전기 영업이익 X 100

e. 총자산회전율 :

기업이 소유하고 있는 자산들을 얼마나 효과적으로 이용하고 있는가를 측정하는 활동성 비율.

높을수록 자산을 효율적으로 사용하고 있음을 나타낸다.

= (매출액 / 매출 총자산)

f. 매출채권회전율

매출 채권의 현금화 속도를 측정하는 지표.

높을수록 매출채권 현금화 속도가 빠름을 나타낸다.

= (매출액 / 매출채권 (평균))

g. 재고자산회전율:

재고자산이 당좌자산으로 변화하는 속도를 나타내는 지표.

높을수록 유리하지만, 과도할 경우 원재료 및 제품 등의 부족으로 계속적인 생산 및 판매활동에 지장을 초래할 수도 있다

= (연간매출액 / 평균재고자산) X 100

제3절 지식재산 회계처리 사례

사례 1. 취득한 특허권으로서 15년 후에 만료되는 경우

특허 기술에 의해 보호를 받는 제품이 적어도 15년 동안 순현금유입의 원천이 될 것으로 예상된다. 기업은 특허권 취득일 현재 공정가치의 60%로 5년 후에 특허권을 구매하려는 제3자와 약정하였으며 5년 후에 특허권을 매각할 의도를 가지고 있다.

기업은 특허권을 취득일 현재 공정가치의 60%에 대한 현재가치를 잔존가치로 하여 5년의 내용연수에 걸쳐 상각할 것이다. 특허권도 매 보고기간말마다 자산손상을 시사하는 징후가 있는지를 평가하여 기업회계기준서 제1036호에 따라 손상을 검토할 것이다.

사례 2. 취득한 저작권으로서 50년의 법정 잔여연수가 있는 경우

고객의 성향과 시장동향의 분석을 통해 저작권을 가진 해당 자료가 앞으로 30년 동안만 순현금유입을 창출할 것이라는 증거가 제공된다.

저작권은 30년의 추정 내용연수 동안 상각될 것이다. 저작권도 매 보고기간말마다 자산손상을 시사하는 징후가 있는지를 평가하여 기업회계기준서 제1036호에 따라 손상을 검토할 것이다.

사례 3. 취득한 방송 라이선스로서 5년 후에 만료되는 경우

방송 라이선스는 기업이 적어도 통상적인 수준의 서비스를 고객에게 제공하고 관련 법적 규정을 준수한다면 매 10년마다 갱신이 가능하다. 이 라이선스는 거의 원가 없이 비한정으로 갱신할 수 있으며 최근의 취득 이전에 두 번 갱신되었다. 취득 기업은 라이선스를 비한정으로 갱신하려는 의도를 가지고 있으며 갱신할 수 있는 능력을 가지고 있다는 증거도 있다. 과거에 라이선스를 갱신하는 데 어려움은 없었다. 방송하는 데 사용되는 기술은 예측가능한 미래의 어느 시점에라도 다른 기술에 의해 대체될 것으로 예상되지 않는다. 따라서 라이선스는 비한정으로 기업의 순현금유입에 기여할 것으로 기대된다.

방송 라이선스는 비한정으로 기업의 순현금유입에 기여할 것으로 기대되므로 내용

연수가 비한정인 것으로 회계처리한다. 따라서 당해 라이선스는 그 내용연수가 유한하다고 결정할 때까지는 상각하지 않을 것이다. 라이선스에 대하여 매년 그리고 자산손상을 시사하는 징후가 있을 때마다 기업회계기준서 제1036호에 따라 손상검사를 할 것이다.

사례 4. 사례 3의 방송 라이선스

라이선스발급 기관이 방송 라이선스를 더 이상 갱신해주지 않고 이를 경매에 붙이기로 결정하였다. 라이선스 발급기관의 이러한 결정이 이루어진 시점에 당해 방송 라이선스는 그 만료시점까지 3년이 남아있다. 기업은 만료시점까지 라이선스가 순현금유입에 기여를 할 것으로 예상한다. 방송 라이선스가 더 이상 갱신될 수 없으므로 그 내용연수는 더 이상 비한정이지 않다. 따라서 취득한 라이선스는 3년의 잔여내용연수 동안 상각하고 기업회계기준서 제1036호에 따라 즉시 손상검사를 한다.

사례 5. 취득한 상표권으로서 과거 8년간 시장점유율이 선두인 선도소비제품을 식별하고 구별하는 데 사용되는 경우

상표권은 잔여 법정 연수가 5년이나 매 10년마다 거의 원가 없이 갱신할 수 있다. 취득 기업은 당해 상표권을 계속적으로 갱신할 의도와 갱신할 수 있는 능력이 있음을 뒷받침하는 증거가 있다. (1) 제품수명주기 연구, (2) 시장, 경쟁과 환경 동향 그리고 (3) 브랜드 확장 기회를 분석해 볼 때, 상표권으로 보호되는 당해 제품이 비한정 기간에 걸쳐 취득 기업에게 순현금유입을 창출하게 할 것이라는 증거가 제시된다.

상표권은 비한정으로 기업의 순현금유입에 기여할 것이 예상되므로 내용연수가 비한정인 것으로 회계처리한다. 따라서 상표권은 그 내용연수가 유한하다고 결정될 때까지 상각하지 않는다. 그 상표권에 대하여 매년 그리고 자산손상을 시사하는 징후가 있을 때마다 기업회계기준서 제1036호에 따라 손상검사를 한다.

사례 6. 10년 전에 취득한 상표권으로서 선도소비제품으로 구별하는 경우

상표권으로 보호되는 제품이 비한정으로 순현금유입을 창출할 것이 예상되었으므로 취득 당시에 당해 상표권의 내용연수는 비한정인 것으로 간주되었다. 그러나 최근

에 예상하지 못한 경쟁자가 시장에 진입하였고 이로 인하여 당해 상표 제품의 매출이 감소될 것으로 예상하고 있다. 경영진은 예측가능한 미래에 당해 제품으로 창출되는 순현금유입이 20%정도 감소할 것으로 추정한다. 그러나 경영진은 그 제품이 이렇게 줄어든 금액의 순현금유입을 비한정으로 창출할 것이라고 예상한다.

추정된 미래 순현금유입 감소의 결과로 기업은 상표권의 추정 회수가능액이 장부금액에 미달하는 것으로 결정하고 손상차손을 인식한다. 그 상표권의 내용연수가 여전히 비한정인 것으로 간주되므로 상표권은 여전히 상각하지 않으나 매년 그리고 자산손상을 시사하는 징후가 있을 때마다 기업회계기준서 제1036호에 따라 손상검사를 한다.

사례 7. 수년전 사업결합으로 취득한 하나의 제품군에 대한 상표권

사업결합 당시 피취득자는 그 상표권을 사용하여 새로운 모델을 많이 개발하여 35년간 특정 제품군을 생산해왔다. 취득일에 취득자는 그 제품군의 생산을 계속할 것으로 예상하였고, 여러 경제적 요소의 분석에 의할 때 상표권이 순현금유입에 기여하는 기간에 제한이 없는 것으로 밝혀졌다. 따라서 취득자는 상표권을 상각하지 않는다. 그러나 경영진은 제품군의 생산을 앞으로 4년 후에 중단하기로 최근에 결정하였다.

취득한 상표권의 내용연수는 더 이상 비한정으로 간주되지 않으므로 당해 상표권의 장부금액은 기업회계기준서 제1036호에 따라 손상검사를 하고 잔여 내용연수인 4년 동안 상각한다.

사례 8. 연구단계와 개발단계의 지출

㈜중소기계에서 20×1년에 수행된 연구·개발 활동과 관련된 지출은 다음과 같다. 개발 단계에서 발생한 지출은 무형자산의 정의와 인식 조건을 충족한다.

내 용	금액 (원)
· 새로운 공정의 대안을 최종선택하는 활동	50,000
· 생산 전의 시작품과 모형을 설계하는 활동	80,000
· 새로운 기술과 관련된 공구, 금형을 설계하는 활동	30,000
· 신제품 관련 특허권 취득 (20×1년 12월 31일)	20,000
· 연구시설 취득 (20×1년 1월 1일, 내용연수 30년, 정액법, 잔존가치 없음)	300,000

① 20×1년에 취득한 무형자산

개발비: 80,000 + 30,000 = 110,000(원)

특허권: 20,000(원)

② 20×1년 연구비: 50,000 + (300,000÷30) = 60,000(원)

사례 9. 무형자산의 상각

① ㈜중소기계에서 20×3년 말 현재 보유중인 무형자산의 내용은 다음과 같다.

	취득원가	상 각
특허권	20×1년 12월 31일 취득원가: 20,000원	20×2년 1월 1일부터 사용 가능 내용연수: 10년 잔존가치: 없음 상각방법: 정액법
디자인권	20×3년 1월 1일 취득원가: 10,000원	20×3년 1월 1일부터 사용 가능 내용연수: 5년 잔존가치: 없음 상각방법: 정액법
개발비	20×1년 최초 취득원가: 110,000원 20×2년 추가 지출(자산의 정의와 인식 조건을 충족): 40,000원	20×3년 1월 1일부터 사용 가능 내용연수: 5년 잔존가치: 없음 상각방법: 정액법

〈20×3년 무형자산 상각비〉

• 특허권 상각비: (20,000 - 0)÷10 = 2,000

• 디자인권 상각비: (10,000 - 0)÷5 = 2,000

• 개발비 상각비: (110,000 + 40,000 - 0)÷5 = 30,000

② 20×4년 초 시장 경쟁이 심화되어 특허권의 잔존 내용연수도 4년으로 변경하고 20×4년 말 현재 개발비의 순공정가치가 45,000원으로 하락한 것으로 판단하였다.

〈20×4년 무형자산 상각비와 손상차손〉

• 특허권 상각비: (20,000 - 2,000×2 - 0)÷4 = 4,000

• 디자인권 상각비: (10,000 - 0)÷5 = 2,000

• 개발비 상각비: (150,000 - 0)÷5 = 30,000

·개발비 손상차손: (150,000 - 30,000×2) - 45,000 = 45,000

사례 10. 무형자산의 표시

20×4년 말 현재 ㈜중소기계에서 보유중인 무형자산의 내용은 다음과 같다.

	특허권	디자인권	개발비
취득원가(원)	20,000	10,000	150,000
상각누계액(원)	8,000	4,000	60,000
손상차손누계액(원)	-	-	45,000
20×4년 말 잔액(원)	12,000	6,000	45,000

〈재무상태표 표시〉 특허권과 디자인권은 지식재산권으로 통합하고, 무형자산의 항목별로 상각누계액과 손상차손누계액을 차감한 잔액으로 표시하였다.

사례 11. 무형자산의 제거

20×4년 말 현재 ㈜중소기계에서 보유중인 특허권을 20×5년 6월 30일에 12,000원에 처분하였다.

	특허권	디자인권	개발비
취득원가(원)	20,000	10,000	150,000
상각누계액(원)	8,000	4,000	60,000
손상차손누계액(원)	-	-	45,000
20×4년 말 잔액(원)	12,000	6,000	45,000

20×5. 6. 30.

(차) 무형자산상각비 2,000*1 (대) 특 허 권 2,000

(차) 현 금 12,000 (대) 특 허 권 10,000*2

무형자산처분이익 2,000*3

*1) [(20,000 - 2,000×2 - 0)÷4]×(6÷12) = 2,000

*2) 12,000 - 2,000 = 10,000

*3) 12,000 - 10,000 = 2,000

제4절 지식재산가치분석 방법 및 사례

지식재산가치분석 방법은 평가목적, 용도, 관련 자료의 활용 정도 등에 따라 시장 접근법, 수익접근법, 원가 접근법 등 다양한 방법이 사용되고 있으며 복수의 평가방법 사용을 권장하고 있다.

1. 지식재산가치분석 방법

지식재산가치분석 방법은 「기술평가기준 운영지침」 제5장 제1절에 규정된 바와 같이 다양하게 존재하는데 일반적으로 시장접근법, 수익접근법, 원가접근법으로 구분한다. 시장접근법, 수익접근법, 원가접근법 등 세 가지의 기본적인 평가방법은 가치평가를 위한 전제가 상이 하므로, 이 상이한 전제에 대한 이해를 토대로 적절한 지식재산가치분석 방법을 단수 또는 복수로 선택할 필요가 있다. 시장접근법의 경우, 활성 기술거래 시장이 존재한다는 가정하에 시장에서 생성된 거래사례, 로열티율 등이 신뢰할 만하거나, 경매 등 시장에서의 가격결정방식이 효율적으로 작동되는 경우에 사용할 수있다. 수익접근법의 경우, 활성 기술거래 시장이 존재하지 않거나, 거래시장 자체가 정상적으로 작동하지는 않지만 대상기술을 사업화할 수 있는 시장이 존재하는 경우, 대상기술의 사업화를 전제로 기술가치를 추정하는 방식이다. 원가접근법의 경우, 활성기술거래 시장이 존재하지 않거나, 기술의 사업화를 위한 시장이 정상적으로 작동하지 않아, 수익접근법이나 시장접근법을 적용할 수 없는 경우에 사용할 수 있음. 또한, 다수의 대체기술이 존재하여 기술의 가치가 원가에서 기회비용, 진부화 금액을 고려한 수준을 초과하기 어렵다고 판단되거나, 기술의 완성도가 낮은 미성숙한 기술 등의 지식재산가치분석에 주로 이용된다.

첫째, 시장접근법은 대상기술과 동일 또는 유사한 기술이 활성시장에서 거래된 사례에 근거하여 대상기술과 거래사례의 비교·분석을 통하여 상대적인 가치를 산정하는 방법이다(「기술평가기준 운영지침」 제37조). 실제 시장에서의 거래사례에 근거하여 대상기술의 가치를 추정하는 방법이므로 시장거래사례비교법 이라고도 함. 실제 시장에서의 거래사례란 독립적인 제3자의 입장에서 공정한 거래로서 비교할 수 있거나 기준이 될 수 있는 기술의 거래를 의미한다. 시장에서 동일기술 혹은 유사기술에 대한 거래사례가 없을 경우에는 적용할 수 없고, 거래사례가 매우 적은 경우에는 적용이 제한적이며 가치를 산출하는 데 객관성을 확보하기 어려움이 있다. 시장거래사례비교법을 사용하기 위해서는 대상기술의 속성과 동일 혹은 유사한 기술의 거래사례 정보가 있어야 함. 즉 거래조건, 기술의 차별성(속성), 기술의 완성도, 특허 등 지식재산권 현황을 비롯하여 기술 활용 분야 및 지리적 영향 범위 등과 같은 비교가능한 정보가 있어야 하고, 거래사례에서 사례기술과 대상기술의 차이를 조정하여 적정가치를 산출할 수 있으며, 사례기술과 대상 기술의 차이에 대한 분석근거가 제시되어야 한다. 거래사례와 비교정보를 수집할 수 있다 해도 대상기술의 차별화된 특성을 반영하기 위한 조정이 어려운 경우에는 다른 평가방법을 활용하는 것이 적절하다.

둘째, 수익접근법은 대상기술의 경제적 수명기간 동안 기술사업화를 통해 발생할 미래 경제적 이익을 적정 할인율을 적용하여 현재가치로 환산하는 방법이다(「기술평가기준 운영지침」 제38조). 수익접근법으로 기술가치를 산정하기 위해서는 기술의 경제적 수명, 현금흐름, 할인율, 기술기여도 등의 합리적 추정이 필요하다. 수익접근법을 적용하여 추정되는 기술의 가치는 기술의 경제적 수명기간 동안 대상기술의 사업화로 인해 창출되는 현금흐름이 기반이 되며 가치산출에 필요한 모든 투입정보에 대한 추정근거가 반드시 제시되어야 한다.

셋째, 원가접근법은 대상기술을 개발하는 데 투입된 비용을 기초로 기술의 가치를 산정하거나(Historical Cost Approach, 역사적원가법), 동일한 경제적 효익을 가지고 있는 기술을 개발하거나(Replacement Cost Approach, 대체원가법), 동일한 기술을 개발하기 위해 투입되는 원가를 추정하여 가치를 산정하는 방법(Reproduction Cost Approach, 재생산원가법)으로 구분할 수 있음(「기술평가기준 운영지침」 제39조). 역사적원가법은 대상기술을 개발하는 데 투입된 과거의 제반 비용을 합산하여 가치를 평가하는 방법이며, 대상기술을 개발하는 데 소요된 비용을 산출할 수 있을 때 사용할 수 있다. 대체원가법은 평가 시점에서 대상기술과 동일한 효용(유용성)을 가지는 대체기술을 개발하여 완성하는데 소요되는 총원가를 의미하며, 현재의 기술로 대상기술의 효용을 재생하는 원가이다. 재생산원가법은 대상기술과 동일한 과학적 연구, 디자인 및 개발방법을 사용하여 동일한 기술을 개발하여 완성하는 데 소요되는 총원가를 의미하며, 대상기술의 정확한 복제물을 건설하거나 구입하는 데 소요되는 원가이다. 본 평가에서는 현물출자용을 감안하여 수익접근법을 평가방법으로 적용하였다.

2. 지식재산가치분석

2.1. 평가의 개요

본 평가는 평가대상 기술에 대해 기술성, 권리성, 시장성을 분석하고 이를 토대로 기술의 가치를 금액으로 산정함으로써, 현물출자용으로 활용하는데 그 목적이 있다. 본 평가에서는 사업화 주체가 평가대상 기술제품을 통해 달성 가능한 사업 가치 및 평가대상기술의 가치를 금액으로 환산하기 위해 수익접근법을 적용하였다. 수익접근법에서는 평가대상기술의 미래 수익창출 능력을 중심으로 평가대상기술로부터 발생하는 미래현금흐름의 현재가치 합계에 기술기여도를 곱하여 기술의 가치를 산정한다. 현금흐름할인법(DCF)으로 기술가치를 추정하기 위해 적용되는 평가요소인 기술의 경제적 수명, 여유현금흐름, 할인율, 기술기여도 등은 산업통상자원부의 “지식재산가치분석 실무가이드(2021)”에 근거하여 추정하였다. ‘주식회사 A’에서 평가대상기술을 사업화하는 것으로 평가 요소 등을 적용하였다. 일반적으로 지식재산가치분석은 기술, 시장, 산업, 경영정보 등의 자료를 기초로 평가자의 합리적인 판단과 추정을 기반으로 이루어지는데, 이때 적용된 가정, 자료의 완전성 등 다양한 요소에 의하여 일정한 한계를 가진다. 따라서 사업화주체, 미래의 경제적 상황, 산업의 제반 여건 등이 달라지는 경우 평가결과는 달라질 수 있다.

2.2. 가치산정

수익접근법 기반 지식재산가치분석 모형의 기본 산식은 아래와 같다. 평가대상기술의 가치는 술의 경제적 수명, 매출액 등 현금흐름, 할인율, 기술기여도 등을 통해 추정된다.

2.2.1. 기술의 경제적 수명

기술의 경제적 수명은 어떤 기술자산을 이용함으로써 이익이 발생되는 기간을 뜻하는 것으로 기술자산을 이용함으로써 더 이상 이익이 발생하지 않게 되는 시점, 또는 다른 기술자산을 이용함으로써 보다 큰 이익을 산출할 수 있게 되는 시점을 의미하기도 하며, 사용 가능 연수와는 다른 개념이다. 기술가치 평가에서 기술수명을 고려할 경우에는 관련 기술이 이용되는 시장의 존재와 시장의 성장에 따른 기술의 지속적인 필요성을 전제하여 기술수명을 추정하게 되며, 기술의 진입장벽, 특허권의 존속기간, 대체기술의 출현 가능성, 경쟁업체의 유사 내지 개선기술 개발동향, 제품의 수명주기 및 수요시장의 특성 등을 종합적으로 고려하여 산정한다. 현금흐름 추정기간은 5단계를 거쳐 결정된다.

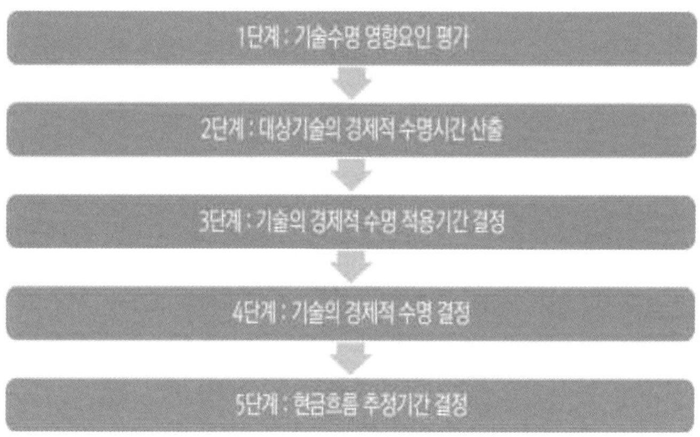

[그림 7-1] 기술의 경제적 수명 산출단계

출처: 산업통상자원부 '기술가치평가 실무가이드', 2021

기술의 경제적 수명을 결정할 수 있는 하나의 추정방법으로 특허인용수명(Technology Cycle Time : TCT)을 적용할 수 있다. 특허인용수명이란 개별특허의 연차별 인용빈도 수에 기반하여 개별특허의 수명주기 값을 산출한 것이다. 특허인용수명 이외에도 대상기술 분야에 개발된 로드맵을 활용하거나, 생존분석을 통한 기술의 잔존수명을 추정하여 활용할 수도 있으며, 해당기술 분야 전문가들의 경험과 지식을 활용하는 전문가 합의에 의해 결정하는 것이 바람직하다. 특정 기술군에 대한 TCT 분포의 형태는 양의 왜도를 갖는 비대칭분포로 나타나기 때문에, 이 분포의 대표값을 중앙값(median value)으로 사용하고, 개별기술의 경제적 수명 기본값은 TCT 지수에 기술수명 영향요인(기술요인, 시장요인), 업종별자산의 기준내용연수 및 내용연수범위를 고려하여 산정하였다. 본 평가에서는 기술의 경제적수명을 산출하기 위해 기술의 경제적 수명 모델Ⅱ를 적용하였다.

- 대상기술의 경제적 수명
  = f(TCT 지수, 기술요인, 시장요인)
  = Q2 + (Q3 − Q2)×[(획득값 − 기준값)/(최대값 − 기준값)], If 획득값≥기준값
  (또는) = Q1 + (Q2 − Q1)×[(획득값 − 최소값)/(기준값 − 최소값)], If 획득값<기준값

- 소수점은 반올림 처리
- 최대값 1): 100%, 최소값 2): 20%, 기준값 3): 60%를 초기값으로 설정
- 획득값: 백분율로 환산

출처: 산업통상자원부 '기술가치평가 실무가이드', 2021

평가대상기술은 국제특허분류(IPC)는 'G08G'에 해당되며 동 기술에 대한 특허인용수명의 중앙값은 7년이다.

[표 7-1] 평가대상기술의 TCT 지수

(단위 : 년)

IPC	기술명	평균	Q1	Q2	Q3
G08G	교통제어시스템	9.54	4	7	13

출처: 산업통상자원부 '기술가치평가 실무가이드', 2021

평가대상 기술의 수명주기를 조정하기 위해 TCT 지수와 함께 기술수명 결정에 영향을 주는 기술수명 영향요인(기술 및 시장 요인)은 기술성, 권리성, 시장성의 분석결과를 바탕으로 70.2점으로 산정되었다.

[표 7-2] 기술수명 영향요인 평가

구분	수명영향 요인	가중치	매우낮음	낮음	보통	높음	매우높음
			1	2	3	4	5
기술 요인	우월성	7				O	
	기술경쟁강도	4		O			
	대체가능성	5			O		
	모방난이도	3				O	
	권리보호강도	3				O	
시장 요인	시장진입 가능성	4				O	
	시장경쟁강도	4				O	
	시장경쟁의 변화	4			O		
	신제품 출현 가능성	3			O		
	예상시장점유율	4				O	
합 계			144점				
획득값(점수)(100점)			70.2점 = (144점 / 205점) x 100				

출처: 산업통상자원부 '기술가치평가 실무가이드', 2021

기술수명 영향요인 평가결과를 기술의 경제적 수명 도출 산식에 대입하면 9.02년으로 산출된다.

[표 7-3] 기술의 경제적 수명 도출

단계		추정 결과
1단계	인용특허 수명지수 산출	G08G : Q1(4년), Q2(7년), Q3(13년)
2단계	기술수명영향요인 평가	획득값 70.2, 기준값 60, 최소값 20, 최대값 100
3단계	기술의 경제적 수명 적용기간 결정	대상기술의경제적수명 =Q2+(Q3 −Q2)[(획득값 −기준값)/(최댓값-기준값)], if획득값≥기준값
4단계	기술의 경제적 유효수명 결정	법적 잔존기간(17.3년) > 기술의 경제적 수명 적용기간(8.54년)
5단계	현금흐름 추정기간 결정	(8.54년≒)9년

출처: 산업통상자원부 '기술가치평가 실무가이드', 2021

평가결과를 활용하여 기술의 경제적 수명을 산출하면 8.54년으로 산출된다. 특허 잔존기간 18.8년과 비교하면 이 기간이 짧음에 따라 정량적 산식에 의한 본 평가 기술의 경제적 수명은 9년으로 결정하였다. 1차년도는 2023년 1월부터 2023년 12월까지고 적용하였다.

2.2.2. 매출액 추정

지식재산가치분석에 있어서 매출액은 추정된 매출액의 규모에 따라 평가대상기술의 가치가 크게 좌우될 수 있기 때문에 지식재산가치분석 과정에서 많은 시간과 노력을 필요로 한다. 매출액은 해당 기술, 산업, 시장에 대한 이해와 분석을 기반으로 기술수명, 시장규모 및 시장점유율 등에 대한 합리적이고 객관적인 자료를 바탕으로 추정되어야 한다. 추정 매출액의 신뢰도를 높이기 위해 객관적인 관련 자료의 수집 및 분석이 필요하며, 반드시 해당 기술 분야 전문가나 시장·산업분석 전문가가 공동으로 참여하는 전문가 합의방식으로 추정하는 것이 바람직하다.

본 평가에서는 현금흐름추정기간동안 제품수명주기, 사업주체의 과거 3개년 제품 매출액, 유사기업의 매출성장률, 시장성장률을 복합적으로 반영하여 매출액을 추정하였다. 제품수명주기의 적용을 위해 중소벤처기업부의 '중소기업 기술통계조사 보고서(2020)'의 제품수명주기 데이터를 활용하였다. '전자부품, 컴퓨터, 영상, 음향 및 통신장비(C26)' 업종의 수명주기 중 약 48.60% 정도가 5년 미만, 약 69.60% 정도는 7년 미만, 약 81.10% 정도는 10년 미만이다. 따라서 평가기술 제품의 매출이 기술의 경제적 수명 기간 동안 지속적으로 성장한다는 가정은 다소 현실적이지 못하다 할 수 있다.본 평가에서는 이러한 제품수명주기(Product Life Cycle)의 특성을 고려하여 매출추정 8년차에 쇠퇴기를 맞이하는 것으로 반영하였다.

[표 7-4] 평가대상기술 제품의 매출 추정

(단위: 백만 원)

구 분	2023	2024	2025	2026	2027
매출액	1,127	1,414	1,635	2,456	4,181
구 분	2028	2029	2030	2031	
매출액	4,624	4,782	4,543	4,089	

2.2.3. 여유현금흐름 추정

(가) 매출원가 및 판매관리비

대상기술 제품의 특성을 반영하여 직접 추정할 수 있다면, 매출원가와 판매관리비를 직접 산출하는 것이 바람직하지만, 직접 산출이 어려울 경우 사업주체가 과거 동일기술 또는 유사기술을 사업화한 실적이 있는 경우 사업주체의 매출원가율 또는 판매관리비율 자료를 이용하여 산출하거나, 대상기술 또는 사업주체의 매출원가율 및 판매관리비율 자료를 확보하기 어려운 경우 유사기술을 사업화하는 대표기업 3~5개의 매출원가율 및 판매관리비율 자료를 참조하여 산출한다. 마지막으로 유사기업의 자료도 확보하기 어렵다면, 동업종 평균 재무정보의 매출원가율과 판매관리비율을 참조하여 산출한다. 본 평가에서는 사업화 주체의 최근 3개년 평균 매출액 대비 매출원가, 판매관리비 비율을 활용하여 매출원가 및 판매관리비를 추정하였다.

[표 7-5] 평가대상기술 제품의 매출원가, 판매관리비 추정

(단위: 백만 원)

구 분	2023	2024	2025	2026	2027
매출원가	884	1,109	1,283	1,927	3,280
판매관리비	114	143	166	249	424
영업이익	129	162	187	281	478
구 분	2028	2029	2030	2031	
매출원가	3,627	3,751	3,563	3,207	
판매관리비	469	485	460	414	
영업이익	528	547	519	467	

(나) 법인세 등

미래 현금흐름의 추정에서 법인세는 향후 실제 부담할 법인세를 말하는 것으로, 영업이익(EBIT)에 대한 법인세 부담액을 계산한다.

[표 7-6] 법인세율 과세표준

과세 표준 영업이익	세율	비고	주민세 포함 세율
2억 원 이하	10%	과세표준의 10%	11%
2억 원 초과~ 200억 원 이하	20%	2천만 원 + (2억 원을 초과하는 금액의 20%)	22%
200억 원 초과~ 3000억 원 이하	22%	39억 8천만 원 + (200억 원을 초과하는 금액의 22%)	24.2%
3000억 원 초과	25%	655.8억 원 + (3000억 원을 초과하는 금액의 25%)	27.5%

지식재산가치분석 실무가이드(2021)에 따른 법인세율 과세표준은 2억 원 이하가 10%, 2억 원~200억 원 20%, 200억 원~3000억 원 22%, 3000억 원 초과가 25%이다. 추정 연도별로 산정된 영업이익의 규모에 따라 법인세율과 주민세를 포함하여 계산하였다.

[표 7-7] 법인세

(단위: 백만 원)

구 분	2023	2024	2025	2026	2027
영업이익	129	162	187	281	478
법인세	14	18	21	40	83
구 분	2028	2029	2030	2031	
영업이익	528	547	519	467	
법인세	94	98	92	81	

(다) 운전자본 증감액

운전자본(WC; Working Capital)은 경상적인 매출채권, 재고자산 및 매입채무 등을 보유함에 따라 소요되는 자본으로, 현금흐름 계산에서 매출채권, 재고자산 등 (+)운전자본의 증가는 차감하고, 매입채무, 미지급금 등 (-)운전자본의 증가는 가산한다. 지식재산가치분석 실무가이드(2021)에서는 순 운전자본 증감은 직접추정을 우선 적용하고, 자료부족 등으로 어려울 경우, 유사기업 재무비율 또는 표준재무정보 등 참조용 재무비율을 활용하여 산출하도록 권고하고 있다. 본 평가에서는 사업주체의 최근 3개년 평균 재무비율 토대로 매출채권회전율, 재고자산회전율, 매입채무회전율을 산정하여 운잔자본 소요율을 추정하였다.

[표 7-8] 운전자본 소요율

구 분	평균 비율
재고자산회전율	32.675
매출채권회전율	8.172
매입채무회전율	993.875
운전자본소요율	0.152

(라) 자본적 지출액과 감가상각비

자본적 지출(CAPEX; Capital Expenditure)은 영업활동에 필요한 유형 및 무형자산에 대한 투자액을 의미한다. 유형자산은 영업활동에 사용할 것을 목적으로 장기간 보유하는 자산으로, 유형의 실체를 가진 자산을 의미하며, 토지, 건물, 기계장치, 비품, 구축물 등이 대표적이다. 무형자산은 영업활동에 사용할 것을 목적으로 장기간에 걸쳐 보유되는 물리적 실체가 없는 자산을 말하는 것으로, 영업권, 산업재산권, 라이선스와 프랜차이즈, 저작권, 컴퓨터 소프트웨어, 개발비, 임차권리금, 광업권 및 어업권 등이 있다. 본 평가에서는 사업주체가 사업화에 필요한 설비를 2023년부터 2027년까지 구입할 예정으로 해당연도별 설비구입비용을 계획하고 있다. 더불어 매출액의 2.61%에 해당하는 금액을 제품 개선을 위한 기술개발비용을 자본적 지출액으로 적용하였으며 6차년도인 2028년부터는 자본적 지출이 발생하지 않는 것으로 적용하였다.

감가상각비는 손익계산서상의 비용으로, 실제 현금유출이 수반되지 않음에도 불구하고 비용으로 처리되어 영업이익을 감소시킨다. 따라서 현금흐름인 초과이익을 산정할 경우에는 감가상각비를 다시 가산하여야 하며, 무형자산상각비도 감가상각비와 동일하게 현금유출이 없는 비용이므로 초과이익 산정 시 다시 가산하여야 한다. 본 평가에서는 자본적 지출액의 100%를 감가상각비로 반영하였으며. 표준산업분류상 "전자부품, 컴퓨터, 영상, 음향 및 통신 장비(C26)" 업종에 해당하는 자산의 기준내용연수 10년으로 정액법을 적용하였다.

[표 7-9] 자본적 지출액 및 감가상각비

(단위: 백만 원)

구 분	2023	2024	2025	2026	2027
자본적지출	377	385	739	760	109
감가상각비	73	111	185	261	272
구 분	2028	2029	2030	2031	
자본적지출	-	-	-	-	
감가상각비	272	272	272	272	

(마) 투자액 회수

일반적으로 현금흐름 창출기간 마지막 연도에 자본적 지출 중 감가상각 후의 잔액과 운전자본 증감 누계액은 현금흐름 창출기간 최종 연도에 회수하는 것을 원칙으로 한다. 본 평가에서는 자본적 지출 중 감가상각 후 잔액분과 운전자본증감 누계 액인 투자액을 기술의 경제적 수명 마지막 년도에 회수되는 것으로 가정하고 투자 회수액을 산출하였다.

[표 7-10] 투자액 회수

(단위 : 백만 원)

자본적 지출 누계액(A)	감가상각 누계액(B)	고정자산 회수액(C=A-B)	운전자본 회수액(D)	투자액 회수(E=C+D)
2,370	1,988	382	475	857

(바) 할인율 추정

지식재산가치분석에서 사용하는 할인율은 사업화 과정에 내재된 다양한 위험을 반영한 할인율(risk-adjusted discount rate)을 의미하며, 이는 경제적 수명기간 동안 창출된 미래현금흐름을 현재가치로 환산할 때 적용하는 환원율을 의미한다. 할인율은 대상기술의 사업화에 발생될 수 있는 잠재적 위험을 평가하여 정량화하는 것으로 기술위험, 시장위험, 사업위험 등을 분석하여 그 결과를 반영하며, 지식재산가치분석의 할인율은 기업가치평가에서 사용되는 할인율의 구성 요소인 자기자본비용과 타인자본비용에 추가 위험프리미엄을 반영한 것으로 이해할 수 있다.

가중평균자본비용(WACC)에서의 타인자본비용은 대상기술의 사업주체나 유사기업의 재무 분석을 통해 관측이 가능하다. 이에 비해 자기자본비용은 객관적 측정이

곤란하므로 자본자산가격결정모형(CAPM: capital asset pricing model)을 활용하며, 이는 자본시장에서 관측된 정보로부터 대용치(proxy)를 산출하여 적용하고 있다.

• 가중평균자본비용(WACC) = 자기자본비용 × 자기자본구성비 + 타인자본비용 × 타인자본구성비 × (1-법인세율)

출처: 산업통상자원부 '기술가치평가 실무가이드', 2021

기술성 및 시장성에 대한 분석결과를 바탕으로 한 사업화위험 평가점수는 39점으로 결정되었으며, 이에 해당하는 기술사업화 위험프리미엄은 2.46%이다.

[표 7-11] 기술사업화 위험프리미엄 산출표

구분	평가항목	평점	구분	평가항목	평점
기술위험	차별성	4	시장 및 사업위험	시장진입 가능성	4
	기술경쟁강도	2		시장경쟁강도	4
	기술 사업화 환경	5		시장의 성장 전망	3
	모방난이도	4		생산용이성	4
	권리 안정성	4		수익성	5
종 합 평 점			39점		
위험프리미엄			2.46%		

본 평가대상기술의 특징을 감안할 때 사업화 주체는 한국표준산업분류상 "전자부품, 컴퓨터, 영상, 음향 및 통신 장비(C26)"에 해당되므로, 산업별 할인율 산출표에서 표준산업분류상 "C26" 업종에 해당하는 CAPM(Capital Asset Pricing Model, 자본자산가격결정모형), 규모 위험프리미엄, 타인자본비용, 자기자본비율 등을 적용하였다.

[표 7-12] 산업별 할인율 산출표

산업	자기자본비용						자기 자본 비율 (비상장)	세전 타인자본비용				
	상장 CAPM	비상장기업 규모프리미엄				기술 사업화 위험P		상장	대	중	소	창업
		대	중	소	창업							
C26	6.62	7.07	8.10	9.52	10.72		89.11	4.78	5.71	6.78	8.01	9.45

출처: 산업통상자원부 '기술가치평가 실무가이드', 2021

사업주체는 비상장 소기업으로 이에 해당하는 자기자본비용, 타인자본비용, 법인세 등을 통해 할인율(=자기자본비용×자기자본비율+타인자본비용×타인자본비율×(1-법인세율))은 다음과 같이 산정되었다.

[표 7-13] 할인율 추정 결과

자기자본비용	CAPM+규모 위험프리미엄(창업)	사업화 위험프리미엄	합계
	9.52	2.46	12.70
타인자본비용	8.01		
자기자본비율	89.11	타인자본비율	10.89
법인세율	13.54%		
WACC	(11.98% × 89.11%) + (8.01% × 10.89%) × (1 - 13.54%) = 11.43%		

2.2.4. 기술기여도 추정

기술기여도는 대상기술의 사업화를 통해 창출된 미래 현금흐름의 순현재가치에 기여한 유·무형자산 중에서 대상 기술자산이 공헌한 비율이라 할 수 있다. 기술가치는 기술사업화를 전제로 창출되는 것임. 먼저 기술사업화로 인해 창출될 것으로 예상되는 미래 사업가치(Business value)를 산정한 다음, 이를 현재가치로 할인(환산)한 후에 기술기여도를 곱하여 산출한다.

기술기여도(%) = 산업기술요소 × 기술의 비중 × 개별기술강도

(가) 산업기술요소

산업기술요소는 산업자원부의 "지식재산가치분석 실무가이드(2021)"의 자료를 적용하였다.

[표 7-14] 산업기술요소

표준산업 분류 코드	최대무형자산 가치비율	기술자산 비율	산업기술 요소
C26	68.05%	97.78%	66.54%

출처: 산업통상자원부 '기술가치평가 실무가이드', 2021

(나) 기술의 비중

기술의 비중은 매출액 추정의 대상이 되는 제품(서비스)을 구현하기 위해 사용된 전체 기술에서 대상 기술이 차지하는 비중을 의미한다. 다만 대상기술이 매출액 추정의 대상이 되는 전체 기술에 해당하면 기술의 비중은 100%로 반영할 수 있다. 본 평가에서는 최종적으로 70.00%로 결정하였다.

(다) 개별기술강도

개별 기술 강도는 기술성 평가에 의한 개별기술의 기술성 강도비율과 사업성(시장성 포함) 평가에 의한 개별기술의 사업성 강도비율을 결정하고, 결정된 기술성 강도비율 및 사업성 강도비율(경우에 따라 가중치를 적용)을 합산하여 산정한 결과 75점으로 산출되었다.

[표 7-15] 기술성 및 사업성 평가결과

〈기술성 평가표〉		〈사업성 평가표〉	
평가 항목	점수	평가 항목	점수
혁 신 성	4	시장진입 가능성	4
차별성	4	수요민감도	3
대체가능성	3	예상 시장점유율	4
활용성	5	사업화 준비기간	4
파급성	5	사업화 소요자본	2
진부화가능성	3	생산용이성	4
모방난이도	4	경제적수명	4
권리보호강도	4	매출 성장추세	3
권리안정성	4	수익성	5
침해발견 및 입증용이성	2	파생적 매출	4
합계	38	합계	37

(라) 기술기여도

산업기술요소, 기술의 비중, 개별기술강도를 적용한 기술기여도는 33.5%이다.

[표 7-16] 산업기술요소

산업기술요소	기술의 비중	개별기술강도	기술기여도
66.54%	70%	75%	34.93%

2.2.5 지식재산가치분석액

평가일 2022년 12월 1일을 기준으로 본 평가의 주요 가치평가 변수를 적용하여 평가한 지식재산가치분석 금액은 295백만 원으로 찬출되었다.

[표 7-17] 기술가치 산출표

(단위 : 백만 원)

구분	2023	2024	2025	2026	2027
매출액	1,127	1,414	1,635	2,456	4,181
매출원가	884	1,109	1,283	1,927	3,280
판매관리비	114	143	166	249	424
영업이익	129	162	187	281	478
법인세비용 등	14	18	21	40	83
세후영업이익	115	144	166	241	395
감가상각비	73	111	185	261	272
자본적지출	377	385	739	760	109
운전자본증감	25	44	34	125	262
투자액 회수	-	-	-	-	-
여유현금흐름	-215	-174	-421	-383	295
현가계수	0.8894	0.7981	0.7163	0.6428	0.5769
현금흐름의 현재가치	-191	-139	-302	-246	170
구분	2028	2029	2030	2031	
매출액	4,624	4,782	4,543	4,089	
매출원가	3,627	3,751	3,563	3,207	
판매관리비	469	485	460	414	
영업이익	528	547	519	467	
법인세비용 등	94	98	92	81	
세후영업이익	434	448	427	386	
감가상각비	272	272	272	272	
자본적지출	-	-	-	-	
운전자본증감	67	24	-36	-69	
투자액 회수	-	-	-	857	
여유현금흐름	639	696	735	1,584	
현가계수	0.5177	0.4646	0.4169	0.3742	
현금흐름의 현재가치	331	323	307	593	
현금흐름 현재가치 합	846				
기술기여도	34.93%				
기술가치	295				

※ 평가기준일 : 2022년 12월 1일

제5절 기업의 지식재산가치분석과 재무비율 분석 사례

1. 지식재산 금융의 정의

지식재산이란 인간의 창조적 활동 또는 경험 등에 의하여 창출되거나 발견된 지식·정보·기술, 사상이나 감정의 표현, 영업이나 물건의 표시, 생물의 품종이나 유전자원, 그 밖에 무형적인 것으로서 재산적 가치가 실현될 수 있는 것을 말한다.

여기서 중요한 점은 지식재산이 재산적 가치가 실현될 수 있는'재산권'이라는 점이다. 즉, 지식재산은 독립적인 재산권적 성격을 가지고 있어 담보권이 인정되는 등 자금 조달의 수단으로 활용될 여지가 크다. 2010년 제정된 동산·채권 등의 담보에 관한 법률에서도'지식재산담보권'은 담보약정에 따라 특허권, 실용신안권, 디자인권, 상표권, 저작권, 반도체집적회로의 배치설계권 등 지식재산권을 목적으로 그 지식재산권을 규율하는 개별 법률에 따라 등록한 담보권이라고 정의함으로써 지식재산의 담보권을 인정하였다.

지식재산 금융(IP 금융)은 이처럼 재산적 가치를 가진 특허 등 지식재산의 가치를 평가하고, 금융기관이 평가 결과를 활용하여 지식재산을 기반으로 기업에 자금을 지원하는 금융활동을 말한다. 지식재산의 가치에 근거하여 이루어지는 보증, 융자, 투자 등 각종 금융활동을 포괄하며, 지식재산을 소유한 기업에 대한 투자 역시 넓은 의미의 지식재산 금융에 포함되는 것으로 볼 수 있다. 대표적인 유형은 'IP 담보대출'로 지식재산권을 담보로 가치평가액 이내에서 대출을 시행하고, 대출 기업의 부실 발생시 담보 지식재산권을 처분하여 대출금을 회수하는 방식이다. 또한, 기업이 보유한 지식재산의 가치를 근거로 투자여부 및 투자규모를 결정하는 등 다양한 방식의 자금지원이 가능하다. 이에 따라 미국, 중국, 영국 등 세계 주요국은 지식재산의 가치평가에 근거한 지식재산 금융을 시행 중에 있다. 지식재산 금융과 다른 한 축을 이루는 금융활동으로 기술금융을 들 수 있는데, 기술금융은 기술평가를 통해 기술을 개발하고 사업화하는 기업에게 자금을 지원하는 활동을 말한다. TCB(Tech-Credit Bureau)가 기업의 신용평가 및 기술평가를 수행하고 결과를 합산하여 기술신용평가 등급을 도출하면, TCB가 산출한 기술신용평가 등급을 바탕으로 은행이 대출을 시행하는 방식이다.

지식재산 금융과 기술금융과의 주요 차이점은 지식재산은 기술의 범주에 포함되지만, 지식재산권은 재산권적 특성으로 인해 일반 기술보다 불확실성 및 정보 비대칭성이 낮고 분리 가능성이 높아, 금융수단으로서의 활용도가 높다는 것이다. 즉, 지식재산 금융은 지식재산이란 독립적인 재산권인 지식재산권을 담보로 한 담보대출 및 지식재산 가치에 근거한 기업 투자 등의 방식인데 반해, 기술 금융은 기술의 가치를 고려하여 기술신용등급을 산출하고 이에 근거해 기업에 자금을 대출하는 신용대출 방식이다.

2. 지식재산 금융의 필요성

특허 등 지식재산권은 4차 산업혁명 시대의 핵심적인 무형자산으로, 기술사업화의 필수적인 요소로 평가받고 있다. 하지만, 대기업에 비해 무형자산의 비중이 높은 기술 집약형 초기 기업은 부동산 등 유형의 고정자산을 중요시하는 금융관행으로 성장을 위한 자금 확보가 어려워, 특허권 등 지식재산권을 활용해 자금을 확보할 수 있도록 IP 금융을 정책적으로 지원할 필요가 있다.

기술 집약형 기업들은 R&D 성공 이후 제품화, 시장 확대 등을 위한 자금 수요가 급증하는데, 창업자 개인자금 및 정부 출연금 등의 정책자금으로는 소요자본이 충당되지 못해 민간 투자자금의 수요가 점차 증대된다. 그런데, 정책자금은 R&D 단계, 민간자금은 사업화 검증 이후인 성장·성숙 단계에 집중되어 수급 불일치가 발생한다. 이처럼 수급 불일치가 발생하는 기간을 'Death Valley'라고 부르는데, 기업의 사업화 자금이 부족한 초기 사업화 이후 성숙기 사이의 Death Valley 구간 동안 추가적 금융 지원이 요구된다.

중소기업에 대한 대출시 부동산 담보대출이 90% 이상을 차지하는 현실에서, 우수 지식재산을 보유한 중소기업이 지식재산을 기반으로 자금을 조달할 수 있도록 해야 한다. 즉, 지식재산 우대보증·담보대출·투자 등 사업화 단계별 자금 수요에 따라 기업이 보유한 특허권 등의 가치평가 결과를 활용해 투·융자가 실행될 수 있도록 가치평가 수행에 따른 비용 지원, 품질관리 등 정책적 지원이 필요하다.

여기서 중요한 것은, 기업 성장단계에 따른 맞춤형 지식재산 금융지원을 해야 한다는 것이다. 중소·벤처기업의 사업화 단계별 자금 수요에 따라 기업 보유 IP평가결과를 활용한 투·융자 프로그램을 통해 자금조달을 지원해야 한다. 즉, 창업 초기에는 IP 가치평가 보증을 통해, 매출 발생기에는 IP 담보대출을 통해 지원하며, 전주기(초기기업~상장 전) 동안에는 투자와 연계한 지식재산 금융을 지원할 필요가 있다.

3. 주요국 사례를 통한 지식재산 금융정책 개선 방안

(1) 지식재산 가치평가 전문인력 양성

지식재산 금융이 성공하기 위해서는 시장에서 인정받는 지식재산 가치평가 체계가 구축되어야 하며, 이를 위해서는 가치평가를 제대로 수행할 수 있는 인력 확충이 무엇보다 중요하다. 지식재산 가치평가 관련 인력에 대한 명확한 정의와 육성방안을 마련하여 평가 체계에 대한 이해와 능력을 갖춘 인력을 양성하고 이를 바탕으로 한 평가기관 구축 시스템을 마련하여야 한다.

지식재산 가치평가 인력 양성을 위해서는 우선 정부와 민간의 역할을 명확히 정하여야 한다. 정부는 2016년 9월 개발이 완료된 NCS10)의 지식재산 가치평가 교육모듈을 활용하여 정규대학, 금융연수원, 발명진흥회 등을 통해 체계적인 교육을 진행해야 한다. 대학, 금융연수원 등을 중심으로 'IP 금융 및 평가' 강좌를 개설하고, NCS 기반 커리큘럼을 보급하는 것이 필요하다. 또한, 지식재산 가치평가 인력을 위한 공인 자격증 마련도 검토해 보아야 할 것이다. 국가적 차원의 공신력을 갖춘 공인 자격증 발급을 위해서는 NCS 과정평가형 지식재산 평가 국가기술자격을 신설하거나, 기존 민간자격을 국가 공인자격으로 인정받도록 추진할 필요가 있다. 공신력을 갖춘 공인 자격증 신설을 통해 평가인력의 역량 관리를 체계화할 수 있고, 이러한 자격증을 갖춘 인력 양성은 민간 가치평가 기관의 신뢰도를 향상시키며 가치평가 시장의 활성화를 유도할 수 있는 기반이 될 것이다.

또한, 민간 영역에서는 지식재산 가치평가 기관 자체적으로 평가 교육을 실시하며, 우수한 지식재산 평가 인력을 채용할 수 있는 기반을 갖추는 것이 필요하다. 평가 인력이 채용된 이후에도 지속적인 사후 교육을 실시하며, 기관 상호간 교류를 통해 역량을 갖춘 평가 인력이 꾸준히 발전할 수 있는 기회를 제공해야 한다.

(2) 지식재산 가치평가 DB 구축

지식재산 가치평가 품질 제고 및 확대에 가장 어려운 문제 중 하나는 지식재산 가치평가에 대한 DB가 제대로 축적되어 있지 않다는 점이다. 기존에 기술보증기금과 한국발명진흥회를 비롯해 다수의 공공기관들과 민간의 지식재산서비스업체들이 지식재산 가치평가를 수행하고 있었으나, 평가를 담당한 평가자의 성향이나 전문성에 따라 평가보고서의 편차가 크고 외부로의 유출을 꺼리는 경향이 있다. 또한 평가기관의 내부에서만 평가정보가 공유되고 이를 통해 신규 인력을 양성하기 때문에 이러한 현상은 해소될 기미를 보이지 않는다. 이처럼 가치평가에 대한 정보와 이를 바탕으로 이루어진 실거래 정보를 얻을 수 있는 DB가 없다 보니 지식재산 가치평가 시장은 새롭게 진입하려는 기관에 대한 진입장벽이 매우 높은 시장으로 고착된 것이 현실이다.

지식재산 금융이나 거래와 관련되어 가치평가 DB를 축적하고 있는 사례는 세계 여러 나라에서 찾을 수 있다. 미국의 경우 대학기술관리자협회(Association of University Technology Manager: AUTM)은 다양한 기술거래 사례를 바탕으로 로열티율 업계표준 이용 자료를 제시하고, 거래사례 DB에 대한 조사와 함께 관련 산업에 대한 광범위한 경험에 근거하여 로열티율을 추정하여 제시하였다. 또한, 유럽위원회는 2014년 4월 'Final Report from the Expert Group on Intellectual Property Valuation' 보고서를 발표하면서 SME 등에 자본을 제공하는 재정 기관에 의한 지식재산의 가치평가 중 가장 모범적인 성공과 실패 사례를 제시한 바 있다.

향후 신뢰성 높은 가치평가 결과를 도출하기 위해서는 지식재산 가치평가와 이를 바탕으로 한 기술거래에 대한 DB를 축적하여야 한다. 이를 위해서는 후술할 지식재산 가치평가 협회 또는 정부가 주도하여 각 평가기관이 보유하고 있는 평가 DB를 조사하고 이를 공동 DB로 구축할 필요가 있다. 대학·공공기관의 가치평가 DB를 우선 조사하여 구축하고 개별 기업에 대한 비밀유지 방안이 검토되어야 할 것이다.

(3) 지식재산 가치평가 협회 설립

지식재산 가치평가 체계를 확립하기 위해서는 평가보고서가 일관된 결과를 제공할 수 있도록 하는 품질 관리가 요구된다. A기관의 평가보고서와 B기관의 평가보고서에 따른 가치평가 금액이 큰 차이가 난다면, 소비자의 신뢰도에 문제가 생길 수 밖에 없다. 지식재산 가치평가 시장이 확대되어 나가기 위해서는 민간 지식재산 평가기관 확대 등 양적인 성장 뿐 아니라 평가품질 관리를 통한 질적인 성장이 필요하다.

특허청은 현재 15개의 발명의 평가기관을 지정하여 운영하고 있다. 하지만, 그 중 일부는 기술 인증과 관련된 연구기관이며 실질적으로 지식재산 가치평가를 수행하고 있는 기관은 발명진흥회, 기술보증기금 등 공공기관 4곳과 특허법인 다래, ㈜ 윕스 등 민간기관 5곳이다.

기존에는 다수의 공공기관들과 민간 지식재산 업체들이 대부분 조직 내부의 사업 목적을 위해 가치평가를 수행하고 있었고, 기관 간 교류도 거의 없었으며 실질적으로 평가결과에 대한 신뢰도 역시 낮은 수준이었다. 특허청은 2015년부터 민간 가치평가 기관 확대에 노력하면서 2016년부터 사업수행 기관인 발명진흥회를 통해 평가기관 대상 체계적인 품질 관리를 수행하였다. 평가기관 별 품질관리 책임자 지정 및 외부 품질관리위원회 운영을 관리하고, 평가오류 최소화를 위해 판단자료의 객관성·적절성 등을 검토하고, 평가기관에 환류하는 등 사후관리도 진행하고 있다. 또한 신규 평가기관 선정 대비 컨설팅을 제공하고 신규지정 평가기관 사후관리를 위해 평가자 대상 교육 콘텐츠도 개발하고 있다. 뿐만 아니라 평가기관과 금융권 간 평가관련 전문지식을 상호 공유하고, 가치평가사업 활용도 및 만족도를 조사하는 등 사업 품질을 총괄적으로 관리하고 있다.

또한, 특허청은 2016년 3월부터 평가기관별 품질담당자, 금융·학계 전문가 중심으로 '품질관리 협의회'를 구축하였다. 품질관리 협의회는 분기별 회의를 개최하여 평가기관별로 활용하고 있는 IP 가치평가 모델 및 기법을 상호 공유, 사례 비교분석 등을 통해 기관별 평가역량을 제고하고 있다. 품질관리 협의회를 통해 각 가치평가 기관이 상호 평가기법을 공유할 수 있는 장(場)을 마련할 수 있다는 장점이 있지만, 분기별 회의에 참석하고 의견을 교류할 뿐 협의회가 가지는 한계로 인해 공통된 모델 개발 등 각 기관의 특성을 살린 개선방안 논의에는 어려운 측면이 있다. 이에 따라 '품질관리 협의회'를 한 단계 발전시켜 각 지식재산 평가기관이 회원이 되는 '지식재산 가치평가 협회' 설립을 검토해 봐야 한다.

프랑스의 경우 IP 가치평가 서비스를 제공하기 위해 다양한 민간기관(로펌, 컨설팅 업체)이 있지만 특별히 공인된 평가기관을 지정하여 관리하고 있지는 않다. 대신,

'무형자산 평가기관 협회(Observatoire de l'immat'eriel)'를 구성하여, 회원사 간 주제별 컨퍼런스 진행, 공개토론을 통한 공공정책 제안 등 정책 사안별로 민관 합동 thinktank로 활용 중이다.

프랑스의 사례에서 보는 바와 같이, 지식재산 가치평가 협회를 설립한다면 단순히 지식재산 가치평가 모델과 기법을 상호 공유하는데 그치지 않고 컨퍼런스·공개토론을 통한 정책 제안 등 가치평가의 새로운 발전 방안을 모색할 수 있다. 또한 국내의 지식재산 가치평가 기관 간의 세미나에 그치지 않고, 외국의 유수 가치평가 기관이나 협회와 국제 컨퍼런스를 통해 국가 간 지식재산 가치평가 모델·기법을 교류하고 성공사례를 공유하는 등 가치평가 체계화에 앞장설 수 있다.

또한, 신규로 지정된 지식재산 가치평가 기관에 대한 평가기법 및 노하우 지원을 통해 민간 평가기관이 확대되더라도 일정 수준의 평가 품질을 담보할 수 있으며, 지식재산 평가인력에 대해서도 협회 차원에서 교육 과정을 마련할 수 있다. 각 평가기관이 보유하고 있는 가치평가 결과에 대한 DB화 및 평가품질 사후관리 역시 지식재산 가치평가 협회 주도로 체계적인 관리를 진행할 수 있을 것이다.

(4) 지식재산 평가원 설립

현재 우리나라에서 진행되고 있는 지식재산 가치평가에는 크게 2가지가 있다. 하나는 지식재산 담보대출, 사업성 평가 등을 위해 평가 전문가가 수행하는 맞춤형 가치평가이며, 또 다른 하나는 저비용·실시간의 특허평가 및 분석정보를 온라인으로 제공하여 특허 유지·포기, 기술거래 수요·공급자 발굴에 활용하는 특허분석평가시스템(SMART3)이다. 전자는 전문가에 의해 수행되어 신뢰도가 높은 반면 500만원~1,500만원의 높은 평가비용이 요구된다는 단점이 있고, 후자는 온라인을 통해 자동으로 평가되기 때문에 평가비용이 건당 몇 만원으로 저렴하지만 평가 결과가 등급으로만 표시되는 등 신뢰도가 낮고 단순하다는 단점이 있다.

지식재산 가치평가가 활성화되기 위해서는 가치평가 DB에 다양하고 많은 데이터가 축적되어야 하지만, 특허분석평가시스템을 활용한 평가결과는 신뢰성이 너무 낮아 DB로서의 역할을 하기 힘들고 지식재산가치평가 기관에 의한 평가는 데이터의 양이 적고 민간 기업의 비밀유지로 인해 DB화에 어느 정도 한계가 있다. 이에 따라 기존에 등록된 지식재산의 가치를 평가하여 표준화하고 새롭게 등록되는 지식재산에 대한 평가 기준을 세울 수 있는 공공성을 가진 가칭 '지식재산 평가원' 설립을 검토할 필요가 있다.

미국은 연방차원에서 국립기술이전센터(NTTC : National Technology Transfer Center)를 설치, 운영하면서 연방정부가 지원한 연구소·대학의 연구결과를 산업계, 벤처투자 등에 종합적으로 연계하는 기술정보유통, 기술평가, 기술이전의 기능을 수행한다. NTTC는 분야별 전문가들로 구성한 상업화 팀에서 기술의 상용화에 초점을 두고 평가하며, 기술에 대한 가격을 산정함으로써 평가결과는 기술거래 및 라이센싱에 있어 근거자료로 활용한다. 미국처럼 민간 기술가치 평가 및 지식재산 금융이 발달한 나라에서도 대학·공공연의 기술평가를 전담하는 기관을 운영한다는 점은 시사하는 바가 크다.

가칭 '지식재산 평가원'의 역할도 미국의 경우와 마찬가지로 대학·공공연 등 공공기관의 지식재산을 평가하고 DB를 구축함으로써 공공기관의 자산을 관리하고 지식재산을 평가할 수 있는 기준을 세우도록 하는 방안을 생각할 수 있다. 또한, 민간 지식재산 평가기관 확대와 역행한다는 우려를 불식시키기 위해 민간과 차별화되는 공공성 및 보편성에 초점을 맞추고, 민간 평가기관이 수익성 문제로 인해 수행하기 어려운 중간 레벨의 평가를 수행하는 것이 필요하다. 기존 특허청의 예산지원이 건당 평가비용에 맞춰져 있었다면, 지식재산 평가원을 설립하고 전문적인 가치평가 인력에 대한 비용 지원을 하는 것이 효과적일 것이다. 이를 통해 보다 많고 다양한 지식재산 평가결과를 도출하는 것 뿐 아니라, 지식재산 가치평가 DB를 축적하고 표준화하는 역할도 맡길 수 있을 것으로 기대된다.

제6절 요약 및 결론

기술가치평가에서 평가 결과로 산출되는 가치는 시장가치를 원칙으로 한다. 평가조건의 설정 및 사용원칙 적용에 있어서 채택 가능성이 높은 조건을 설정하여 가장 효율적이고 효과적인 사용(best and highest use) 원칙을 적용하여 결정한다. 평가대상의 식별과 관련하여, 대상기술의 속성, 구성, 용도 및 적용제품 등자산적 속성, 소유권 등의 권리관계 등을 확인하고 평가를 수행한다. 목적과 용도의 명시와 관련하여,

평가결과가 평가의 목적과 용도에 따라 평가관점이나 고려되는 평가요인이 달라지는 경우에는 평가의 목적과 용도를 명시하여야 한다. 평가의 범위, 가정 및 한계와 관련하여 평가과정에서 사용된 가정과 제한적인 조건 등은 제시하여야 하며, 또한 상황의 변화에 따라 평가결과가 변동될 수 있음을 명시하여야 한다. 기술가치평가를 수행할 때 적용하는 가장 공통적인 평가기준은 "공정시장가치" 기준을 의미한다. 기술시장은 활성화된 시장은 아니지만, 공정시장가치 기준을 적용하기 위해서 분석적 접근과 노력이 요구됨. 즉 대상기술의 기술성, 권리성, 시장성, 사업성 등 기술 사업타당성 분석결과를 기술가치평가 모형에 적용하여 "공정한 가치"를 산출하여야 한다. 기술가치평가는 목적과 용도에 따라 평가방법, 평가절차, 평가내용 등을 다르게 적용할 수 있다. 기술가치평가 방법은 평가목적, 용도, 관련 자료의 활용 정도 등에 따라 시장접근법, 수익접근법, 원가 접근법 등 다양한 방법 중 적절한 방법을 선택해야 한다. 평가자들은 기술평가기관 내외부 규정, 실무 가이드 등을 참고하여 여러 가지 방법 중 대상기술의 평가에 적합한 방법을 선택해야 한다. 기술 분류를 위해 평가 대상기술의 해당산업 및 업종을 분별하는 한국표준 산업분류체계를 활용하며, 가치평가의 핵심변수인 기술수명, 표준재무정보, 할인율, 기술기여도에 대한 추정을 위하여 IPC 분류체계에 근거한 인용 분석 정보를 활용하며, 표준산업분류의 기준으로 제공된 재무정보, 할인율, 기술기여도 정보를 활용한다.

기업의 지식재산 경영인력이 특허성과에 영향을 미치는지 실증적으로 파악하기 위한것으로, 분석 결과 기업의 양적 특허성과는 지식재산 경영인력의 규모, 인력이 개인적으로 갖고 있는전문성 수준에 영향을 받는 반면, 질적 성과는 조직 차원의 전문성 향상 노력, 즉 관련 인력의 역량강화를 위한 교육이 공급되었는지에 영향을 받는 것으로 나타났다. 개인적으로 전문성을 갖춘 지식재산 경영인력을 보유하는 것은 기업의 후속 특허성과에 긍정적인 효과를 가져올 것이다. 그러나, 특허의 질적 성과를 고려하면, 지식재산 경영인력 규모, 인력 개인의 전문성 수준을 확보하는 것 뿐만아니라, 조직 차원에서 해당 인력의 역량을 강화하기 위한 노력을 기울여야 할 것으로 보인다. 국가 간 기술패권경쟁이 가열되고 지식재산을 통해 비교우위를 확보하기 위한 전략적 접근이 필요한 상황에서, 핵심 기술에 대한 특허권 선점, 글로벌 지식재산 분쟁 대응 등 지식재산 경영의 역할이 어느 때보다 중요한 시기이다. 신기술과 신시장

등장 주기 또한 짧아지고 있어, 기술·환경 변화에대응할 수 있도록 지식재산 경영인력에 대한 지속적인 재교육이 필요하다. 기관 성과 측면에서 뿐만아니라, 인적자원관리 측면에서도 전문성 강화를 위한 교육은 긍정적이다. 강경남 외(2018)가 대학및 공공연구기관의 지식재산 경영인력을 대상으로 조사·분석한 바에 따르면, 직무교육 등 역량강화를 위한 기관의 노력은 해당 인력의 성취감 등 내재적 만족도를 높이고, 이직의도를 낮추는 역할을하는 것으로 나타났다.

2019년 진행된 기업 설문조사 결과, 지식재산 경영인력 재교육과 관련한 주요 어려움으로 '업무공백'(58.0%), '적합한 교육 프로그램 부재' (52.1%), '교육정보 획득의 어려움' (31.9%) 등을 꼽았다(국가지식재산위원회, 2020). 여러 교육기관을 통해 지식재산 경영인력 대상 교육 프로그램이 제공되고 있지만, 현장에서의 수요를 반영하는 작업이 지속되어야 할 것으로 보인다. 주요 산업 분야별 맞춤형 지식재산 교육 콘텐츠를 개발하고, 온/오프라인 방식으로 제공하는 등 다양성과 접근성을 높이기 위한 노력이 요구된다.

특허청은 지식재산경영을 중소기업의 보편적 경영방식으로 확산시키고, 지식재산 경영 기업의 신뢰성 제고를 위해 2016년부터 인증을 시행하고 있다. 인증기업은 대외적인 신뢰성 제고 및 다양한 정부지원 효과로 재무성과에 긍정적인 영향을 미칠 것으로 기대된다. 지식재산 경영인증 기업의 인증 전·후 재무성과 변화를 살펴봄으로서 인증이 재무성과에 미치는 영향을 검증하는 것이다. 지식재산 경영인증은 기업의 성장성 및 생산성 재무성과에는 긍정적인 영향을 미치는 것으로 나타났지만, 수익성 재무성과는 개선되는 효과가 나타나지 않았다. 다만 2019년 재인증 받은 기업과 받지 않은기업을 대상으로 수익성 재무성과에 대해 추가 분석을 시행한 결과 영업이익에 대해 유의한 값이 나타났다. 결론적으로 지식재산 경영인증의효과는 단기간 내에 나타나기보다는 지식재산 역량에 대한 관리가 지속적으로 이어질 때 인증의 효과가 더 유효하게 나타나는 것으로 볼 수 있을 것이다. 그리고 시행기관 또한 지식재산 경영을 모범적으로 수행하는 기업을 발굴·육성하고 인증기업에 대한 지원이 지속적으로 이루어져야 한다는 점을 시사해 주고 있다.

지식재산권의 특징 기술혁신과 상거래의 활성화를 위해서 지식재산권에 제한적인 독점권을 부여하는 것이 효과적이다.

기술의 경우 사적 한계편익이 사회적 한계편익에 미치지 못하기 때문에 사적 한계편익과 사회적 한계편익을 같게 하기 위한 수단으로서 특허제도가 필요하다. 특허의 가치는 소수의 핵심적인 기술이 매우 큰 가치를 가지는 반면, 대다수의 많은 기술은 별다른 가치를 지니지 못하는 편향적인 특성이 있다. 특허기술 및 R&D 투자는 기업 생산성 및 주식 시가총액과 양(+)의 상관관계를 가짐기업의 R&D 지출 및 특허권은 몇 년의 시차를 두고 기업의 수익성 및 기업 가치에 영향을 미치게 되므로 투자와 수익 및 가치실현의 시기를 고려하여 시행해야 한다.

특허공시효과는 해당 특허에 관련된 기술개발에 투하된 투자액의 규모가 클수록, 그리고 국외에 특허출원을 할 경우에 특허공시효과가 더욱 크게 나타난다. 독자적으로 특허권을 취득한 기업은 특허권을 공동으로 취득한 기업에 비해 누적초과수익률이 높게 나타난다. 자국 내의 R&D 투자보다 외국의 R&D 투자가 국내 생산성 증가에 더 큰 영향을 미치며, R&D스톡이 많을수록 특허출원이 많고, R&D지출과 특허간에 U자형 관계가 있어 R&D투자가 일정 수준 이상이 되면 특허 출원 건수가 더 빠른 속도로 증가하여 R&D스톡과 특허출원 간에 규모의 경제가 작용한다. 특허 생산에 대해 자기기업의 R&D 투자보다 다른 기업 기술의 파급효과가 더 크게 나타난다.

노동생산성에 대한 특허의 파급효과가 자기업보다 타기업의 특허로부터 더 큰 영향을 받는 것으로 나타나, 기업간 기술의 파급효과가 더 큰 것으로 분석된다.

총 요소생산성에서도 타기업 특허의 파급효과가 자기업 특허보다 더 크게 나타나, 자기업에서 산출된 지식보다는 타기업에서 산출된 지식으로부터 더 많은 영향 받은 것으로 나타남기업간 기술의 파급효과를 보여주는 것으로부터 추론할 수 있는 것은, 어떤 한 두 기업의 기술개발 보다는 한국경제 전체적으로 기술 개발이 촉진될 때 전반적인 생산성 증가의 시너지 효과가 나타남을 의미한다.

특허는 자기업의 R&D만이 아니라 타기업의 R&D에 의해서도 생산되므로 특허의 총효과는 자기업 R&D에 의해 형성된 특허의 효과보다 크게 나타난다. 특허의 효과가 R&D의 효과보다 더 낮다는 것은 R&D지출에 의해 산출된 지식 중 일부만이 독점력을 유지하기 위해 특허 형태로 출원됨을 의미한다.

R&D투자에 의해 생산된 지식이 모두 특허로 출원되는 것이 아니라 상당부분은 바로 생산성 증가에 기여하고, 특별히 보호를 필요한 지식만이 특허로 출원되기 때문에 특허의생산성 증대효과가 R&D의 생산성 증대효과보다 낮은 것으로 분석된다.

참고문헌

Liu, Li-Zhao(2018). 특허권정보가 기업성과와 기업가치에 미치는 영향, 충남대학교 석사학위논문.

권혁준, 김종일(2022). 브랜드 자산의 가치 및 사용료율 평가 : A지주회사 사례, 한국회계학회지, 제31권, 제1호, pp. 261-298.

김상봉, 함은식(2011). 이동통신용 주파수 가치산정에 관한 연구, 한국정부학회, 제23권, 1호, pp. 271-296.

김휘수, 연주한, 김천규(2016), "전략적 제휴를 통한 신약 개발의 기술가치평가 분석 : 공동연구개발을 중심으로", 한국기술혁신학회,제26권, 5호 pp. 653-674.

엄길청(2016), "지적재산권의 기술가치평가에 관한 신소재 사례분석 연구 -이소결성 알루미나의 수익접근법 사례를 중심으로 -", 경기대학교 박사학위 논문.

오승택(2022). 특허 포트폴리오가 기술금융에 미치는 영향에 관한 연구, 동국대학교 석사학위논문.

조성복, 김인섭, 이보형, 이경락(2013), "시장접근법을 이용한 동산가치 평가항목의 도출: 산업기계를 중심으로", 국제e-비즈니스학회, 제14권, 4호, pp. 77-98.

제 8 장

지식재산 가치분석 Ⅱ

제8장 지식재산 가치분석 Ⅱ

제1절 지식재산가치분석 관련 선행연구

현재, 4차 산업혁명을 통해 기술이 점점 가속화가 진행되면서 기술에 대한 권리 및 재산권의 의미가 확대되고 있다. 지식재산권에 대한 중요도 및 인식이 높아지면서 기술이 개발된 이후에 자연스레 그에 상응하는 지식재산권이 동시에 창출되어 그 기술에 대한 값어치 및 기술 수준에 대해 대변하고 있다.

특히, 눈에 보여지지 않는 무형의 자산으로 분류되고 있는 대표적인 자산 중 하나인 지식재산권(산업재산권 및 저작권 등)이 있는데 이는 기술기반의 기업 시장에서 매우 중요한 위치에 있고 이를 대변하는 다양한 사례들이 나오면서 지식재산에 대한 가치분석 또한 활발하게 이루어지고 있다. 대변하는 사례로는 회계상의 기업가치에 비해 매우 높은 금액으로 인수합병 또는 기술구매가 이루어지고 있음을 보면 짐작할 수 있는 대목이다. 이에, 이와 같이 지식재산이 기업의 가치에 어떻게 영향을 주고 있고, 얼마나 많은 요소들이 기업의 성장에 관여를 하고 있는지를 다양한 사례 및 선행문헌을 통해 알아보고자 한다.

지식재산권 가운데 제일 대표적으로 가치를 나타내고 있는 것은 산업재산권에 속해 있는 특허권일 것이다. 대부분의 기존 선행연구는 특허권이 기업가치나 기업의 성과에 어떻게 영향을 주는지에 대한 상관관계에 대한 분석이 이루어지고 있는데 이는 이론적인 고찰 및 여러 성과로 충분하게 증명이 된 상황이다. 이와 달리 기업 시장에서의 실질적인 특허에 대한 가치평가가 실제로 일어나고 제일 상용화되고 있는 곳에 대한 연구라고 할 수 있는 것은 기술보증기금의 특허가치평가를 들 수 있을 것이다. 이중에서도 외(2020)의 논문 "지식재산평가의 적정성에 대한 연구: 기술보증기금의 특허가치평가를 중심으로"[14]를 살펴보고자 한다.

---

14) 박영수 외(2020), "지식재산평가의 적정성에 대한 연구: 기술보증기금의 특허가치평가를 중심

해당 논문의 요약사항은 다음과 같다. 최근 특허권을 포함한 지식재산권에 대하여 다양한 목적으로 가치평가가 이뤄지고 있으며, 특히 특허가치평가를 통한 대출, 보증, 담보용의 평가가 기술금융의 활성화와 더불어 관심이 제고되고 있다. 비록 특허가치 평가에 관한 다양한 연구가 진행되어 왔으나, 특허가치평가의 적정성에 관련한 연구는 거의 이뤄지지 않고 있다. 본 연구에서는 기술가치평가의 방법 중 실무에서 가장 많이 사용되는 수익접근법(DCF모형)을 적용하여 산출된 추정가치와 평가이후 수집된 재무제표를 바탕으로 산출한 실제가치를 비교 분석함으로써 특허가치평가의 적정성에 대한 문제를 분석한다. 실증분석 결과, 특허가치 평가액에 대한 추정가치와 실제가치의 차이는 통계적으로 유의미하게 차이가 있다는 것을 확인하였고, 평가업무별로 추정가치와 실제가치가 차이가 있다는 것을 발견하였다. 또한 기술성 평가자에 따른 차이 분석에서는 교수, 변리사, 연구원에 있어서는 차이가 발생하지 않고 있는데 반해 변리사와 기타 평가자간에는 유의한 차이가 있는 것으로 확인되었고, 평가대상 업종별 분석에서도 유의한 차이가 발견되었음을 명시하고 있다. 이에 대한 세부적인 사항을 다시 살펴보고자 한다.

해당 논문에서 연구의 설계는 특허가치의 가치평가방법은 수익접근법에 기반한 DCF 평가방법으로 기술의 경제적 수명기간 동안 특허로부터 발생하는 미래의 여유현금흐름(FCF)의 현재가치 합계액에 기술기여도를 곱하여 특허가치를 산출한다. DCF 평가방법은 특허권가치평가 뿐만 아니라 일반 투자자산의 투자가치 분석에서도 가장 일반적으로 활용되는 분석방법으로 기술의 경제적 수명, 미래현금흐름, 할인율 및 기술기여도를 추정함으로 인한 평가자의 자의성의 한계점이있다고 한다. 그러나 비교가능한 유사 기술 및 시장이 존재하지 않은 신기술에 대한 가치를 평가할 수 있다는 장점으로 기술보증기금의 특허가치평가시 사용빈도가 가장 많이 사용하는 방법으로도 유명하다. 해당 연구에서는 DCF 평가방법을 활용 한 특허가치평가 사례를 바탕으로 실제가치와 추정가치를 산출하여 분석하였으며, 다음과 같은 결과의 값을 나타내고 있다. 특허권의 가치평가액에 대한 추정값과 실제값의 차이가 발생하는지에 관하여는 대응표본 t-검증 통하여 분석하고, 대상집단별 실제값과 추정값의 차이는 변수별 분류

으로", 한국지식재산경영학회, P 195~210

와 같이 구분하여 일원분산분석 (One-way ANOVA)을 실시하였다.

<표 8-1> 대상집단별 기초통계량과 일원분산분석(ANOVA) 결과

구분		N	평균	표준편차	*F*	유의확률
평가업무 분류별	보증연계평가[a]	98	380.29	1,023.42	37.37***	0.0000
	기술이전거래평가[b]	3	6,783.67	10,358.18		
창업후 경과연수별	창업기업	55	700.69	2,672.27	0.23	0.7940
	Death Valley기업	13	424.54	590.69		
	성숙기업	33	410.97	1,168.43		
기술성 평가자별	교수	41	572.73	1,220.22	3.15***	0.0280
	변리사[a]	34	211.91	932.11		
	연구원	16	205.44	905.82		
	기타[b]	10	2,364.50	5,737.90		
개발단계별	연구개발중	5	948.80	576.72	0.20	0.9390
	개발완료	8	349.75	897.06		
	상품화완료	7	1,051.43	1,794.26		
	상품화단계	8	802.00	1,079.64		
	제조판매중	73	497.27	2,349.81		
업종별	식료품의료용물질제약품제조업	2	−1,002.50	255.27	3.64***	0.0010
	고무플라스틱화학제품제조업[a]	5	4,989.40	7,918.28		
	금속및금속가공품제조업	10	847.90	1,203.05		
	전자부품통신장비정밀광학기기제조업[b]	20	240.60	781.97		
	전기장비제조업[b]	16	622.69	918.17		
	기타기계장비제조업[b]	23	360.65	653.33		
	기타제품제조업	4	727.75	155.25		
	소프트웨어개발공급업[b]	9	338.11	1,576.41		
	기타서비스업[b]	10	−295.80	562.24		
	기타	2	66.00	120.21		
기술의 경제적 수명별	1-5년	13	−349.31	744.52	1.76	0.1600
	5-10년	54	813.04	2,721.82		
	10-15년	29	332.07	426.57		
	15년이상	5	1,725.20	1,471.31		
측정기간에 대한 기술의 경제적 수명 비율별	50%이하경과	55	470.02	851.31	1.69	0.1460
	60%이하경과	17	1,713.24	4,445.97		
	70%이하경과	7	758.00	2,381.46		
	80%이하경과	4	468.25	1,103.03		
	90%이하경과	4	−22.25	210.62		
	100%경과	14	−317.64	725.06		

상기와 같이 분류하여 결과값이 도출되어 졌는데 특허권의 가치평가에 대한 추정가치와 실제가치의 차이 분석 추정가치와 실제가치의 차이 검증 결과가 나타나있다.

특허권의 추정가치의 평균은 -229백만원이고 실제가치는 346백만원으로, 추정가치와 실제가치의 차이는 t=-2.75로 유의수준 1%에서 통계적으로 유의미하게 나타났다. 다른 눈여겨 볼만한 부분은 다음과 같다. 먼저 평가업무 분류별 일원분산분석의 결과를 보면 F=37.37, p-value=0.0000으로 나타나, 평가업무 분류별(보증연계평가와 기술이전거래평가) 추정가치와 실제가치의 차이는 통계적으로 유의한 차이가 있는 것으로 확인되었다. 개발단계별 분석결과를 보면, F=0.20, p-value=0.9390으로 나타나, 개발단계별 추정가치와 실제가치의 차이는 발생하지 않았으며, 개발단계별 추정가치와 실제가치의 차이는 사후검정 (Scheffe) 결과에서도 유의한 차이가 발견되지 않았다. 업종별 일원분산분석의 결과를 보면 F=3.64, p-value=0.0010으로 나타나, 추정가치와 실제가 치의 차이는 업종별로 다르게 나타나고 있으며, 사후 검정 결과에 의하면 고무플라스틱화학제품제조업과 전자부품통신장비정밀광학기기제조업(Scheffe 유의확률=0.0050), 전기장비제조업(Scheffe 유의확률=0.0230), 기타기계장비제조업(Scheffe 유의확률=0.0060), 소프트웨어개발공급업(Scheffe 유의확률=0.0290), 기타서비스업(Scheffe 유의확률=0.0040)에서 유의한 차이가 발견되었다. 기술의 경제적 수명별 분석결과에서는 F=1.76, p-value=0.1600으로 나타나, 기술의 경제적 수명에 따른 추정가치와 실제가치의 차이는 발생하지 않았으며, 사후검정(Scheffe)의 결과에서도 통계적인 유의성을 발견하지 못하였다. 측정기간에 대한 기술의 경제적 수명비율별에서는 F=1.69, p-value=0.1460으로 나타나, 측정기간에 대한 기술의 경제적 수명비율별로 가치의 차이가 발생하지 않았으며, 사후검정(Scheffe)에 있어서도 유의한 차이가 발견되지 않았다. 다시 종합적으로 보면, 첫째, 특허권의 추정가치의 평균은 -229백만원이고 실제가치는 346백만원으로, 추정가치와 실제가치의 차이는 유의수준1%에서 특허권의 추정가치와 실제가치는 통계적으로 유의미하게 차이가 있다는 것을 확인하였다. 둘째, 보증용 평가와 기술이전거래의 평가에 있어 평가업무별로 추정가치와 실제가치가 차이가 있다는 것을 발견하였다. 셋째, 창업기업, Death Valley기업, 성숙기업의 경우 창업 및 Death Valley기업의 변동성이 클 것으로 예상되었으나 기업 업력에 따른 차이는 발견되지 않았다. 넷째, 기술의 권리분석, 기술의 수명결정에 영향 을 미치는 기술성 평가자에 따른 차이 분석에 있어서 도, 교수, 변리사, 연구원에 있어서는 차이가 발생하지 않고 있는데 반해 변리사와 기타 평가자간에는 유의한 차이가 있는 것으로 확인되었다. 이는 각 평가자의 평가가치에 대하여 기타 평가자인 회계사(세무사) 및 기술보증기금 직원들의 상호 의견교환을 통한 상호협의로 기술성 평가자간의 편차가 크게 나타나지 않았기 때문인 것으로 보인다. 다섯째, 특허제품 또는 공정기술에 대한 평가시 개발단계와 제품화 단계에있어 차이가 있을 것으로 예상하였으나 추정가치와 실제가치에 있어서는 단계별 차이가 발견되지 않았다. 여섯째, 평가대상 업종별 추정가치와 실제가치의 차이는 고무플라스틱화학제품제조업과 전자부품통신 장비정밀광학기기제조업, 전기장비제조업, 기타기계 장비제조업, 소프트웨어개발공급업에서 유의한 차이가 발견되었는데, 이는 평가당시 관련업종의 업황 등 에 따라 관련업종의 편차가 발생한 것으로 보인다. 일곱째, 기술의 경제적 수명이 짧을수록 추정가치와 실제가치의 차이가 크지 않을 것으로 보이나, 검증결과 가치의 차이가 없는 것으로 나타났다. 여덟째, 측정기간/경제적수명의 비율이 클수록 보다 차이가 적을 것 으로 예상하였으나, 측정기간에 따른 차이가 발생하지 않았다. 이렇듯 예상했던 이론과 일치했던 부분도 있지만 그렇지 아니한 항목들도 다양하게 나타났다. 제일 중요한 부분은 특허권의 추정가치와 실제가치의 차이가 통계적으로 유의미하다는 것이다.

대부분 가치평가를 통해 기술거래를 하거나, 각종 인증이나 가산점으로 이용하는 경우도 있지만 실질적으로 초기 창업 및 도약기업들은 해당 권리로 자금유치를 하는데 사용하는 경우가 대부분이다. 이중에서도 흔하게 시행되고 있는 특허권이 아니라 상표권에서도 가치평가가 이루어지고 있는데 해당 항목에 대한 연구가 어떻게 진행되었는지 살표 보고자 한다.

해당 논문은 [15]박문기 외(2014) "지식재산권(IP: Intellectual Property) 담보대출을 위한 상표권 가치평가 모델 개발" 브랜드(상표) 관리의 중요성이 높아지는 가운데 강력한 브랜드자산은 기업 성과에 긍정적인 영향을 미치는 것으로 알려져 있다. 여기서 더 나아가 브랜드자산을 구축하는데 있어 중요한 요소인 브랜드의 상표권은 독점적이며 배타적인 사용이 가능하기 때문에 지식재산권으로서 그 중요성이 높아지고 있는 추세다. 특히 지식재산권은 화폐가치로 평가받아 기업자금을 조달받기 위한 수단

15) 박문기 외(2014) "지식재산권(IP: Intellectual Property) 담보대출을 위한 상표권 가치평가 모델 개발", 대한경영학회지, P.1285~1306.

으로 활용될 수 있지만 상표권에 대한 적절한 가치 평가가 이루어지지 못한 관계로 국내의 많은 기업들은 강력한 브랜드를 보유하고 있음에도 불구하고 금융거래 수단으로서 상표권을 적절하게 활용하지 못하고 있는 실정이다. 해당 연구는 지식재산권으로서 상표권 가치를 평가받기 위한 모형을 제안하고 마케팅·광고홍보학과 함께 금융·재무적 관점을 통합한 상표권 가치 평가 모형을 개발하고자 한다. 연구결과 지식재산권으로서 상표권의 공정가치를 평가받기 위해서는 브랜드의 과거 수익은 재무적 가치, 현재 가치로 소비자 평가에 근거한 마케팅 가치, 마지막으로 브랜드의 향후 미래 가치인 순수고객추천지수가 상표권 가치 평가에 반영되어야 하는 것으로 나타났다. 또한 브랜드 인지도를 구축하고 해당 상표권을 유지하기 위한 광고선전비와 상표권출원 및 등 록비용은 상표권 가치 평가에 조정원가로서 사용되었다. 마지막으로 기업의 수익을 창출할 수 있을 것으로 기대하는 상표권 존속기간에 따라 상표권 가치는 달라질 수 있음을 확인할 수 있었다. 연구모델로는 상표권 가치평가 모델(TSAM: Trademark rights Security Assessment Model) TSAM 모델은 독점적 재산권으로 기업의 담보대출을 위해 상표권 가치를 측정하는 것을 목적으로 한다. 따라서 해당 상표권 가치를 과거, 현재 그리고 미래가치를 통합하여 측정된다. 먼저 과거 가치는 재무적 성과에 기반한 초과수익 영업법을 근거하여 독점적 재산권으로서의 상표권 가치를 측정하게 되며 현재 가치는 마케팅 성과에 기반한 컨조인트분석으로 상표권 가치로 측정된다.

제안한 TSAM모델은 다음과 같다.

$$TV = \sum_{t=1}^{n} \frac{\left[\left(\frac{a \cdot M_{Conj.} + b \cdot F_{Excess\ return}}{10}\right) \pm AC\right](TVSF)(1 - tax)}{(1+R)^{t}}$$

TV = 독점적 재산권으로서의 상표권 가치

a = 마케팅 상표권 가중치, Mconj = 마케팅성과에 기반한 상표권 가치,

b = 재무성과 상표권 가중치, Fexcess return = 재무성과에 기반한 상표권 가치

AC = 조정원가(광고선전비 차감, 상표권비 가산),

tax = 법인세율,

R = 할인률, n = 상표권의 존속기간

TVSF = 담보대출 재산권을 측정하기 위한 차감지표

상표 선정 작업 기준에 근거하여 연구자들은 국내 의류 브랜드인 코데즈 컴바인(Codes Combine)을 상표권 가치 평가를 위한 상표로 선정하였다. 실제로 코데즈 컴바인은 국내 최초로 KDB산업은행과 아이디어 브릿지 자산운용이 만든 IP 전문 투자 펀드에 상표권을 매각하여 100억 원의 자금을 유치한 것으로 알려져 있다. 따라서 본 연구에서 제안한 상표권 가치 모형의 타당성을 확보하기에 적합하다고 판단하여 조사가 진행되어졌다.

<표 8-2> 기본 TSAM 사용 상표권 산정표

[단위 : 원]

구분	2013.12.31	2014.12.31	2015.12.31	2016.12.31	2017.08.31
n년 상표권 추정 (TV_N)	2,738,504,118	2,634,579,051	2,534,597,897	2,438,410,984	2,376,719,878
법인세(Tax)	547,700,824	526,915,810	506,919,579	487,682,197	475,343,976
상표권 세후 이익 (TV− Tax)	2,190,803,294	2,107,663,241	2,027,678,317	1,950,728,787	1,901,375,902
할인율(R)	6.86%	6.86%	6.86%	6.86%	6.86%
현재가치요소 ($1 / (1+R)^n$) n = 1~4,(4+8/12)	0.9358	0.8758	0.8196	0.7670	0.7338
현재가치 (TV - Tax) * (1 + R)	2,050,199,736	1,845,809,160	1,661,794,896	1,496,125,567	1,395,193,129
전체 TV	7,053,929,359				

첫째, 지식재산권으로서 상표권 가치를 평가하기 위해서는 마케팅 성과와 재무적 성과가 함께 반영된 상표권 가치가 반영되어야 함을 밝힐수 있었다. 본 연구에서 실증검증 대상이 되었던 코데즈 컴바인의 경우 마케팅 성과는 높게 나타났지만 재무적 성과는 매우 낮게 나타났다. 또한 전문가 AHP를 평가한 결과 마케팅 상표권 가치의 가중치가 재무적 상표권 가치의 가중치보다 높게 나타났다(62.22% vs. 37.80%). 따

라서 가격 프리미엄, 소비자 이미지와 같은 마케팅 성과에 따른 상표권 가치가 높게 형성되었지만 실제 해당 상표의 재무적 성과(0원)는 낮게 나왔기 때문에 전체 상표권 가치는 기대했던 수준보다 낮게 나타난 것이다. 이상의 연구결과는 지식재산권으로 상표권 가치를 평가함에 있어 마케팅성과에 기반한 상표권 가치와 함께 실제 시장에서 이루어진 거래에 기반한 판매량과 매출액도 매우 중요한 영향력을 미칠 수 있음을 보여주고 있다.

둘째, 상표권 가치를 평가하는데 있어 광고선전비와 상표권 유지 비용에 대한 역할을 검증할수 있었다. 브랜드를 상표권 화폐가치로 전환시킬 경우 전체 상표권 가치에서 차감 변수로 작용될 수 있다. Eng와 Keh(2007)의 연구를 살펴보면, 브랜드 가치와 광고집행비의 상호작용은 기업의 ROI에 부정적인 영향을 미치는 것으로 나타났다. 따라서 본 연구에서는 상표권 가치를 평가함에 있어 광고선전비를 차감 변수로 적용했다. 하지만 상표권에 대한 독점적이며 배타적인 사용권을 확보하기 위해서는 상표권 유지 비용이 지출될 수 있는데 이는 장기적인 관점에서 상표권 가치를 유지·발전시킬 수 있다는 점에서 가산 변수로 적용했다. 셋째, 상표권의 존속기간에 따른 지식재산권으로서 상표권 가치를 평가할 수 있었다. 지식재산권으로서 상표권은 시효기간이 없기(연장 등록료 납부시 연속적으로 권리 확보 가능) 때문에 독점적 권리를 주장할 수 있다. 하지만 해당 상표가 속한 산업 혹은 제품의 수명주기 측면에서 봤을 때, 수명주기별 상표권 존속기간은 상표권 가치를 평가하는데 있어 매우 중요한 요소가 될 수 있다. 해당 연구에서는 국내 제조업의 평균내용연수와 전문가들이 예상하는 해당 상표의 존속기간 반영치를 반영하여 수명주기를 추정하고 이를 상표권 존속기간으로 간주하였다. 본 연구에서 실증검증 대상이었던 코데즈 컴바인의 경우 매출액 영업이익률이 지속적으로 감소하고있는 추세였으며, 해당 상표가 속해 있는 산업의 평균내용연수로 코데즈 컴바인의 존속기간을 추정할 수 있었다. 상표권 가치의 존속기간 추정은 지식재산권으로서 상표권 가치 수명을 예상하여 금융거래의 수단으로 활용될 수 있을 뿐만 아니 라 보수적인 금융권의 상표권 가치 평가를 유동적인 태도로 전환시킬 수 있는 변수라 할 수 있었다. 해당 상표권의 로열티 수익과 모방제품 유무에 따른 상표권 유동화를 반영하여 기업 담보대출을 위한 상표권 가치모형의 타당성을 높이고자 했다. 이상의 상표권모형은 브랜드의 위계적 수준에서 기업 브랜드뿐만 아니라 개별 브랜드 측정도 가능하다는 점에서 시사점을 제안할 수 있다.

디지털 기술의 기반이 모든 산업과 융합을 하면서 오는 변화 중 오는 특이점은 저작권과 산업재산권의 융합이 두드러지게 늘어나고 있다는 것이다. 기존 저작권의 영역이라고 할 수 있었던 문화또한 디지털 기술과 결합이 되면서 저작권이 아닌 산업재산권의 권리를 부여하는 경우가 종종 일어나고 있다. 이는 다시말해 콘텐츠 기반의 문화산업도 디지털 기술이 결합된 장비나 기술로 구현이되면서 생기는 자연스러운 현상이라고 할수 있다. 이에, 콘텐츠 산업 중 출판콘텐츠에 대한 가치평가인 [16]윤혜영(2022), "출판콘텐츠 지식재산권 활성화를 위한 가치평가 도구 개발 연구"에 대해 살펴보고자 한다. 해당 논문의 요약은 다음과 같다. 지식재산권(Intellectual Property, 이후 IP)이 엔터테인먼트 산업에서 중요한 핵심 가치로 부상한 현재, 출판콘텐츠 산업에서 이를 활성화하기 위한 논의가 시작되었음에도 불구하고 구체적인 방안과 단계별 전략에 대한 논의가 부족한 상황이다. 기존 출판콘텐츠의 IP를 활성화하기 위해 콘텐츠를 발굴하고 새롭게 기획하기 위해서는 출판사의 자사 콘텐츠에 대한 분석과 평가가 필요한 시점이다. 이 연구에서는 먼저 주변 장르의 콘텐츠의 가치평가 모형들을 찾아내고 이들의 특징과 요소들을 분석하여, 이들 중 가능한 지표들을 추출해 항목들을 구성하였다. 이후 델파이를 통해 전문가들의 의견을 취합하고 평가 모형을 개선하기 위한 논의를 거쳐 '출판콘텐츠 IP 활성화를 위한 가치평가 모형'을 완성하였다. 대항목으로 콘텐츠 경쟁력, 개발 환경, IP 확장 가능성을 지정하였다. 콘텐츠 경쟁력으로는 소재, 구성, 기획, 작가의 경쟁력을 평가하고 개발 환경에서는 시장 환경, 투자 환경, 출판사, 개발 역량을, IP 확장 가능성에서는 IP 경쟁력과 트랜스미디어 가능성을 평가하는 50개의 질문들로 구성하였다. 이는 기존 출판물의 IP를 활성화하고자 하는 단계에서 자사의 콘텐츠를 보다 객관적으로 평가하여 경쟁력 있는 콘텐츠를 선택, 발굴하고 IP 사업의 가능성을 높이기 위해 활용될 목적으로 연구하게 된다. 해당 연구에서는 이 체계를 구축하기 위해 기존 유사 콘텐츠의 평가 모형에서 유의미한 평가 요소들을 추출하고 이를 통해 새로운 평가 모형을 구축하는 것까지를 포함한다. 이처럼 본론에서는 기존의 콘텐츠 관련 평가 모형들을 정리하고 출판콘텐츠에 적합한 요

---

16) 윤혜영(2022), "출판콘텐츠 지식재산권 활성화를 위한 가치평가 도구 개발 연구", 인문콘텐츠학회 P.81~99.

소를 추출한 후, 이를 기반으로 평가 모형을 구축할 것이다. 다만 재무적인 기업의 평가나 정량 조사를 통한 데이터 측정은 제외하고 실제 가치 사슬내에서의 문제점을 발견하고 이를 해결하기 위해 정성적 평가에 집중한다. 설계한 모형은 델파이 방법을 통해 검증하는 과정을 거친다. 델파이 방법은 '계량적 객관의 원리'와 '민주적 의사결정의 원리'에 논리적인 근거를 두고 있다.

기술보증기금의 가치평가 방법론 체계는 크게 기술가치평가, 주식가치평가, R&D 평가, 문화콘텐츠평가의 4영역으로 구성되어 있다. 문화콘텐츠평가는 사업화타당성평가와 경제성평가로 구성되는데, 이 중에서 사업화타당성 평가는 평가표에 의한 등급평가이며, 경제성 평가는 미래현금흐름의 순현재가치(NPV:Net Present Value)등에 의거한 판단이다. 한국문화콘텐츠진흥원-삼일회계법인의 CT프로젝트 투자 가치평가이 가치평가 모형은 2004년 한국문화콘텐츠진흥원이 삼일회계법인에 의뢰하여 개발한 것이며, 2010년 이후 기술보증기금의 것으로 갱신되었다. AHP(계층화분석법)에 의한 정성/전략적 분석과 현금흐름, 위험 분석을 이용한 정량/재무 분석을 결합한 형태이다. 미디어 콘텐츠의 시장가치 산정을 위한 가치평가프레임워크는 일반적인 기술의 가치평가에 흔히 적용되는 개념인 순현재가치법(net present value: NPV)을 미디어 콘텐츠별로 산정하는 방법을 기반한 평가 모형이다. 각 미디어 콘텐츠별로 사용자수 및 콘텐츠단가를 산정하고, 여기에 총제작 비용(총 개발 비용)을 감안하여 콘텐츠 관점의 순현재가치를 산출하고, 여기에 수익예상기간, 할인율, 콘텐츠 기여도 등을 고려한 정형화된 미디어 콘텐츠 가치평가 모형을 제시했다.

델파이를 통한 전문가들의 모형 전반에 대한 의견 중 시사적인 것은 세 가지로 요약된다. 기존의 타장르의 평가 모형을 적용하는 과정에서 출판 업계의 환경과 상황, 용어 등을 커스터마이징 하여 보다 구체적이고 현실적인 구조와 내용으로 재구성하여야 한다는 것이다. 두번째는 출판콘텐츠의 경쟁력에 집중해야 한다는 것이다. 시장환경이나 재무적인 판단 등은 변수가 많으며 정성적 평가로는 불가능한 부분이 있기 때문에 오히려 콘텐츠의 완성도에 집중하기를 제안하였다. 마지막으로는 이 모형을 평가하는 상황과 시점, 대상을 세분화할 필요성이 논의되었다. 즉 출판콘텐츠가 이미 유통, 시판되어 출판물로 존재하는 상황과 IP 확장을 전제로 출판을 기획하는 단계에서의 평가 내용이 달라질 수 있다는 것이다. 또한 출판콘텐츠를 평가하는 평가자가 출판기획자인지 투자자인지에 따라서도 이를 대하는 목적과 의도에 차이가 있다는 의견이 제시되었다. 이 모든 의견들을 취합하여 정리하였고, 연구자는 이를 바탕으로 위 개선된 연구 모형으로 도출되게 된다. 위에서 완성한 평가 도구는 콘텐츠 자체의 경쟁력에 집중하였고, IP 활성화 가능성을 판단할 수 있는 지표를 제시하였다. 또한 시장과 투자 가능성, 출판사 자체의 개발 역량 등을 판단할 수 있도록 하였다. 이처럼 기존 2개의 논문과 달리 아직 활성화가 되지 않은 영역에는 정성적인 판단기준이 앞서서 가치평가를 하고 있고 이에 재무적(회계적) 가치평가항목과 함께 고려하여 추진하고 있는 또다른 형태의 방법을 볼 수 있다.

지금까지 다양한 형태의 논문에 대한 선행 검토를 했는데 각 논문 내에서도 다른 선행문헌에 대한 조사를 통해 가치평가에 대한 연구 및 방법이 지속적으로 진행되고 있음을 시사하고 있기도 하였다. 이는 결론적으로 종합해보면 특허권에서 벗어나 상표권과 같은 다른 산업재산권까지 확대되고 있고 더나아가 재무적 관점에서는 벗어나지만 콘텐츠와 같은 창작성에 대한 가치평가까지 활발하게 연구가 이루어지고 있다는 것은 해당 무형재산권의 중요성이 얼마나 주목 받고 있는가를 알 수 있는 대목이기도 하다.

제2절 지식재산관련 회계기준

한국회계기준원의 지식재산관련 회계기준 K-IFRS는 국제회계기준위원회(IASB)가 제정한 국제회계기준(IFRS)을 한국의 실정에 맞게 수정·보완한 회계기준이다. 이 기준 중 무형자산의 지식재산관련 회계기준의 특징은 다음과 같다.

기업회계기준서 제1117호 '지식재산권'은 지식재산권의 취득원가, 감가상각, 손상차손, 처분손익 등의 회계처리를 규정하고 있다. 기업회계기준서 제1120호 '상표권'은 상표권의 취득원가, 감가상각, 손상차손, 처분손익 등의 회계처리를 규정하고 있다. 기업회계기준서 제1121호 '특허권' 특허권의 취득원가, 감가상각, 손상차손, 처분손익 등의 회계처리를 규정하고 있다. 기업회계기준서 제1122호 '저작권' 저작권의 취득원가, 감가상각, 손상차손, 처분손익 등의 회계처리를 규정하고 있다. 일반기업회계기준에서는 한국회계기준원이 제정한 회계기준으로, K-IFRS를 적용하지 않는 기업을 대상으로 한다. 일반기업회계기준의 지식재산관련 회계기준은 일반기업회계기준 제12장 '지식재산권' 지식재산권의 취득원가, 감가상각, 손상차손, 처분손익 등의 회계처리를 규정하고 있다. 중소기업회계기준 중소기업회계기준은 한국회계기준원이 제정한 회계기준으로, 중소기업을 대상으로 한다. 중소기업회계기준의 지식재산관련 회계기준은 중소기업회계기준 제12장 '지식재산권' 일반기업회계기준 제12장과 동일한 내용을 규정하고 있다.

주요 회계처리 요약 지식재산권은 기업의 중요한 자산이므로, 그 가치를 적정하게 평가하여 회계처리하는 것이 중요하다. K-IFRS, 일반기업회계기준, 중소기업회계기준에서 규정하는 주요 회계처리 요약은 다음과 같다. 취득원가와 같은 경우에는 지식재산권은 다음과 같은 방법으로 취득원가를 측정한다.

- 자기발생 : 지식재산권을 개발하는 데 직접 발생한 원가
- 외부취득 : 지식재산권을 취득하기 위해 지급한 대금 감가상각

지식재산권은 유형자산으로서, 그 경제적 효익을 회수할 기간에 걸쳐 감가상각한다. 감가상각방법은 다음과 같은 방법 중에서 선택하여 적용한다.

- 정액법 : 매기 일정액을 감가상각하는 방법
- 정률법 : 매기 감가상각률을 적용하여 감가상각하는 방법

지식재산권의 장부가액이 회수가능액보다 작을 때는 손상차손을 인식한다. 손상차손은 다음과 같은 방법으로 계산한다.

- 순손익액 비율법 : 순손익액에 대한 지식재산권의 비율을 적용하여 계산하는 방법
- 현행가치법 : 지식재산권의 현재가치를 장부가액과 비교하여 계산하는 방법

지식재산권을 처분하는 경우, 처분금액과 장부가액의 차액을 처분손익으로 인식한다. 처분손익은 손익으로 인식하거나, 자본잉여금으로 처리할 수 있다.

제3절 재무비율분석

재무비율 분석은 기업의 재무제표상의 관련 항목들을 대응시켜 비율을 산정하고, 산정된 비율을 통하여 기업의 수익성, 재무위험, 성장성 등을 평가하는 분석 방법이다. 재무비율 분석은 기업의 재무 상태와 경영 성과를 파악하기 위한 대표적인 방법으로, 투자자, 채권자, 경영자 등 다양한 이해관계자들이 사용한다. 재무비율의 분류와 같은 경우에는 크게 수익성 분석비율, 재무위험 분석비율, 성장성 비율, 시장가치 비율로 분류된다.

수익성 분석비율은 기업의 재무 성과를 평가하기 위한 비율이다. 매출액 대비 이익, 자본 대비 이익, 자산 대비 이익 등을 측정하는 비율이 포함된다. 재무위험 분석비율은 기업의 재무 위험을 평가하기 위한 비율이다. 단기 채무 상환 능력, 장기 채무 상환 능력, 자본 구조 등을 측정하는 비율이 포함된다. 성장성 비율은 기업의 성장 가능성을 평가하기 위한 비율이다. 매출액 증가율, 이익 증가율, 자산 증가율 등을 측정하는 비율이 포함된다. 시장가치 비율은 기업의 시장 가치를 평가하기 위한 비율이다. 주가 수익률, 주가수익배수 등을 측정하는 비율이 포함된다. 재무비율 분석의 절차 다음과 같이 진행되게 된다.

첫 번째, 비율 산정인데 재무비율과 같은 경우에는 재무제표상의 관련 항목들을 대응시켜 산정한다. 예를 들어, 당좌비율은 당좌자산을 유동부채로 나누어 계산한다.

두 번째, 비율 비교는 산정된 비율을 비교 기준과 비교하여 분석한다. 비교 기준으로는 분석 대상 기업의 과거 비율, 산업 평균 비율, 경쟁 기업의 비율 등이 사용된다.

세 번째, 비율 해석과 같은 경우에는 비율을 해석하여 기업의 재무 상태와 경영 성과를 평가한다.

비율 비교의 기준으로 재무비율을 비교할 때는 다음과 같은 기준을 고려해야 한다. 분석 대상 기업의 과거 비율을 비교하여 추세를 파악한다. 비율이 지속적으로 상승하거나 하락하는 경우, 기업의 재무 상태와 경영 성과에 변화가 있을 수 있다. 산업 평균 비율과 같은 경우에는 동일 산업 내 다른 기업들의 비율을 평균한 산업 평균 비율을 비교한다. 산업 평균 비율보다 높거나 낮은 경우, 기업의 재무 상태와 경영 성과가 산업 평균과 비교하여 우수하거나 열등한 것으로 평가할 수 있다. 경쟁 기업의 비율은 동일 시장에서 경쟁하는 기업들의 비율을 비교한다. 경쟁 기업의 비율보다 높거나 낮은 경우, 기업의 재무 상태와 경영 성과가 경쟁 기업과 비교하여 우수하거나 열등한 것으로 평가할 수 있다.

재무비율 분석의 한계와 같은 상화에서 재무비율 분석은 다음과 같은 한계를 가지고 있다. 분식회계의 영향이 있는데, 이는 기업이 분식회계를 통해 재무제표를 조작할 경우, 재무비율이 왜곡될 수 있다. 다음으로 경제적 요인의 영향에서는 경제 환경의 변화는 기업의 재무 상태와 경영 성과에 영향을 미칠 수 있다. 따라서 재무비율을 분석할 때는 경제 환경의 변화를 고려해야 한다.

마지막으로 질적 요인의 영향과 같은 경우에는 재무제표에는 나타나지 않는 경영자의 능력, 연구개발 능력, 지적 자산 등과 같은 질적 요인도 기업의 재무 상태와 경영 성과에 영향을 미칠 수 있다. 따라서 재무비율 분석과 함께 질적 분석도 수행해야 한다. 재무비율 분석은 기업의 재무 상태와 경영 성과를 파악하기 위한 중요한 방법이다. 그러나 재무비율 분석의 한계를 고려하여 종합적으로 판단해야 한다.

재무비율의 용도로는 금융기관이 기업에 자금을 대출하는데 판단기준을 표준화하여 적용하기 위하여 개발된 것인데 현대에 와서는 금융기관은 물론 기업과 자체의 경영분석과 진단, 그리고 조세 및 국가 전반의 산업구조 조정에 이르기까지 광범위하게 이용되고 있다. 재무비율 용어의 정의 중 시장가치 비율분석에서는 주가수익률(PER), 주가 대 장부가치(PBR) 등이 있으며 주식가격의 적정성을 통하여 기업가치를 분석하기도 한다.

제4절 지식재산 회계처리 사례

지식재산 회계처리는 크게 비유동자산으로 처리하는 경우와 비용으로 처리하는 경우로 나눌 수 있다. 비유동자산으로 처리하는 경우는 특허권, 상표권, 저작권, 영업권 등과 같이 기업의 장기적인 사용이 예상되는 지식재산을 대상으로 한다. 이 경우, 지식재산의 취득원가에 대하여 감가상각을 통해 비용으로 인식하게 된다. 비용으로 처리하는 경우는 특정 기간 동안만 사용되거나 사용 가능성이 불확실한 지식재산을 대상으로 한다. 이 경우, 지식재산의 취득원가를 전액 당기비용으로 인식하게된다. 지식재산 회계처리의 대표적인 사례로는 다음과 같은 것들이 있는데 이에 대해 간략하게 살펴보고자 한다.

1. 특허권 회계처리

우리나라 대표적인 기업이자 특허권이 압도적으로 많은 삼성전자의 회계처리에 대표적인 사례를 보면 다음과 같다. 삼성전자는 2023년 1월, 차세대 디스플레이 기술인 QD-OLED(양자점 유기발광다이오드) 관련 특허를 취득하였다. 특허권의 취득원가는 1,000억 원이며, 사용기간은 20년으로 예상되는데, 삼성전자는 특허권을 비유동자산으로 처리하고, 취득원가에 대하여 감가상각을 통해 비용으로 인식한다.

<표 8-3> 삼성전자 차세대 디스플레이 기술인 QD-OLED(양자점 유기발광다이오드) 회계처리

2023년 1월	2023년 12월
(차) 특허권 1,000억원 (대) 현금 1,000억원	(차) 감가상각비 50억원 (대) 감가상각누계액 50억원

* 감가상각비 = 특허권의 취득원가 / 사용기간
* 감가상각비 = 1,000억 원 / 20년 = 50억 원
(위 사례에서 삼성전자가 취득한 QD-OLED 관련 특허권의 취득원가는 1,000억 원, 사용기간은 20년으로 가정)

삼성전자는 QD-OLED 기술을 활용하여 차세대 디스플레이 제품을 출시할 계획으로 가늠할 수 있다. QD-OLED 기술은 기존 OLED 기술에 비해 색재현율, 명암비, 응답속도 등이 우수하여, 향후 시장에서 높은 경쟁력을 가질 것으로 예상되는 부분이다. 삼성전자는 QD-OLED 기술에 대한 특허권을 취득함으로써, 해당 기술을 독점적으로 사용하고, 경쟁사와의 기술적 우위를 확보할 수 있게 되었다고 결과론적으로 해석 할 수 있게 된다.

2. 상표권 회계처리

다음으로는 LG전자의 회계처리 사례이다. LG전자는 2023년 3월, 프리미엄 냉장고

브랜드인 'LG SIGNATURE'에 대한 상표권을 취득하였다. 상표권의 취득원가는 500억 원이며, 사용기간은 20년으로 예상하고 있다. LG전자는 상표권을 비유동자산으로 처리하고, 취득원가에 대하여 감가상각을 통해 비용으로 인식하게 된다.

<표 8-4> LG전자가 취득한 'LG SIGNATURE' 상표권 회계처리

2023년 1월	2023년 12월
(차) 상표권 500억원 (대) 현금 500억원	(차) 감가상각비 25억원 (대) 감가상각누계액 25억원

* 감가상각비 = 상표권의 취득원가 / 사용기간
* 감가상각비 = 500억 원 / 20년 = 25억 원

(LG전자는 매년 'LG SIGNATURE' 상표권에 대한 감가상각비로 25억 원을 인식하게 된다)

상표권 회계처리의 특징이 있는데, 상표권은 특정 상품이나 용역에 대한 독점권을 부여하는 권리로, 기업의 브랜드 가치를 높이는 데 기여하게 된다. 상표권의 회계처리는 다음과 같은 특징을 가지고 있다.

비유동자산으로 처리하는데 상표권은 기업의 장기적인 사용이 예상되는 자산으로, 비유동자산으로 처리로 하게 된다. 상표권 또한 감가상각을 통해 비용으로 인식하는데 상표권의 취득원가는 시간이 지남에 따라 감소한다고 가정하여, 감가상각을 통해 비용으로 인식하게 된다. 감가상각 방법은 기업의 재량이라 할 수 있는데 그의(감가상각) 방법으로 정액법, 정률법, 생산량비례법 등 중에서 기업이 선택하여 적용할 수 있게 된다. 종합적으로 LG전자는 'LG SIGNATURE' 브랜드를 통해 프리미엄 가전 시장을 선도하고 있다. 'LG SIGNATURE' 브랜드는 고급스러움과 품격을 상징하는 브랜드로, 소비자들에게 높은 인지도와 신뢰도를 가지고 있기도 하다. LG전자는 'LG SIGNATURE' 브랜드에 대한 상표권을 취득함으로써, 해당 브랜드의 가치를 보호하고, 향후 프리미엄 가전 시장에서 경쟁력을 강화할 수 있게 되었다고 볼 수 있다.

3. 저작권 회계처리

네이버는 2023년 5월, 자사 플랫폼에서 제공하는 다양한 콘텐츠에 대한 저작권을 취득하였습니다. 저작권의 취득원가는 300억 원이며, 사용기간은 30년으로 예상됩니다. 네이버는 저작권을 비유동자산으로 처리하고, 취득원가에 대하여 감가상각을 통해 비용으로 인식합니다.

<표 8-5> 네이버 자사 플랫폼 저작권 취득 회계처리

2023년 5월	2023년 12월
(차) 상표권 300억원 (대) 현금 300억원	(차) 감가상각비 10억원 (대) 감가상각누계액 10억원

* 감가상각비 = 저작권 취득원가 / 사용기간
* 감가상각비 = 300억 원 / 30년 = 10억 원
(네이버가 취득한 저작권의 취득원가는 300억 원, 사용기간은 30년으로 가정)

저작권 회계처리의 특징이 있는데, 저작권은 문학, 예술, 음악, 영화, 컴퓨터프로그램 등과 같은 창작물에 대한 독점권을 부여하는 권리로, 기업의 지적 재산을 보호하는 데 기여하게 된다. 저작권의 회계처리는 다음과 같은 특징을 가지고 있다. 비유동자산으로 처리이다. 저작권은 기업의 장기적인 사용이 예상되는 자산으로, 비유동자산으로 처리하게 된다. 감가상각을 통해 비용으로 인식, 저작권의 취득원가는 시간이 지남에 따라 감소한다고 가정하여, 감가상각을 통해 비용으로 인식한다. 감가상각 방법은 기업의 재량인데 저작권의 감가상각 방법은 정액법, 정률법, 생산량비례법 등 중에서 기업이 선택하여 적용할 수 있다. 네이버는 다양한 콘텐츠를 확보하고, 이를 플랫폼을 통해 제공하는 사업을 영위하고 있고, 네이버는 자사 플랫폼에서 제공하는 콘텐츠에 대한 저작권을 취득함으로써, 해당 콘텐츠를 독점적으로 사용하고, 경쟁사와의 경쟁력을 강화할 수 있게 되었다고 볼 수 있다.

제5절 지식재산 가치분석 방법

지식재산 가치분석은 지식재산의 경제적 가치를 평가하는 과정입니다. 지식재산은 기업의 중요한 자산으로, 기업의 경쟁력과 가치를 높이는 데 기여합니다. 따라서 기업은 지식재산의 가치를 적절하게 평가하여, 이를 효율적으로 관리하고 활용할 필요가 있다. 지식재산 가치분석은 다음과 같은 목적으로 수행된다.

"지식재산의 경제적 가치 파악"인데, 이는 지식재산 가치분석을 통해 지식재산의 경제적 가치를 파악할 수 있게 된다. 지식재산의 가치를 파악하면, 기업은 지식재산을 적절하게 관리하고, 활용하기 위한 의사결정을 내릴 수 있게 된다. 다음으로 "지식재산의 거래 가치 평가"이다. 지식재산 가치분석을 통해 지식재산의 거래 가치를 평가할 수 있다. 지식재산의 거래 가치를 평가하면, 기업은 지식재산을 매각하거나, 합병 및 인수(M&A) 과정에서 사용할 수 있다. 그다음으로는 "지식재산의 라이선스 가치 평가"이다. 지식재산 가치분석을 통해 지식재산의 라이선스 가치를 평가할 수 있다. 지식재산의 라이선스 가치를 평가하면, 기업은 지식재산을 라이선스하여 수익을 창출할 수 있다. 다음 목적으로는 "지식재산 가치분석의 분석"이다, 지식재산 가치분석은 크게 기술성 분석, 시장성 분석, 사업성 분석으로 구분된다.

다른 목적으로는 "기술성 분석"이 있다. 기술성 분석은 지식재산의 기술적 진보성, 독창성, 유용성 등을 평가하는 분석이다. 기술성 분석은 지식재산의 시장 가치를 결정하는 중요한 요소 중 하나이다.

"시장성 분석"은 지식재산이 시장에서 수요가 있는지, 경쟁력이 있는지를 평가하는 분석방법이다. 시장성 분석은 지식재산의 거래 가치 또는 라이선스 가치를 결정하는 중요한 요소 중 하나이다.

"사업성 분석"은 지식재산을 활용하여 기업이 창출할 수 있는 수익을 평가하는 분석 방법이다. 사업성 분석은 지식재산의 장기적인 가치를 평가하는 데 중요한 요소이다.

지식재산 가치분석 방법이 있는데 이는 크게 시장가치 기반 방법과 비시장가치 기반 방법으로 구분하게 된다.

시장가치 기반 방법은 지식재산이 시장에서 거래된 가격을 기준으로 지식재산의 가치를 평가하는 방법이며, 시장가치 기반 방법은 다음과 주요 방법으로 구분하게 된다.

• 상대가치평가법(배수법)

상대가치법은 흔히 배수(Multiple)로 표현되는데, 유사기업의 시장가치에 기초한 방법으로, 평가대상 기업과 동일 업종의 상장기업 중에서 매출액규모, 자본금규모, 납입자본이익율, 매출액성장율 및 부채비율 등이 유사한 기업을 선정하여 PER(Price Earning Ratio, 주가수익률), PSR(Price Sales Ratio, 주가매출액비율), PBR(Price Book-value Ratio, 주가순자산비율), EV/EBITDA(Enterprise Value/Earnings Before Interest, Taxes, Depreciation and Amortization or Enterprise Multiple, 시장가치/세전영업이익) 등을 비교평가하게 된다.

- PER의 장점 : 자료수집과 계산이 용이하여 대부분의 주식에 적용 가능하며 위험과 성장률을 포함한 기업특성의 대용치가 될 수 있다. PER가 없는 기업(즉, 주당순이익이 마이너스인 기업)들이 대부분으로 이런 경우 PER의 대안으로 PSR을 활용할 수 있다.
- PER의 단점 : 주당순이익이 마이너스(당기순손실)인 경우, 동종 업계의 평균 PER가 형성되어 있지 않은 경우 사용할 수 없다. 매출 추정이 잘못된 경우 가치 평가가 왜곡될 수 있다.

• 현금흐름할인법

이 방법은 미래 현금흐름을 적정한 할인율로 할인하여 구한 현재가치로 기업가치를 측정하는 방법으로, 회사 주식의 미래가치를 현재가치로 할인한다는 의미이다. 이때의 기대되는 미래의 현금흐름이란 총현금유입에서 총현금유출을 차감한 순현금유입, 즉, 기업이 영업활동을 유지 또는 확대하면서도 자유롭게 사용이 가능한 현금을 의미하며 이를 잉여현금흐름(Free Cash Flow; FCF)이라 한다. 따라서 기업의 가치는 미래에 실현될 잉여현금흐름을 자본의 기회비용으로 할인한 현재의 가치로 측정될 수 있는 것으로 이 평가방법에서 기업 가치는 모든 미래의 여유현금흐름을 적정한 할인율(가중평균자본비용)로 할인한 현재가치로 추정할 수 있다고 전제한다. 현금흐름 할인법의 단점으로는 미래 재무계획의 정확한 추정의 어려담는 것으로서 초기 벤처기업과 같이 미래를 추정하기 어려운 경우 적용하기 곤란한 특징이 있다. 주관적인 견해의 개입이 가능하고 미래시장변화와 예측기간 이후의 위험이 예측기간 동안의 위험보다 높은 점을 반영하지 못하다는 특징이 있다.

특허권의 가치를 평가하기 위해, 해당 특허권을 활용하여 기업이 창출할 것으로 예상되는 매출액과 비용을 조사하여, 해당 특허권의 가치를 평가할 수 있다.

비시장가치 기반 방법은 지식재산의 시장가치가 존재하지 않거나, 시장가치가 불확실한 경우 사용되는 방법인데, 비시장가치 기반 방법은 다음과 같은 세 가지 방법으로 구분하게 된다.

• 비용접근법

비용접근법은 지식재산을 개발하는 데 소요된 비용을 기준으로 지식재산의 가치를 평가하는 방법이다. 이 방법은 지식재산의 미래 가치를 고려하지 않는다는 한계가 있다. 특허권의 가치를 평가하기 위해, 해당 특허권을 개발하는 데 소요된 연구개발비용을 조사하여, 해당 특허권의 가치를 평가할 수 있다. 비용접근법은 특정 기술은 누구든 동일한 노력으로 개발할 수 있다는 가정을 전제로 하고 있다. 필요한 기술이 있다면 동일한 노력으로 개발하여 대체 가능하므로 그 기술의 가치는 그 기술을 개발하는데 소요된 비용(원가)과 동일하다고 생각하는 것이다. 비용접근법은 기술을 재개발하기 위해 필요한 금액을 산출해야 하는데, 이를 위해 기술개발비용, 재생산원가, 대체원가 등 상세한 원가 정보 등을 토대로 하여 평가대상 기술을 개발하는 소요된 비용을 추정함으로써 평가대상 기술의 가치를 추정한다. 과거자료를 이용해서 과거자료를 이용하므로 다른 접근방법에 비해 주관성이 낮다. 즉 다른 가치평가와 달리 평가자에 따른 평가결과의 차이가 작다.

그러나, 비용만으로 미래 이익을 측정하므로 기술이 창출할 수 있는 미래의 경제적 이익(수익가치)이 제대로 반영하지 못한다. 특허로 보호받아 회피 기술이 설계가 어려운 기술 등과 같이 대체개발이 어려운 기술에서는 적합하지 않다. 무형자산의 경우 적용하기에 적절하지 않은 경우가 대부분이다.

• 수익접근법

수익기대법은 지식재산이 미래에 창출할 것으로 기대되는 수익을 기준으로 지식재산의 가치를 평가하는 방법으로서, 지식재산의 미래 가치를 가장 정확하게 반영할 수 있는 방법으로 평가되고 있다. 특허권의 가치를 평가하기 위해, 해당 특허권을 활용하여 기업이 창출할 것으로 기대되는 수익을 조사하여, 해당 특허권의 가치를 평가할 수 있다. 수익기대법은 다음과 같은 단계로 수행된다.

- 미래 현금흐름의 추정

먼저, 지식재산을 활용하여 기업이 창출할 것으로 기대되는 미래 현금흐름을 추정한다다. 미래 현금흐름은 매출액, 비용, 세금, 감가상각비 등을 고려하여 추정한다.

- 할인율의 결정

다음으로, 미래 현금흐름을 현재가치로 할인하기 위한 할인율을 결정한다다. 할인율은 지식재산의 위험성과 수익성을 고려하여 결정한다.

- 지식재산의 가치 산출

마지막으로, 미래 현금흐름을 할인하여 지식재산의 가치를 산출합니다. 다음과 같은 공식을 사용하여 지식재산의 가치를 산출할 수 있다.

- 지식재산의 가치 = 미래 현금흐름 / 할인율

예를 들어, 특허권을 활용하여 기업이 매년 10억 원의 매출액을 창출할 것으로 예상하고, 할인율을 10%로 가정하면, 특허권의 가치는 다음과 같이 산출된다.

(지식재산의 가치 = 10억 원 / 0.1= 100억 원)

수익기대법은 지식재산의 미래 가치를 가장 정확하게 반영할 수 있는 방법이지만, 다음과 같은 한계가 있다. 미래 현금흐름의 추정이 어려울 수 있다. 수익기대법은 미래 현금흐름을 정확하게 추정하는 것이 중요한데, 미래 현금흐름은 다양한 요인에 의해 영향을 받을 수 있어 추정이 어려울 수 있다. 이때, 할인율의 결정이 중요하다. 할인율은 미래 현금흐름을 현재가치로 할인하기 위한 중요한 요소인데, 할인율을 잘못 결정하면 지식재산의 가치를 과대평가하거나 과소평가할 수 있다.

• 시장접근법

시장접근법(Market Approach)는 기술거래시장에서 이루어졌거나 이루어지고 있는 거래의 정보를 종합해서 기술자산의 가치를 평가하는 방법이다. 즉, 평가대상 기술자산과 유사한 기술의 최근 거래가격을 기초로 거래된 기술과 평가대상 기술의 차이점, 거래조건 등을 조정 하여 기술의 가치를 측정한다. 충분한 거래정보를 가지고 자발적 거래의사를 지닌 거래당사자 간에 정상적으로 형성되는 매매가격, 특 시장가치로 평가하는 방법이다. 시장접근법은 평가대상이 되는 기술자산과 유사한 자산의 판매에 관한 정보가 많은 경우 최적의 평가방법으로써, 라이센스나 로열티 산정에 자주 이용되고 있다. 또한 부동산, 일반 기계류 및 설비, 운송차량, 범용 컴퓨터 소프트웨어, 컴퓨터 하드웨어, 주류 허가권, 프랜차이즈 등의 기술가치 평가에 효과적이다. 기술에 대한 시장접근법은 경쟁과 균형의 경제원칙들에 기초하고 있다. 균형가격이나 대체재의 확인과 분석은 분석가에게 대상 재화의 표시가치에 대한 실증적인 증거를 제공하기 때문에 대체의 경제원리 역시 시장접근법에 기초를 이루고 있다. 시장접근법은 이론적으로는 기술가치평가에 가장 적합한 방식이다. 하지만 평가가 이루어지기 위해서 기술거래시장에 대한 정보가 많이 확보되어야 하는데 현실적으로 자료확보가 용이하지 않은 단점이 있다. 또한 기술은 각각 저마다 독특한 특징을 가지고 있고, 기술거래 가 이루어졌다고 하더라도 공개가 잘 안 되는 단점이 산재해 있어 기술가치평가를 하기가 쉽지 않다. 따라서 시장접근법은 비용접근법이나 수익접근법에 의한 결과를 보완하는 참고 자료로써의 활용이 많다. 시장접근법을 적용하기 위해서는 활발하고 투명한 기술거래의 공개시장이 존재해야 하며, 해당기술과 비교가 가능한 유사자산이 거래시장에 존재해야 한다.

<그림 8-1> 특허권 가치평가 절차

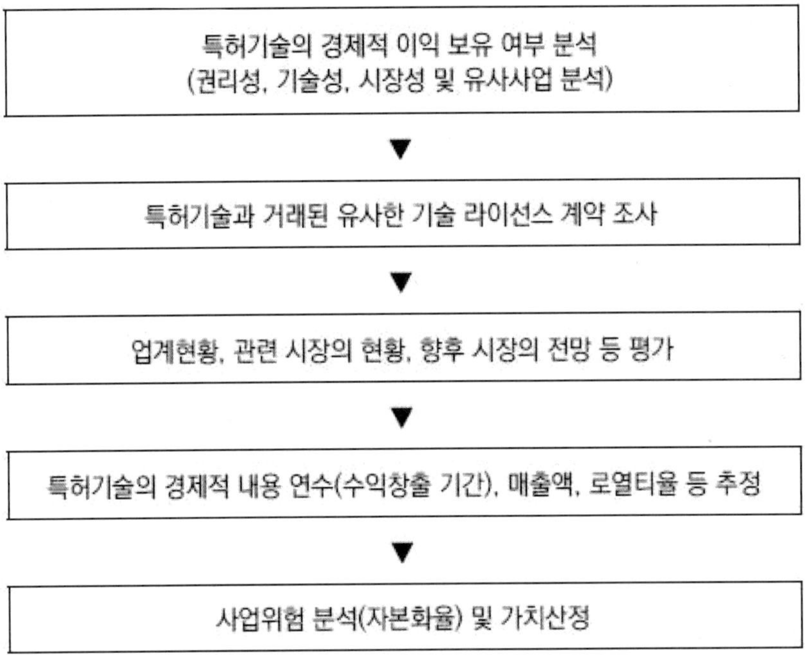

지식재산권 중 특허권에 가치평가가 대부분 주를 이루고 있는데 특허권에 대한 가치평가는 특허기술의 이익 보유 여부 분석으로 시작해서 특허기술과 거래된 유사한 기술 라이선스 계약 조사와 더불어 업계현황, 관련장의 현황, 향후 시장의 전망과 같은 환경 분석도 동시에 이루어지게 된다. 그리고 나서 재무적 관점에서 특허기술의 경제적 연수(수익창출 기간), 매출액, 로열티율 등을 추정한 후 사업 위험 분석 및 가치가 최종적으로 산정되게 된다. 이때, 가치평가 보고서로 도출된 자료 중 업계현황, 관련 시장에 대한 환경분석 자료는 향후에 IR 및 투자 목적으로도 활용한 가능한 자료로 활용되기도 한다.

또한, 유사한 기술 분석은 특허맵과 같은 용도로 해당 핵심기술을 파악하고 견제하는 용도로도 활용이 가능함에 따라 가치분석이 단순히 기술적 가치 금액이 아닌 다양한 방법으로도 활용이 가능하다.

제6절 지식재산 가치분석 사례

1. 질레트 사례를 통한

2005년 1월 P&G(Procter & Gamble Company)는 회계상 장부가 치가 28억달러에 불과한 질레트를 570억달러(약57조원)에 인수했다. 질레트의 성장배경을 보면, 볼티모어실컴퍼니(Baltimore Seal Company)에서 무명의 영업사원이던 킹 C 질레트(King Camp Gillette1855~1932)가 1901년 설립한 이 회사는 1903년부터 면도기를 판매하기 시작했는데 첫해 51개만을 판매했으나 1908년에는 100만 개이상을 판매하면서 고속성장을 거듭했다. 이후, 주력사업이던 면도기에서 탈피해 현재의 질레트를 세계적 기업으로 만든 전략은 끊임없는 기술개발과 경쟁사보다 계속적으로 한발 앞선 신제품 출시와 함께 브랜드 가치가 높은 유망기업의 인수를 통한 사업 다각화였다. 매번 신제품 출시때마다 막대한 연구개발비용을 지출하는 질레트는1903년 세계 최초의 '일회용 면도날 안전면도기'를 개발하고, 1946년 면도날의 포장을 벗길 필요가 없는 '블루 블레이드'란 최초의 교체 면도날을 도입했으며, 1960년에는 면도의 품질과 안전성을 대폭 개선한 실리콘코팅 면도날, 1971년에는 이중날 카트리지를 사용하는 최초의 면도기, 1997년에는 세계 최초로 3중날 면도기 '마하3'를 출시해 대성공을 거둔다. '주식투자의 귀재' 워런 버핏 회장은 면도기 및 전지 생산업체 질레트의 주식이 9배 가까이 뛰어오르면서 '천리안'을 다시 한번 과시했다. 투자보험사 '버크셔 해서웨이'의 회장인 버핏이 질레트 주식을 매입한 것은 1989년. 당시 6억 달러(약 6180억 원)를 투자해 9600만 주를 사들였다.

그런데 미국의 생활용품업체 P&G가 질레트를 인수하기로 하면서 질레트 주가가 크게 올랐다. P&G는 질레트의 27일 종가(54달러)에 18%의 프리미엄을 얹어 질레트 주식 1주에 자사 주식 0.975주를 교환한다면, 버핏 회장이 보유한 질레트 주식은 9360만 주의 P&G 주식으로 바뀌며 당시 주가로 환산할 때 원금의 9배에 가까운 52억 달러(약 5조 3560억 원)가 된다. 질레트 주식을 현금화하는 대신 "P&G 주식 1억 주를 확보하기 위해 추가로 매입하겠다"고 밝혔다. 빌 게이츠 마이크로소프트 회장에 이어 당시 세계 2위의 재산가인 버핏 회장은 기업의 가치를 중시하는 투자법으로 유명하다. 인터넷 기업들의 주가가 천정부지로 치솟던 1990년대 말 '닷컴 주식'은 거품이라며 쳐다보지도 않았다. 우량기업에 대한 선별투자로 유명한 워렌버핏이 회장으로 있는 버크셔 해서웨이의 경우 기업평가 능력 등 무형자산의 가치가 100조원을 상회하는 것으로 분석됐다. 특허를 포함한 지식재산(intellectual property)이 기업의 시장가치에 크게 기여하고 있는 것은 분명하다. 여러 연구 결과에 따르면, 2002년 미국에서 유형자산이 기업의 시장가치에 기여하는 부분은 단지 25% 에 불과했는데, 이는 특허 등 지식재산권을 포함하는 무형자산이 나머지 75%를 차지했다는 점을 의미한다(Kaplan and Norton, 2004). 이 수치는 1982년에 무형자산이 회사의 시장가치에 기여하는 것으로 조사된 40%보다 훨씬 더 높은 수치이다. 인용도가 높은 특허(특허 1개당 20번 이상의 인용)를 보유한 기업들 은, R&D 수준이나 보유 지식재산에서는 비슷하나 인용도 면에서 중앙값 정도인 특허를 가진 기업들에 비해 50% 더 높은 시장 가치를 보이는 것으로 나타났다. 특정 특허에 대한 인용 분석은 잠재적인 라이선시를 찾아내고 특허 침해사례를 모니터링하는 데 유용하다. 그 이유는 특허를 인용하는 당사자는 그 특허를 기반으로 발명을 구성하고, 동일한 분야에서 그 발명을 실시할 가능성이 높기 때문이다.

2. SK하이닉스의 '메모리 반도체 제조 기술' 특허 가치 평가

다음으로는 SK하이닉스의 사례이다, 앞선 사례와 같이 필요성에 대한 사례는 다양하게 있는데, 최근 국내 대표적인 기업이 어떻게 진행하여 어떻 값어치를 받는지를 보고자 한다. 2022년 11월, 당사의 메모리 반도체 제조 기술에 대한 특허 가치를 약 30조 원으로 평가했다. 이는 SK하이닉스가 보유한 약 2만여 건의 특허 중 핵심 특허 1,000여 건을 대상으로 한 평가 결과입니다. 평가 방법은 수익접근법의 할인현금흐름법(DCF)이 사용되었습니다. 평가 결과에 따르면, SK하이닉스의 메모리 반도체 제조 기술은 향후 10년간 약 6조 원의 순이익을 창출할 것으로 예상되었고, 이를 바탕으로 할인율을 적용하여 30조 원의 가치를 산정했다. 이 평가 결과는 SK하이닉스의 메모리 반도체 기술 경쟁력을 보여주는 대표적인 사례로 평가받고 있다. 또한, 지식재산 가치평가의 중요성을 재확인하는 계기가 되었다. 위 기업의 특허 가치 평가는 어떤 방식으로 이루어졌는지 구체적으로 한번 살펴보면 다음과 같다.

- 평가 기관 : KPMG 컨설팅
- 평가 기간 : 2022년 10월 ~ 11월
- 평가 대상 : SK하이닉스가 보유한 약 2만여 건의 특허 중 핵심 특허 1,000여 건
- 평가 방법 : 수익접근법의 할인현금흐름법(DCF)
- 평가 결과 : 약 30조 원
- 평가 근거
  - SK하이닉스가 보유한 메모리 반도체 제조 기술은 경쟁사 대비 우수한 기술력을 보유하고 있고, 이러한 기술력은 향후 10년간 약 6조 원의 순이익을 창출할 것으로 예상하고 있다.

    이를 바탕으로 할인율을 적용하여 약 30조 원의 가치를 산정했습니다.
- 평가 항목
  - 기술력: 기술의 독창성, 진보성, 우수성 등을 평가했습니다.
  - 시장성: 기술이 적용될 수 있는 시장의 규모와 성장 잠재력을 평가했습니다.
  - 경쟁력: 기술의 경쟁 상대와 비교한 우위를 평가했습니다.
- 평가 방법
  - 수익접근법의 할인현금흐름법(DCF)을 사용하여 가치를 평가했다.

    (DCF은 미래에 발생할 것으로 예상되는 현금흐름을 할인율을 적용하여 현재가치로 환산하는 방법임)
- 평가 결과의 활용
  - SK하이닉스는 이번 평가 결과를 바탕으로 자사의 기술 경쟁력을 재확인하고, 투자 의사결정을 내리는 데 활용할 예정이며, 지식재산의 시장 가치를 높이고, 지식재산권을 활용한 금융 거래를 활성화하는 데에도 기여할 것으로 기대하는 차원으로 추진되어졌다.
- 평가 결과의 한계
  - 기술의 미래 가치는 불확실성이 존재하므로, 평가 결과는 추정일 뿐이며, 평가 방법에 따라 가치가 달라질 수 있다는 한계가 존재한다.

제7절 지식재산가치분석과 재무비율 분석 사례

1. 제조기반 기업

• 삼성전자

삼성전자는 4차산업 이전부터 대표적인 제조업 기업으로 자리매김했다. 4차산업 이전에는 유형자산의 비중이 높아 지식재산의 가치가 상대적으로 낮았다. 그러나 4차 산업 이후에는 반도체, 디스플레이, 5G, AI 등과 같은 신기술 분야에서 지식재산의 비중이 높아지면서 기업 가치가 상승했다. 이에 대한 무형자산을 한번 살펴보면, 2010년 삼성전자의 순자산 중 무형자산의 비중은 20% 미만이었다. 그러나 2023년에는 무형자산의 비중이 50% 이상으로 증가했고, 이러한 변화에 따라 삼성전자의 PBR은 4차산업 이전에는 1 미만이었으나, 4차산업 이후에는 1이상으로 상승했다. 이를 보면 무형자산의 가치에 대한 부분의 중요성을 대한민국 대표기업의 사례로도 알 수 있다.

<표 8-6> 삼성전자 4차산업혁명 이후 기업가치 지표

기업가치 지표　　　단위 : 억원, 주, %, 배

IFRS 연결	2019/12	2020/12	2021/12	2022/12	2023/09
Per Share					
EPS (원)	3,166	3,841	5,777	8,057	1,244
EBITDAPS (원)	8,445	9,765	12,643	12,143	4,796
CFPS (원)	7,523	8,307	10,819	13,815	5,489
SPS (원)	33,919	34,862	41,163	44,494	28,141
BPS (원)	37,528	39,406	43,611	50,817	52,068
Dividends					
DPS(보통주,현금)(원)	1,416	2,994	1,444	1,444	1,083
DPS(1우선주,현금)(원)	1,417	2,995	1,445	1,445	1,083
배당성향(현금)(%)	45	78	25	18	
Multiples					
PER	17.63	21.09	13.55	6.86	
PCR	7.42	9.75	7.24	4.00	
PSR	1.65	2.32	1.90	1.24	
PBR	1.49	2.06	1.80	1.09	1.31
EV/Sales	1.64	2.33	1.91	1.26	
EV/EBITDA	6.60	8.33	6.23	4.62	

출처 : https://dart.fss.or.kr

• 현대자동차(현대차)

현대자동차 또한 4차산업 이전부터 대표적인 자동차 제조업 기업으로 자리매김했다. 4차산업 이전에는 유형자산의 비중이 높아 지식재산의 가치가 상대적으로 낮았는데, 4차산업 이후에는 자율주행, 전기차, 수소차 등과 같은 신기술 분야에서 지식재산의 비중이 높아지면서 기업 가치가 상승했다. 이는 디지털 기반의 기술의 변화에 동반되는 추가 기술개발에 동반되는 형상이라 할 수도 있다. 2010년 현대자동차의 순자산 중 무형자산의 비중은 20% 미만이었는데, 2023년에는 무형자산의 비중이 40% 이상으로 증가했다. 이러한 변화에 따라 현대자동차의 PBR은 4차산업 이전에는 1 미만이었으나, 4차산업 이후에는 1 이상으로 상승했다는 것을 알 수 있다.

<표 8-7> 현대자동차(현대차) 4차산업혁명 이후 기업가치 지표

기업가치 지표

단위 : 억원, 주, %, 배

IFRS 연결		2019/12	2020/12	2021/12	2022/12	2023/09
Per Share						
EPS	(원)	10,761	5,144	17,846	26,592	35,468
EBITDAPS	(원)	26,856	23,760	40,567	53,685	55,983
CFPS	(원)	24,597	20,256	34,297	44,818	49,003
SPS	(원)	381,840	375,525	424,681	514,653	440,907
BPS	(원)	258,478	257,028	277,875	303,544	340,007
Dividends						
DPS(보통주,현금)(원)		4,000	3,000	5,000	7,000	3,000
DPS(1우선주,현금)(원)		4,050	3,050	5,050	7,050	3,000
배당성향(현금)(%)		35	55	26	25	
Multiples						
PER		11.20	37.33	11.71	5.68	
PCR		4.90	9.48	6.09	3.37	
PSR		0.32	0.51	0.49	0.29	
PBR		0.47	0.75	0.75	0.50	0.56
EV/Sales		0.88	1.11	1.15	0.89	
EV/EBITDA		12.58	17.58	12.03	8.49	

출처 : https://dart.fss.or.kr

2. 제약바이오 기업

• 셀트리온

셀트리온은 4차산업 이전부터 대표적인 제약바이오분야에 대표적인 기업으로 자리를 잡았다. 4차산업 이전에도 지식재산의 비중이 높았으나, 4차산업 이후에는 인공지능, 유전체학, 나노기술 등의 발전으로 인해 지식재산의 가치가 더욱 높아졌다. 2010년 셀트리온의 순자산 중 무형자산의 비중은 40% 이상이었는데, 2023년에는 무형자산의 비중이 60% 이상으로 증가했다. 이러한 변화에 따라 셀트리온의 PBR은 4차산업 이전에도 1 이상이었으나, 4차산업 이후에는 더욱 상승하여 5.06('22. 12. 기준)까지 차지하게 된다.

<표 8-8> 셀트리온 4차산업혁명 이후 기업가치 지표

기업가치 지표 (단위 : 억원, 주, %, 배)

IFRS 연결		2019/12	2020/12	2021/12	2022/12	2023/09
Per Share						
EPS	(원)	2,070	3,552	3,966	3,677	3,652
EBITDAPS	(원)	3,680	6,122	6,560	5,973	5,507
CFPS	(원)	3,127	4,744	5,432	5,225	4,834
SPS	(원)	7,759	12,684	12,960	15,615	12,256
BPS	(원)	20,177	23,986	28,340	31,719	35,279
Dividends						
DPS(보통주,현금)(원)		0	0	708	361	
DPS(1우선주,현금)(원)						
배당성향(현금)(%)		0	0	18	10	
Multiples						
PER		81.19	95.56	48.09	43.65	
PCR		53.74	71.54	35.11	30.72	
PSR		21.66	26.76	14.72	10.28	
PBR		8.33	14.15	6.73	5.06	3.95
EV/Sales		21.70	26.83	14.78	10.42	
EV/EBITDA		45.76	55.60	29.20	27.24	

출처 : https://dart.fss.or.kr

• 바이오젠

바이오젠은 미국의 대표적인 제약바이오기업이다. 4차산업 이전부터 지식재산의 비중이 높았으나, 4차산업 이후에는 인공지능, 유전체학, 나노기술 등의 발전으로 인해 지식재산의 가치가 더욱 높아졌다. 2010년 바이오젠의 순자산 중 무형자산의 비중은 60% 이상이었는데, 2023년에는 무형자산의 비중이 70% 이상으로 증가했습다. 이러한 변화에 따라 바이오젠의 PBR은 4차산업 이전에도 1 이상이었으나, 4차산업 이후에는 더욱 상승하여, 3.0('22. 12. 기준)의 높은 배수를 차지한다.

위의 사례에서 볼 수 있듯이, 4차산업 이후에는 제조업, 제약바이오기업 등 다양한 산업에서 지식재산의 가치가 높아지면서 기업 가치가 상승하는 경우가 나타나고 있는데 이러한 변화는 4차산업의 특성인 기술 집약성, 지식 기반성의 영향으로 인해 나타나는 것으로 평가된다.

<표 8-9> 바이오젠 4차산업혁명 이후 매출 및 기업가치 지표

	2019	2020	2021	2022
매출액 (백만달러)	14,378	13,445	10,982	10,173
영업이익 (백만달러)	7,043	4,550	2,841	3,484
순이익 (백만달러)	5,889	4,001	1,556	3,047
EPS (adj) (달러)	31.4	24.8	10.4	20.9
EPS (adj) growth (%)	45.6	-21.1	-58.1	100.7
EBITDA margin (%)	56.0	40.2	42.2	36.7
ROE (%)	44.6	33.3	14.4	25.1
P/E (adj) (배)	9.4	10.5	13.5	14.0
P/B (배)	3.9	3.5	3.2	3.0
EV/EBITDA (배)	6.7	7.9	9.5	9.8
Dividend yield (%)	n/a	n/a	n/a	n/a

자료: Bloomberg, 삼성증권

제8절 요약 및 결론

지식재산의 가치평가에 대해 선행문헌 검토부터 다양한 가치평가 방법 및 사례를 살펴보았다. 무형가치에 대한 분야에 대한 평가가 지속적으로 개발 및 개선되어 온 것을 알 수 있었고, 이는 다양한 연구개발에 대한 논문을 통해 알 수 있었다. 특히, 재무적 관점의 정량적 개발에 대한 논문은 아니었으나, 창작성이라는 저작권과 같은 성격의 지식재산권도 현재 디지털 기반과 결합이 되어 산업재산권으로 바뀌면서 무형의 가치에 대한 평가가 근래 들어서 연구되고 있다는 것은 상당히 눈여겨 볼만한 연구자료였다. 이는, 다시말해 무형자산의 가치측정이 기존 제조 및 기술기반에 국한되어 있던 분야가 지금은 창작의 범위까지 확대되고 있음을 시사하는 바가 크다고 할 수 있다.

그리고, 지식재산에 대한 회계적인 처리가 기업의 무형자산에 따라 다르게 처리되고 있음을 알 수 있었는데 이는 무형자산의 종류 또한 다양함에 있어 회계적 가치가 달리 조정된다는 것을 알 수 있는 부분이었다. 이는 곧, 재무비율에도 영향을 주고 더 나아가 가치평가의 기초자료로 활용되고 있는 것을 알 수 있었다. 우리나라에서 내로라하는 대표기업이지만 다양한 분야에 대한 기업들의 사례들을 보면서, 가치 평가가 기술, 브랜드, 콘텐츠와 같은 다양성을 보여지고 있다는 것 또한 알 수 있었다.

또한, 지식재산의 가치가 4차 산업혁명 이전과 그 이후에 PBR의 분석 결과 값을 보면 상상하는 것을 볼 수 있었는데 기술기반의 테크 기업에 비해 바이오제약에서 두드러지게 특징이 나타나는 것을 알 수 있었다. 이는 제조기반에 디지털(AI, 빅데이터, 디바이스 기기 등) 산업이 결합되면서 집약적 기술이 좀더 고도화되는 현상과 맞물려서 가능했던 것으로서 추론 할 수 있었다. 예를들어 가지 않더라도 비대면으로 진료를 받을 수 있거나, 스마트워치로 실시간 건강체크 및 관리를 할 수 있고, 스마트팩토리와 결합되어 맞춤형 약품 및 고도의 유전자 치료 약품 또한 대량 생산이 가능해진 것을 보면 알 수 있을 것이다. 이와 같은 기술의 창출은 바로 특허권과 같은 지식재산권으로 자연스럽게 연계되고 있고, 그에 대한 가치또한 높게 평가되면서 더욱더 지식재산권과 같은 무형의 가치의 비중이 높아짐을 알 수 있다. 단, 코로나라는 환경의 변수가 제약 바이오에 영향을 준 것을 감안하더라도 4차 산업혁명 이전과 확연하게 차이가 나고 있음을 본 레포트를 통해 알 수 있었다. 이외에도 세부적으로 언급하지는 않았지만 지식재산 가치평가를 했을 때 다른 장점이 있는데, 이는 가치평가 보고서이다. 지식재산 가치평가보고서가 단순히 금액만 나오는 것이 아니라, 관련 시장에 대한 유사 핵심 기술부터 해당 시장에 대한 분석된 시장 자료까지 보고서에 같이 나옴에 따라 향후 R&D개발 지원사업 수혜, 사업화 자금확보, 투자유치 등에 활용 할 수 있는 활용성이 높기도하여 더더욱 가치평가를 추진하는 기업들이 늘어나고 있다.

종합적으로 보면, 무형의 가치 중 지식재산은 앞으로도 더욱 성장 가능성이 높은데 이는 앞서서 보았던 콘텐츠와 같은 분야의 확대 외에도 디지털 기반의 기술이 더욱 다른 산업과 결합되면 지식재산의 창출도 지속적으로 증가될 것으로 보여지고 있고, 가상현실과 같은 비 유형의 시장이 확대되면 그속에서 권리를 확보 할 수 있는 방법은 무형의 가치 및 재산권만 가능 할 것이기 때문이다. 이렇듯 무형자산의 지식재산의 가치에 대한 비중을 높여 기업 경영에 있어 활용도를 높여야 할 것이다.

참고문헌

김학균, 자본 없는 자본주의, 경향신문, 2021.8.1.
김홍수, 무형자산의 경제적 특성과 가치평가(저자 김홍수, 한국부동산연구원, 2004.12.
오준환, IFRS와 가치평가기법 : 무형자산의 공정가치평가, 한국경영교육학회, 2013.2.
손혁·박성진, 무형자산의 공정가치 평가 - 로열티 공제법을 중심으로, 회계저널, 2011.5.
신동휴, 무형자산의 가치평가에 관한 연구, 무역연구, 2011.12.

제 9 장

특허가치분석 사례 I

제9장 특허가치분석 사례 I

제1절 특허가치분석 관련 선행연구

특허가치분석 관련 선행연구를 살펴보면 특허권의 가치분석을 직접적으로 다룬 연구자들과 이를 활용하여 특정사례나 관련된 회계처리를 활용한 연구 등을 확인할 수 있다. 배기수(2021)는 충청북도 강소기업을 대상으로 특허권 가치분석과 연구개발비가 기업가치에 미치는 영향에 대해 실증분석한바 있으며, 이의 실증적인 연구를 통해 충북 강소기업의 혁신 전략 선택과 미래 경쟁력 향상을 도모하였다. 실증 분석은 2017년부터 2019년까지의 총 90개(연도-기업) 표본을 대상으로 연구개발 투입을 대표하는 연구개발비, 연구개발 산출을 대표하는 특허 등록개수가 충북강소기업의 기업가치에 미치는 영향에 대해 분석하였다. 이는 '가설1a. 충청북도 강소기업의 연구개발비는 기업가치와 양(+)의 관련성이 있을 것이다.', '가설1b. 충청북도 강소기업의 연구개발비는 기업가치와 관련성이 없을 것이다.', '가설2. 충청북도 강소기업의 특허등록개수는 기업가치와 양(+)의 관련성이 있을 것이다.' 의 가설을 세운후 기술통계분석, 상관관계분석 후 다변량회귀분석을 통해 가설을 검증하였으며, 분석결과 가설1b(충청북도 강소기업의 연구개발비는 기업가치와 관련성이 없을 것이다)와 가설2(충청북도 강소기업의 특허등록개수는 기업가치와 양(+)의 관련성이 있을 것이다)를 지지하는 것으로 나타났다.

조대명(2012)은 특허가치평가를 위한 기술기여도 선정방법에 관하여 연구하였으며, 이는 전통적으로 무형자산의 가치를 평가하기위해 많이 사용하던 방법인 수익접근법 기반의 평가 모델에서 미래에 발생하게 되는 초과 이익의 합계에 기술이 기여하는 정도를 나타내는 기술기여도가 반영되는 부분이 전문가들의 판단에 의한 정성적인 요소가 포함되어 있다고 보고, 이러한 단점을 최소화하기위한 방안을 검토하였다. 이에 평가대상 기술의 특허 정보 및 관련 산업 표준제무재표의 데이터를 기반으로 하여 수치화 될수 있는 변수들만의 조합으로 이루어진 수리적 기술기여도 모델을 제시하였다. 또한 새로운 모델을 토대로 가치평가를 수행한 국내 중소기업의 특허기술 127건을 표본으로 하였다. 이는 정보통신 기술분야, 바이오 및 소재기술분야, 기계기술분야로 나누어 분야별 기술기여도 및 기술가치 분석을 실시하였다. 그 결과 해당 연구에서 제시된 수리적 모델의 실무현장 적용 가능성과 산업적 중요성과 기술적 우수성의 균형이 잡힌 기술 기여도 수치를 나타내는 방법을 제공하였다.

박미경(2021)등은 특허권과 연구개발 회계처리가 경제적 부가가치에 미치는 영향에 대해서 분석하였다. 한국거래소 상장기업을 대상으로 특허권 및 연구개발 관련 지출에 대한 자본화 혹은 비용화 회계처리, 그리고 이들의 상호작용이 경제적 부가가치(EVA : Economic Value Added)에 미치는 영향을 규명하고자 하였다. 이는 2016년~2019년 특허권이 재무상태표에 표시된 284개 기업을 표본으로 선정하였고, 가설검증을 위하여 단변량 상관분석과 다중회귀분석을 실시한 결과, 특허권 보유액이 많을수록 이에 비례하여 경제적 부가가치에 긍정적인 영향을 미치는 것으로 나타났다.

이창길(2023)은 특허의 가치평가 요소와 기술의 특성 및 보유기관의 특성이 기술이전에 미치는 영향을 분석한바 있다. 기존의 연구에서는 기술이전의 대상이 되는 기술의 특성보다는 대학의 기술이전 환경 및 역량에 집중하여 특허의 가치에 대한 중요성이 반영되지 못하였다. 연구자는 연구를 통해 특허가치의 계량적 평가방법을 활용하여 기술이전 촉진 요인을 분석하였고, 기술이전의 실질적 대상이 되는 특허의 본질적 가치와 기술이전 성과와의 상관성을 특허 가치평가 요소와 기술이전 데이터를 이용하여 규명하였다. 전국 거점국립대학교의 2021~2022년도의 등록 특허 데이터를 사용하였으며, 특허 보유기관의 특성 및 기술적 특성을 고려하여 분석하였다. 분석결과 대학의 기술이전 사업화 예산의 절반이상을 차지하고 있는 지식재산권 관리에 있어 종전 비용 중심의 일괄 관리에서 실용화 가능성이 높은 특허 집중관리 전략 요소를 제공하였고 대학의 기술이전에 있어 기술분야에 따른 유의성을 확인할수 있었다.

성태웅(2016)등은 기술거래 금액과 특허가치의 결정요인을 실증분석한바 있다. 정성적인 평가기법인 전문가조사법, 비교평가법 등의 주관적인 결과에 객관성 확보를 위해 연구자는 평점법에서 적용되는 정량적인 특허가치 결정요인을 제시하고자 국내

외 특허가치평가 모형 15개를 분석하였다. 그중 중요한 것으로 파악되는 기술가치 결정요인 6개를 도출하였고 통계적으로 유의미한 영향을 미치는지 확인하기 위해 공공 및 민간 기술거래 기관에서 수집된 517개의 특허거래사례를 바탕으로 다중회귀분석을 통해 특허가치에 유의미한 영향을 주는 특허요인들을 도출하였다. 결과적으로 전체산업에서 특허기술 상용화단계의 정보들과 특허연계성(인용문헌수)가 기술거래금액에 유의한 영향을 미친다는 것을 확인하였다. 해당 연구는 지속적인 거래 사례수집 및 모니터링을 통해 산업별 연구 결과가 체계적으로 검증될 시, 연구사업 성과평가 및 특허출원 전략수립시 활용할수 있는 산업별 맞춤 평가모형을 제안할 수 있을 것으로 예상했다.

제2절 특허 관련 회계기준

특허 관련 회계기준으로는 조금 더 폭넓게 무형자산 관련 회계기준을 확인할 필요가 있다. 따라서 일반기업회계기준, K-IFRS, 중소기업회계기준의 무형자산 인식과 측정 등에 대해 살펴보고자 한다.

1. 일반기업회계기준

일반기업회계기준에 따라 무형자산을 설명할 시, 재화의 생산, 용역의 제공, 타인에 대한 임대 또는 자체적으로 사용할 목적으로 보유하는 물리적 형체가 없는 자산이지만 식별 가능하고, 기업이 통제하고 있으며, 미래 경제적효익이 있는 비화폐성자산을 의미 한다. K-IFRS와 달리 보유목적까지 고려하는 것이 그 특징이며, 상세한 설명은 다음과 같다.

1.1. 무형자산의 정의

① 식별 가능성

식별가능성은 분리가능하고 계약상 권리 또는 그 외 기타 법적인 권리에서 발생한다는 것을 볼수 있다. 먼저 분리가능은 개별적으로 또는 관련 계약, 식별가능한 자산·부채와 함께 매각·이전·라이선스·임대·교환 등이 가능하다.

다만, 무형자산이 분리가능하지 않더라도 무형자산을 식별할 수 있는 다른 방법으로 시도 있다. 예를 들면, 제조설비를 제조공정에 대한 특허권을 일괄취득할 시 해당 특허권은 분리가능하지는 않는다고 볼수 있지만 법적권리가 있기 때문에 식별은 가능하다.

이와 함께 영업권(goodwill)의 사례에서는 개별적인 식별이 불가능하기때문에 무형자산과 별개로 인식하고 있다.

② 인식기준

미래 경제적효익에 대해서 제3자의 접근 제한이 가능해야 하며, 이는 법적권리로부터 일반적으로 창출된다. 통제할 수 없는 경제적 효익은 고객과의 관계, 고정고객, 고객충성도, 시장점유율, 숙련된 종업원 등을 예로 들 수 있다.

숙련된 종업원이나 훈련을 통해 습득된 종업원의 기술도 미래 경제적효익을 가져다 줄 수 있으며, 기업은 이와 같은 효익이 미래에도 계속될 것으로 기대할 수 있다. 하지만, 숙련된 종업원이나 그들의 기술로부터 창출될 미래 경제적효익은 기업이 충분히 통제하는 것이 어렵기 때문에 무형자산의 정의를 충족하지 못한다. 또한, 특정인의 경영능력이나 기술적 재능도 기업이 그것을 사용하여 미래경제적효익을 확보하는 것이 법에 의해 보호되지 않는 한 무형자산의 정의를 충족시킬 수 없다.

기업은 고객과의 관계를 잘 유지함으로서 고정고객과 시장점유율을 확보할 수 있다. 그러나 그러한 고객과의 관계나 고객의 충성도를 지속시킬 수 있는 법적권리나 그것을 통제할 기타의 방법이 존재하지 않는다면 기업이 고객과의 관계로부터 창출될 미래 경제적효익을 충분히 통제하고 있다고 보기 어려우므로 고정고객, 시장점유율, 고객과의 관계, 고객의 충성도 등은 일반적으로 무형자산의 정의를 충족하지 못한다.

③ 미래 경제적 효익

미래에 현금유입을 증가시키거나 현금유출을 감소시켜야 한다. 즉, 재화의 매출, 용역수입, 원가절감, 자산의 사용에 따른 기타효익 등을 창출해야 한다.

1.2. 무형자산의 인식기준

① 자산으로부터 발생하는 미래 경제적효익의 기업 유입 가능성이 매우 높다.

미래 경제적효익의 기업 유입 가능성은 무형자산의 내용연수 동안 경제적 상황에 대해 경영자의 최선의 추정치를 반영하는 객관적이고 합리적인 가정에 근거하여 평가되어야 한다. 또한 자산 사용시 발생하는 미래 경제적효익 유입의 확실성에 대한 평가는 해당 무형자산을 최초로 인식하는 시점의 이용 가능한 증거(특히, 외부증거)에 근거하여야 한다.

② 자산의 원가 측정을 신뢰성 있게 할 수 있다.

일반적으로 무형자산을 최초로 인식할 시에는 자산과 구입원가를 사용할 수 있도록 준비하는데 이때, 직접 관련된 지출로 구성된 원가로 측정한다.

1.3. 취득원가의 측정

취득원가(개별취득, 최초취득)는 구입원가에 경영진이 의도하는 방식으로 자산을 가동하는데 필요한 장소와 상태에 이르게 하는 데 직접 관련되는 취득관련 직접 부대원가를 가산하고, 매입할인 등을 차감하여 측정한다. 한편, 무형자산을 일단 원가로 기록한 후에는 공정가치의 변동에 따른 평가증이 허용되지 않는다(원가모형).

① 취득시점의 현금가격상당액

총지급액과의 차액은 자본화하지 않는 한, '이자비용'으로 처리한다.

② 다른 자산과의 교환으로 취득

㉠ 이종자산의 교환: 제공한 자산의 공정가치, 제공한 자산의 공정가치가 불확실한 상황에는 교환으로 취득한 자산의 공정가치로 측정하며, 현금수수액을 반영하여 원가를 결정한다.

㉡ 동종자산 교환(처분손익 미인식): 교환으로 제공한 자산의 장부금액으로 인식한다. 단, 손상차손의 징후가 있는 상황에는, 손상차손을 인식한 후의 장부금액을 취득원가로 한다.

③ 정부보조에 의하여 무형자산을 무상 또는 공정가치보다 낮게 취득하는 상황에는 취득일의 공정가치로 측정한다. 자산관련보조금 (공정가치로 측정되는 비화폐성 보조금 포함)을 받는 상황에는 관련 자산을 취득하기 전까지 받은 자산 또는 받은 자산을 일시적으로 운용하기 위하여 취득하는 다른 자산의 차감계정으로 회계처리하고, 관련 자산을 취득하는 시점에 관련 자산의 차감계정으로 회계처리한다.

④ 현물출자, 증여, 기타 무상으로 취득하는 상황에는 취득일의 공정가치로 측정한다.

⑤ 사업결합으로 인한 취득

일반기업회계기준 제12장(사업결합)에 따라 취득일의 공정가치로 측정한다. 사업결합에 따라 취득자는 피취득자의 재무제표에는 인식되지 않았던 무형자산이라 하더라도 무형자산의 인식기준을 충족하는 상황에는 이를 무형자산으로 인식하고, 사업결합으로 취득한 무형자산의 공정가치를 신뢰성 있게 측정할 수 없는 상황에는 개별 무형자산으로 인식하지 않고 영업권에 포함시키는 바, 사업결합으로 취득하는 무형자산은 미래 경제적효익의 유입가능성이 항상 높은 것으로 본다.

⑥ 내부적으로 창출한 무형자산은 연구단계, 그리고 개발단계로 구분(구분이 불가능할 상황에는 연구단계에 해당하는 것으로 봄)되고, 내부적으로 창출한 영업권(brand, 고객목록 등)은 식별가능성 및 측정가능성 등 무형자산의 정의를 충족하지 못하므로 무형자산으로 인식할 수 없다.

㉠ 연구단계에서 지출한 비용은 미래 경제적효익을 입증할 수 없으므로 당기비용으로 처리한다.

㉡ 개발단계에서 비용지출은 아래의 6가지 요건을 충족할 상황에만 자산으로 인식하며, 개발단계의 활동은 다음의 활동들이 해당된다.

a. 완성하여 판매 또는 사용하려는 기업의 의도

b. 자산을 완성시킬수 있는 기술적 실현가능성 제시 가능

c. 개발을 완료판매사용하는 데 필요한 기술적금전적 자원의 확보

d. 관련 지출을 신뢰성 있게 구분하여 측정가능

e. 사용하거나 판매할 수 있는 기업의 능력을 제시 가능

f. 미래 경제적효익을 창출할 수 있음을 입증가능

• 무형자산의 산출물, 그 무형자산에 대한 시장의 존재, 내부적 사용시 유용성 제시 등

1.4. 취득후 원가(자본적 지출과 수익적 지출)

취득 또는 완성 후의 지출로 인하여 무형자산으로부터의 경제적효익이 증가될지의 여부를 판단하는 것은 매우 어려우며, 그러한 지출을 사업 전체가 아닌 특정 무형자산에 직접 귀속시키기도 어렵다. 따라서, 후속적으로 발생한 원가를 무형자산(자본적지출)으로 처리하는 것은 극히 제한적이다. 한편, 무형자산에 대한 지출로서 과거에 재무제표상 비용으로 인식한 지출은 원가로 인식할 수 없다.

다음의 요건이 모두 충족될 상황에만 자본적지출로 처리한다.

가. 미래 경제적효익을 증가시킬 가능성이 매우 높다.

나. 관련 지출을 신뢰성 있게 측정할 수 있으며, 무형자산과 직접 관련된다.

1.5. 무형자산 상각

무형자산상각이란 유형자산의 감가상각과 거의 동일한 개념이다. 이는 무형자산의 원가와 효익 각각을 체계적으로 대응시키는 과정이다. 따라서, 회사는 무형자산을 상각하기 위해서 내용연수, 상각방법, 잔존가치에 대한 회계처리방침을 먼저 수립해야 하고, 일단 결정된 회계처리방침은 매회기 계속해서 적용하며 정당한 사유없이는 이를 변경할 수 없다. 이를 변경하는 경우에는, 추정의 변경으로 본다. 또한 무형자산의 상각비는 다른 자산의 제조와 관련된 상황에는 관련 자산의 제조원가로, 그 밖의 상황에는 판관비로 계상한다. 예를 들면, 제조공정에서 사용된 무형자산의 상각비는 재고자산의 원가를 구성한다. 한편, 중소기업기본법에 의한 중소기업('자본시장 및 금융투자업에 관한 법률'에 따른 상장법인, 사업보고서 제출대상법인, 증권신고서 제출법인, 금융회사, 이때 연결실체에 중소기업이 아닌 회사가 포함된 상황의 지배회사를 제외)은 무형자산의 내용연수 및 잔존가치의 결정을 법인세법의 규정에 따를 수 있다.

1.6. 무형자산의 손상차손

매 보고기간말마다 검토해야할 것은 자산손상을 시사하는 징후가 있는지이다. 만약 그러한 징후가 있다면 당해 자산의 회수가능가액을 추정하여야 하고, 시장가치의 급격한 하락 및 자산의 진부화 등으로 인하여 자산의 회수가능액이 장부금액에 상당 수준으로 미달되는 상황에는 장부금액을 조정하여 회수가능액으로 변경하고 그 차액을 손상차손으로 하여 즉시 당기손익으로 인식한다.

특히, 아직 사용가능하지 않은 무형자산의 회수가능액은 Max(순공정가치, 사용가치)이며 최소한 매 보고기간말에 회수가능액을 반드시 추정하여야 한다.

한편, 매 보고일에 무형자산(영업권 제외)은 과거기간에 인식한 손상차손등이 더 이상 존재하지 않거나 감소된 것을 시사하는 징후가 있는지도 검토하여야 한다.

만약 그러한 징후가 있는 상황에는 당해 자산의 회수가능액을 추정하여 직전 손상차손 인식시점 이후 회수가능가액을 결정하는데 사용된 추정치에 변화가 있는 상황에만 자산의 장부금액을 회수가능액으로 증가시킨다.

이 때 증가된 장부금액은 과거에 손상차손을 인식하기 전 장부금액의 감모상각 또는 상각 후 잔액을 한도로 하여 손상차손환입(당기손익)으로 처리한다.

1.7. 무형자산의 제거

무형자산을 재무상태표에서 제거하는 것은 미래 경제적효익이 기대되지 않을 때이며, 처분시에는 장부금액과 순매각금액과의 차이를 처분손익으로 인식한다. 무형자산에 대한 사용을 중지시, 재분류하여 투자자산으로 두고 장부금액으로 표시한다. 이에 대해서는 상각은 하지 않으며, 매 회계연도말 회수가능가액을 평가하여 손상차손을 인식한다.

1.8. 무형자산의 재무제표 표시

무형자산을 재무상태표에 표시하는 방법은 다음과 같다. 취득원가에서 상각누계액을 직접 차감하는 직접법이 있고 취득원가에서 상각누계액 및 손상차손누계액을 차감하는 형식의 표시 방법인 간접법이 있다.

무형자산은 사업상 비슷한 효용과 성격을 가진 종류로 분류하여 표시하며, 산업재산권(특허권, 실용신안권, 상표권, 의장권, 상호권 및 상품명을 포함), 저작권, 라이선스, 개발비(제조비법, 모델, 공식, 디자인 및 시제품의 개발 등), 컴퓨터 소프트웨어, 임차권리금, 광업권, 어업권 등이 있다. 하지만, 그럼에도 불구하고 일반기업회계기준 제2장에서는 재무제표를 작성할때 ㄱ.영업권, ㄴ.산업재산권, ㄷ.개발비, ㄹ.기타로 표시할 수 있다고 설명하고 있으며, 기타에는 라이선스와 프랜차이즈, 컴퓨터소프트웨어, 저작권, 광업권, 어업권 임차권리금 등을 포함한다. 다만, 이들 항목이 중요한 상황에는 개별 표시한다. 고가의 수치제어 공작기계가 그 기계를 제어하는 소프트웨어(프로그램)가 없이는 가동이 불가능한 상황에는 그 소프트웨어를 공작기계의 일부로 보아 기계와 소프트웨어 모두를 유형자산으로 분류한다.

2. K-IFRS 제1038호

K-IFRS에 따라 무형자산을 설명할 시, '물리적 실체는 없지만 식별가능한 비화폐성 자산'으로 정의할수 있다. 앞서 일반기업회계기준에서 자세히 다룬내용과 상당부분 일치하여 간단하게 확인하겠으며, 일반기업회계기준과의 차이는 2.4 항목에서 후술하고자 한다. 먼저 ①무형자산의 정의는 이 기준서는 무형자산을 '물리적 실체는 없지만 식별할 수 있는 비화폐성자산'으로 정의하고 있다. ②적용범위로는 다른 한국채택국제회계기준서에서 특별히 다루고 있지 않은 무형자산에 대한 회계처리를 정하고 있다. 이 기준서는 무형자산의 장부금액을 측정하는 방법과 무형자산에 관한 공시사항을 정하고 특정 조건이 충족되는 상황에만 무형자산을 인식하도록 요구하고 있다. ③무형자산의 인식조건으로는 자산에서 발생하는 미래경제적효익이 기업에 유입될 가능성이 높고, 자산의 원가를 신뢰성 있게 측정할 수 있는 상황에만 무형자산을 인식한다. 미래경제적효익의 유입가능성은 개별 취득하는 무형자산과 사업결합으로 취득하는 무형자산에 대하여 항상 충족되는 것으로 본다. ④또한 내부적으로 창출한 영업권은 자산으로 인식하지 아니한다. ⑤내부적으로 창출한 무형자산이 인식기준을 충족하는지를 평가하기 위하여 무형자산의 창출과정을 연구단계와 개발단계로 구분한다. 내부 프로젝트의 연구단계를 포함한 연구활동에 대한 지출은 발생 시점에 비용으로 인식한다. 내부 프로젝트의 개발단계를 포함한 개발활동에 대해서는 이 기준서가 정하는 사항을 모두 제시할 수 있는 상황에만 무형자산을 인식한다. ⑥자산으로 인식할 수 없는 과거비용은 최초에 비용으로 인식한 무형항목에 대한 지출이며 그 이후에

무형자산의 원가로 인식할 수 없다. ⑦인식 후의 측정으로는 무형자산의 회계정책으로 재평가모형이나 원가모형으로 선택할 수 있다. 재평가모형을 적용하는 상황에는 이 기준서의 재평가 목적상 공정가치는 활성시장을 기초로 하여 결정한다. 재평가는 재무상태표일에 자산의 장부금액이 공정가치와 중요하게 차이가 나지 않도록 주기적으로 수행한다. ⑧내용연수가 유한한 무형자산의 상각대상금액은 내용연수 동안 체계적인 방법으로 배분하여야 한다. ⑨내용연수가 비한정인 무형자산은 관련된 모든 요소의 분석에 근거하여, 그 자산이 순현금유입을 창출할 것으로 기대되는 기간에 대하여 예측가능한 제한이 없을 상황, 무형자산의 내용연수가 비한정인 것으로 본다. 내용연수가 비한정인 무형자산은 상각하지 아니한다.

제3절 특허 회계처리 사례

직접적으로 관련있는 특허 회계처리 사례는 찾을수가 없어, 관련 논문에서 무형자산성 지출의 회계처리방법에 따른 가치 관련성에 대해 연구한 논문을 확인하였다. 다만 해당 연구는 K-IFRS의 본격 도입 이전이므로 현재의 상황과는 상당부분 괴리감이 있을수 있다. 해당 연구에서는 무형자산이 목적적합한 정보로 이용될 수 있음에도 정보의 신뢰성을 강조한 회계기준으로 무형자산 투자가 재무제표에 제대로 반영되지 못한다는 점을 근거로 기업가치 분석을 무형자산회계처리에 따라 실시하였다. 가설은 광고선전비와 연구개발비를 회계처리함에 있어 자산화하는 것보다 비용화하는 것이 이익의 질이 높을 것이라는 내용이며 이는 1999년~2006년까지의 상장기업 2,515개를 대상으로 이익과 주식수익률간의 관계를 분석하였다. 분석결과, 광고선전비와 연구개발비를 연구개발비를 자산화 한 이익과 광고선전비를 자산화한 이익이 모두 비용화한 이익보다 주식수익률과의 관련성이 높았으며 모형의 적합도 역시 유의하게 높았다. 또한, 해당 연구에서는 연구개발비 전체를 자산화하는 방법보다 연구개발비의 일정요건 만족시 자산화하고 그 이외에는 당기비용으로 처리하는 방법인 선택적 자본화법에 따른 이익이 더 증분내용이 있는지 살펴보았다. 그 결과, 전체를 자산화한 이익에 비하여 선택적 자본화법에 따른 이익은 유의적으로 낮은 모형적합도를 보였다.

제4절 특허가치분석 방법

특허의 가치를 분석하는 방법으로는 기술가치평가에서 일반적으로 사용되는 시장접근법, 비용접근법, 이익접근법으로 구분하여 살펴볼 수 있다.

시장접근법은 유사한 기술거래시장에서 유사기술의 거래 실적을 기준으로하여 해당 기술의 가치를 평가하는 방법론이고, 비용접근법은 해당 기술을 확보하는데 소요되는 비용을 기준으로 하여 기술가치를 평가하는 방법론이며, 이익접근법은 해당 기술을 사업화하여 얻을수 있는 이익을 기준으로 하여 기술가치를 평가하는 방법론이다.

1. 시장접근법

시장접근법은 실제 시장에서 거래되는 기술의 가치를 추정해 볼 상황에 사용되는 방법론으로서, 자유 경쟁시장에서는 하나의 기술에 대해 수요와 공급간의 적정한 균형이 존재한다는 가정하에 이뤄진다. 시장접근법에 의한 기술가치평가는 최근 유사시장에서 이루어진 유사기술의 거래정보를 토대로 해당기술의 기술가치를 산정한다. 그러나 시장접근법에서는 특정기술이 유사기술과는 다른 독특한 무형자산임을 간과하는 단점이 있고 이는 특허의 상황 특히 두드러지는 단점으로 적용될수 있다. 또한 이 방법을 적용할 때 가장 큰 문제는 기술거래에 있어 거래 내용의 미공개 원칙이 통상적으로 적용되므로 기술거래 가격의 정보가 부족하다는 점이다.

2. 비용접근법

비용접근법은 사업화 단계까지 추가적인 기술개발이 필요한 초기단계 기술이나, 또는 아직 시장이 형성되지 않은 기술의 가치를 평가할 때 주로 적용하는 방법론이다.

비용접근법에 따라 기술가치를 평가할 때 주의하여야할 사항은 기술보유자의 입장이 아니라 해당 기술에 관심이 있는 상대방의 입장에서 비용을 평가해야한다는 점이다. 즉, 상대방이 해당 기술을 확보하는데 소요되는 기술개발투자비는 물론, 기술이 확보되는 시점까지 관련 사업을 전개하지 못하여 잃게 되는 기회비용까지 추가하여 기술가치를 평가해야 한다.

기술가치(비용접근법 = 기술개발 투자비 + 기회비용

다만 비용접근법은 해당기술의 사업화로 인해 얻을수 있는 미래가치를 반영하지 못한다는 한계점을 지니고 있다.

3. 이익접근법

이익접근법은 수익접근법, 소득접근법이라고도 하는데 보유기술의 사업화를 통해 얻을 수 있는 미래의 현금흐름에 근거하여 해당 기술의 가치를 평가하는 방법으로 기술가치평가의 방법론 중에서 가장 대표적이라고 할수 있다. 이익접근법에 의한 기술가치평가를 하기 위해서는 우선 미래현금흐름을 현재가치화하고 그 합인 사업가치(NPV)를 구한 후, 기술기여도를 반영하면 된다. 기술기여도는 사업가치에서 기술의 비중, 즉 기술이 사업의 가치에 얼마나 기여하는가를 나타내는 것으로 결국 이익접근법에 의한 기술가치는 사업가치에 기술기여도를 곱함으로써 얻을수 있다.

기술가치(이익접근법) = 사업가치(NPV) X 기술기여도

이익접근법으로 기술가치평가를 하는 상황에 유의해야할 사항은 사업을 통해 얻어지는 예상 수익에 대한 현금흐름이 신뢰성 있게 분석되어야한다는 점이다. 사업의 미래 상황에 대한 분석이 엉성하면 결과적으로 의미없는 수가 산출될 수 있다.

제5절 특허가치분석 사례

질병관리본부(현재는 질병관리청)에서 SMART3 특허분석평가시스템을 활용하여 질병관리본부 보유 특허평가 및 분석을 시행하는 연구보고서를 발간한 바 있다. 해당 보고서는 질병관리본부 보유특허의 가치분석 및 기술이전 활성화 방안 연구를 위해 자체보유 특허 중 권리성, 기술성, 활용성 등을 기준으로 선별하여 우수 특허에 대한 기술이전 등을 추진하고자 하는 목적을 가지고 추진되었다.

SMART3 특허분석평가시스템을 활용하여 질병관리본부 보유 특허에 대한 1차 평가를 통해 우수특허 선별대상 목록(15건)을 특정한 후, 업계 전문가의 자문의견을 종

합하여 심층 가치평가 대상 특허 2건을 선정하였다.

* 우수특허 선별 산식

- 3(기본점수) + (권리성점수 × 0.66) + 기술성점수 + (활용성점수 × 1.33) + {(활용기업 수 / 등록 후 연차) × 30}

* 업계 전문가는 변리사, 기업인, 교수 등 다양한 분야의 인력을 활용하여 선정

1. 기술성 분석

대상기술의 적용될 수 있는 제품 분야에 대한 기술의 정의 및 개요, 기술개발 동향 및 경쟁(신규·대체)기술 현황, 경쟁기술 대비 기술수준(우위성, 혁신성, 차별성 등),대상기술의 활용성 및 파급효과 등을 분석·평가를 진행하였다. 주요 분석 순서는 아래와 같다.

(1) 기술성 분석시 현재 분석대상이 되는 특허기술 제품화에 대한 실현 가능성, 타당성을 먼저 점검하고 실현 가능성을 갖추려면 어떤 대안들이 있는지를 분석

(2) 기술적으로 불가능하면 새로운 아이디어가 있더라도 사업화가 어려울 수밖에 없음. 기술적으로 가능하다 해도 바로 시행하기보다 여러 대안 중 최적의 방법을 찾아 최대의 이익을 창출하도록 하는 것이 중요

(3) 기술성 분석은 경쟁성 분석과 기술환경분석 및 기술적 유용성으로 나누어짐. 먼저 기술환경분석은 대상기술을 중심으로 경쟁기술(유사기술 또는 기존기술), 신규·대체기술, 후방(소재 및 부품 등) 및 전방기술(SI, 조립, 완성 등) 등 주변기술환경을 조사하는 것. 또한 경쟁성 분석 및 기술적 유용성은 기술환경분석 결과에 근거하여 파악된 각 기술 특징을 토대로하며 대상기술의 장단점을 비교·분석하여 경쟁성과 기술적 유용성과 판단하는 과정

2. 권리성 분석

평가대상특허의 서지정보, 명세서에 기재된 기술정보, 권리범위, 선행기술정보 등에 대한 조사를 기반으로 권리 안정성, 권리범위의 광협, 제품적용 가능여부 등에 대한 분석을 수행하는 것을 말함. 분석의 대상이 되는 기술을 사업화할 상황에, 시장의 독점적 지위 확보가능성 및 경쟁으로부터 사업의 보호 강도가 어느 정도인지를 파악

하는 데 의의가 있음

(1) 권리성 분석에서는 우선 대상특허의 기본 서지정보(권리자, 법적상태, 존속기간, 패밀리출원, 권리자의 관련 지식재산포트폴리오 정보 등)를 파악하고, 특허 청구범위 및 명세서에 기재된 문언을 바탕으로 기술내용을 확정

(2) 특허출원일 전에 공개된 국내 특허, 해외 특허, 국내외 논문, 기타 문헌을 대상으로 선행기술조사를 수행하며 이를 바탕으로 특허권의 무효가능성과 권리범위 광협 등을 판단

(3) 특허 청구범위의 청구항에 기재된 구성요소를 나열하고, 이러한 구성요소가 제품에 적용가능한지 정밀하게 대비·조사하여 해당 특허기술이 기술이전에 의해 사업화될 제품을 보호할 수 있는지 판단하여야 함. 필요에 따라 청구항의 구성요소와 기술이전을 통해 사업화될 수 있는 제품을 도식화하여 대비(클레임 차트)함으로써 권리성의 수준을 판단

(4) 권리성 분석결과 특허권의 권리 안정성이 높고 권리범위가 넓으며 포트폴리오가 다양하고 명세서 기재가 적절하며 제품 적용성이 명료한 상황에, 수익접근법상 기술의 경제적 수명, 기술기여도, 할인율 등의 결정에 긍정적인 영향을 미칠 수 있으며 로열티공제법에서도 로열티를 조정하는 지표에 긍정적 영향을 미칠 수 있음

3. 시장성 분석

시장성 분석은 대상기술 적용제품이 속한 시장의 환경분석, 경쟁분석결과에 근거하여 적용제품의 시장경쟁력을 평가하는 것을 말함 대상기술이 속해 있는 산업의 특성 및 환경을 살펴보고, 시장구조·제품 현황·시장진입장벽·관련 정책 등을 분석하고 검토하며, 국내외 시장동향과 업체동향을 조사한 결과에 근거하여 시장경쟁력을 평가하는 것임. 이와 함께 시장경쟁력 분석결과에 근거하여 적용제품의 시장규모와 매출(혹은 시장점유) 추정에 사용할 정보를 제공함. 분석내용은 시장환경분석과 시장경쟁분석으로 구성됨.

(1) 시장 환경 분석은 시장규모 예측과 시장진입 가능성에 대한 분석을 통해 전문가 의견을 제시하는 것을 말함

(가) 시장규모 예측은 시장조사나 계량분석 등 다양한 조사 결과를 종합하여 산업 전체 혹은 해당 제품의 목표시장 규모를 최근 자료와 미래 동향에 근거하여 그 추세를 예측하는 방식으로 수행

* 예측에 대한 신뢰성을 확보하기 위해서 최근 시장자료와 정보에 근거한 탐색적 예측 방법과 해당 제품 시장의 전망에 대한 전문가 의견을 종합하여 적용

(나) 시장진입 가능성은 대상기술 적용제품의 진입과 관련하여 장애요인과 장려요인 등에 대한 전문가 의견을 제시하는 것임. 시장진입 가능성 수준을 판단하기 위해서 규모의 경제, 제품의 차별화, 소요자본, 제도적 요인 등을 고려함. 분석결과의 객관성을 확보하기 위해서 대상기술 적용제품의 시장조사 분석 자료 혹은 외부 전문기관의 시장조사 분석보고서 등을 활용

(2) 시장경쟁분석은 시장 경쟁구조와 시장지위 확보 가능성 분석 및 전문가 의견 제시로 이루어지며 경쟁업체·제품, 경쟁자의 지위(대기업 또는 중소기업), 경쟁자의 지배력 순으로 분석을 통해 기술사업화 기회와 제한점에 대한 의견을 제시

(가) 시장에서 경쟁기업과 경쟁제품을 선정하여 비교·분석한 후 대상기술 적용제품의 경쟁력이 상대적으로 높으면 시장에서 우월적 지위를 확보할 가능성이 증가한다고 판단함. 즉, 대상기술 적용제품이 시장진입 후 일정기간 확보 가능한 시장점유율에 대한 의견을 제시하는 것임.

4. 사업성 분석

대상기술을 이용하여 사업화를 추진하는 주체(사업주체)의 사업화 기반역량, 생산 및 영업능력 등 경영요인을 고려하여 대상기술 제품의 가격 및 품질경쟁력, 매출전망 등 사업전망 전반에 관하여 분석

(1) 사업성 분석은 대상기술에 대한 기술성 분석과 권리성 분석, 시장성 분석에 기반하여 사업화에 의한 수익 창출 가능성을 판단하기 위한 것

* 사업성 분석결과는 사업주체 또는 사업모델에 따라 달라질 수 있음

(2) 사업성 분석에서는 사업화 기반역량, 제품의 가격 및 품질 경쟁력, 사업화 투

자규모 등의 분석에 근거하여 일정기간 매출규모를 추정

(가) 사업화 기반역량 분석에서는 대상기술을 사업화하고자 하는 주체가 보유하고 있거나 계획 중인 기술개발 역량, 생산 역량, 마케팅 역량, 전문인력 역량 등 인적 및 물적 사업화 기반역량을 체계적으로 파악

(나) 제품 경쟁력 분석에서는 대상기술 제품의 구체적인 기능과 특성을 분석함과 동시에 가격 경쟁력, 품질 경쟁력, 기타 경쟁력 등의 측면에서 해당 시장에서 비교우위를 확보하게 해주는 경쟁력 속성을 종합적으로 파악

(다) 매출액 추정에서는 대상기술 제품이 현재 해당 시장에서 확보할 수 있는 시장점유율을 파악하고, 미래 목표시장에서의 매출확보 가능성을 예측함.

* 사업성 분석에는 광의적으로는 평가요인의 정성분석과 현금흐름 산출의 정량분석이 모두 포함됨.

제6절 기업의 특허가치분석과 재무비율 분석 사례

기업의 특허가치분석과 재무비율을 모두 분석한 사례는 찾아보기 어려웠다. 따라서 앞서 특허가치분석 사례를 실제로 찾아보았으므로 본 주제에서는 재무비율 분석 사례를 찾아보았다. 재무비율 분석 사례는 실제 회계분야가 아니어도 다양한 분야에서 쓰이고 있었으며 그중 한국 복식학회에 발표된 재무비율을 중심으로 한 패션기업의 경영성과 특성 논문 중심으로 사례를 구성하게 되었다.

해당 연구에서는 패션기업의 2012~2016년 재무자료를 먼저 수집하였고, 이에 대한 비교군으로 제조업체 자료를 수집하였다. 패션기업의 자료는 한국표준산업분류에 따라 의복, 의복액세서리 및 모피 제품제조업과 가죽, 가방 및 신발 제조업으로 분류된 패션기업으로서 이 중 해당 기간의 재무자료 확보가 가능한 의류업체 117개, 패션잡화업체 40개 등 총 157개 기업을 대상으로 하였다. 그 결과, 패션업체들은 총자산증가율 6.34%, 유동자산증가율 7.23%, 자기자본증가율 8.42%, 매출액증가율 4.14%로 제조업의 총자산증가율 4.45%, 유동자산증가율 3.67%, 자기자본증가율 7.47%, 매출액증가율 0.04%보다 높아 패션업계의 성장세는 양호한 것으로 나타났다.

그러나 년도 별 추이를 보면, 최근으로 올수록 전반적으로 패션업체와 제조업체 모두 성장률이 하락하는 추세를 띠어 성장 속도가 떨어지고 있음을 알 수 있다. 이는 같은 기간 우리나라 경제성장률이 2012년 2.3%, 2013년, 2.9% 2014년 3.3%2015년 2.8%(The Bank of Korea, http://ecos.bok.or.kr)로 큰 변화가 없었던 것과 비교해 보면 패션업계의 성장세 하락은 경제 전반에 비해 더욱뚜렷한 것으로 보인다. 성장성 지표 중 특히 외형적 신장세를 나타내는 매출액증가율의 상황에는, 패션업체는 2014년과 2015년 각각 2.38%, 2.34%를 기록하고 제조업체는 이보다 더 낮은 증가율을 보여패션업체와 제조업체 모두 경제성장률에도 못 미치는 미미한 성장을 하고 있음을 알 수 있다.

제7절 요약 및 결론

특허가치분석과 관련하여 선행연구 분석부터 특허 관련된 회계기준으로 무형자산의 정의부터 인식, 측정, 손상 등 전 범위에 대해 알아봤으며 특허가치분석, 특허의 회계처리, 특허와 기술거래 금액 및 특허가치의 결정요인 등에 대한 연구 결과와 사례를 다루었다.

앞선 연구자들의 연구와 사례들을 찾아본 결과 대학의 기술이전 사업화 예산의 절반이상을 차지하는 지식재산권 관리에 있어 종전 비용 중심의 일괄 관리에서 실용화 가능성이 높은 특허 집중관리 전략 요소를 제시한 연구도 있었고, 특허가치 결정요인을 분석하기 위해 국내외 특허가치평가 모형 15개를 분석하였고, 특허가치에 유의미한 영향을 주는 특허요인들을 도출한 연구도 있었다. 또한 질병관리본부에서는 SMART3 특허분석평가시스템을 활용하여 질병관리본부 보유 특허에 대한 평가를 시행하였고, 우수특허 선별대상 목록을 특정한 후, 업계 전문가의 자문의견을 종합하여 심층 가치평가 대상 특허를 선정하기도 하였으며, 특허권 및 연구개발 관련 지출에 대한 자본화 혹은 비용화 회계처리, 그리고 이들의 상호작용이 경제적 부가가치에 미치는 영향을 규명하기 위해 특허권이 재무상태표에 표시된 284개 기업을 표본으로 선정하였고, 특허권 보유액이 많을수록 경제적 부가가치에 긍정적인 영향을 미치는 것으로 나타난 연구 또한 있었다.

이러한 연구들을 통해 특허가치 분석과 재무분석을 모두 살펴보며 특허가치에 대한 제대로된 평가와 재무비율에 대한 분석이 경영활동에 있어 생각보다 큰 영향을 끼칠수 있다는 부분과 함께 경영성과 및 기업가치에도 직·간접적으로 영향을 주는 요소들임을 확인할 수 있었다.

참고문헌

한국회계기준원, "한국채택국제회계기준(K-IFRS) 제1038호 무형자산"

한국회계기준원, "일반기업회계기준 제11장 무형자산"

한국회계기준원, "중고기업회계기준", "중소기업회계기준 해설"

배기수(2021) "충청북도 강소기업의 특허권 가치분석과 기업 가치에 미치는 영향." 한국창업학회지 16.3, 177-191.

이창길(2023) "특허의 가치평가 요소와 기술의 특성 및 보유기관의 특성이 기술이전에 미치는 영향." 국내박사학위논문 충북대학교 대학원

지혜경(2017) 재무비율분석을 중심으로 한 패션기업의 경영성과 특성. 복식, 67(7), 103-117

조대명(2012) "특허가치 평가를 위한 기술기여도 산정 방법에 관한 연구." 국내박사학위논문, 한양대학교 대학원

고기영(2020) "질병관리본부 보유특허의 가치분석 및 기술이전 활성화 방안", 질병관리본부

서지성(2008) "무형자산성 지출의 회계처리방법에 따른 기업가치관련성", 국제회계연구 제24집, p.317-336

손수현 등(2017), "R&D생산성 향상을 위한 기술사업화", 한국외국어대학교 지식출판콘텐츠원

박미경 등(2021) "특허권과 연구개발 회계처리가 경제적 부가가치에 미치는 영향." 재무와회계정보저널 21.4, 1-23.

성태웅, 김다슬, 장종문, 박현우(2016) "특허가치 결정요인과 기술거래금액에 관한 실증분석." 기술혁신학회지 19.2, 254-279.

제 10 장

특허가치분석 사례 Ⅱ

제10장 특허가치분석 사례 II

제1절 특허가치분석 관련 선행연구

바이오산업은 기업의 연구개발(R&D)이 시장의 성패를 좌우할 수 있는 기술집약적 지식기반 산업으로, 전문인력의 중요성은 높은 반면 시장 진입시 요구되는 기술 대비 자원에 대한 의존도가 적다. 그러나 연구개발에 투자되는 비용이 많고 고위험 고수익(high-risk high-return) 산업에 해당하여 기술에 대한 중요성이 매우 크다. 특히 특허 출원을 통해 지식재산권을 보호하고 있으며 벤처 창업 기업의 경우 보유하고 있는 기술에 따라 기업의 가치가 결정되기도 한다. 이에 보유하고 있는 기술 즉 특허 등의 지식재산권이 미치는 영향이 매우 크다고 할 수 있다. 바이오 분야 특허(기술)가치평가는 여러 선행 논문에서 분석이 진행되었다.

중소기업의 유망기술 사업화 전략에 대한 연구 : 국내 바이오산업 특허를 중심으로(최선아)에서는 중소기업을 대상으로 정량적 기술예측 방법론을 활용하여 사업화 가능성이 높은 유망기술을 도출하고, 나아가 기술의 실제 수요 예측을 병행하여 사업화 애로요인을 해소할 수 있는 중소기업 관점의 사업화 방안을 제시하고자 하였다. 특히, 포스트 코로나 시대의 신성장 산업으로 각광받고 있는 바이오산업을 대상으로 산업의 복잡성 및 유기적 특성을 고려하여 기술공급자인 중소기업과 수요자인 대기업의 협력과 상생 관점에서 전략을 제시하였다. 바이오산업에서 중소기업의 사업화 전략을 제시하기 위해 4개의 분석을 진행하였으며, 한국 특허청(KIPO)에 중소기업이 출원한 특허 데이터 4,035건을 분석에 활용하였다. 첫 번째 분석은 사업화 가능성 분석으로수집된 특허 데이터에 대하여 사업화 가능성 판단에 큰 영향을 미치는 특허가치 평가지표를 분석하여 사업화 가능성을 사전에 판단하였고 두 번째 분석인 유망기술 토픽모델링 단계에서는 특허 초록(abstract)을 활용하여 바이오산업을 구성하는 세부 기술 토픽을 도출하고, 회귀분석을 수행하여 유망/쇠퇴 토픽을 파악하는 등 토픽의

트렌드 변화를 파악하였다. 세 번째 분석인 기술수요 예측 단계에 서는 Bass 확산모형을 이용하여 유망기술 후보군의 수요를 예측하였다. 유망 기술토픽을 대상으로 Bass 확산모형을 적용하여 2040년까지의 수요 확산을 살펴본 결과, 대부분의 기술토픽이 성장기에 위치하였음을 확인하였다. 분석의 마지막 단계에서는 토픽모델링을 통해 도출된 유망기술 후보군과 Bass확산모형을 통해 예측한 기술의 수요를 매트릭스로 구축하여 사업화 우선순위를 3순위까지 도출하였으며, 사업화 우선순위를 토대로 바이오산업에서 중소기업이 상생과 협력 관점에서 취할 수 있는 사업화 전략을 제시하였다. 코로나19로 인한 급격한 산업환경 변화에 유연하게 대처할 수 있는 중소기업을 대상으로 보유 기술에 근거한 사업화 전략을 제시한 실증연구라는 점과 바이오산업 생태계의 복잡성을 고려하여 중소기업과 대기업의 산-산 협력을 촉진하기 위한 사업화 방안을 특허 데이터를 활용하여 제시하였다는 점에서 의의가 있다.

국내 제약·바이오기업들의 제휴가 기업의 시장가치에 미치는 영향(권해순, 이희상)에서 국내 유가증권시장(KOSPI 및 KOSDAQ)에 상장된 106개의 제약·바이오기업을 대상으로 사건연구방법론(Event study methodology)을 이용하여 제휴 체결이 기업의 시장가치에 미치는 향을 연구하였다. 연구 결과, 국내 제약·바이오산업에서 모든 제휴가 기업의 시장가치에 유의미한 영향을 주지는 않았지만 제휴 유형에 따른 분석에서 기술력이 제휴체결의 주요인으로 작용하는 연구개발 제휴는 기업의 시장 가치에 긍정적인 영향을 주는 것으로 나타났다. 연구개발 제휴중에서는 기술 이전 제휴, 특히 개발기술 이전 제휴가 기업 가치에 더 긍정적인 영향을 주었다. 이는 제휴 유형별로 차별화된 평가를 받는다는 것으로 해석되었다. 한편, 제휴 체결이 기업가치에 반영되는 시점을 확인한 결과, 내부 정부 유출로 제휴공시 전 주가 상승 가능성이 높다는 것을 확인하였다. 이는 국내 제약·바이오산업 내 제휴와 관련하여 사전정보유출 가능성이 높다고 해석된다. 본 연구는 국내 제약·바이오 기업의 가치 창출을 위해 제휴의 방향을 모색하는 경영자들과 실무자들에게 제휴의 효과를 실증적으로 입증해 주었다.

바이오신약 무형자산 가치평가 : 로열티공제법을 중심으로(정우연, 김종일)에서는 공공영역을 중심으로 이미 개발된 기술의 이전을 통한 사업화가 매우 중요한 이슈로 떠오르면서 기술이전을 위해서는 공정하고 객관적인 기술의 가치평가가 필요하게 되어 국가 연구개발 사업을 통해 개발된 결과가 조속하게 사업화로 연결되도록 기술가치의 가이드라인을 기술수요자와 공급자에게 객관적으로 제시함으로써 기술의 이전을 통한 사업화를 촉진할 수 있어 바이오 기술사례를 통하여 바이오 기술가치평가를 실무적 관점에서 살펴보았다. 여기에서는 로열티공제법(RR)을 이용하여 최종기술의 가치를 산출하였다. 기업의 요청에 따라 임상1상 통과 후 기술을 이전하는 것으로 가정하였으며, 로열티공제법에 따라 평가하였다.

코스닥 기술특례상장 바이오기업의 가치평가 연구(장호희)에서는 바이오기업이 기술특례제도를 통해 코스닥 시장에 신규상장을 추진하는 과정에서 일반적으로 사용되고 있는 기업가치 평가 방법의 문제점을 파악하고, 사례기업 분석을 통해 실무적으로 이용되고 있는 바이오산업 특성을 고려한 가치평가 방법으로 rNPV(risk-adjusted Net Present Value)법을 소개하였다. 신규상장과정에서 널리 사용되고 있는 상대가치 평가방법은 유사회사의 주가 기준으로 산출한 상대가치 배수를 적용하여 분석대상 기업의 미래 순이익을 추정하는데, 매출액이 없는 바이오기업은 미래 순이익 추정시 기술이전으로부터 발생할 수 있는 기술료 수익 산출과정이 필수적이고 대부분 현금흐름할인법에 의한 NPV 산출 방법을 활용하였다. 하지만 바이오기업의 가치평가는 신약개발의 임상성공률, 개발기간, 개발비용 등 불확실한 요소들에 대한 분석결과를 투입변수로 활용해야 하는데 rNPV 방법은 신약개발 과정에서 임상단계를 반드시 통과해야만 상용화가 가능한 바이오산업의 특수성을 반영한 평가방법이다. 사례기업으로 ㈜박셀바이오를 선정하여, 신규상장시 채택한 rNPV 방법을 통한 가치평가 과정을 분석하였다. 각 파이프라인의 임상성공률 적용은 기업가치 평가가액에 영향을 주었고, 특정 파이프라인의 임상시험 실패를 가정하였을 때 기업가치의 평가가액이 가장 낮음을 확인할 수 있었다. 아직은 rNPV 방법을 적용한 바이오기업의 사례가 적고, 적용한 기간이 짧아 이 방법의 성공여부를 판단하기는 어렵지만 향후 더 많은 바이오기업의 가치를 평가하는데 유용하게 활용될 수 있다. 이 논문에서 소개하는 rNPV 방법은 바이오기업의 공정한 가치평가에 일조하여 장기적으로는 건전하고 올바른 바이오산업 육성에 기여할 수 있다고 이야기 하고 있다.

사업결합에 따른 바이오 신약 기술의 가치평가 : 옵션반영 DCF를 중심으로(정우연, 김종일)은 바이오기술을 중심으로 한 기술중심형 중소벤처기업은 보유하고 있는 자산이 유형자산보다는 기술중심의 무형자산이 대부분이므로 보유 기술에 대한 가치평가를 통하여 투융자의 기회가 연결될 수 있어 바이오기술에 대한 공정한 가치평가는 매우 중요하다고 이야기하고 있다. 이에 바이오 기술의 가치평가 사례연구를 통하여 현재 실무적 기술가치평가 절파와 바이오기술의 특징을 반영한 방법론을 살펴보았고 바이오 기술에 대하여 기술성, 권리성, 시장성, 사업성에 대해 분석하였으며 기존에 많이 활용되고 있는 현금흐름할인법(DCF)에 옵션의 개념을 반영한 옵션반영 DCF를 활용하였다. 옵션반영 DCF는 의사결정트리에 옵션의 개념을 반영한 방법으로 단계별 개발이 요구되는 신약개발 분야에 많이 활용되고 있다고 이야기 하였다.

바이오 제약산업 r-NPV 기술가치평가법 개선 모형 도출(우종학)에서는 바이오 제약회사의 질환별(Drug class), 유형별 성공률(Drug type) 개발 기간과 로열티 등 기술가치에 영향을 미치는 주요 요인을 알아보고자 하였고 이를 r-NPV 방법론에 적용하기 위해 개발 기간과 승인율을 이용하여 기술가치를 평가하는 변수 모형(Tool)을 제시하였다. r-NPV 가치평가모형은 Clinicaltrial.gov의 15만건과 Medtrack 거래 데이터 10만건의 데이터베이스에서 매칭되는 데이터를 이용하였다. 이를 신물질 신약(NDA)과 바이오 신약(BLA)의 질환별, 의약품 유형별, 임상시험 단계별로 개발 기간과 성공률 및 승인율 등의 지표를 제시하였다.

의약품의 개발 기간은 2013년 이후가 가장 짧으며 1970년 이후 지속해서 단축되고 있는 경향임을 알 수 있었다. 이는 연구원의 임상시험 자질과 시스템적 관리능력의 향상으로 개발 기간이 단축되는 것으로 파악되었다. 그리고 의약품의 임상 단계별 성공률도 상승하고 있다는 것을 알 수 있었다. 신물질 신약과 바이오 신약의 전반적인 개발 프로세스는 동일하지만 발견(Discovery) 단계의 원료물질 차이로 최적화와 생산 과정에 차이가 있는데 이러한 이유로 바이오 신약이 신물질 신약보다 개발 기간이 더 소요되는 것으로 밝혀졌다. 또한, 의약품 유형별로 개발 기간과 성공률이 다르다는 것을 알 수 있었고 이를 토대로 신물질 신약과 바이오 신약의 질환별 개발 기간을 추가 산정하여 더 세분화된 r-NPV 변수 모형을 도출하였다.

제2절 특허관련 회계기준

일반기업회계기준에서는 무형자산이 분리가능하지 않더라도 다른 방법으로 무형자산을 식별할 수 있는 경우가 있는데 예로, 제조설비를 제조공정에 대한 특허권과 함께 일괄취득한 경우에는 그 특허권은 분리가능하지는 않지만 식별가능하다. 또한, 어떤 자산이 다른 자산과 결합해야만 미래경제적효익을 창출하는 경우에도 그 자산으로부터 유입되는 미래경제적효익을 확인할 수 있다면 그 자산은 식별가능하다라고 하고 있다. 또한 기업은 경제적 자원을 사용하거나 부채를 부담하여 과학적 또는 기술적 지식, 새로운 공정이나 시스템의 설계와 실행, 라이선스, 지적재산권, 시장에 대한 지식과 상표권(상표명 및 출판권 포함)등의 무형자원을 취득, 개발, 유지 또는 개선한다라고 하고 있다.

제3절 재무비율분석

재무비율분석이란 재무제표 항목들 사이의 비율을 경제적 의미를 갖도록 산출하여 기업의 재무상태와 경영성과를 분석하는 전통적인 경영분석방법이다. 이미 공시된 재무제표를 기초로 분석하는 것이므로 자료를 얻기가 쉽고 분석에 필요한 전문지식이 까다롭지 않으면서 충분히 유용한 정보를 제공한다. 또한 기업의 이해관계자들에게 기업의 수익성, 위험 등을 종합적으로 판단할 수 있는 정보를 제공하며, 금융기관의 대출의사결정, 신용평가기관의 계량적 기업분석에 사용된다.

재무비율에는 안정성비율, 수익성비율, 성장성비율, 활동성비율이 있다.

1) 안정성 비율

안정성 비율은 기업의 장.단기부채 지급능력을 파악하며 유동비율, 당좌비율, 부채비율, 차입금의존도 및 이자보상비율로 분석한다. 단기 안정성을 분석할 때는 유동비율과 당좌비율을 활용하며 장기 안정성은 기업의 장기안정성인 장기채무에 대한 원금과 이자를 원활하게 지급할 수 있는지를 판단하는 지표로 자기 자본비율, 부채비율 등을 검토하여 분석한다.

2) 활동성 비율

활동성 비율은 기업의 자산이용의 효율성을 측정하며 총 자산회전율, 매출채권회전율, 재고자산회전율 및 매입채무회전율로 분석한다.

3) 수익성 비율

수익성 비율은 기업의 자산 이용의 효율성 및 이익창출능력을 평가하며 매출액이익률, 매출액순이익률, ROA 및 ROE로 분석한다.

① 매출액 대비 수익성

매출액 대비 수익성이란 기업이 발생시킨 매출(수익) 중 얼마를 남기고 있는지에 대한 지표로 마진의 개념으로 생각할 수 있다. 기업의 규모가 다른 경쟁기업 간 수익성을 비교할 때, 영업이익 크기만으로 비교하면 규모의 효과를 무시하게 될 수 있으므로 수익성 비율을 통해 비교한다.

- 매출 총 이익률 : 매출총이익을 매출액으로 나눈 비율
- 매출액영업이익률 : 영업이익을 매출액으로 나눈 비율
- 매출액순이익률 : 당기순이익을 매출액으로 나눈 비율

② 자본 수익성

자본수익성이란 주주 또는 채권자가 투자한 자본으로 어느 정도의 수익을 창출했는지를 판단하는 지표로, 투자의 효율성과 투자성과를 파악할 수 있다.

- 총 자산순이익률 : 당기순이익을 총자산으로 나눈 비율
- 자기 자본순이익률 : 당기순이익을 자기 자본으로 나눈 비율

③ ROE와 ROA

기업은 이익이 많이 날 것 같은 사업을 물색하여 목표사업을 결정한다. 이를 통해

ROA(Return On Asset)를 결정하고 레버리지(Leverage)를 사용하여 ROE(Return On Equity)를 결정한다. 즉 부채를 사용하는 재무레버리지 효과를 통해 주주의 수익(ROE)를 극대화 하는 것이다.

4) 성장성 비율

성장성 비율은 기업의 규모 및 수익창출능력의 추세를 검토하며 총 자산증가율, 매출액증가율, 영업이익증가율 및 당기순이익증가율로 분석한다. 포괄손익계산서를 통해 매출액, 영업이익, 순이익의 전기 대비 증가율을 쉽게 계산할 수 있다.

성장성지표는 과거를 반영하는 재무제표의 단점을 보완하며, 기업의 가치는 향후 미래 성장성에 대한 기대가치의 현가라는 가정하여 중요한 지표 중 하나가 된다. 성장성 지표에서 매출성장이 중요한 이유는 시장성장률보다 높은 매출성장은 시장점유율(지배력) 확대를 의미하며, 총 자산증가율은 성장지표로 적절하지 않다.

① 매출액 증가율 : 당기매출액에서 전기매출액을 뺀 이익을 전기매출액으로 나눈 비율이다.

② 영업이익증가율 : 영업이익증가율은 당기영업이익에서 전기영업이익을 뺀 이익을 전기영업이익으로 나눈 비율을 말한다.

③ 순이익증가율 : 순이익증가율은 당기순이익에서 전기순이익을 뺀 이익을 전기순이익으로 나눈 비율을 말한다.

5) 재무비율 분석의 한계점

비율분석의 기초가 되는 재무제표 등의 자료가 정확하고 신뢰성이 있어야 한다. 비율은 그 자체로는 의미를 가질 수 없으며 동일기업의 과거비율, 동일산업 내의 경쟁기업 또는 산업평균비율 및 사전에 설정한 기준비율과 비교하여 분석할 때 의미를 지닌다.

제4절 특허 회계처리 사례

기업회계기준에서는 특허권, 실용신안권, 의장권 및 상표권 등의 무형자산을 산업재산권이라는 단일과목으로 통합하여 표시하도록 규정하고 있다. 그러나 실무적으로는 별도의 계정으로 기록, 관리하다가 결산기말에 이들을 통합하여 공시하는 것이 좋을 것이다. 특히 벤처기업의 경우에는 활발한 기술개발에 따라 특허권 등을 다양하게 획득하고 있고 세법상 내용연수도 각기 다르므로 별도의 계정으로 구분하여 기록하는 것이 편리하다.

(1) 특허권의 회계처리

1) 특허권의 취득

특허권은 스스로 창작하여 특허출원함으로써 취득하는 경우와 타인으로부터 양수하는 경우가 있다.

① 자기의 창작에 의한 취득

특허권을 스스로 창작하여 취득하려면 장기간의 개발 과정이 필요하게된다. 이미 설명한 바와 같이 경상적으로 지출하는 개발비는 경상개발비라는 과목으로 당기 판매관리비로 계상하여야 하고, 비경상적이며 개별적으로 식별가능하고 미래의 경제적 효익을 기대할 수 있는 비용은 개발비라는 무형자산의 과목으로 계상되어 축적된다. 개발활동의 결과 특허를 출원하여 특허권을 획득했다면 취득시까지 미상각된 개발비는 특허권의 취득원가로 대체된다. 그리고 그 이후부터는 특허권의 상각방법에 따라 비용화된다. 또한 특허권을 취득하기 위해서는 특허의 출원 및 특허권의 등록에 소요된 비용, 변리사 수수료 등이 발생한다. 이러한 비용은 선급비용으로 계상한 후 특허권을 획득한 때에 특허권의 취득원가로 대체한다. 그러나 많은 벤처기업들이 특허권을 출원할 때 들어가는 비용들을 바로 특허권으로 계상하거나, 특허를 출원하는 시점에 미상각개발비를 특허권으로 대체하는 오류를 저지른 경우가 많으므로 이에 유의해야 한다.

② 타인으로부터의 승계취득

특허권을 타인으로부터 승계취득하는 경우에는 매입가격과 그 부대비용을 취득원가로 계상한다. 또한 특허권을 영구히 취득하지 않고 일정기간 동안 사용권을 취득한 경우에도 매입가격과 그 부대비용을 취득원가로 계상한다. 그러나 특허권을 일정기간 동안 사용하기로 하고 그 대금의 전부를 일시에 지불하지 않고 분할 납부하는 조건인 경우에는 매기간별로 납부한 금액을 특허권 사용료라는 과목으로 비용처리해야 한다.

(2) 특허권의 상각

특허법에서는 특허권의 존속기간을 20년으로 하고 있고, 기업회계기준에서는 무형자산에 대하여 합리적인 기간동안 상각하되 관계법령이나 계약에 의해 정해진 경우를 제외하고 20년을 초과하지 못하도록 되어 있으므로 특허권의 내용연수는 최장 20년이다. 특허권의 상각방법은 정액법, 체감잔액법(정률법 등), 연수합계법, 생산량비례법 등 중에서 선택하여 적용하되 합리적인 상각방법을 정할 수 없는 경우에는 정액법을 사용하여 상각한다. 특허권의 상각액은 그 특허권의 내용에 따라 제조활동에 관련된 것을 제조경비로 처리하고, 판매활동 및 관리부문에 관련된 것은 판매비와 관리비로 처리한다. 한편 특허권을 사용하는 과정에서 기술의 진보로 더 이상 특허권이 가치를 지니지 못한다고 판단될 때에는 특허권 미상각잔액 전부를 일시에 상각해야 한다. 이 때 특허권의 일시상각비는 중요성에 따라 영업외비용 또는 특별손실로 처리하면 될 것이다.

3) 기타 특허권 관련 회계처리

① 특허권사용료 (Royalty)

특허권사용료의 결정은 ① 생산량에 비례하여 결정되는 방식, ② 매출액에 비례하여 결정되는 방식, ③ 매기 일정액으로 고정되어 있는 방식 등이 있다. 어떤 방식이든 특허권사용료는 발생시에 비용으로 처리한다. 이 때 당해 특허권이 제품의 제조와 관련된 것이라면 특허권사용료를 제조원가로 판매 또는 일반관리활동과 관련된 것이라면 특허권사용료를 판매관리비로 처리하면 된다.

② 특허권취득 후의 지출

특허권 취득 후에도 특허권과 관련하여 소송비등 여러 가지 지출이 발생한다. 이때 특허권의 가치를 증가시키거나 내용연수를 연장시키는 자본적지출을 특허권 원가에 산입하고, 원상을 회복하거나 능률 유지를위한 수익적지출을 당기비용으로 처리한다. 특허권과 관련하여 심판청구나 소송시에 발생한 비용도 위의 기준에 따라 처리하여야 하나, 일반적으로 쟁송관련비용은 특허권 방어를 위한 수익적 지출이 많다.

③ 특허권의 양도 등

특허권을 양도하면 양도가액에서 미상각장부가액을 차감하여 처분손익을 인식하면 된다. 특허권을 대여한 때에는 매기 발생한 특허권 대여수익을 영업외수익으로 계산하고, 특허권은 계속 상각하여 영업외비용으로 계상한다.

4) 특허권의 세무처리

특허권의 범위나 취득에 관하여는 기업회계와 세무회계가 다르지 않다. 다만 취득 후 지출에 대하여 자본적 지출과 수익적 지출의 구분시 기업회계와 세무회계가 약간 다른 해석을 하 수 있으나 이는 사실관계에 따라 판단해야 할 문제이며, 실무적으로는 수익적 지출의 범위를 좁게 해석하는 것이 세무마찰을 피하는데 있어 유리할 것이다. 세법상 특허권의 내용연수는 10년이며, 정액법으로 상각하여 개인 자산별로 시부인 계산한다. 따라서 기업회계상 다른 내용연수로 상각하는 경우 세무조정이 필요하게 된다. 이러한 불편을 해소하기 위해서 회계상의 내용연수도 법인세법상의 내용연수인 10년을 동일하게 적용하는 것이 좋을 것이다.

(3) 실용신안권의 회계처리

1) 실용실안권의 취득

실용신안권은 실용신안법에 의해 등록되어 특정고안을 독립적·배타적으로 이용할 수 있는 권리이므로, 동법에 의하여 등록되었을 경우에만 실용신안권의 과목으로 처리할 수 있다. 실용신안권의 취득은 스스로의 창작에 의한 취득과 타인으로부터 구입에 의한 취득으로 나눌수 있다. 스스로 창작하기 위한 개발활동으로 발생한 비용은 무형자산인 개발비로 계산하다가 실용신안권을 취득하게 되면 미상각잔액 전액을 실용신안권에 대체한다.또한 실용신안 등록의 출원에서 등록이 완료되기까지 발생한 비용은 선급비용으로 처리하였다가 등록이 된 시점에 실용신안권계정에 대체한다. 한편, 실용신안권을 타인으로부터 승계취득한 경우에는 매입가격과 그 부대비용을 취득원가로 계상한다.

2) 실용실안권의 상각

실용신안법에서는 실용신안권의 존속기간을 15년으로 하고 있고, 기업회계기준에서는 무형자산의 내용연수를 관계법령이나 계약에 의해 정해진 경우를 제외하고 20년을 초과하지 못하도록 되어 있으므로 실용신안권의 내용연수는 최장 15년이다. 실용신안권의 생각방법은 정액법이며, 상각액은 그 내용에 따라 제조경비 또는 판매비와 관리비로 처리하면 된다.또한 실용신안권도 사용도중에 가치가 없다고 판단된 때는 미상각잔액 전부를 일시에 상각해야 한다.

(3) 실용신안권의 세무처리

실용신안권의 범위나 취득에 관하여도 기업회계와 세무회계가 다르지않다. 세법상 실용신안권의 내용연수는 5년이며, 정액법으로 상각하여 개인 자산별로 시부인계산한다. 따라서 기업회계상도 세법상의 내용연수인 5년을 준용하여 상각하는 것이 무방하리라 생각된다.

(4) 의장권의 회계처리

1) 의장권의 취득

의장이란 물품의 형상·모양이나 색채 및 이들의 결합으로서,의장의 창작활동은 기업회계상 개발활동에 속하지 않는다. 따라서 의장의 창작에 관련된 지출액은 발생즉시 비용으로 처리하고, 의장권을 획득할 가능성이 높은 경우에는 선급비용으로 계상하였다가 의장권을 등록한 시점에서 의장권 계정으로 대체하면 될 것이다. 또한 의장권을 외부에서 구입한 것이라면 그 구입가격과 부대비용을취득원가로 하여 의장권 계정으로 처리하면 된다.

2) 의장권의 상각

의장법에서는 의장권의 존속기간을 15년으로 하고 있으므로 기업회계기준상 의장권의 내용연수는 최장 15년이다.기타 의장권의 상각 등 관련 회계처리를 특허권, 실용신안권의 경우를 준용하여 회계처리하면 될 것이다.

(5) 의장권의 세무처리

의장권의 세무처리는 실용신안권의 경우와 같다.

(6) 상표권의 취득

세액공제는 법인세 산출세액에서 공제하는 것으로 그 만큼 납부할 금액을 줄여주는 효과가 있다. 정부는 기업의 연구개발활동을 촉진하기 위하여 조세특례제한법의 규정에 의해 연구 및 인력개발비에 대하여 법인세 또는 소득세를 공제해주고 있는데 그 내용은 다음과 같다.

1) 공제대상

상표권의 취득원가는 그 상표를 고안하는데 소요된 비용과 상표권의 등록에 소요된 비용으로 구성된다. 이렇게 상표의 고안과 상표의 등록으로 발생한 비용은 발생시 선급비용으로 계상하였다가 상표등록을 완료한 때에 상표권계정으로 대체하면 된다. 그러나 상표등록을 하지 못하였거나 상표등록을 할 계획이 없다면 상표의 고안 등에 소요된 금액은 발생 즉시 비용으로 처리하여야 한다.또한 한국전산원 등에 등록하는 도메인 명(URL)을 취득하는 소요

(7) 상표권의 세무처리

상표권의 세무처리도 실용신안권의 경우와 같다.

(8) 기술이전소득에 대한 세액감면

조세특례제한법에서는 특허권·실용신안권·기술비법의 양도·대여·제공으로인해 발생하는 기술이전소득에 대하여 소득세와 법인세를 감면하는 규정을 두고 있는 바 그 내용을 서술하기 전에 먼저 기술이전소득에 대한 소득세와 법인세의 과세체계를 설명하기로 하겠다.

1) 기술이전소득에 대한 세금 - 소득세

소득세법에서는 산업재산권,산업상기밀,상표권 등 권리의 양도로 발생하는 소득은 일시재산소득으로 과세하고 있으며, 동 권리의 대여로 발생하는 소득을 기타소득으로 과세하고 있다.

① 일시재산소득의 과세

일시재산소득은 총수입금액에서 이에 대응된 필요경비를 공제하여소득금액을 계산한 후 종합소득금액에 합산하여 종합소득세로 과세한다. 일시재산소득의 총수입금액은 일시재산소득의 합계액으로 한다.총수입 금액의 수입시기는 그 대금을 청산할 날이나, 대금청산전에 당해 자산을 인도하거나 사용·수익하는 경우에는 인도일 또는 사용·수익일로 한다. 일시재산소득의 필요경비는 총수입금액에 대응하여 실제 지출된 비용을 말한다.

다만 산업재산권,산업상기밀, 상표권 등 권리의 양도로 발생하는 소득은 필요경비가 확인되지 아니한 경우에도 양도가액의 80%를 필요경비로 인정한다. 예를 들어 개인이 특허권을 1억원에 양도하였는데 실제로 발생한 필요경비를 확인할 수 없다면, 1억원의 80%인 8천만원은 필요경비로 인정되므로 일시재산소득금액 2천만원이 종합소득금액에 합산되어 과세되는 것이다.

② 기타소득의 과세

기타소득도 총수입금액에서 이어 대응된 필요경비를 공제하여 소득금액을 계산하다. 기타소득은 원칙적으로 종합과세되나 기타소득금액의 연합계액이 3백만원 이하인 소득은 선택에 의하여 분리과세 또는 종합과세받을 수 있다. 기타소득에 대한 총수입금액의 수입시기는 그 지급을 받는 날로 한다. 기타소득의 필요경비는 총수입금액에 대응하여 실제로 지출된 비용을 말한다. 다만 산업재산권, 산업상기밀, 상표권 등 권리의 대여로 발생하는 소득으로서 필요경비가 확인되지 아니한 경우에도양도가액의 80%를 필요경비로 인정한다. 예를 들어 개인이 특허권을 대여하여 연간 1천만의 사용료를 받았다면 1천만원의 80%인 8백만원이 필요경비로 인정되어 기타소득금액은 2백만원이 된다. 이 경우 소득금액 3백만원 이하이므로 소득자의 선택에 의하여 2백만원의 10%(원래의 원천장수세율 20%에 후술하는 감면율 50%를 적용한 세율)인 20만원을 원천징수 분리과세하여 납세의무를 종결하든지, 아니면 기타 소득금액 2백만원을 종합소득에 합산하여 산출된 세액에서 원천징수된 20만원을 공제하여 납부할 수 있다.

2) 기술이전소득에 대한 세금 - 법인세

법인세는 순자산을 증가시키는 소득이면 모두 과세된다. 특허권 등 산업재산권의 양도로 인하여 발생하는 소득은 양도가액에서 미상각 잔액을 차감하여 계산되며, 특허권 등 산업재산권 및 기술비법의 제공으로 발생한 금액은 영업외수익으로 법인의 소득을 구성하게 된다.

(9) 기술이전소득에 대한 세액감면 - 감면대상 소득

① 특허권 또는 실용신안권의 등록을 한 내국기업이 특허권 등을 2005.12.31까지 양도 또는 대여함으로써 발생하는 소득

② 기술비법을 보유하고 있는 내국기업이 계약에 의하여 당해 기술비법을 2005.12.31까지 제공함으로써 발생하는 소득. 여기서 기술비법이라 함은 내국기업이 스스로 연구·개발한 것으로서 과학기술분야에 속하는 기술비법을 말하는데, 공업소유권, 해외건설촉진법에 의한 해외건설용역 및 엔지니어링기술진흥법에 의한 엔지니어링활동을 제외한다.

③ 기술이전촉진법 제2조 제1호의 규정에 의한 기술을 연구·개발한 내국인이 기술이전촉진법에 의한 한국기술거래소 등을 통하여 2005년 12월 31일까지 양도·대여 또는 제공함으로써 발생하는 소득이다

(10) 특허권 등의 취득에 대한 세액공제

내국인이 기술이전소득의 세액감면 규정의 적용대상인 특허권·실용신안권·기술비법 또는 기술을 2006.12.31까지 취득한 경우 취득금액의 3%(중소기업 7%)에 상당하는 금액을 당해 과세연도의 소득세 또는 법인세에서 공제받을 수 있다. 다만, 이 경우의 세액공제액은 당해 과세연도의 소득세 또는 법인세의 10%를 한도로 한다.

(11) 산업재산권과 부가가치세

부가가치세의 과세대상은 재화 및 용역의 공급과 재화의 수입이다. 여기서 재화라 함은 유체물과 무체물을 말하며, 유체물에는 상품·제품·원료·기계·건물과 기타 모든 유형적 물건을 포함하고, 무체물에는 동력·열과 기타 관리할 수 있는 자연력 및 권리 등으로서 재산적 가치가 있는 모든 것을 포함한다. 또한 부가가치세법상에서는 재화의 범위에 특허권·상표권 등과 같은 권리 등으로서 재산적 가치가 있는 유체물 이외의 모든 것을 포함하는 것으로 하고 있다. 부가가치세법상의 납세의무자는 영리목적의 유무에 불구하고 사업상 독립적으로 재화 또는 용역을 공급하는 자를 말하며, 납세의무자에는 개인·법인과 법인격 없는 사단·재단 기타 단체를 포함한다. 여기서 '사업상 독립적으로 재화 및 용역을 공급하는자'라 함은 부가가치를 창출해 낼 수 있는 정도의 사업형태를 갖추고 계속 반복적인 의사로 재화 또는 용역을 공급하는 자를 말한다. 따라서 벤처기업이 개인기업 또는 주식회사 형태로 사업을 영위하면서 그 사업에서 개발하여 등록한 산업재산권을 양도 또는 대여하는 경우에는 부가가치세의 과세대상이 된다. 다만 개인적으로 단순히 특허권 등 산업재산권만 보유하다가 양도한 경우에는 사업자로 보기 어려우므로 부가가치세가 과세되지 않는다.

제5절 특허가치분석 방법

(1) 기술 및 기술평가

1) 기술의 정의

「기술의 이전 및 사업화 촉진에 관한 법률」에서는 기술(Technology)에 대하여 다음과 같이 정의하고 있다. 「기술의 이전 및 사업화 촉진에 관한 법률」 제2조에서 기술이란 특허법 등 관련 법률에 따라 등록 또는 출원된 특허, 실용신안, 디자인, 반도체집적회로의 배치설계 및 소프트웨어 등 지식재산, 기술이 집적된 자본재, 기술에 관한 정보, 그 밖에 상기에 준하는 것으로서 대통령령으로 정하는 것('이전 및 사업화가 가능한 기술적·과학적 또는 산업적 노하우')이라고 하고 있고, 「지식재산기본법」 제3조에서는 지식재산과 지식재산권에 대하여 지식재산(Intellectual Property, IP)이란 인간의 창조적 활동 또는 경험 등에 의하여 창출되거나 발견된 지식·정보·기술, 사상이나 감정의 표현, 영업이나 물건의 표시, 생물의 품종이나 유전자원(遺傳資源), 그 밖에 무형적인 것으로서 재산적 가치가 실현될 수 있는 것을 의미한다. 즉, IP는 기술중에서도 고도의 창작성을 가지며 재산적 가치가 있는 것을 법이 정한 기준과 절차를 통해 재산적 권리로 인정받은 것을 말한다. 즉 지식재산권(Intellectual Property Right, IPR)이란 법령 또는 조약 등에 따라 인정되거나 보호되는 지식재산에 관한 권리이다.

지식재산은 국제지식재산권기구 등이나 법에서 명시적으로 정의되어 있을 뿐만 아니라 법적인 토대 위에 무형의 실체를 갖고 있음. 예를 들어, 특허권은 특허법상의 요건을 충족할 경우 특허등록은 물론 해당 특허권의 소유자는 법률을 통해 소유권이나 소유권에 수반된 제반 권리를 보호받을 수 있다. 따라서 궁극적으로 경제적인 가치로 표현될 수 있고, 이러한 가치의 귀속에 대해 명시화할 수 있다. 반면, 기술은 기술의 속성에 포함된 지식재산 부문을 제외하면 경제적 소유 주체, 대상기술의 법적 실체성 등의 측면에서 일부 불완전성을 보유하고 있다.

2) 기술평가의 정의

기술의 이전 및 사업화 촉진에 관한 법률」 제2조에서는 기술평가에 대하여 사업화를 통하여 발생할 수 있는 기술의 경제적 가치를 가액·등급 또는 점수 등으로 표현하는 것이라고 하고 있다. 기술평가의 범위는 넓지만 「기술평가기준 운영지침」 제1장 제2조에서 기술가치평가와 기술력 평가의 사전적 정의를 제시하고 있고, 「기술평가기준 운영지침」의 제4장(기술력 평가)과 제5장(기술가치평가)에서 보다 상세히 기술하고 있다.

(2) 기술가치평가의 목적과 가치

기술의 가치는 객관적이거나 절대적이지 않기 때문에 평가의 목적이나 상황에 따라 적절한 평가방법을 적용하여 추정해야 한다. 또한 기술가치평가는 기술거래, 현물출자, 투자·융자, 전략수립, 세무, 소송 및 청산 등 다양한 목적을 위해 수행될 수 있다.

[표 10-1] 기술가치평가의 목적과 용도

목 적	용 도
이전, 거래	기술의 매매, 라이선스 가격 결정
현물출자	기술 또는 지식재산권의 현물출자
금융	기술의 담보권 설정 또는 투자유치
전략	기업의 가치증진, 기술상품화, 분사, 장기 전략적 경영계획 수립
세무	기술의 기증, 처분, 상각을 위한 세무계획수립 및 세금 납부
소송	지식재산권 침해, 채무불이행, 기타 분쟁 관련과 연관된 소송수행
청산	기업의 차산 또는 구조조정에 따른 자산평가, 채무상환계획 수립
기타	특례상장 등

출처 : 배기수(2021), 음양오행 기술회계, 세학사

기술가치평가의 목적과 용도에 따라 평가방법, 평가절차, 평가내용 등을 다르게 적용할 수 있다. 기술가치평가 방법은 평가목적, 용도, 관련 자료의 활용 정도 등에 따라 시장접근법, 수익접근법, 원가접근법 등 다양한 방법 중 적절한 방법을 선택해야 하고 평가자들은 기술평가기관 내외부 규정, 실무 가이드 등을 참고하여 여러 가지 방법 중 대상기술의 평가에 적합한 방법을 선택해야 한다. 기술가치평가는 관련자 면담, 기업실사, 자료수집, 기술·권리·시장·사업 등에 관한 평가의견 작성, 기술가치 산정, 내부품질관리, 결과통보 등 평가에 필요한 제반과정을 모두 포함하여 수행되어야

하고 대상기술과 사업의 범위를 고려하여 충분한 자료의 수집 및 분석을 통해 신뢰성 있는 가치평가가이루어질 수 있도록 충분한 평가 기간이 주어져야 한다.

기술가치평가 보고서(이하 "평가보고서") 본문에는 기술성, 권리성, 시장성, 사업성 및 가치평가내용이 모두 포함되어야 하고 평가자는 기술자산의 사업화를 통해 창출할 경제적 수익과 내재된 위험을 공정하게 평가하여 기술가치의 과대 또는 과소 추정 가능성을 최소화해야 한다. 특허침해에 의한 손해액 산정일 경우, 침해자의 일실이익)이나 합리적 로열티 수입을 통해 추정할 수 있다.

3) 기술가치평가의 전제 및 가정

기술평가에서 전제 및 가정은 다음과 같다.

① 사업화 전제: 기술가치평가는 기술사업화를 전제로 함. 기술사업화의 목적은 대상기술을 구현한 제품 및 서비스를 통해 시장진입, 판매량 증대, 가격 인상, 생산비용 절감 등으로 경제적 수익을 창출하는 것임.

② 평가 시점 전제: 기술가치평가는 기술의 사업적 실현 가능성을 판단하는 단계에서 수행하는 것이 적절함. 즉, 사업화 단계 중 개발 단계(생산이나 사용 전의 시제품과 모형을 설계, 제작, 시험하는 단계) 이상의 완성도에 이른 기술을 대상으로 하는 것이 적절하고, 연구 단계에 있는 기술의 가치평가는 불확실성이 매우 높기 때문에 적절하지 않을 수 있음.

③ 사업타당성 전제: 기술가치평가는 기술의 사용에 따라 충분한 사업타당성이 있는 경우에 수행됨. 사업타당성은 대상기술에 대한 기술성 분석, 권리성 분석, 시장성 분석, 사업성 분석 등 평가요인 분석을 통하여 검증할 수 있음. 사업타당성을 검증하지 못한 상황에서 단순히 기술가치를 금액으로 정량화하는 것은 의미가 없고 평가결과의 신뢰성을 확보할 수 없음.

④ 실시원칙 및 기준: 기술가치평가는 객관성·전문성·신뢰성을 확보하도록 기술평가기준을 준수해야 하며, 기술 및 시장에 대한 심층분석에 근거하여 적절한 평가방법을 적용하여 수행되어야 함. 기술가치평가의 기준 시점은 평가보고서에 명시하며, 기준 시점을 고려하여 유효기간을 지정해야 함.

⑤ 평가조건의 설정 및 사용원칙 적용: 채택 가능성이 큰 조건을 설정하여 가장

효율적이고 효과적인 사용(Highest and best use) 원칙을 적용해야 함. 대상기술의 사용은 채택 가능성이 큰 활용 분야가 있는 경우, 과거 역사적인 사용 사례와 달리 적용될 수 있음. 이 원칙은 활용 분야가 다수인 경우 가장 높은 가치를 발생시킬 수 있는 분야에 적용한다는 것을 의미함(「기술평가기준 운영지침」 제10조).

⑥ 목적과 용도의 명시: 평가의 목적이나 용도에 따라 관점이나 고려되는 요인이 달라질 수 있고 기술가치평가 결과의 보고 형태도 달라질 수 있기 때문에 평가 전에 목적과 용도를 명시해야 함(「기술평가기준 운영지침」 제16조).

⑦ 평가의 범위, 가정 및 한계: 평가 과정에서 사용된 가정과 제한적인 조건 등을 분명하게 제시해야 함. 또한 미래에 경제 환경 및 시장수요가 급격하게 변하여 가치평가 과정에서 설정한 가정과 달라질 경우 산출된 평가결과에 큰 차이가 있을 수 있음을 명시해야 함(「기술평가기준 운영지침」 제17조).

4) 기술평가대상의 식별 및 범위

기술평가대상의 식별 및 범위는 다음과 같이 정하고 있다.

① 평가대상의 식별: 대상기술의 속성·구성·용도, 적용제품 등의 자산적 속성·지식재산권·사용권 등의 권리 관계, 대상기술 사업의 범위, 기타 속성 등을 확인하여 평가에 반영해야 함(「기술평가기준 운영 지침」 제11조).

② 대상기술: 기술평가는 1) 기술의 이전 및 사업화 촉진법 상의 기술, 2) '지식재산기본법' 등 관계 법령에 따라 보호되는 생물의 품종이나 유전자원, 3) 상기 1)과 2)를 제외한 '지식재산기본법'상 신지식재산(지식재산기본법 제3조 제1호)을 대상으로 함(「기술평가기준 운영지침」 제12조).

③ 대상기술의 확인: 평가자는 실태조사를 통하여 대상기술을 확인해야 함. 다만, 객관적이고 신뢰할 수 있는 자료를 충분히 확보할 수 있는 경우에는 실태조사를 생략할 수 있음(「기술평가기준 운영지침」 제15조)

(3) 기술가치평가의 방법

기술가치평가 방법은 「기술평가기준 운영지침」 제5장 제1절에 규정된 바와 같이 다양하게 존재하는데 일반적으로 시장접근법, 수익접근법, 원가접근법으로 구분할 수 있다. 시장접근법, 수익접근법, 원가접근법 등 세 가지의 기본적인 평가방법은 가치평가를 위한 전제가 상이하므로, 이 상이한 전제에 대한 이해를 토대로 적절한 기술가치평가 방법을 단수 또는 복수로 선택할 필요가 있다.

시장접근법의 경우, 활성 기술거래 시장이 존재한다는 가정하에 시장에서 생성된 거래사례, 로열티율 등이 신뢰할 만하거나, 경매 등 시장에서의 가격결정방식이 효율적으로 작동되는 경우에 사용할 수 있고, 수익접근법의 경우, 활성 기술거래 시장이 존재하지 않거나, 거래시장 자체가 정상적으로 작동하지는 않지만 대상기술을 사업화할 수 있는 시장이 존재하는 경우, 대상기술의 사업화를 전제로 기술가치를 추정하는 방식이다. 원가접근법의 경우, 활성기술거래 시장이 존재하지 않거나, 기술의 사업화를 위한 시장이 정상적으로 작동하지 않아, 수익접근법이나 시장접근법을 적용할 수 없는 경우에 사용할 수 있다. 또한, 다수의 대체기술이 존재하여 기술의 가치가 원가에서 기회비용, 진부화 금액을 고려한 수준을 초과하기 어렵다고 판단되거나, 기술의 완성도가 낮은 미성숙한 기술 등의 기술가치평가에 주로 이용된다.

기술가치평가는 평가목적 및 용도, 대상기술, 평가상황 등에 따라 평가방법이 달라질 수 있으며, 산업별 또는 용도별로 투입정보의 활용을 달리할 수 있다(「기술평가기준 운영지침」 제6장 제2절). 평가 시점에서 대상기술과 관련된 효율적인 기술거래시장의 존재 여부, 정상적 기술사업화 시장의 존재 여부, 수집 가능한 자료의 범위, 평가의 목적 및 용도 등을 종합적으로 고려하여 적절한 평가 방법을 선택해야 하고 평가 시점에서 요구되는 가치평가 투입변수의 견고성을 고려하여 가장 적절한 평가방법을 적용해야 한다.

기술평가기준 등에서는 평가결과의 합리성과 객관성을 담보하기 위해 단일 평가방법보다는 복수의 평가방법을 사용할 것을 권고하고 있다(「기술평가기준 운영지침」 제48조). 기술가치평가 방법은 기술의 완성도(TRL 단계)에 따라 달리 선택할 수 있다. 기술의 완성도가 높아질수록 내재된 불확실성(위험)이 감소되기 때문에 가치산출의 정확도가 높아질 수 있다.

1) 시장접근법

시장접근법은 대상기술과 동일 또는 유사한 기술이 활성시장에서 거래된 사례에 근거하여 대상기술과 거래사례의 비교·분석을 통하여 상대적인 가치를 산정하는 방법이다(「기술평가기준 운영지침」 제37조). 실제 시장에서의 거래사례에 근거하여 대상기술의 가치를 추정하는 방법이므로 시장거래사례비교법 이라고도 하고 실제 시장에서의 거래사례란 독립적인 제3자의 입장에서 공정한 거래로서 비교할 수 있거나 기준이 될 수 있는 기술의 거래를 의미한다.

시장에서 동일기술 혹은 유사기술에 대한 거래사례가 없을 경우에는 적용할 수 없고, 거래사례가 매우 적은 경우에는 적용이 제한적이며 가치를 산출하는 데 객관성을 확보하기 어렵다. 시장거래사례비교법을 사용하기 위해서는 대상기술의 속성과 동일 혹은 유사한 기술의 거래사례 정보가 있어야 한다. 즉 거래조건, 기술의 차별성(속성), 기술의 완성도, 특허 등 지식재산권 현황을 비롯하여 기술 활용 분야 및 지리적 영향 범위 등과 같은 비교가능한 정보가 있어야 한다. 거래사례에서 사례기술과 대상기술의 차이를 조정하여 적정가치를 산출할 수 있으며, 사례기술과 대상 기술의 차이에 대한 분석근거가 제시되어야 한다. 또한 거래사례와 비교정보를 수집할 수 있다 해도 대상기술의 차별화된 특성을 반영하기 위한 조정이 어려운 경우에는 다른 평가방법을 활용하는 것이 적절하다.

시장접근법의 평가방법은 대상기술과 동일 또는 유사한 기술이 활성시장에서 거래된 정보 및 통계에 근거하여 대상기술과 거례사례의 비교·분석을 통하여 상대적인 가치를 산정하는 방법으로서 대상기술과 유의한차이가 있을 때에는 차이를 적절히 조정해야 한다.

시장접근법의 전제조건은 다음과 같다.

① 비교 가능한 기술의 활발한 거래시장이 존재해야 함.

② 비교 가능한 기술의 과거 거래실적이 존재해야 함.

③ 거래정보에 접근 가능해야 함.

④ 거래 당사자가 자유의사에 의해 거래하는 시장의 특성을 가져야 함.

⑤ 기술을 비교할 수 있으려면 우선 기술 또는 제품이 동일하거나 유사해야 함.

⑥ 수익성, 시장점유율, 신기술의 영향, 시장 신규 참여에 대한 장벽, 법의 보호범

위, 경제적 수명기간 등에서도 조건이 유사해야 함.

독립적인 당사자들 사이에서 발생하는 공정한 거래를 반영하는 것이 시장이고, 이러한 시장이 기술의 가치를 가장 잘 반영하기 때문에 기술평가 시에 시장접근법을 우선 적용해야 한다. 기술시장이 일반적인 상품시장과는 달리 기술제공자의 의지에 따라 움직이는 판매자 위주의 시장(Seller's market)이라는 점에서 시장접근법은 실질적으로 평가 자료를 경쟁관점에서 비교하기가 어렵다는 문제가 있다. 또한 기술거래 및 거래조건이 공개되지 않는 것이 일반적이어서 시장접근법을 적용할 때는 비교 가능성의 문제가 상존하고 있다.

2) 수익접근법(기술요소법)

기술요소법 기반의 수익접근법(이하 "수익접근법")은 대상기술의 경제적 수명기간 동안 기술사업화를 통해 발생할 미래 경제적 이익을 적정 할인율을 적용하여 현재가치로 환산하는 방법이다(「기술평가기준 운영지침」 제38조).

수익접근법으로 기술가치를 산정하기 위해서는 기술의 경제적 수명, 현금흐름, 할인율, 기술기여도 등의 합리적 추정이 필요하고 적용하기 위해서는 다음과 같은 자료가 추정되어야 한다.

① 현금흐름 추정기간

② 예상 매출액

③ 예상 (세후)영업이익

④ 유무형 자산에 대한 투자 규모, 감가상각비, 운전자본 등

⑤ 할인율

⑥ 기술기여도

수익접근법을 적용하여 추정되는 기술의 가치는 기술의 경제적 수명기간 동안 대상기술의 사업화로 인해 창출되는 현금흐름이 기반이 되며 가치산출에 필요한 모든 투입정보에 대한 추정근거가 반드시 제시되어야 한다.

수익접근법의 평가방법은 대상기술의 미래 경제적 이익 창출 능력에 초점을 두고

미래의 경제적 이익을 현재가치로 환산하는 방법으로서 현금흐름 추정기간, 매출액 등의 현금흐름, 할인율, 기술기여도 등의 추정이 필요하다.

수익접근법에서는 가치에 영향을 미치는 주요 평가요소들의 추정 근거가 분명하고 타당해야 한다. 주요 평가요소들은 기술의 경제적 수명(현금흐름 추정기간), 현금흐름(매출액, 매출원가, 판매관리비, 법인세, 자본적지출, 감가상각비, 순운전자본증감 등), 할인율, 기술기여도 등이고, 다른 평가방법에서도 이와 유사한 평가요소의 추정이 필요하지만, 수익접근법은 주요 평가요소들에 관한 구체적이고 개별적인 접근이 필요하다.

수익접근법 중 현금흐름할인법(DCF)을 사용한 기술가치평가 산식은 다음과 같다.

$$V_T = \left(\sum_{t=1}^{n} \frac{CF_t}{(1+r)^t} \right) \times \text{기술기여도}$$

- n: 대상기술의 경제적 수명을 고려한 현금흐름 추정기간
- t: t년도
- CF_t: t년도 현금흐름
- r: 할인율
- 기술기여도: 사업가치 중 대상기술이 기여하는 비율
  산업기술 요소 × 기술의 비중 × 개별기술강도
- 기술의 비중: 대상기술 제품(서비스)을 구성하는 전체 기술 중에서 대상기술이 차지하는 비중

수익접근법에서는 평가요소가 기술가치평가 결과에 크게 영향을 미칠 수 있다. 평가요소는 일정한 가정 하에서 추정되는데, 이때 객관적 근거가 충분하지 않거나 평가자가 임의로 값을 추정할 경우 가치평가 결과의 신뢰성과 합리성이 부족할 수 있다. 기술가치평가의 한계점을 평가보고서에 분명하게 명시하여 의뢰자 및 이용자의 의사결정이 왜곡되지 않도록 해야 한다. 또한 수익접근법에서는 투입정보의 수준에 따라 평가결과에 차이가 발생할 수 있다. 따라서 분석에 사용한 기술·시장분석 자료, 재무분석 자료 등의 출처를 기재하여 객관성을 확보하고, 분석내용을 확인하여 결과에 대한 신뢰성을 확보해야 한다. 기술가치평가에서 적용되는 수익접근법은 유가증권평가, 기업가치평가 및 부동산감정평가 방법 등과 많은 유사성을 가짐과 동시에 차이점도

있음. 이러한 차이점을 충분히 인식하지 못할 때 오류가 발생할 수 있다.

기업가치평가는 계속기업의 가정을 기반으로 평가가 이루어지며, 평가시점 이후 일정기간 동안의 현금흐름 추정과 그 이후의 잔존가치 산출을 통해 기업가치를 평가한다. 기업가치평가와 기술가치평가의 기본적인 차이는 평가대상, 추정기간, 잔존가치, 할인율 등이다.

3) 수익접근법(로열티공제법)

로열티공제법 기반의 수익접근법(이하 "로열티공제법")은 기업이 대상기술을 보유하지 못하여 제3자로 부터 라이선스하는 경우를 가정하고, 대상기술의 경제적 수명기간에 라이선스비용으로 지급해야 하는 로열티의 현재가치를 기술의 가치로 추정하는 방법이다. 대상기술을 보유함으로써 동 기간에 로열티를 지급 하지 않아도 되기 때문이다.

로열티공제법은 기술의 경제적 수명기간에 추정된 로열티 수입을 현재가치로 환원하여 가치금액으로 산출하기 때문에 수익접근법으로 분류되기도 하며, 기술시장에서 거래된 거래사례의 로열티율을 참조하기 때문에 시장접근법으로 분류되기도 한다. 추정된 로열티 수입은 기술을 보유했기 때문에 지불하지 않아도 되는 로열티 비용을 의미하고 이를 현재 가치로 환산한 것이며, 할인된 현재가치는 결과적으로 기술소유에 따른 가치금액으로 볼 수 있다. 로열티공제법을 사용하기 위해서는 기술거래시장에서 비교 가능한 거래사례 로열티율 자료가 다수 존재해야 한다. 비교 가능한 거래사례 로열티율 자료가 미흡한 경우 업종별 로열티율 통계를 활용할 수 있다(「기술평가기준 운영지침」 제40조).

로열티공제법을 사용하는 경우 대상기술과 비교하여 동일하거나 유사한 기술거래 로열티율을 기준값으로 설정하고, 대상기술과 비교기술 간 속성의 차이를 비교·분석한 결과에 근거하여 기준 로열티율을 조정하여 산출한다. 비교기술의 거래사례 로열티율 자료가 미흡한 경우 상관행법(25% 혹은 33%)을 적용하여 대상기술이 속한 업종에서 다수의 경쟁기업 혹은 유사기업의 매출액 대비 영업이익률 자료로부터 대상기술에 적용할 로열티율을 간접적으로 추정할 수 있다. 업종별 로열티율 통계 또는 상관행법 로열티율을 사용할 경우 로열티 영향요인 분석결과를 반영하여 최종 로열티율을 산출할 수 있고, 로열티 영향요인은 대상기술의 기술성, 권리성, 시장성, 사업성과 연관된 다양한 항목으로 구성된다. 업종별 로열티율 통계 또는 상관행법 로열티율을 이용할 경우 대상기술에 대한 로열티율 적용의 적정성에 대한 의견이 포함되어야 한다.

로열티공제법은 원칙적으로 대상기술과 비교할 만한 사업화 위험과 수익성을 가지는 단일 혹은 다수의 라이선스 거래를 선정하여 구한 로열티율을 반영해야 한다.

로열티율을 적용하는 기준금액은 매출액이며, 어느 방법을 사용하든지 적정(최종) 로열티율이 합리적으로 추정되어야 한다. 로열티공제법에서는 대상기술에 대한 로열티 수입의 흐름에 근거하여 가치를 추정함. 따라서 본 방법을 적용할 경우 선택된 라이선스 거래는 대상기술과 비교할 수 있을 만큼 유사한 속성을 반영하고 있어야 한다. 로열티공제법을 적용하기 위해서는 대상기술의 경제적 이익흐름 창출 가능성을 분명하게 제시할 수 있어야 하는데 평가자는 로열티 수입의 기준이 되는 로열티율 지급대가 방식(즉, 매출의 0%, 매출총이익의 0% 등)을 선택할 수 있다. 또한 평가요인인 기술성, 권리성, 시장성, 사업성 등의 정성적 분석내용을 반영하여 조정계수, 기술의 비중, 개척률, 지식재산 보호비중, 지식재산 유효성 등의 평가요소를 산정한다.

4) 원가접근법

원가접근법은 대상기술을 개발하는 데 투입된 비용을 기초로 기술의 가치를 산정하거나(Historical Cost Approach, 역사적원가법), 동일한 경제적 효익을 가지고 있는 기술을 개발하거나(Replacement Cost Approach, 대체원가법), 동일한 기술을 개발하기 위해 투입되는 원가를 추정하여 가치를 산정하는 방법(Reproduction Cost Approach, 재생산원가법)으로 구분할 수 있다(「기술평가기준 운영지침」 제39조).

역사적원가법은 대상기술을 개발하는 데 투입된 과거의 제반 비용을 합산하여 가치를 평가하는 방법이며, 대상기술을 개발하는 데 소요된 비용을 산출할 수 있을 때 사용할 수 있다. 대체원가법은 평가 시점에서 대상기술과 동일한 효용(유용성)을 가지는 대체기술을 개발하여 완성하는데 소요되는 총원가를 의미하며, 현재의 기술로 대상기술의 효용을 재생하는 원가이다. 재생산원가법은 대상기술과 동일한 과학적 연구, 디자인 및 개발방법을 사용하여 동일한 기술을 개발하여 완성하는 데 소요되는 총원가를 의미하며, 대상기술의 정확한 복제물을 건설하거나 구입하는 데 소요되는 원가이다.

원가접근법의 평가에는 기술개발비용, 재생산원가, 대체원가 등에 대한 상세한 원가 정보가 필요하다. 역사적원가법, 재생산원가법, 대체원가법 등에 의해 산출된 원가(최종적으로 합산된 비용)에 기회비용, 진부화 요인, 시장수요 변동 등을 가감하여 가치를 산출할 수 있다.

기술의 가치 = 원가 + 기회비용 - 기능적 진부화 - 경제적 진부화

[표 10-2] 원가접근법의 종류 및 방법

구분	고려사항	내용
역사적 원가법	과거 투입비용 항목	• 항목 구분 내역은 그대로 인정
	과거 투입비용	• 과거에 기술개발을 위해 투입된 비용을 산출할 수 있는 경우에 사용 • 대상기술을 개발하기 위해 투입되었던 비용을 가능하면 항목별로 확인 • R&D 사업 등에서 대상기술이 일부 포함되는 경우에는 전체 R&D 투입비용에서 대상기술의 비중을 이용하여 재산정
	가치의 감소분	• 기능적 진부화 및 경제적 진부화로 인한 가치의 감소분을 차감
	기회비용	• 개발비용을 대상기술 개발에 투자함으로 인해 여타 기회에 투자하지 못함으로써 상실하는 이익의 크기
재생산 원가법	과거 투입비용 항목	• 항목 구분 내역은 그대로 인정
	평가 시점에 재생산할 경우 예상 투입비용	• 대상기술을 재생산하기 위해 평가 시점에 제반 비용항목을 재투입 한다고 가정할 경우 예상되는 소요금액 • 단, 특정 비용항목이 과거에는 투입되었으나 평가 시점의 연구개발 단계에서는 투입되지 않는 것으로 변경되었을 경우는 평가 시점에 대체 투입되는 항목을 기준으로 비용금액 산정
	가치의 감소분	• 기능적 진부화 및 경제적 진부화로 인한 가치의 감소분을 차감
	기회비용	• 개발비용을 대상기술 개발에 투자함으로 인해 여타 기회에 투자하지 못함으로써 상실하는 이익의 크기
대체 원가법	투입비용 항목	• 대상기술의 효용을 재생하기 위한 투입비용 항목 선정
	대체원가 산정	• 평가시점에서 대상기술과 동일한 효용(유용성)을 가지는 대체기술을 개발하여 완성하는데 소요되는 총원가 산정 • 현재 입수 가능한 원재료, 생산방법, 디자인 등의 적용 가능
	가치의 감소분	• 기능적 진부화 및 경제적 진부화로 인한 가치의 감소분을 차감
	기회비용	• 개발비용을 대상기술 개발에 투자함으로 인해 여타 기회에 투자하지 못함으로써 상실하는 이익의 크기
가치의 감소분	기능적 진부화	• 대체기술의 등장에 따른 수요 감소로 환산
	경제적 진부화	• 기술자산의 내용년수 기간 동안의 진부화율을 통해 환산 가능

원가접근법은 기술도입자가 동일한 기술 또는 동일한 가치를 가지는 기술을 개발비용보다 더 많이 지불하고 기술을 도입하지 않는다는 데 근거를 둔 것이다. 과거에 지출된 원가에 근거를 두고 있어 미래수익의 창출 가능성을 반영하지 못한다는 한계가 있다. 따라서 원가접근법은 다수의 대체기술이 존재하여 기술의 가치가 원가에 기회비용, 진부화 금액을 고려한 수준을 초과하기 어렵다고 판단되거나 기술의 완성도가 낮은 미성숙한 기술 및 기술의 활성시장 및 기술의 사업화 대상 시장이 존재하기 어려운 경우의 기술가치에 주로 이용된다.

(4) 기술가치평가 절차

기술평가에 착수하기 전에 평가 의뢰자와 다음과 같은 기본사항을 협의해야 한다(「기술평가기준 운영지침」 제14조).

① 기술평가 목적

② 대상기술

③ 기술사업화 단계

④ 기준 시점

⑤ 기술평가의 유형

⑥ 기술평가 외에 전문가 자문 등의 기타 서비스 요구사항

⑦ 수수료 및 평가 경비 관련 사항 등

기술가치평가는 기술전문가(기술성 분석), 특허전문가(권리성 분석), 시장전문가(시장성 분석), 사업전문가(사업성 분석 및 기술가치평가) 및 필요시 기술이전 전문가 등으로 평가팀을 구성하여 공동으로 수행한다. 기술가치평가를 위한 업무 추진절차는 〈표 6〉과 같이 여러 단계로 구분할 수 있으며, 합리적이고 효율적인 평가를 위해 조정할 수 있다.

제6절 특허가치분석 사례

특허가치를 평가하기 위해 기존 수행한 적이 있는 'S'사의 아토피 관련 의료기기 개발 기업의 아토피 치료제 관련 특허를 평가예시를 들어 보았다.

(1) 대상기술의 TCT

분류	평균	Q1	Q2	Q3
의약용, 치과용 또는 화장용 제제	9.75	4	8	13

* 대상 기술 사업화 준비기간: 1년

* 대상 기술의 핵심 특허 만료기간은 2038년까지임

(2) 기술수명영향요인

구분	영향요인	가중치	매우 낮음	낮음	보통	높음	매우 높음
기술/권리 요인	우월성	7					
	기술경영강도	4					
	대체가능성	5					
	모방난이도	3					
	권리보호강도	3					
시장/사업 요인	시장진입 가능성	4					
	시장경쟁강도	4					
	시장경쟁의 변화	4					
	신제품 출현가능성	3					
	예상 시장점유율	4					
획득값			61.5=(126/205)×100				

- 보수적으로 기술수명영향요인을 추정하였을 때 해외 기술과 비교하여 비슷한 부분이 많아 우월하지는 않아 점수를 낮게 책정하였고, 국내 개발로 인하여 시장경쟁에서 가격적 측면에서 경쟁의 우수성을 가질 수 있다고 가정하여 점수를 다른 항목보다 높게 책정함
- 그 외 다른 항목은 기술수명영향요인 점수를 보통 수준으로 점수를 책정.

○ 대상기술의 경제적 수명

• 대상기술의 경제적 수명 = f(TCT 지수, 기술요인, 시장요인) = Q2 + (Q3 − Q2)×[(획득값 − 기준값)/(최대값 − 기준값)], If 획득값≧기준값 (또는) = Q1 + (Q2 − Q1)×[(획득값 − 최소값)/(기준값 − 최소값)], If 획득값<기준값

* 최대값을 100, 기준값을 60%로 설정

- **기술의 경제적 수명** : 8 + (13-8) x [(61.5-60)/(100-61.5) = 8.2

○ 기술의 경제적 수명(8년) < 법적 잔존기간(16년)

- 기술의 경제적 수명은 8년

○ **현금흐름 추정기간 결정(사업화 준비기간 1년) : 9년**

- 현금흐름 추정기간 = 사업화 준비기간(1년) + 기술의 경제적 수명(8년) = 9년

(3) 매출추정

년도	2023 (사업화준비)	2024	2025	2026	2027	2028	2029	2030	2031
시장규모 (M$)	154.5	163.2	172.4	182.2	192.5	203.3	214.8	227	239.9
시장점유율 (%)	-	2.5	5	7.5	10	12.5	14	15	14

* 환율은 1$= 1,200원으로 계산

○ 추정매출액

년도	2023 (사업화준비)	2024	2025	2026	2027	2028	2029	2030	2031
시장규모 (백만원)	185,400	195,840	206,880	218,640	231,000	243,960	257,760	272,400	287,880
시장점유율 (%)	-	2.5	5	7.5	10	12.5	14	15	14
추정매출액	-	4,896.0	10,344.0	16,398.0	23,100.0	30,495.0	36,086.4	40,860.0	40,303.2

(4) 재무비율

구분	매출원가율	판매관리비율	운전자본소요율	법인세율
재무비율	42%	42%	2.5%	15%

* 법인세율은 영업이익의 15%로 가정

(5) 자본적 지출

- 사업화 준비기간 1년동안 20억원의 개발비용 및 기계장치와 공기구비품으로 예상

(6) 감가상각비

- 지출 다음연도부터 5년간 정액법(매년 20%)로 계산

(7) 할인율

○ 기술사업화 위험프리미엄의 평가항목과 내용

구분	항목	평점				
		매우미흡	미흡	보통	우수	매우우수
기술 및 권리 위험	차별성	1	**2**	3	4	5
	기술경쟁강도	1	2	**3**	4	5
	모방난이도	1	**2**	3	4	5
	기술사업화 환경	1	2	**3**	4	5
	권리안정성	1	2	**3**	4	5
시장 및 사업 위험	시장진입 가능성	1	2	**3**	4	5
	시장경쟁강도	1	2	**3**	4	5
	시장의 성장 전망	1	2	3	**4**	5
	생산용이성	1	2	**3**	4	5
	수익성	1	2	**3**	4	5
종합평점		**29점**				
위험프리미엄		**5.46%**				

- 할인율 산정시 현재 많은 국내외 기업들이 아토피 관련 치료제 및 기기를 개발중에 있고 개발중인 기술 중에서도 비슷한 기술이 많다고 판단되어 차별성과 모방난이도를 낮게 점수를 주었고 아토피 관련 시장이 앞으로도 성장이 지속될 것으로 예상되어 시장 전망 점수를 높게 정함

○ 할인율 적용

자기자본비용	기술사업화 위험프리미엄	CAPM+규모 위험프리미엄 (비상장 중기업)	합 계
	5.46%	11%	16.46%
타인자본비용	6.18%		
자기자본비용	62.58%		
타인자본비율	29.26%		
가중평균자본비용 (할인율)	11.84%		

(8) 기술기여도

○ 개별기술강도

구분	항목	평점				
		매우미흡	미흡	보통	우수	매우우수
기술성	혁신성	1	2	3	4	5
	차별성	1	2	3	4	5
	대체가능성	1	2	3	4	5
	활용성	1	2	3	4	5
	파급성	1	2	3	4	5
	진부화가능성	1	2	3	4	5
	모방난이도	1	2	3	4	5
	권리보호강도	1	2	3	4	5
	권리안정성	1	2	3	4	5
	침해발견 및 입증 용이성	1	2	3	4	5
사업성	시장진입 가능성	1	2	3	4	5
	수요민감도	1	2	3	4	5
	예상 시장점유율	1	2	3	4	5
	사업화 준비기간	1	2	3	4	5
	사업화 소요자본	1	2	3	4	5
	생산용이성	1	2	3	4	5
	경제적수명	1	2	3	4	5
	매출 성장추세	1	2	3	4	5
	수익성	1	2	3	4	5
	파생적 매출	1	2	3	4	5
개별기술강도		67점/100점				

- 기술기여도는 사업성보다 기술성이 조금 뛰어난 것으로 점수 책정
- 활용성과 파급성이 높고 사업화시 매출 상승, 수익성이 우수한 것으로 가정함

○ 기술기여도 산출

항목	값	비고
산업기술요소	71.08%	71.08%로 고정
개별기술특성점수(기술성)	35	
개별기술특성점수 (사업성)	32	
개별기술강도(합산점수)	67	
개별기술강도(%)	67%	
기술의 비중(%)	55%	55%로 가정
기술기여도	26.19%	산업기술요소 × 개별기술강도 × 기술의 비중

(9) 기술가치 산출

(단위 : 백만원)

	2023	2024	2025	2026	2027	2028	2029	2030	2031
매출액	-	4,896.0	10,344.0	16,398.0	23,100.0	30,495.0	36,086.4	40,860.0	40,302.0
매출원가	-	2,056	4,344	6,887	9,702	12,808	15,156	17,161	16,927
매출총이익	-	2,840	6,000	9,511	13,398	17,687	20,930	23,699	23,375
판관비율	0.420	0.420	0.420	0.420	0.420	0.420	0.420	0.420	0.420
판매비	0	2,056	4,344	6,887	9,702	12,808	15,156	17,161	16,927
영업이익	0	783	1,655	2,624	3,696	4,879	5,774	6,538	6,448
법인세	0	118	248	394	554	732	866	981	967
세후영업이익	0	666	1,407	2,230	3,142	4,147	4,908	5,557	5,481
자본적지출	2,000								
감가상각비		400	400	400	400	400			
운전자본증감	0	122	136	151	168	185	140	119	-14
투자액회수									
순현금흐름	-2,000	943	1,671	2,479	3,374	4,362	4,768	5,438	5,495
할인율	11.8%	11.8%	11.8%	11.8%	11.8%	11.8%	11.8%	11.8%	11.8%
현가계수	0.8941	0.7995	0.7148	0.6392	0.5715	0.5110	0.4569	0.4085	0.3653
현재가치	-1,788	754	1,194	1,584	1,928	2,229	2,178	2,221	2,375
사업가치	12,677								
기술기여도	26.2%								
기술가치	**3,321**								

- 산출된 기술가치 : 3,321백만원

제7절 재무분석 사례

기업의 재무분석 사례를 위해 'k'사의 2022년 사업보고서에 나와있는 2020~2022년 재무제표를 참고로 하였다.

(단위 : 억원)

	2020년	2021년	2022년
매출액	1,294.1	1,654.9	1,924.0
영업이익	-258.4	38.7	16.3
순이익	-432.0	-13.7	21.3
부채총계	1,903.8	1,352.5	1,463.9
자본총계	579.6	994.1	1,677.2
총자산	2,483.4	2,346.6	3,141.2

재무재표를 바탕으로 재무분석 결과는 아래와 같다.

(단위 : %)

	2020년	2021년	2022년
매출액증가율	-12.9	27.9	16.3
영업이익률	-20.0	2.3	0.8
순이익률	-33.4	-0.8	1.1
유동비율	69.3	102.7	100.6
부채비율	328.5	136.1	87.3
자기자본비율	23.3	42.4	53.4

k사는 2020년 BIO사업 부문 실적이 급락하여 2020년 매출액은 전년 대비 12.9% 감소한 1,294.1억 원에 그쳤다. 이후 기능소재사업의 항균제, 수처리제 판매 증대를 통한 Chemical 사업 부문의 실적 증가로 2021년 전년 대비 27.9% 증가한 1,654.9억 원, 2022년에는 전년 대비 16.3% 증가한 1,924.0억 원의 매출액을 기록하며 2개년 간 매출 회복 및 증가세를 보이고 있다.

2020년 판관비가 감소되었음에서 바이오 부문 실적 악화로 원가부담이 확대되었고 영업손실이 일어났으나 2021년 hemical 사업 부문의 실적 증가로 흑자전환에 성공하였으나 2022년에는 상품과 제품 원가부담 확대로 2021년보다 영업이익의 감소세를 나타냈다. 또한 최근 3개년 간 순손익은 금융비용 등 영업외비용의 여파로 2020년과 2021년 각각 432.0억 원, 13.7억 원의 순손실을 기록해 적자 기조가 이어졌으나, 2022년 흑자 전환하며 21.3억 원을 나타냈다.

2021년 차입금 상환을 통한 부채부담 완화, 공정가치측정 평가손익에 따른 자본금 확충으로 2개년 간 안정성 지표는 개선 추이를 보였다. 최근 3개년 간 부채비율은 2020년 328.5%로 열위한 수준이었으나, 2021년 136.1%, 2022년 87.3%로 큰 폭의 개선세를 나타냈다. 동사의 유동비율은 2020년 69.3%의 미흡한 수준을 기록한 이후, 2021년과 2022년 각각 102.7%, 100.6%를 기록하며 100%대를 나타냈다.

참고문헌

김영준, & 이찬구. (2018). 다중흐름모형을 통한 원자력 규제정책 의제설정 과정 분석: 2011년 원자력안전법 제정을 중심으로. 한국공공행정학회지, 27(4), 55, 233-276.

김정민, 김성용, 배준희, 신영재, 안은영, & 이재욱. (2020). 특허 정보 분석을 통한 CCUS 연구개발 동향 분석. 자원환경지질, 53(4), 491-504.

남상오, 김태윤. (2007). 한국의 회계기준에 대한 국제회계기준의 영향과 평가, 經營論集, 第 41 卷 統合號 (2007年 12月) 19-45

민재옥, 박진우, 조유정, & 이봉건. (2020). BERT를 이용한 한국어 특허상담 기계독해. 정보처리학회논문지. KIPS Transactions on Software and Data Engineering, 9(4), 145-152.

백현미, & 김명숙. (2013). 특허 네트워크 분석을 통한 융합 기술 트렌드 분석: 한국, 미국, 유럽, 일본의 특허데이터를 중심으로. 벤처창업연구, 8(2), 28, 11-19.

유정원, & 변나향. (2020). Scan-to-BIM 관련기술 특허동향 분석연구. 한국산학기술학회 논문지, 21(12), 107-114.

이선복. (2011).) IFRS도입이 일본의 회계기준제정방식에 미친 영향. *한국국제회계학회.*

이승현, & 이찬구. (2018). 다중흐름모델을 적용한 과학정책 결정과정 분석: 국제과학비즈니스벨트 사례. 기술혁신학회지, 21(3), 907-937.

최성호. (2019). 한국과 미국의 회계기준 비교 분석. *한국국제회계학회*, 2007, vol., no.17, pp. 85-108 (24 pages) DOI : 10.21073/kiar.2007.17.005

한국회계기준원. (2017). *중소기업회계기준.*

한국회계기준원. (2019). *K-IFRS.*

무형자산 회계처리기준

-K-IFRS 제1038호 무형자산-

기업회계기준서 제1038호 무형자산

목적

1 이 기준서의 목적은 다른 한국채택국제회계기준서에서 특별히 다루고 있지 않은 무형자산의 회계처리에 관한 사항을 정하는 데 있다. 이 기준서는 특정 조건을 충족하는 경우에만 무형자산을 인식하도록 요구하며, 무형자산의 장부금액을 측정하는 방법과 무형자산에 관한 공시사항을 정한다.

적용

한2.1 이 기준서는 '주식회사 등의 외부감사에 관한 법률'에서 정하는 한국채택국제회계기준 의무적용대상 주식회사의 회계처리에 적용한다. 또한 이 기준서는 재무제표의 작성과 표시를 위해 한국채택국제회계기준의 적용을 선택하거나 다른 법령 등에서 적용을 요구하는 기업의 회계처리에도 적용한다.

적용범위

2 이 기준서는 다음 사항을 제외한 무형자산의 회계처리에 적용한다.

(1) 다른 한국채택국제회계기준서의 적용범위에 포함되는 무형자산

(2) 기업회계기준서 제1032호 '금융상품: 표시'에서 정의된 금융자산

(3) 탐사평가자산의 인식과 측정(기업회계기준서 제1106호 '광물자원의 탐사와 평가' 참조)

(4) 광물, 원유, 천연가스, 이와 유사한 비재생 자원의 개발과 추출에 대한 지출

3 다른 한국채택국제회계기준서에서 규정하는 특정 유형의 무형자산에는 이 기준

서 대신 해당 한국채택국제회계기준서를 적용한다. 이 기준서를 적용하지 않는 예는 다음과 같다.

(1) 통상적인 영업과정에서 판매하기 위하여 보유하고 있는 무형자산(기업회계기준서 제1002호 '재고자산' 참조)

(2) 이연법인세 자산(기업회계기준서 제1012호 '법인세' 참조)

(3) 기업회계기준서 제1116호 '리스'에 따라 회계처리하는 무형자산 리스

(4) 종업원급여와 관련하여 발생하는 자산(기업회계기준서 제1019호 '종업원급여' 참조)

(5) 기업회계기준서 제1032호에서 정의된 금융자산. 일부 금융자산의 인식과 측정은 기업회계기준서 제1110호 '연결재무제표', 기업회계기준서 제1027호 '별도재무제표'와 기업회계기준서 제1028호 '관계기업과 공동기업에 대한 투자'에서 다룬다.

(6) 사업결합으로 취득하는 영업권(기업회계기준서 제1103호 '사업결합' 참조)

(7) 기업회계기준서 제1117호 '보험계약'의 적용범위에 해당하는 계약과 기업회계기준서 제1117호에서 정의하는 보험취득 현금흐름 자산

(8) 기업회계기준서 제1105호 '매각예정비유동자산과 중단영업'에 따라 매각예정으로 분류되는 (또는 매각예정으로 분류되는 처분자산집단에 포함되어 있는) 비유동 무형자산

(9) 기업회계기준서 제1115호 '고객과의 계약에서 생기는 수익'에 따라 인식된 고객과의 계약에서 생기는 자산

4 일부 무형자산은 컴팩트디스크(컴퓨터소프트웨어의 경우), 법적 서류(라이선스나 특허권의 경우)나 필름과 같은 물리적 형체에 담겨 있을 수 있다. 유형의 요소와 무형의 요소를 모두 갖추고 있는 자산을 기업회계기준서 제1016호 '유형자산'에 따라 회계처리하는지 아니면 이 기준서에 따라 무형자산으로 회계처리하는지를 결정해야 할 때에는, 어떤 요소가 더 유의적인지를 판단한다. 예를 들면, 컴퓨터로 제어되는 기계장치가 특정 컴퓨터소프트웨어가 없으면 가동이 불가능한 경우에는 그 소프트웨어를 관련된 하드웨어의 일부로 보아 유형자산으로 회계처리한다. 컴퓨터의 운영시스템

에도 동일하게 적용한다. 관련된 하드웨어의 일부가 아닌 소프트웨어는 무형자산으로 회계처리한다.

5 이 기준서는 광고, 교육훈련, 사업개시, 연구와 개발활동 등에 대한 지출에 적용한다. 연구와 개발활동의 목적은 지식의 개발에 있다. 따라서 이러한 활동으로 인하여 물리적 형체(예: 시제품)가 있는 자산이 만들어지더라도, 그 자산의 물리적 요소는 무형자산 요소 즉, 그 자산이 갖는 지식에 부수적인 것으로 본다.

6 영화필름, 비디오 녹화물, 희곡, 원고, 특허권, 저작권과 같은 항목에 대한 라이선스 계약에 따라 리스이용자가 보유하는 권리는 이 기준서의 적용범위에 해당하며 기업회계기준서 제1116호의 적용범위에서 제외한다.

7 활동이나 거래가 특수하기 때문에 다르게 회계처리할 필요가 있어서 기준서의 적용범위에서 제외되는 경우가 있을 수 있다. 추출산업의 원유, 천연가스와 광물자원의 탐사, 개발과 추출로 발생하는 지출에 대한 회계처리와 보험계약의 경우에 그러한 문제가 발생한다. 따라서 이 기준서는 그러한 활동에 대한 지출과 계약에는 적용하지 아니한다. 그러나 이 기준서는 추출산업이나 보험자가 사용하는 기타 무형자산(예: 컴퓨터소프트웨어)과 발생한 기타 지출(예: 사업개시원가)에는 적용한다.

용어의 정의

8 이 기준서에서 사용하는 용어의 정의는 다음과 같다.

개발: 상업적인 생산이나 사용 전에 연구결과나 관련 지식을 새롭거나 현저히 개량된 재료, 장치, 제품, 공정, 시스템이나 용역의 생산을 위한 계획이나 설계에 적용하는 활동

공정가치: 측정일에 시장참여자 사이의 정상거래에서 자산을 매도할 때 받거나

부채를 이전할 때 지급하게 될 가격(기업회계기준서 제1113호 '공정가치 측정' 참조)

기업특유가치: 자산의 계속적 사용으로부터 그리고 내용연수 종료시점에 처분으로부터 또는 부채의 결제로부터 발생할 것으로 기업이 기대하는 현금흐름의 현재가치

내용연수: 기업이 자산을 사용할 수 있을 것으로 예상하는 기간이나 자산에서 얻을 것으로 예상하는 생산량 또는 이와 비슷한 단위 수량

무형자산: 물리적 실체는 없지만 식별할 수 있는 비화폐성자산

상각: 무형자산의 상각대상금액을 그 자산의 내용연수에 걸쳐 체계적으로 배분하는 것

상각대상금액: 자산의 원가에서 잔존가치를 뺀 금액이나 원가를 대체한 다른 금액에서 잔존가치를 뺀 금액

손상차손: 자산의 장부금액이 회수가능액을 초과하는 금액

연구: 새로운 과학적, 기술적 지식이나 이해를 얻기 위해 수행하는 독창적이고 계획적인 탐구활동

원가: 자산을 취득하기 위하여 자산의 취득시점이나 건설시점에서 지급한 현금 또는 현금성자산이나 제공한 기타 대가의 공정가치. 경우에 따라서 기업회계기준서 제1102호 '주식기준보상'과 같은 다른 한국채택국제회계기준서의 규정에 따라 최초 인식시점에 자산으로 귀속시킨 금액

자산: 과거 사건의 결과로 기업이 통제하고 있고 미래경제적효익이 유입될 것으로 기대되는 자원[17)]

잔존가치: 자산이 이미 오래되어 내용연수 종료시점에 도달하였다는 가정하에 자산의 처분으로부터 현재 획득할 금액에서 추정 처분부대원가를 차감한 금액의 추정치

장부금액: 상각누계액과 손상차손누계액을 뺀 후에 재무상태표에 인식되는 자산 금액

화폐성자산: 보유하고 있는 현금과 확정되었거나 결정가능한 화폐금액으로 받을 자산

무형자산

9 기업은 경제적 자원을 사용하거나 부채를 부담하여 과학적·기술적 지식, 새로운 공정이나 시스템의 설계와 실행, 라이선스, 지적재산권, 시장에 대한 지식과 상표(브랜드명 및 출판표제 포함) 등의 무형자원을 취득, 개발, 유지하거나 개선한다. 이러한 예에는 컴퓨터소프트웨어, 특허권, 저작권, 영화필름, 고객목록, 모기지관리용역권, 어업권, 수입할당량, 프랜차이즈, 고객이나 공급자와의 관계, 고객충성도, 시장점유율과 판매권 등이 있다.

10 문단 9에서 예시된 모든 항목이 무형자산의 정의 즉, 식별가능성, 자원에 대한 통제와 미래경제적효익의 존재를 충족하는 것은 아니다. 이 기준서의 적용범위에 해당하는 항목이 무형자산의 정의를 충족하지 않는다면 그것을 취득하거나 내부적으로 창출하기 위하여 발생한 지출은 발생시점에 비용으로 인식한다. 그러나 이러한 항목

17) 이 기준서의 자산의 정의는 '개념체계'(2018)에서 개정된 자산의 정의에 따라 개정되지 않았다.

을 사업결합으로 취득하는 경우에는 취득일에 인식하는 영업권의 일부를 구성한다(문단 68 참조).

식별가능성

11 무형자산의 정의에서는 영업권과 구별하기 위하여 무형자산이 식별가능할 것을 요구한다. 사업결합으로 인식하는 영업권은 사업결합에서 획득하였지만 개별적으로 식별하여 별도로 인식하는 것이 불가능한 그 밖의 자산에서 발생하는 미래경제적효익을 나타내는 자산이다. 그 미래경제적효익은 취득한 식별가능한 자산 사이의 시너지 효과나 개별적으로 재무제표 상 인식기준을 충족하지는 않는 자산으로부터 발생할 수 있다.

12 자산은 다음 중 하나에 해당하는 경우에 식별가능하다.

(1) 자산이 분리가능하다. 즉, 기업의 의도와는 무관하게 기업에서 분리하거나 분할할 수 있고, 개별적으로 또는 관련된 계약, 식별가능한 자산이나 부채와 함께 매각, 이전, 라이선스, 임대, 교환할 수 있다.

(2) 자산이 계약상 권리 또는 기타 법적 권리로부터 발생한다. 이 경우 그러한 권리가 이전가능한지 여부 또는 기업이나 기타 권리와 의무에서 분리가능한지 여부는 고려하지 아니한다.

통제

13 기초가 되는 자원에서 유입되는 미래경제적효익을 확보할 수 있고 그 효익에 대한 제3자의 접근을 제한할 수 있다면 기업이 자산을 통제하고 있는 것이다. 무형자산의 미래경제적효익에 대한 통제능력은 일반적으로 법원에서 강제할 수 있는 법적 권리에서 나오며, 법적 권리가 없는 경우에는 통제를 제시하기 어렵다. 그러나 다른 방법으로도 미래경제적효익을 통제할 수 있기 때문에 권리의 법적 집행가능성이 통제의 필요조건은 아니다.

14 시장에 대한 지식과 기술적 지식에서도 미래경제적효익이 발생할 수 있다. 이러한 지식이 저작권, 계약상의 제약이나 법에 의한 종업원의 기밀유지의무 등과 같은 법적 권리에 의하여 보호된다면, 기업은 그러한 지식에서 얻을 수 있는 미래경제적효익을 통제하고 있는 것이다.

15 기업은 숙련된 종업원으로 구성된 팀을 보유할 수 있고, 교육훈련을 통하여 습득된 미래경제적효익을 가져다 줄 수 있는 종업원의 기술 향상을 식별할 수 있다. 기업은 또한 그러한 숙련된 기술을 계속하여 이용할 수 있을 것으로 기대할 수 있다. 그러나 기업은 숙련된 종업원이나 교육훈련으로부터 발생하는 미래경제적효익에 대해서는 일반적으로 무형자산의 정의를 충족하기에는 충분한 통제를 가지고 있지 않다. 이와 유사한 이유로 특정 경영능력이나 기술적 재능도 그것을 사용하여 미래경제적효익을 확보하는 것이 법적 권리에 의하여 보호되지 않거나 무형자산 정의의 기타 요건을 충족하지 않는다면 일반적으로 무형자산의 정의를 충족할 수 없다.

16 기업은 고객구성이나 시장점유율에 근거하여 고객관계와 고객충성도를 잘 유지함으로써 고객이 계속하여 거래할 것이라고 기대할 수 있다. 그러나 그러한 고객관계나 고객충성도를 지속할 수 있는 법적 권리나 그것을 통제할 기타 방법이 없다면 일반적으로 고객관계나 고객충성도에서 창출될 미래경제적효익에 대해서는 그러한 항목(예: 고객구성, 시장점유율, 고객관계와 고객충성도)이 무형자산의 정의를 충족하기에 기업이 충분한 통제를 가지고 있지 않다. 그러나 고객관계를 보호할 법적 권리가 없는 경우에도, 동일하거나 유사한, 비계약적 고객관계를 교환하는 거래(사업결합 과정에서 발생한 것이 아닌)는 고객관계로부터 기대되는 미래경제적효익을 통제할 수 있다는 증거를 제공한다. 그러한 교환거래는 고객관계가 분리가능하다는 증거를 제공하므로 그러한 고객관계는 무형자산의 정의를 충족한다.

미래경제적효익

17 무형자산의 미래경제적효익은 제품의 매출, 용역수익, 원가절감 또는 자산의 사

용에 따른 기타 효익의 형태로 발생할 수 있다. 예를 들면, 제조과정에서 지적재산을 사용하면 미래 수익을 증가시키기보다는 미래 제조원가를 감소시킬 수 있다.

인식과 측정

18 어떤 항목을 무형자산으로 인식하기 위해서는 그 항목이 다음의 조건을 모두 충족한다는 사실을 기업이 제시하여야 한다.

(1) 무형자산의 정의(문단 8~17 참조)

(2) 무형자산의 인식기준(문단 21~23 참조)

위의 조건은 무형자산을 취득하거나 내부적으로 창출하기 위하여 최초로 발생한 원가와, 취득이나 완성 후에 증가·대체·수선을 위하여 발생한 원가에 적용한다.

19 문단 25~32는 개별 취득하는 무형자산에 인식기준을 적용하는 것을 다루며, 문단 33~43은 사업결합으로 취득하는 무형자산에 인식기준을 적용하는 것을 다룬다. 문단 44는 정부보조의 방법으로 취득하는 무형자산의 최초 측정을 다루며, 문단 45~47은 무형자산의 교환을 다루며, 문단 48~50은 내부적으로 창출한 영업권의 회계처리를 다룬다. 문단 51~67은 내부적으로 창출한 무형자산의 최초의 인식과 측정을 다룬다.

20 무형자산의 특성상 자산이 증가하지 않거나 자산의 부분 대체가 이루어지지 않는 경우가 많다. 따라서 대부분의 취득이나 완성 후의 지출은 이 기준서에서 정하고 있는 무형자산의 정의와 인식기준을 충족하기 보다는 기존 무형자산이 갖는 기대 미래경제적효익을 유지하는 것이 대부분이다. 또한 취득이나 완성 후의 지출을 사업 전체가 아닌 특정 무형자산에 직접 귀속시키기 어려운 경우가 많다. 그러므로 후속지출(예: 취득한 무형자산의 최초 인식 후 또는 내부적으로 창출한 무형자산의 완성 후 발생한 지출)이 자산의 장부금액으로 인식되는 경우는 매우 드물다. 문단 63과 일관성을 유지하기 위하여 브랜드, 제호, 출판표제, 고객목록, 그리고 이와 실질이 유사한

항목(외부에서 취득하였는지 또는 내부적으로 창출하였는지에 관계없이)에 대한 취득이나 완성 후의 지출은 발생시점에 항상 당기손익으로 인식한다. 왜냐하면 그러한 지출은 사업을 전체적으로 개발하기 위한 지출과 구분할 수 없기 때문이다.

21 다음의 조건을 모두 충족하는 경우에만 무형자산을 인식한다.

(1) 자산에서 발생하는 미래경제적효익이 기업에 유입될 가능성이 높다.

(2) 자산의 원가를 신뢰성 있게 측정할 수 있다.

22 미래경제적효익이 기업에 유입될 가능성은 무형자산의 내용연수 동안의 경제적 상황에 대한 경영자의 최선의 추정치를 반영하는 합리적이고 객관적인 가정에 근거하여 평가하여야 한다.

23 자산의 사용에서 발생하는 미래경제적효익의 유입에 대한 확실성 정도에 대한 평가는 무형자산을 최초로 인식하는 시점에서 이용 가능한 증거에 근거하며, 외부 증거에 비중을 더 크게 둔다.

24 무형자산을 최초로 인식할 때에는 원가로 측정한다.

개별 취득

25 일반적으로 무형자산을 개별 취득하기 위하여 지급하는 가격은 그 자산이 갖는 기대 미래경제적효익이 기업에 유입될 확률에 대한 기대를 반영할 것이다. 즉, 기업은 유입의 시기와 금액이 불확실하더라도 미래경제적효익의 유입이 있을 것으로 기대한다. 따라서 개별 취득하는 무형자산은 문단 21(1)의 발생가능성 인식기준을 항상 충족하는 것으로 본다.

26 개별 취득하는 무형자산의 원가는 일반적으로 신뢰성 있게 측정할 수 있다. 특히 현금이나 기타 화폐성자산으로 구입대가를 지급하는 경우에는 좀 더 신뢰성 있게

원가를 측정할 수 있다.

27 개별 취득하는 무형자산의 원가는 다음 항목으로 구성된다.

(1) 구입가격(매입할인과 리베이트를 차감하고 수입관세와 환급받을 수 없는 제세금을 포함한다)

(2) 자산을 의도한 목적에 사용할 수 있도록 준비하는 데 직접 관련되는 원가

28 직접 관련되는 원가의 예는 다음과 같다.

(1) 그 자산을 사용 가능한 상태로 만드는 데 직접적으로 발생하는 종업원급여(기업회계기준서 제1019호의 정의 참조)

(2) 그 자산을 사용 가능한 상태로 만드는 데 직접적으로 발생하는 전문가 수수료

(3) 그 자산이 적절하게 기능을 발휘하는지 검사하는 데 발생하는 원가

29 무형자산 원가에 포함하지 않는 지출의 예는 다음과 같다.

(1) 새로운 제품이나 용역의 홍보원가(광고와 판매촉진활동 원가를 포함한다)

(2) 새로운 지역에서 또는 새로운 계층의 고객을 대상으로 사업을 수행하는 데서 발생하는 원가(교육훈련비를 포함한다)

(3) 관리원가와 기타 일반경비원가

30 무형자산 원가의 인식은 그 자산을 경영자가 의도하는 방식으로 운용될 수 있는 상태에 이르면 중지한다. 따라서 무형자산을 사용하거나 재배치하는 데 발생하는 원가는 자산의 장부금액에 포함하지 않는다. 예를 들면, 다음의 원가는 무형자산의 장부금액에 포함하지 아니한다.

(1) 경영자가 의도하는 방식으로 운용될 수 있으나 아직 사용하지 않고 있는 기간에 발생한 원가

(2) 자산의 산출물에 대한 수요가 확립되기 전까지 발생하는 손실과 같은 초기 영업손실

31 무형자산의 개발과 관련한 영업활동 중에는 해당 자산을 경영자가 의도하는 방식으로 운영될 수 있는 상태에 이르도록 하는 데 반드시 필요하지는 않은 활동도 있다. 이러한 부수적인 영업활동은 개발활동 전이나 개발활동 중에 발생할 수 있다. 이러한 부수적인 영업활동은 자산을 경영자가 의도하는 방식으로 운영될 수 있는 상태에 이르도록 하는 데 반드시 필요한 것은 아니기 때문에 부수적인 영업활동과 관련된 수익과 비용은 즉시 당기손익으로 인식하며, 각각의 해당손익계정에 분류한다.

32 무형자산에 대한 대금지급기간이 일반적인 신용기간보다 긴 경우 무형자산의 원가는 현금가격상당액이 된다. 현금가격상당액과 실제 총지급액과의 차액은 기업회계기준서 제1023호 '차입원가'에 따라 자본화하지 않는 한 신용기간에 걸쳐 이자비용으로 인식한다.

사업결합으로 인한 취득

33 사업결합으로 취득하는 무형자산의 원가는 기업회계기준서 제1103호 '사업결합'에 따라 취득일 공정가치로 한다. 무형자산의 공정가치는 취득일에 그 자산이 갖는 미래경제적효익이 기업에 유입될 확률에 대한 시장참여자의 기대를 반영할 것이다. 즉, 기업은 유입의 시기와 금액이 불확실하더라도 미래경제적효익의 유입이 있을 것으로 기대한다. 따라서 사업결합으로 취득하는 무형자산은 문단 21(1)의 발생가능성 인식기준을 항상 충족하는 것으로 본다. 사업결합으로 취득하는 자산이 분리가능하거나 계약상 또는 기타 법적 권리에서 발생한다면, 그 자산의 공정가치를 신뢰성 있게 측정하기에 충분한 정보가 존재한다. 따라서 사업결합으로 취득하는 무형자산은 문단 21(2)의 신뢰성 있는 측정 기준을 충족하는 것으로 항상 간주된다.

34 이 기준서와 기업회계기준서 제1103호(2008년 전면개정)에 따라 사업결합 전에 그 자산을 피취득자가 인식하였는지 여부에 관계없이, 취득자는 취득일에 피취득자의 무형자산을 영업권과 분리하여 인식한다. 이것은 피취득자가 진행하고 있는 연구·개발 프로젝트가 무형자산의 정의를 충족한다면 취득자가 영업권과 분리하여 별도

의 자산으로 인식하는 것을 의미한다. 피취득자가 진행하고 있는 연구·개발 프로젝트는 다음의 조건을 모두 충족할 경우 무형자산의 정의를 충족한다.

(1) 자산의 정의를 충족한다.

(2) 식별가능하다. 즉, 분리가능하거나 계약상 또는 기타 법적 권리에서 발생한다.

사업결합으로 취득하는 무형자산

35 사업결합으로 취득하는 무형자산이 분리가능하거나 계약상 또는 기타 법적 권리에서 발생한다면, 그 자산의 공정가치를 신뢰성 있게 측정하기에 충분한 정보가 존재한다. 무형자산의 공정가치를 측정하는 데 사용하는 추정치에 대하여 각각 다른 확률을 가진 가능한 결과의 범위가 있는 경우에, 그러한 불확실성은 그 자산의 공정가치 측정에 반영된다.

36 사업결합으로 취득하는 무형자산은 관련된 계약이나 식별가능한 자산 또는 부채와 결합되어서만 분리가능한 경우가 있다. 이러한 경우 취득자는 무형자산을 영업권과는 분리하지만 연관된 항목과는 함께 인식한다.

37 보충적 무형자산 집단 내의 개별 자산들과의 내용연수가 유사하다면, 취득자는 그 집단을 하나의 자산으로 인식할 수 있다. 예를 들어, '브랜드'와 '브랜드명'이라는 용어는 흔히 상표와 동의어로 사용된다. 그러나 '브랜드'는 상표(또는 서비스 마크)와 그와 관련된 상품명, 방식, 조리법, 전문기술과 같은 보충적 자산의 집단을 나타내는 데 전형적으로 사용되는 일반적인 마케팅 용어이다.

38 [국세회계기준위원회에 의하여 삭제됨]

39 [국제회계기준위원회에 의하여 삭제됨]

40 [국제회계기준위원회에 의하여 삭제됨]

41 [국제회계기준위원회에 의하여 삭제됨]

진행 중인 연구·개발 프로젝트의 취득 후 지출

42 다음 사항을 모두 충족하는 연구·개발 지출은 문단 54~62에 따라 회계처리 한다.

(1) 개별 취득하거나 사업결합으로 취득하고 무형자산으로 인식한 진행 중인 연구·개발 프로젝트와 관련이 있다.

(2) 그 프로젝트의 취득 후에 발생한다.

43 문단 54~62의 요구사항을 적용하는 경우에는 개별 취득하거나 사업결합으로 취득하고 무형자산으로 인식한 진행 중인 연구·개발 프로젝트에 대한 후속지출을 다음과 같이 회계처리한다.

(1) 연구 관련 지출인 경우에는 발생시점에 비용으로 인식한다.

(2) 문단 57에서 제시된 무형자산의 인식기준을 충족하지 않는 개발 관련 지출인 경우에는 발생시점에 비용으로 인식한다.

(3) 문단 57에서 제시된 무형자산의 인식기준을 충족하는 개발 관련 지출인 경우에는 취득한 진행 중인 연구·개발 프로젝트의 장부금액에 가산한다.

정부보조에 의한 취득

44 정부보조로 무형자산을 무상이나 낮은 대가로 취득할 수 있다. 예를 들면, 정부가 공항 착륙권, 라디오나 텔레비전 방송국 운영권, 수입면허 또는 수입할당이나 기타 제한된 자원을 이용할 수 있는 권리를 기업에게 이전하거나 할당하는 경우이다. 기업회계기준서 제1020호 '정부보조금의 회계처리와 정부지원의 공시'에 따라 무형자산과 정부보조금 모두를 최초에 공정가치로 인식할 수 있다. 최초에 자산을 공정가치로 인식하지 않기로 선택하는 경우에는, 자산을 명목상 금액(기업회계기준서 제1020호에서 허용하는 대체적인 회계처리)과 자산을 의도한 용도로 사용할 수 있도록 준비하는 데 직접 관련되는 지출을 합한 금액으로 인식한다.

자산의 교환

45 하나 이상의 무형자산을 하나 이상의 비화폐성자산 또는 화폐성자산과 비화폐성자산이 결합된 대가와 교환하여 취득하는 경우가 있다. 다음에 제시하는 논의는 하나의 비화폐성자산과 다른 비화폐성자산의 교환에 대하여 언급하지만, 위에서 설명한 모든 교환에도 적용한다. 그러한 무형자산의 원가는 다음 중 하나에 해당하는 경우를 제외하고는 공정가치로 측정한다.

(1) 교환거래에 상업적 실질이 결여된 경우

(2) 취득한 자산과 제공한 자산의 공정가치를 둘 다 신뢰성 있게 측정할 수 없는 경우

교환거래에서 제공한 자산을 즉시 재무상태표에서 제거할 수 없더라도 취득한 자산은 위의 방법으로 측정한다. 취득한 자산을 공정가치로 측정하지 않는 경우에는 원가는 제공한 자산의 장부금액으로 측정한다.

46 교환거래의 결과 미래 현금흐름이 얼마나 변동될 것인지를 고려하여 해당 교환거래에 상업적 실질이 있는지를 결정한다. 다음 (1) 또는 (2)에 해당하면서 (3)을 충족하는 경우에는 교환거래는 상업적 실질이 있다.

(1) 취득한 자산과 관련된 현금흐름의 구성(위험, 유출입시기, 금액)이 제공한 자산과 관련된 현금흐름의 구성과 다르다.

(2) 교환거래의 영향을 받는 영업 부분의 기업특유가치가 교환거래로 인하여 변동한다.

(3) 위 (1)이나 (2)의 차이가 교환된 자산의 공정가치에 비하여 유의적이다.

교환거래에 상업적 실질이 있는지를 결정할 때 교환기래의 영향을 받는 영업 부분의 기업특유가치는 세후현금흐름을 반영하여야 한다. 이러한 분석의 결과는 상세하게 계산하지 않더라도 명백하게 알 수 있는 경우도 있다.

47 문단 21(2)에 따르면 무형자산의 인식조건 중 하나는 자산의 원가를 신뢰성 있게 측정할 수 있어야 한다는 것이다. 무형자산의 공정가치는 다음 중 하나에 해당하

는 경우에 신뢰성 있게 측정할 수 있다.

(1) 합리적인 공정가치 측정치의 범위의 편차가 자산가치에 비하여 유의적이지 않다.

(2) 그 범위 내의 다양한 추정치의 발생확률을 합리적으로 평가할 수 있고 공정가치를 측정할 때 사용할 수 있다.

취득한 자산이나 제공한 자산의 공정가치를 신뢰성 있게 측정할 수 있다면, 취득한 자산의 공정가치가 더 명백한 경우를 제외하고는 자산의 원가를 제공한 자산의 공정가치로 측정한다.

내부적으로 창출한 영업권

48 내부적으로 창출한 영업권은 자산으로 인식하지 아니한다.

49 미래경제적효익을 창출하기 위하여 발생한 지출 중에는 이 기준서의 인식기준을 충족하는 무형자산을 창출하지 않는 경우가 있다. 그러한 지출은 대부분 내부적으로 창출한 영업권에 기여한다. 내부적으로 창출한 영업권은 원가를 신뢰성 있게 측정할 수 없고 기업이 통제하고 있는 식별가능한 자원이 아니기 때문에(즉, 분리가능하지 않고 계약상 또는 기타 법적 권리로부터 발생하지 않기 때문에) 자산으로 인식하지 아니한다.

50 기업의 공정가치와 식별 가능한 순자산의 장부금액과의 차이는 언제나 기업의 공정가치에 영향을 미치는 여러 가지 요인들을 반영할 수 있다. 그러나 그러한 차이가 기업이 통제하고 있는 무형자산의 원가를 나타내는 것은 아니다.

내부적으로 창출한 무형자산

51 내부적으로 창출한 무형자산이 인식기준을 충족하는지를 평가하는 것은 다음과 같은 이유 때문에 용이하지 않다.

(1) 기대 미래경제적효익을 창출할 식별가능한 자산이 있는지와 시점을 파악하기 어렵다.

(2) 자산의 원가를 신뢰성 있게 결정하는 것이 어렵다. 어떤 경우에는 무형자산을 내부적으로 창출하기 위한 원가를 내부적으로 창출한 영업권을 유지 또는 향상시키는 원가나 일상적인 경영관리활동에서 발생하는 원가와 구별할 수 없다.

그러므로 내부적으로 창출한 무형자산에 대해서는 무형자산의 인식과 최초 측정에 대한 일반적 규정과 함께 문단 52에서 문단 67까지의 규정과 지침을 추가로 적용한다.

52 내부적으로 창출한 무형자산이 인식기준을 충족하는지를 평가하기 위하여 무형자산의 창출과정을 연구단계와 개발단계로 구분한다. '연구'와 '개발'은 정의되어 있지만, '연구단계'와 '개발단계'라는 용어는 이 기준서의 목적상 더 넓은 의미를 갖는다.

53 무형자산을 창출하기 위한 내부 프로젝트를 연구단계와 개발단계로 구분할 수 없는 경우에는 그 프로젝트에서 발생한 지출은 모두 연구단계에서 발생한 것으로 본다.

연구단계

54 연구(또는 내부 프로젝트의 연구단계)에서 발생하는 무형자산을 인식하지 않는다. 연구(또는 내부 프로젝트의 연구단계)에 대한 지출은 발생시점에 비용으로 인식한다.

55 내부 프로젝드의 연구단계에서는 미래경제적효익을 창출할 무형자산이 존재한다는 것을 제시할 수 없기 때문에, 내부 프로젝트의 연구단계에서 발생한 지출은 발생시점에 비용으로 인식한다.

56 연구활동의 예는 다음과 같다.

(1) 새로운 지식을 얻고자 하는 활동
(2) 연구결과나 기타 지식을 탐색, 평가, 최종 선택, 응용하는 활동
(3) 재료, 장치, 제품, 공정, 시스템이나 용역에 대한 여러 가지 대체안을 탐색하는 활동
(4) 새롭거나 개선된 재료, 장치, 제품, 공정, 시스템이나 용역에 대한 여러 가지 대체안을 제안, 설계, 평가, 최종 선택하는 활동

개발단계

57 다음 사항을 모두 제시할 수 있는 경우에만 개발활동(또는 내부 프로젝트의 개발단계)에서 발생한 무형자산을 인식한다.

(1) 무형자산을 사용하거나 판매하기 위해 그 자산을 완성할 수 있는 기술적 실현가능성
(2) 무형자산을 완성하여 사용하거나 판매하려는 기업의 의도
(3) 무형자산을 사용하거나 판매할 수 있는 기업의 능력
(4) 무형자산이 미래경제적효익을 창출하는 방법. 그 중에서도 특히 무형자산의 산출물이나 무형자산 자체를 거래하는 시장이 존재함을 제시할 수 있거나 또는 무형자산을 내부적으로 사용할 것이라면 그 유용성을 제시할 수 있다.
(5) 무형자산의 개발을 완료하고 그것을 판매하거나 사용하는 데 필요한 기술적, 재정적 자원 등의 입수가능성
(6) 개발과정에서 발생한 무형자산 관련 지출을 신뢰성 있게 측정할 수 있는 기업의 능력

58 개발단계는 연구단계보다 훨씬 더 진전되어 있는 상태이기 때문에 어떤 경우에는 내부프로젝트의 개발단계에서는 무형자산을 식별할 수 있으며, 그 무형자산이 미래경제적효익을 창출할 것임을 제시할 수 있다.

59 개발활동의 예는 다음과 같다.

(1) 생산이나 사용 전의 시제품과 모형을 설계, 제작, 시험하는 활동
(2) 새로운 기술과 관련된 공구, 지그, 주형, 금형 등을 설계하는 활동
(3) 상업적 생산 목적으로 실현가능한 경제적 규모가 아닌 시험공장을 설계, 건설, 가동하는 활동
(4) 신규 또는 개선된 재료, 장치, 제품, 공정, 시스템이나 용역에 대하여 최종적으로 선정된 안을 설계, 제작, 시험하는 활동

60 무형자산이 어떻게 미래경제적효익을 창출하는지를 제시하기 위해서는 기업회계기준서 제1036호 '자산손상'에서 제시하고 있는 원칙을 사용하여 그 자산에서 얻게 될 미래경제적효익을 평가한다. 자산이 다른 자산과 결합해야만 경제적 효익을 창출한다면, 기업회계기준서 제1036호에 따른 현금창출단위의 개념을 적용한다.

61 무형자산을 완성하고 사용하며 그로부터 효익을 획득하는 데 필요한 자원의 확보가능성은, 예를 들어, 필요한 기술적 자원 및 재무적 자원 등과 그러한 자원들을 확보할 수 있는 기업의 능력이 설명된 사업계획에 의하여 제시될 수 있다. 경우에 따라 기업은 그 사업계획에 대한 대출자의 자금제공 의사표시를 통해 외부자금조달의 가능성을 제시할 수도 있다.

62 원가계산시스템으로 무형자산을 내부적으로 창출하는 데 발생한 원가를 신뢰성 있게 측정할 수도 있다. 예를 들어, 저작권이나 라이선스를 획득하거나 컴퓨터소프트웨어를 개발하는 과정에서 발생한 급여 등의 지출을 원가계산시스템으로 신뢰성 있게 측정할 수 있다.

63 내부적으로 창출한 브랜드, 제호, 출판표제, 고객 목록과 이와 실질이 유사한 항목은 무형자산으로 인식하지 아니한다.

64 내부적으로 창출한 브랜드, 제호, 출판표제, 고객 목록과 이와 실질이 유사한 항목은 사업을 전체적으로 개발하는 데 발생한 원가와 구별할 수 없으므로 무형자산

으로 인식하지 아니한다.

내부적으로 창출한 무형자산의 원가

65 문단 24에 따라 내부적으로 창출한 무형자산의 원가는 그 무형자산이 문단 21, 22와 57의 인식기준을 최초로 충족시킨 이후에 발생한 지출금액의 합으로 한다. 이미 비용으로 인식한 지출은 문단 71에 따라 무형자산의 원가로 인식할 수 없다.

66 내부적으로 창출한 무형자산의 원가는 그 자산의 창출, 제조 및 경영자가 의도하는 방식으로 운영될 수 있게 준비하는 데 필요한 직접 관련된 모든 원가를 포함한다. 직접 관련된 원가의 예는 다음과 같다.

(1) 무형자산의 창출에 사용되었거나 소비된 재료원가, 용역원가 등
(2) 무형자산의 창출을 위하여 발생한 종업원급여(기업회계기준서 제1019호의 정의 참조)
(3) 법적 권리를 등록하기 위한 수수료
(4) 무형자산의 창출에 사용된 특허권과 라이선스의 상각비

기업회계기준서 제1023호는 내부적으로 창출한 무형자산의 원가를 구성하는 요소로서 이자를 인식하는 기준을 제시하고 있다.

67 다음 항목은 내부적으로 창출한 무형자산의 원가에 포함하지 아니한다.

(1) 판매비, 관리비 및 기타 일반경비 지출. 다만, 자산을 의도한 용도로 사용할 수 있도록 준비하는 데 직접 관련된 경우는 제외한다.
(2) 자산이 계획된 성과를 달성하기 전에 발생한 명백한 비효율로 인한 손실과 초기 영업손실
(3) 자산을 운용하는 직원의 교육훈련과 관련된 지출

문단 65에 대한 사례
회계기간이 1.1.~12.31.인 A기업은 새로운 생산공정을 개발하고 있다. 20×5년 동안 발생한 지출은 1,000원이었으며 그 중 900원은 20×5년 12월 1일 전에 발생하였으며 100원은 20×5년 12월 1일과 20×5년 12월 31일 사이에 발생하였다. A기업은 20×5년 12월 1일에 새로운 생산공정이 무형자산의 인식기준을 충족했다는 사실을 제시할 수 있다. 그 공정이 갖는 노하우의 회수가능액(그 공정이 사용가능하기 전에 해당 공정을 완료하기 위한 미래 현금유출액 포함)은 500원으로 추정된다. *20×5년 말에, 그 생산공정은 100원의 원가(인식기준을 충족한 날 즉, 20×5년 12월 1일 이후에 발생된 지출)로 무형자산으로 인식된다. 20×5년 12월 1일 전에 발생한 900원의 지출은 비용으로 인식한다. 왜냐하면 무형자산의 인식기준이 20×5년 12월 1일까지 충족되지 않았기 때문이다. 그러므로 900원의 지출은 재무상태표에 자산으로 인식되는 생산공정의 원가의 일부를 구성할 수 없다.* A기업이 20×6년 중 지출한 금액은 2,000원이었다. 20×6년 말에 해당 공정이 갖는 노하우의 회수가능액(해당 공정이 사용가능하게 되기 전에 해당 공정을 완료하기 위한 미래 현금유출액 포함)은 1,900원으로 추정된다. *20×6년 말에, 해당 생산공정의 원가는 2,100원(20×5년 말에 인식된 100원에 20×6년에 인식된 2,000원을 가산)이다. A기업은 손상차손을 인식하기 전의 해당 공정의 장부금액인 2,100원을 회수가능액인 1,900원으로 수정하기 위하여 200원의 손상차손을 인식한다. 이 손상차손은 기업회계기준서 제1036호의 손상차손 환입에 대한 요구사항이 충족되는 경우, 차기 이후에 환입될 것이다.*

비용의 인식

68 다음 중 하나에 해당하지 않는 무형항목 관련 지출은 발생시점에 비용으로 인식한다.

(1) 인식기준을 충족하는 무형자산 원가의 일부가 되는 경우 (문단 18~67 참조)

(2) 사업결합에서 취득하였으나 무형자산으로 인식할 수 없는 경우. 이 경우에는 취득일의 영업권으로 인식한 금액의 일부가 된다(기업회계기준서 1103호 참조).

69 경우에 따라서는, 미래경제적효익을 얻기 위해 지출이 발생하더라도 인식할 수 있는 무형자산이나 다른 자산이 획득 또는 창출되지 않는다. 재화가 제공되는 경우, 기업은 그 재화를 이용할 수 있는 권리를 갖게 될 때 그러한 지출을 비용으로 인식한다. 용역이 제공되는 경우, 기업이 그 용역을 제공받을 때 그러한 지출을 비용으로 인식한다. 예를 들면, 사업결합의 일부로 취득하는 경우를 제외하고는 연구활동을 위한 지출은 발생시점에 비용으로 인식한다(문단 54 참조). 발생시점에 비용으로 인식하는 지출의 다른 예는 다음과 같다.

(1) 사업개시활동에 대한 지출(즉, 사업개시원가). 다만, 기업회계기준서 제1016호 '유형자산'에 따라 유형자산의 원가에 포함되는 지출은 제외한다. 사업개시원가는 법적 실체를 설립하는 데 발생한 법적비용과 사무비용과 같은 설립원가, 새로운 시설이나 사업을 개시하기 위하여 발생한 지출(개업원가), 또는 새로운 영업을 시작하거나 새로운 제품이나 공정을 시작하기 위하여 발생하는 지출(신규영업준비원가)로 구성된다.

(2) 교육 훈련을 위한 지출

(3) 광고 및 판매촉진 활동을 위한 지출(우편 주문 카탈로그 포함)

(4) 기업의 전부나 일부의 이전 또는 조직 개편에 관련된 지출

69A 기업은 재화를 소유할 때 그 재화를 이용할 수 있는 권리를 갖는다. 이와 유사하게 재화가 공급계약에 따라 공급자에 의해 건설되고 기업이 지급의 대가로 재화의 인도를 요구할 수 있을 때 그 재화를 이용할 수 있는 권리를 갖는다. 기업이 용역을 제공받는 시기는 기업이 다른 용역을 제공(예: 고객에게 광고하는 것)하기 위해 그 용역을 사용하는 때가 아니라, 기업에게 당해 용역을 제공하기로 한 계약에 따라 공급자가 그 용역을 수행하는 때이다.

70 문단 68은 기업이 재화를 이용할 수 있는 권리를 갖기 전에 재화에 대한 대가를 지급한 때에 기업이 그 선급금을 자산으로 인식하는 것을 금지하는 것은 아니다. 이와 유사하게 문단 68은 기업이 용역을 제공받기 전에 용역에 대한 대가를 지급한 때에 기업이 그 선급금을 자산으로 인식하는 것을 금지하는 것은 아니다.

자산으로 인식할 수 없는 과거 비용

71 최초에 비용으로 인식한 무형항목에 대한 지출은 그 이후에 무형자산의 원가로 인식할 수 없다.

인식 후의 측정

72 무형자산의 회계정책으로 문단 74의 원가모형이나 문단 75의 재평가[18)]모형을 선택할 수 있다. 재평가모형을 적용하여 무형자산을 회계처리하는 경우에는, 같은 유형의 기타 모든 자산도 그에 대한 활성시장이 없는 경우를 제외하고는 동일한 방법을 적용하여 회계처리한다.

73 무형자산의 유형은 기업의 영업에서 특성과 용도가 비슷한 자산의 집합이다. 자산을 선택적으로 재평가하거나 재무제표에서 서로 다른 기준일의 원가와 가치가 혼재된 금액을 보고하는 것을 방지하기 위하여 같은 유형 내의 무형자산 항목들은 동시에 재평가한다.

원가모형

74 최초 인식 후에 무형자산은 원가에서 상각누계액과 손상차손누계액을 차감한 금액을 장부금액으로 한다.

재평가모형

75 최초 인식 후에 무형자산은 재평가일의 공정가치에서 이후의 상각누계액과 손상차손누계액을 차감한 재평가금액을 장부금액으로 한다. 이 기준서의 재평가 목적상

---

18) 이 기준서의 '재평가'는 '감정평가 및 감정평가사에 관한 법률' 등에서 언급하는 '재평가'와 그 용도, 대상 및 구체적 평가방법 등에서 서로 다른 의미로 사용될 수 있음

공정가치는 활성시장을 기초로 하여 측정한다. 보고기간 말에 자산의 장부금액이 공정가치와 중요하게 차이가 나지 않도록 주기적으로 재평가를 실시한다.

76 재평가모형을 적용하는 경우에 다음 사항을 허용하지 않는다.

(1) 이전에 자산으로 인식하지 않은 무형자산의 재평가

(2) 원가가 아닌 금액으로 무형자산을 최초로 인식

77 재평가모형은 자산을 원가로 최초에 인식한 후에 적용한다. 그러나 일부 과정이 종료될 때까지 인식기준을 충족하지 않아서 무형자산의 원가의 일부만 자산으로 인식한 경우(문단 65 참조)에는 그 자산 전체에 대하여 재평가모형을 적용할 수 있다. 또한 정부보조를 통하여 취득하고 명목상 금액으로 인식한 무형자산에도 재평가모형을 적용할 수 있다(문단 44 참조).

78 무형자산에 대하여 활성시장이 존재하는 것이 흔하지는 않다. 예를 들면, 어떤 국가에서는 자유롭게 양도가 가능한 택시 라이선스, 어업권이나 생산할당량에 대하여 활성시장이 존재할 수 있다. 그러나 브랜드, 신문 제호, 음악과 영화 출판권, 특허권이나 상표는 성격상 독특하기 때문에 활성시장이 존재할 수 없다. 또한 무형자산이 매매되더라도 계약은 개별 매수자와 매도자 간에 협상이 되고 상대적으로 거래는 자주 일어나지 않는다. 이러한 이유로 어떤 자산에 대하여 지급한 가격이 다른 자산의 공정가치에 대한 충분한 증거를 제공하지 않을 수도 있다. 게다가 가격에 대한 정보가 공개적으로 이용가능하지 않을 수 있다.

79 재평가의 빈도는 재평가되는 무형자산의 공정가치의 변동성에 따라 달라진다. 재평가된 자산의 공정가치가 장부금액과 중요하게 차이가 나는 경우에는 추가적인 재평가가 필요하다. 유의적이고 급격한 공정가치의 변동 때문에 매년 재평가가 필요한 무형자산이 있는 반면에 공정가치의 변동이 경미하여 빈번한 재평가가 필요하지 않은 무형자산도 있다.

80 무형자산을 재평가할 때 그 자산의 장부금액을 재평가금액으로 조정한다. 재평가일에 그 자산을 다음 중 하나의 방법으로 회계처리한다.

(1) 자산 장부금액의 재평가와 일치하는 방식으로 자산의 총장부금액을 조정한다. 예를 들어, 총장부금액은 관측가능한 시장 자료를 기초로 수정하거나 장부금액의 변동에 비례하여 수정할 수 있다. 재평가일의 상각누계액은 손상차손누계액을 고려한 후 총장부금액과 장부금액의 차이와 같아지도록 조정한다.

(2) 자산의 총장부금액에서 상각누계액을 제거한다.

상각누계액의 조정금액은 문단 85와 86에 따라 회계처리되는 장부금액의 증감에 포함된다.

81 재평가한 무형자산과 같은 유형 내의 무형자산을 그 자산에 대한 활성시장이 없어서 재평가할 수 없는 경우에는 원가에서 상각누계액과 손상차손누계액을 차감한 금액으로 표시한다.

82 재평가한 무형자산의 공정가치를 더 이상 활성시장을 기초로 하여 측정할 수 없는 경우에는 자산의 장부금액은 활성시장을 기초로 한 최종 재평가일의 재평가금액에서 이후의 상각누계액과 손상차손누계액을 차감한 금액으로 한다.

83 재평가한 무형자산에 대하여 더 이상 활성시장이 존재하지 않는다는 것은 자산이 손상되어 기업회계기준서 제1036호 '자산손상'에 따라 손상검사를 할 필요가 있다는 것을 나타내는 것일 수 있다.

84 자산의 공정가치를 이후의 측정일에 활성시장을 기초로 하여 측정할 수 있는 경우에는 그 날부터 재평가모형을 적용한다.

85 무형자산의 장부금액이 재평가로 인하여 증가된 경우에 그 증가액은 기타포괄손익으로 인식하고 재평가잉여금의 과목으로 자본에 가산한다. 그러나 그 증가액 중

그 자산에 대하여 이전에 당기손익으로 인식한 재평가감소에 해당하는 금액이 있다면 그 금액을 한도로 당기손익으로 인식한다.

86 무형자산의 장부금액이 재평가로 인하여 감소된 경우에 그 감소액은 당기손익으로 인식한다. 그러나 감소액 중 그 자산에 대한 재평가잉여금 잔액이 있다면 그 금액을 한도로 재평가잉여금의 과목으로 기타포괄손익에 인식된다. 기타포괄손익으로 인식된 감소액은 재평가잉여금의 과목으로 자본에 누적되어 있는 금액을 줄인다.

87 자본에 포함된 재평가잉여금 누계액은 그 잉여금이 실현되는 시점에 이익잉여금으로 직접 대체할 수 있다. 자산의 폐기나 처분 시점에 전체 잉여금이 실현될 수 있다. 그러나 일부 잉여금은 자산을 사용하면서 실현될 수 있다. 이러한 경우에 실현된 잉여금은 재평가된 장부금액을 기초로 한 상각액과 자산의 역사적 원가를 기초로 하여 인식하였을 상각액의 차이가 된다. 재평가잉여금을 이익잉여금으로 대체하는 경우 그 금액은 당기손익으로 인식하지 않는다.

내용연수

88 무형자산의 내용연수가 유한한지 또는 비한정인지를 평가하고, 만약 내용연수가 유한하다면 자산의 내용연수 기간이나 내용연수를 구성하는 생산량이나 이와 유사한 단위를 평가한다. 관련된 모든 요소의 분석에 근거하여, 그 자산이 순현금유입을 창출할 것으로 기대되는 기간에 대하여 예측가능한 제한이 없을 경우, 무형자산의 내용연수가 비한정인 것으로 본다.

89 무형자산의 회계처리는 내용연수에 따라 다르다. 내용연수가 유한한 무형자산은 상각(문단 97~106 참조)하고, 내용연수가 비한정인 무형자산은 상각하지 아니한다(문단 107~110 참조). 이 기준서의 실무지침에 제시된 사례는 여러 가지 무형자산의 내용연수 결정과 내용연수 결정에 따른 자산의 후속적 회계처리를 예시한다.

90 무형자산의 내용연수를 결정하기 위해서 다음과 같은 요인을 포함하여 종합적으로 고려한다.

(1) 기업이 예상하는 자산의 사용방식과 자산이 다른 경영진에 의하여 효율적으로 관리될 수 있는지 여부
(2) 자산의 일반적인 제품수명주기와 유사한 방식으로 사용되는 유사한 자산들의 내용연수 추정치에 관한 공개된 정보
(3) 기술적, 공학적, 상업적 또는 기타 유형의 진부화
(4) 자산이 운용되는 산업의 안정성과 자산으로부터 산출되는 제품이나 용역의 시장수요 변화
(5) 기존 또는 잠재적인 경쟁자의 예상 전략
(6) 예상되는 미래경제적효익의 획득에 필요한 자산 유지비용의 수준과 그 수준의 비용을 부담할 수 있는 능력과 의도
(7) 자산의 통제가능 기간과 자산사용에 대한 법적 또는 이와 유사한 제한(예: 관련된 리스의 만기일)
(8) 자산의 내용연수가 다른 자산의 내용연수에 의해 결정되는지의 여부

91 '비한정'이라는 용어는 '무한'을 의미하지 않는다. 무형자산의 내용연수는 자산의 내용연수를 추정하는 시점에 평가된 표준적인 성능수준을 유지하기 위한 미래 유지비용과 그 수준의 비용을 부담할 수 있는 기업의 능력과 의도만을 반영한다. 자산의 내용연수를 추정하는 시점에 평가된 표준적인 성능수준을 유지하기 위하여 필요한 지출을 초과하는 계획된 미래지출에 근거하여 무형자산의 내용연수가 비한정이라는 결론을 내려서는 안 된다.

92 컴퓨터소프트웨어와 그 밖의 많은 무형자산은 기술변화가 빠르기 때문에 기술적 진부화의 영향을 받기 쉽다. 따라서 그러한 무형자산의 내용연수는 짧은 경우가 많을 것이다. 무형자산을 사용하여 생산된 품목의 판매가격이 향후 하락할 것으로 예상된다면, 이는 그 자산이 기술적으로나 상업적으로 진부화될 것이 예상됨을 시사하며 결국 그 자산에 내재된 미래경제적효익의 감소를 나타내는 것일 수 있다.

93 무형자산의 내용연수는 매우 길 수도 있고 경우에 따라서는 비한정일 수도 있다. 내용연수의 불확실성으로 인하여 무형자산의 내용연수를 신중하게 추정하는 것은 정당하지만, 비현실적으로 짧은 내용연수를 선택하는 것은 정당화되지 않는다.

94 계약상 권리 또는 기타 법적 권리로부터 발생하는 무형자산의 내용연수는 그러한 계약상 권리 또는 기타 법적 권리의 기간을 초과할 수는 없지만, 자산의 예상사용기간에 따라 더 짧을 수는 있다. 만약 계약상 또는 기타 법적 권리가 갱신가능한 한정된 기간 동안 부여된다면, 유의적인 원가 없이 기업에 의해 갱신될 것이 명백한 경우에만 그 갱신기간을 무형자산의 내용연수에 포함한다. 사업결합에서 무형자산으로 인식한 다시 취득한 권리의 내용연수는 권리가 부여된 남아있는 계약상 기간이고 갱신기간은 포함하지 않는다.

95 무형자산의 내용연수는 경제적 요인과 법적 요인의 영향을 받는다. 경제적 요인은 자산의 미래경제적효익이 획득되는 기간을 결정하고, 법적 요인은 기업이 그 효익에 대한 접근을 통제할 수 있는 기간을 제한한다. 내용연수는 이러한 요인에 의해 결정된 기간 중 짧은 기간으로 한다.

96 특히 다음의 조건을 모두 충족하는 경우에는 유의적인 원가를 부담하지 않고 계약상 또는 기타 법적 권리의 갱신이 이루어질 수 있는 것으로 본다.

(1) 과거 경험 등에 비추어 계약상 권리나 기타 법적 권리가 갱신될 것이라는 증거가 있다. 갱신이 제3자의 승인을 조건으로 하는 경우에는 제3자가 승인할 것이라는 증거를 포함한다.

(2) 권리 갱신을 위해 필요한 조건들이 충족될 것이라는 증거가 있다.

(3) 갱신원가가 갱신으로 인하여 유입될 것으로 기대되는 미래경제적효익과 비교하여 유의적이지 않다.

만약 갱신원가가 갱신으로 인하여 유입될 것으로 기대되는 미래경제적효익과 비교하여 중요하다면, 그 갱신원가는 실질적으로 갱신일에 새로운 무형자산을 취득하기 위하여 발생한 원가를 나타낸다.

내용연수가 유한한 무형자산

상각기간과 상각방법

97 내용연수가 유한한 무형자산의 상각대상금액은 내용연수 동안 체계적인 방법으로 배분하여야 한다. 상각은 자산을 사용할 수 있는 때부터 시작한다. 즉 자산이 경영자가 의도하는 방식으로 운영할 수 있는 장소와 상태에 이르렀을 때부터 시작한다. 상각은 기업회계기준서 제1105호에 따라 자산이 매각예정으로 분류되는(또는 매각예정으로 분류되는 처분자산집단에 포함되는) 날과 자산이 재무상태표에서 제거되는 날 중 이른 날에 중지한다. 무형자산의 상각방법은 자산의 경제적 효익이 소비될 것으로 예상되는 형태를 반영한 방법이어야 한다. 다만, 그 형태를 신뢰성 있게 결정할 수 없는 경우에는 정액법을 사용한다. 각 회계기간의 상각액은 이 기준서나 다른 한국채택국제회계기준서에서 다른 자산의 장부금액에 포함하도록 허용하거나 요구하는 경우를 제외하고는 당기손익으로 인식한다.

98 무형자산의 상각대상금액을 내용연수 동안 체계적으로 배분하기 위해 다양한 방법을 사용할 수 있다. 이러한 상각방법에는 정액법, 체감잔액법과 생산량비례법이 있다. 상각방법은 자산이 갖는 예상 미래경제적효익의 예상되는 소비형태에 기초하여 선택하고, 미래경제적효익의 예상되는 소비형태가 달라지지 않는다면 매 회계기간에 일관성 있게 적용한다.

98A 무형자산의 사용을 포함하는 활동에서 창출되는 수익에 기초한 상각방법은 반증할 수 없는 한 적절하지 않다고 간주한다. 그러한 활동으로 창출되는 수익은 일반적으로 무형자산에 내재된 경제적효익의 소비와 직접 연관되지 않는 요소를 반영한다. 예를 들면, 수익은 그 밖의 투입요소와 과정, 판매활동과 판매 수량 및 가격 변동에 영향을 받는다. 수익의 가격 요소는 자산이 소비되는 방식과 관계가 없는 인플레이션에 영향을 받을 수 있다. 위와 같이 간주하는 것은 다음 중 어느 하나에 해당하는 제한된 상황에서만 배제할 수 있다.

(1) 문단 98C에서 기술된 바와 같이 무형자산이 수익의 측정치로 표현되는 경우
(2) 수익과 무형자산의 경제적효익 소비 간에 밀접한 상관관계가 있음을 제시할 수 있는 경우

98B 문단 98에 따라 적절한 상각방법을 선택할 때, 무형자산에 내재된 주된 한정요소를 결정할 수 있을 것이다. 예를 들면, 무형자산의 사용에 대한 기업의 권리를 규정하는 계약에서 무형자산의 사용을 사전에 정한 햇수(즉 기간), 생산량 또는 창출될 고정 총수익금액으로 명시할 수도 있을 것이다. 그러한 주된 한정요소를 식별하는 것이 적절한 상각기준을 식별하는 출발점이 될 수 있으나, 그 밖의 기준이 경제적효익의 소비형태를 보다 잘 반영한다면 그 기준을 적용할 수 있다.

98C 무형자산에 내재된 주된 한정요소가 어떤 수익 한도액에 이르는 것인 상황에서는, 창출될 수익이 상각의 적절한 기준이 될 수 있다. 예를 들면, 기업은 금광에서 금을 탐사하고 채굴할 수 있는 권리를 취득할 수 있다. 그 계약의 만료가 기간이나 채굴된 금의 양에 기초하지 않고, 채굴에서 발생하는 총수익의 고정금액에 기초(예를 들어, 어떤 계약에서는 금을 판매하여 창출되는 총누적수익이 20억 원에 이를 때까지 광산에서 금을 채굴하는 것을 허용할 수 있다) 할 수 있다. 다른 예를 들면, 유료도로 운영 권리는 부과된 누적통행료에서 창출되는 고정 총수익금액에 기초할 수 있다(예를 들어, 어떤 계약에서는 유료도로를 운영하여 창출되는 누적통행료 금액이 1억원에 이를 때까지 유료도로의 운영을 허용할 수 있다). 수익이 무형자산 사용 계약의 주된 한정요소로 정해진 경우, 상각을 결정하는 기초인 창출될 고정 총수익금액이 그 계약에 명시된다면, 창출될 수익이 무형자산을 상각하는 적절한 기준이 될 수도 있다.

99 무형자산의 상각액은 일반적으로 당기손익으로 인식한다. 그러나 자산이 갖는 미래경제적효익이 다른 자산의 생산에 소모되는 경우, 그 자산의 상각액은 다른 자산의 원가를 구성하여 장부금액에 포함한다. 예를 들면, 제조과정에서 사용된 무형자산의 상각은 재고자산의 장부금액에 포함한다(기업회계기준서 제1002호 '재고자산' 참조).

잔존가치

100 내용연수가 유한한 무형자산의 잔존가치는 다음 중 하나에 해당하는 경우를 제외하고는 영(0)으로 본다.

(1) 내용연수 종료 시점에 제3자가 자산을 구입하기로 한 약정이 있다.

(2) 무형자산의 활성시장(기업회계기준서 제1113호에 정의되어 있음)이 있고 다음을 모두 충족한다.

㈎ 잔존가치를 그 활성시장에 기초하여 결정할 수 있다.

㈏ 그러한 활성시장이 내용연수 종료 시점에 존재할 가능성이 높다.

101 내용연수가 유한한 자산의 상각대상금액은 잔존가치를 차감하여 결정한다. 영(0)이 아닌 잔존가치는 경제적 내용연수 종료 시점 이전에 그 자산을 처분할 것이라는 기대를 나타낸다.

102 무형자산의 잔존가치는 처분으로 회수가능한 금액을 근거로 하여 추정하는데, 그 자산이 사용될 조건과 유사한 조건에서 운용되었고 내용연수가 종료된 유사한 자산에 대해 추정일 현재 일반적으로 형성된 매각 가격을 사용한다. 잔존가치는 적어도 매 회계연도 말에는 검토한다. 잔존가치의 변동은 기업회계기준서 제1008호 '회계정책, 회계추정치 변경과 오류'에 따라 회계추정치의 변경으로 처리한다.

103 무형자산의 잔존가치는 해당 자산의 장부금액과 같거나 큰 금액으로 증가할 수도 있다. 이 경우에는 자산의 잔존가치가 이후에 장부금액보다 작은 금액으로 감소될 때까지는 무형자산의 상각액은 영(0)이 된다.

상각기간과 상각방법의 검토

104 내용연수가 유한한 무형자산의 상각기간과 상각방법은 적어도 매 회계연도 말에 검토한다. 자산의 예상 내용연수가 과거의 추정치와 다르다면 상각기간을 이에 따

라 변경한다. 자산이 갖는 미래경제적효익의 예상소비형태가 변동된다면, 변동된 소비형태를 반영하기 위하여 상각방법을 변경한다. 그러한 변경은 기업회계기준서 제1008호에 따라 회계추정치의 변경으로 회계처리한다.

105 무형자산의 내용연수 동안, 내용연수의 추정이 적절하지 않다는 것이 명백해지는 경우가 있다. 예를 들면, 손상차손의 인식이 상각기간을 변경할 필요가 있다는 것을 나타낼 수 있다.

106 시간이 경과함에 따라, 무형자산에서 유입될 것으로 기대되는 미래경제적효익의 형태는 변경될 수 있다. 예를 들면, 체감잔액법이 정액법보다 더 적절하다는 것이 명백해지는 경우가 있다. 또 다른 예로는 라이선스에 의한 권리의 사용이 해당 사업계획의 다른 요소에 대한 활동이 수행될 때까지 연기되는 경우에 그 자산에서 유입되는 미래경제적효익은 그 이후의 회계기간이 되어서야 나타날 수 있다.

내용연수가 비한정인 무형자산

107 내용연수가 비한정인 무형자산은 상각하지 아니한다.

108 기업회계기준서 제1036호에 따라, 다음의 각 경우에 회수가능액과 장부금액을 비교하여 내용연수가 비한정인 무형자산의 손상검사를 수행하여야 한다.

(1) 매년

(2) 무형자산의 손상을 시사하는 징후가 있을 때

내용연수 평가의 검토

109 상각하지 않는 무형자산에 대하여 사건과 상황이 그 자산의 내용연수가 비한정이라는 평가를 계속하여 정당화하는지를 매 회계기간에 검토한다. 사건과 상황이 그러한 평가를 정당화하지 않는 경우에 비한정 내용연수를 유한 내용연수로 변경하는

것은 기업회계기준서 제1008호에 따라 회계추정치의 변경으로 회계처리한다.

110 기업회계기준서 제1036호에 따라, 비한정 내용연수를 유한 내용연수로 재평가하는 것은 그 자산의 손상을 시사하는 하나의 징후가 된다. 따라서 기업회계기준서 제1036호에 따라 결정된 회수가능액과 장부금액을 비교하여 그 자산에 대한 손상검사를 하고, 회수가능액을 초과하는 장부금액을 손상차손으로 인식한다.

장부금액의 회수가능성 - 손상차손

111 무형자산의 손상여부를 결정하기 위해서는 기업회계기준서 제1036호를 적용한다. 기업회계기준서 제1036호는 자산의 장부금액의 검토시기와 방법, 자산의 회수가능액의 결정방법과 손상차손과 손상차손환입의 인식시기를 설명하고 있다.

폐기와 처분

112 무형자산은 다음의 각 경우에 재무상태표에서 제거한다.

(1) 처분하는 때

(2) 사용이나 처분으로부터 미래경제적효익이 기대되지 않을 때

113 무형자산의 제거로 생기는 이익이나 손실은 순매각금액과 장부금액의 차이로 산정한다. 그 이익이나 손실은 자산을 제거할 때 당기손익으로 인식한다(다만 기업회계기준서 제1116호에서 판매후리스거래에 대하여 달리 규정하는 경우는 제외). 차익(gains)은 수익(revenue)으로 분류하지 않는다.[19)]

---

19) '개념체계'에 따르면 'income'은 'revenue'와 'gains'를 포함하는 '광의의 수익' 개념이고, 한국채택국제회계기준에서는 'income'과 'revenue'를 동일하게 '수익'으로 번역하고 'gains'를 '차익 또는 이익'으로 번역함을 원칙으로 하였다. 다만, 'income'과 'revenue' 두 개의 용어를 명확하게 구분할 필요가 있는 경우 'income'은 '(광의의) 수익'으로 번역하였다. 차익은 흔히 관련 비용을 차감한 금액으로 보고되므로, '차익(gains)은 수익(revenue)으로 분류하지 않는다'는 차익을 통상적 활동에서 발생하는 경제적 효익의 총 유입액을 의미하는 수익으로 분류하지 않는다는 의미이다.

114 무형자산은 여러 방법(예: 매각, 금융리스의 체결, 기부)으로 처분할 수 있다. 무형자산의 처분일은 수령자가 기업회계기준서 제1115호 '고객과의 계약에서 생기는 수익'의 수행의무 이행 시기를 판단하는 규정에 따라 해당 자산을 통제하게 되는 날이다. 판매후리스에 의한 처분에 대해서는 기업회계기준서 제1116호를 적용한다.

115 문단 21의 인식원칙에 따라 무형자산의 일부에 대한 대체원가를 자산의 장부금액으로 인식하는 경우, 대체된 부분의 장부금액은 제거한다. 대체된 부분의 장부금액을 실무적으로 결정할 수 없는 경우에는, 대체된 부분을 취득하거나 내부적으로 창출한 시점에 대체된 부분의 원가가 얼마였는지 나타내주는 자료로 대체원가를 사용할 수도 있다.

115A 사업결합에서 재취득된 권리의 경우, 그 권리가 후속적으로 제3자에게 재발행(매각)된다면 관련된 장부금액은 재발행시 손익을 결정하는 데 사용된다.

116 무형자산의 제거에서 생기는 손익에 포함되는 대가(금액)는 기업회계기준서 제1115호 문단 47~72의 거래가격 산정에 관한 요구사항에 따라 산정한다. 손익에 포함된 추정 대가(금액)의 후속적인 변동은 기업회계기준서 제1115호의 거래가격 변동에 관한 요구사항에 따라 회계처리한다.

117 내용연수가 유한한 무형자산은 그 자산을 더 이상 사용하지 않을 때도 상각을 중지하지 아니한다. 다만, 완전히 상각하거나 기업회계기준서 제1105호에 따라 매각예정으로 분류되는(또는 매각예정으로 분류되는 처분자산집단에 포함되는) 경우에는 상각을 중지한다.

공시

일반사항

118 무형자산은 각 유형별로, 내부적으로 창출한 무형자산과 기타 무형자산을 구분하여 다음 사항을 공시한다.

(1) 내용연수가 비한정인지 아니면 유한한지와, 내용연수가 유한한 경우에는 내용연수나 사용된 상각률

(2) 내용연수가 유한한 무형자산에 사용된 상각방법

(3) 기초와 기말의 총장부금액, 상각누계액(손상차손누계액을 합산)

(4) 무형자산의 상각액이 포함되어 있는 포괄손익계산서의 계정과목

(5) 무형자산 기초장부금액에 다음의 변동내용을 가감하여 기말장부금액으로 조정한 내용

㈎ 증가금액: 내부적으로 개발한 부분, 개별 취득한 부분과 사업결합으로 취득한 부분을 구분하여 표시

㈏ 기업회계기준서 제1105호에 따라 매각예정으로 분류되는 자산이나 매각예정으로 분류되는 처분자산집단에 포함되는 자산, 그리고 기타 처분자산

㈐ 문단 75, 85와 86의 재평가로 인하여 발생한 당기 증가금액이나 감소금액과 기업회계기준서 제1036호에 따라 기타포괄손익에서 인식되거나 환입된 손상차손으로 인한 당기 증가금액이나 감소금액

㈑ 기업회계기준서 제1036호에 따라 당기손익으로 인식한 손상차손

㈒ 기업회계기준서 제1036호에 따라 당기손익으로 환입한 손상차손

㈓ 당기 중에 인식한 상각액

㈔ 재무제표를 표시통화로 환산할 때 발생하는 순외환차이와 해외사업장을 기업의 표시통화로 환산할 때 발생하는 순외환차이

㈕ 당기 중 장부금액의 기타 변동

119 무형자산의 유형은 기업의 영업에서 특성과 용도가 비슷한 자산의 집합이다. 개별 유형의 예는 다음을 포함할 수 있다.

(1) 브랜드명

(2) 제호와 출판표제

(3) 컴퓨터소프트웨어

(4) 라이선스와 프랜차이즈

(5) 저작권, 특허권, 기타 산업재산권, 용역운영권

(6) 기법, 방식, 모형, 설계 및 시제품

(7) 개발 중인 무형자산

재무제표 이용자에게 더 목적적합한 정보를 제공할 수 있다면 무형자산의 유형은 더 큰 단위로 통합하거나 더 작은 단위로 구분할 수 있다.

120 문단 118(5)(대)~(마)에서 요구하는 정보 외에 기업회계기준서 제1036호에 따라 손상차손이 발생한 무형자산에 대한 정보를 추가로 공시한다.

121 기업회계기준서 제1008호에 따라 당기에 중요한 영향을 미치거나 차기 이후에 중요한 영향을 미칠 것으로 예상되는 회계추정치의 변경 내용과 금액을 공시한다. 다음 중 하나가 변경되는 경우 그러한 공시가 필요할 수 있다.

(1) 무형자산의 내용연수의 평가

(2) 상각방법

(3) 잔존가치

122 다음 사항도 추가로 공시한다.

(1) 내용연수가 비한정인 무형자산에 대하여, 그러한 자산의 장부금액과 비한정 내용연수에 대한 평가를 정당화하는 근거. 제시하는 근거에는 그 자산의 내용연수가 비한정이라고 결정하는 데 유의적인 역할을 한 요소에 대하여 설명한다.

(2) 기업의 재무제표에 중요한 개별 무형자산에 대한 설명, 장부금액과 잔여상

각기간

(3) 정부보조금을 통하여 취득하고 최초에 공정가치로 인식한 무형자산과 관련된 다음 사항(문단 44 참조)

(개) 최초로 인식한 공정가치

(내) 장부금액

(대) 최초 인식 후의 측정방법(원가모형 또는 재평가모형)

(4) 권리가 제한되어 있는 무형자산이 존재한다면 그 사실과 장부금액 및 부채에 대하여 담보로 제공되어 있는 무형자산의 장부금액

(5) 무형자산을 취득하기 위한 계약상 약정금액

123 무형자산의 내용연수가 비한정이라고 결정하는 데 유의적인 역할을 한 요소를 설명하기 위하여 문단 90에 열거된 사항들을 고려한다.

최초 인식 후에 재평가모형을 사용하여 측정한 무형자산

124 무형자산을 재평가금액으로 회계처리하는 경우에는 다음 사항을 공시한다.

(1) 무형자산의 유형별로 다음 사항을 기재한다.

(개) 재평가 시행일

(내) 재평가된 무형자산의 장부금액

(대) 재평가된 무형자산의 유형에 대하여 최초 인식 후에 문단 74의 원가모형에 따라 측정하였다면 인식하였을 장부금액

(2) 기초와 기말의 무형자산 관련 재평가잉여금의 금액. 당기 중 변동사항과 주주에 대한 배당의 제한이 있다면 그 내용을 기재한다.

(3) [국제회계기준위원회에 의하여 삭제됨]

125 공시 목적상 재평가된 무형자산의 유형을 더 큰 유형으로 통합하는 것이 필요할 수도 있다. 그러나 통합으로 인하여 원가모형으로 측정한 금액과 재평가모형으로 측정한 금액이 결합된다면 그러한 통합은 하지 아니한다.

연구와 개발 지출

126 당기에 비용으로 인식한 연구와 개발 지출의 총액을 공시한다.

127 연구와 개발 지출은 연구활동이나 개발활동과 직접 관련이 있는 모든 지출을 포함한다(문단 126의 공시 사항에 포함될 지출 유형에 대해서는 문단 66과 67을 참조).

기타 사항

128 다음의 사항을 추가로 주석으로 기재할 수 있다.

(1) 상각은 완료하였으나 계속 사용 중인 무형자산의 내용

(2) 이 기준서의 인식기준을 충족하지 못하였거나 이 기준서가 시행되기 전에 취득하거나 창출하였기 때문에, 자산으로 인식하지 않았지만 통제하고 있는 중요한 무형자산에 대한 내용

경과규정과 시행일

129 [국제회계기준위원회에 의하여 삭제됨]

130 [한국회계기준원 회계기준위원회가 삭제함]

130A [한국회계기준원 회계기준위원회가 삭제함]

130B [한국회계기준원 회계기준위원회가 삭제함]

한130B.1 이 기준서는 2011년 1월 1일 이후 최초로 개시하는 회계연도부터 적용한다. 다만, 2009년 1월 1일 이후 개시하는 회계연도부터 적용할 수 있다.

한130B.2 이 기준서를 2009년 1월 1일 이후 개시하는 회계연도부터 적용하는 경우에는 문단 130C와 130E를 적용한다.

130C 기업회계기준서 제1103호(2008년 전면개정)는 이 기준서의 문단 12, 33~35, 68, 69, 94 및 130을 개정하고, 문단 38과 129를 삭제하며, 문단 115A를 추가하였다. 2009년 6월에 공표된 '한국채택국제회계기준 연차개선'에 따라 문단 36과 37이 개정되었다. 이 개정 내용은 2009년 7월 1일 이후 개시하는 회계연도부터 전진적으로 적용한다. 따라서 이전 사업결합에서 무형자산과 영업권으로 인식한 금액은 조정하지 않는다. 기업이 기업회계기준서 제1103호(2008년 전면개정)를 조기에 적용하는 경우에는 이 개정 내용도 동시에 적용하고 그 사실을 공시한다.

130D [한국회계기준원 회계기준위원회가 삭제함]

130E [국제회계기준위원회에 의하여 삭제됨]

130F 2012년 11월에 발표된 기업회계기준서 제1110호와 기업회계기준서 제1111호 '공동약정'에 따라 문단 3(5)가 개정되었다. 동 개정내용은 기업회계기준서 제1110호와 제1111호를 적용하는 경우 적용한다.

130G 2011년 12월에 발표된 기업회계기준서 제1113호에 따라 문단 8, 33, 47, 50, 75, 78, 82, 84, 100 및 124가 개정되었고, 문단 39~41 및 130E가 삭제되었다. 이러한 개정내용은 기업회계기준서 제1113호를 적용할 때 적용한다.

130H 2014년 7월에 발표된 한국채택국제회계기준 2010-2012 연차개선에 따라 문단 80이 개정되었다. 이러한 개정내용은 2014년 7월 1일 이후 최초로 시작되는 회계연도부터 적용하되 조기적용이 허용된다. 조기적용하는 경우 그러한 사실을 공시한다.

130I 2014년 7월에 발표된 한국채택국제회계기준 2010-2012 연차개선에 따른 개정내용은 해당 개정내용 최초적용일 이후 시작되는 회계연도와 직전 회계연도에 인식되는 모든 재평가에 적용한다. 표시되는 더 이른 기간에 대한 조정 비교정보도 표시할 수 있으나, 반드시 표시하여야 하는 것은 아니다. 더 이른 기간에 대해 조정되지 않은 비교정보를 표시한다면, 해당 정보가 조정되지 않은 것임을 분명히 밝히고, 다른 기준에 따라 표시되었다고 기술하고 그 기준을 설명한다.

130J 2014년 12월에 발표한 '허용되는 감가상각방법과 상각방법의 명확화'(기업회계기준서 제1016호 및 제1038호의 개정)에 따라 문단 92와 98를 개정하였고, 문단 98A~98C가 추가하였다. 이 개정내용은 2016년 1월 1일 이후 최초로 시작되는 회계연도부터 전진적으로 적용하되 조기 적용할 수도 있다. 조기 적용하는 경우에는 그 사실을 공시한다.

130K 2015년 12월에 공표한 기업회계기준서 제1115호 '고객과의 계약에서 생기는 수익'에 따라, 문단 3, 114, 116를 개정하였다. 이 개정 내용은 기업회계기준서 제1115호를 적용할 때 적용한다.

130L 2017년 12월에 공표한 기업회계기준서 제1116호에 따라 문단 3, 6, 113, 114를 개정하였다. 이 개정 내용은 기업회계기준서 제1116호를 적용할 때 적용한다.

130M 2021년 6월에 공표한 기업회계기준서 제1117호에 따라 문단 3을 개정하였다[한1]. 이 개정 내용은 기업회계기준서 제1117호를 적용할 때 적용한다.

한1) 회계기준위원회는 국제회계기준위원회가 2017년 5월 발표한 IFRS 17 '보험계약'에 대응하는 K-IFRS 제1117호 '보험계약'을 제정 의결하였으나 공표하지 않고, 국제회계기준위원회가 2020년 6월에 발표한 개정 IFRS 17을 포함하여 K-IFRS 제1117호를 2021년 4월에 수정 심의·의결하였다. 한편, 국제회계기준위원회는 2017년 5월에 발표한 IFRS 17에 따라 문단 3을 개정하였다. 또 2020년 6월에 발표한 IFRS 17에 따라 문단 3을 추가로 개정하였다.

유사한 자산의 교환

131 [한국회계기준원 회계기준위원회가 삭제함]

조기 적용

132 [한국회계기준원 회계기준위원회가 삭제함]

기준서 등의 대체

133 [한국회계기준원 회계기준위원회가 삭제함]

기업회계기준서 제1038호 '무형자산'의 적용사례

이 적용사례는 기업회계기준해석서 제1038호에 첨부되지만, 이 기준서의 일부를 구성하는 것은 아니다.

무형자산의 내용연수 평가

다음의 지침은 기업회계기준서 제1038호에 따라 무형자산의 내용연수를 결정하는 사례를 제시한다.

다음의 각각의 사례는 취득한 무형자산, 그 내용연수의 결정에 관련된 사실과 주변 상황, 그리고 그러한 결정에 근거한 후속회계처리를 설명한다.

사례 1. 취득한 고객목록

직접우편발송 광고회사가 고객목록을 취득하고, 당해 고객목록 정보로부터 적어도 1년, 그러나 3년을 넘지 않는 기간 동안 효익을 얻을 수 있을 것으로 기대한다.

고객목록은 그 내용연수에 대한 경영진의 최선 추정기간(예: 18개월) 동안 상각된다. 직접우편발송 광고회사가 미래에 그 고객목록에 고객이름과 그 밖의 정보를 추가할 의도를 가지고 있다고 하더라도 취득한 고객목록에서 기대되는 효익은 취득일의 당해 목록에 포함된 고객에게만 관련된다. 고객목록도 매 보고기간말마다 자산손상을 시사하는 징후가 있는지를 평가하여 기업회계기준서 제1036호에 따라 손상을 검토할 것이다.

사례 2. 취득한 특허권으로서 15년 후에 만료되는 경우

특허 기술에 의해 보호를 받는 제품이 적어도 15년 동안 순현금유입의 원천이 될 것으로 예상된다. 기업은 특허권 취득일 현재 공정가치의 60%로 5년 후에 특허권을 구매하려는 제3자와 약정하였으며 5년 후에 특허권을 매각할 의도를 가지고 있다.

기업은 특허권을 취득일 현재 공정가치의 60%에 대한 현재가치를 잔존가치로 하여 5년의 내용연수에 걸쳐 상각할 것이다. 특허권도 매 보고기간말마다 자산손상을 시사하는 징후가 있는지를 평가하여 기업회계기준서 제1036호에 따라 손상을 검토할 것이다.

사례 3. 취득한 저작권으로서 50년의 법정 잔여연수가 있는 경우

고객의 성향과 시장동향의 분석을 통해 저작권을 가진 해당 자료가 앞으로 30년 동안만 순현금유입을 창출할 것이라는 증거가 제공된다.

저작권은 30년의 추정 내용연수 동안 상각될 것이다. 저작권도 매 보고기간말마다 자산손상을 시사하는 징후가 있는지를 평가하여 기업회계기준서 제1036호에 따라 손상을 검토할 것이다.

사례 4. 취득한 방송 라이선스로서 5년 후에 만료되는 경우

방송 라이선스는 기업이 적어도 통상적인 수준의 서비스를 고객에게 제공하고 관련 법적 규정을 준수한다면 매 10년마다 갱신이 가능하다. 이 라이선스는 거의 원가없이 비한정으로 갱신할 수 있으며 최근의 취득 이전에 두 번 갱신되었다. 취득 기업은 라이선스를 비한정으로 갱신하려는 의도를 가지고 있으며 갱신할 수 있는 능력을 가지고 있다는 증거도 있다. 과거에 라이선스를 갱신하는 데 어려움은 없었다. 방송하는 데 사용되는 기술은 예측가능한 미래의 어느 시점에라도 다른 기술에 의해 대체될 것으로 예상되지 않는다. 따라서 라이선스는 비한정으로 기업의 순현금유입에 기여할 것으로 기대된다.

방송 라이선스는 비한정으로 기업의 순현금유입에 기여할 것으로 기대되므로 내용연수가 비한정인 것으로 회계처리한다. 따라서 당해 라이선스는 그 내용연수가 유한하다고 결정할 때까지는 상각하지 않을 것이다. 라이선스에 대하여 매년 그리고 자산손상을 시사하는 징후가 있을 때마다 기업회계기준서 제1036호에 따라 손상검사를 할 것이다.

사례 5. 사례 4의 방송 라이선스

라이선스발급 기관이 방송 라이선스를 더 이상 갱신해주지 않고 이를 경매에 붙이기로 결정하였다. 라이선스 발급기관의 이러한 결정이 이루어진 시점에 당해 방송 라이선스는 그 만료시점까지 3년이 남아있다. 기업은 만료시점까지 라이선스가 순현금유입에 기여를 할 것으로 예상한다.

방송 라이선스가 더 이상 갱신될 수 없으므로 그 내용연수는 더 이상 비한정이지 않다. 따라서 취득한 라이선스는 3년의 잔여내용연수 동안 상각하고 기업회계기준서 제1036호에 따라 즉시 손상검사를 한다.

사례 6. 취득한 유럽의 두 도시간 항공로 이용권으로서 3년 후에 만료되는 경우

항공로 이용권은 매 5년마다 갱신될 수 있고 취득 기업은 갱신과 관련된 법규와 규정을 준수할 의도를 가지고 있다. 항공로 이용권을 갱신하는 데 통상 미미한 원가밖에 들지 않으며 경험으로 볼 때 항공사가 적용 법규와 규정을 준수해온 경우에는 과거의 항공로 이용권이 갱신되었다. 취득 기업은 중심 공항에서부터 두 도시간에 서비스를 비한정으로 제공할 수 있을 것으로 예상하고 있으며, 기업이 항공로 이용권을 가지고 있는 한 관련 지원기반(공항 출입구, 이착륙권, 공항시설 리스)이 해당 공항에서 계속 유지될 것으로 예상하고 있다. 수요와 현금흐름에 대한 분석이 이러한 가정을 뒷받침한다.

제반 사실과 상황이 두 도시간 항공서비스를 비한정으로 계속하여 제공할 능력이 항공로 이용권을 취득한 기업에게 있음을 뒷받침하므로 당해 항공로 이용권과 관련된 무형자산의 내용연수는 비한정인 것으로 회계처리한다. 따라서 당해 항공로 이용권은 그 내용연수가 유한하다고 결정될 때까지 상각하지 않는다. 이 항공로 이용권은 매년 그리고 자산손상을 시사하는 징후가 있을 때마다 기업회계기준서 제1036호에 따라 손상검사를 한다.

사례 7. 취득한 상표권으로서 과거 8년간 시장점유율이 선두인 선도소비제품을 식별하고 구별하는 데 사용되는 경우

상표권은 잔여 법정 연수가 5년이나 매 10년마다 거의 원가 없이 갱신할 수 있다. 취득 기업은 당해 상표권을 계속적으로 갱신할 의도와 갱신할 수 있는 능력이 있음을 뒷받침하는 증거가 있다. (1) 제품수명주기 연구, (2) 시장, 경쟁과 환경 동향 그리고 (3) 브랜드 확장 기회를 분석해 볼 때, 상표권으로 보호되는 당해 제품이 비한정 기간에 걸쳐 취득 기업에게 순현금유입을 창출하게 할 것이라는 증거가 제시된다.

상표권은 비한정으로 기업의 순현금유입에 기여할 것이 예상되므로 내용연수가 비한정인 것으로 회계처리한다. 따라서 상표권은 그 내용연수가 유한하다고 결정될 때까지 상각하지 않는다. 그 상표권에 대하여 매년 그리고 자산손상을 시사하는 징후가 있을 때마다 기업회계기준서 제1036호에 따라 손상검사를 한다.

사례 8. 10년 전에 취득한 상표권으로서 선도소비제품으로 구별하는 경우

상표권으로 보호되는 제품이 비한정으로 순현금유입을 창출할 것이 예상되었으므로 취득 당시에 당해 상표권의 내용연수는 비한정인 것으로 간주되었다. 그러나 최근에 예상하지 못한 경쟁자가 시장에 진입하였고 이로 인하여 당해 상표 제품의 매출이 감소될 것으로 예상하고 있다. 경영진은 예측가능한 미래에 당해 제품으로 창출되는 순현금유입이 20%정도 감소할 것으로 추정한다. 그러나 경영진은 그 제품이 이렇게 줄어든 금액의 순현금유입을 비한정으로 창출할 것이라고 예상한다.

추정된 미래 순현금유입 감소의 결과로 기업은 상표권의 추정 회수가능액이 장부금액에 미달하는 것으로 결정하고 손상차손을 인식한다. 그 상표권의 내용연수가 여전히 비한정인 것으로 간주되므로 상표권은 여전히 상각하지 않으나 매년 그리고 자산손상을 시사하는 징후가 있을 때마다 기업회계기준서 제1036호에 따라 손상검사를 한다.

사례 9. 수년전 사업결합으로 취득한 하나의 제품군에 대한 상표권

사업결합 당시 피취득자는 그 상표권을 사용하여 새로운 모델을 많이 개발하여 35년간 특정 제품군을 생산해왔다. 취득일에 취득자는 그 제품군의 생산을 계속할 것으로 예상하였고, 여러 경제적 요소의 분석에 의할 때 상표권이 순현금유입에 기여하는 기간에 제한이 없는 것으로 밝혀졌다. 따라서 취득자는 상표권을 상각하지 않는다. 그러나 경영진은 제품군의 생산을 앞으로 4년 후에 중단하기로 최근에 결정하였다.

취득한 상표권의 내용연수는 더 이상 비한정으로 간주되지 않으므로 당해 상표권의 장부금액은 기업회계기준서 제1036호에 따라 손상검사를 하고 잔여 내용연수인 4년 동안 상각한다.

IAS 38 '무형자산(Intangible Assets)의 결론도출근거

이 결론도출근거는 IAS 38에 첨부되지만, 이 기준서의 일부를 구성하는 것은 아니다.

IASB는 사업결합 과제의 일부로 IAS 38을 개정하였다. 그 과제의 일부로서 IAS 38

의 모든 요구사항을 재고하는 것은 IASB의 의도가 아니었다.

개정 전 IAS 38에는 IASC가 결론을 도출하기 위해 고려한 사항들을 요약한 결론도출근거가 포함되었다. 편의상, IASB는 (1) IASB가 재고하지 않은 사안들과 (2) 무형자산 기준의 변천과정을 다룬 개정 전 결론도출근거 자료를 이번 결론도출근거에 포함시켰다. 그러한 자료는 접두사 BCZ로 표시된 문단에 포함되어 있다. IASB가 독자적인 결론을 도출하기 위해 고려한 사항을 기술한 문단은 접두사 BC로 문단번호가 표시되어 있다.

도입

BC1IASB가 국제회계기준 IAS 38의 결론을 도출하는 과정에서 고려한 사항을 이 결론도출근거에서 요약한다. IASB 위원들은 개인에 따라 일부 사항을 다른 사항들보다 더 비중있게 고려하였다.

BC21998년 IASC는 개정 전 IAS 38을 발표하였다. 이는 사업결합에 대한 과제의 일부로 IASB에 의해 개정되었다. 이 과제는 두 단계로 구성되어 있는데, 첫 번째 단계의 결과로 IASB는 IFRS 3의 제정과 IAS 38 및 IAS 36의 개정을 동시에 발표하였다. 따라서, 이 과제의 첫 번째 단계의 일부로서 IAS 38의 모든 규정을 재고하는 것은 IASB의 개정 의도가 아니었다. IAS 38의 개정은 다음 사항과 주로 관련되어 있다.

(1) 무형자산과 관련되어 있는 '식별가능성'의 개념

(2) 무형자산의 내용연수와 상각

(3) 사업결합으로 취득하는, 진행 중인 연구·개발 프로젝트의 회계처리

BC3사업결합으로 취득하는 진행 중인 연구·개발 프로젝트를 제외하고, 내부적으로 창출한 무형자산의 인식에 관한 개정 전 IAS 38의 규정을 IASB는 재고하지 않았다. IASC가 결론을 도출하는 과정에서 고려한 사항을 요약하여 결론도출근거에 포함하였다. 편의상, IASB는 내부적으로 창출한 무형자산의 인식(문단 BCZ29~BCZ46 참조)과

무형자산 기준의 변천과정(문단 BCZ104~BCZ110 참조)을 다룬 개정 전 결론도출근거 자료를 이번 결론도출근거에 포함시켰다. 문단 BCZ29~BCZ46과 BCZ104~BCZ110에 기술된 관점은 IASC의 관점이다.

기술의 이전 및
사업화 촉진에 관한 법률

기술의 이전 및 사업화 촉진에 관한 법률 (약칭: 기술이전법)

[시행 2018. 7. 18] [법률 제15571호, 2018. 4. 17, 일부개정]

산업통상자원부(산업기술시장혁신과) 044-203-4543

제1장 총칙

제1조(목적) 이 법은 공공연구기관에서 개발된 기술이 민간부문으로 이전되어 사업화되는 것을 촉진하고, 민간부문에서 개발된 기술이 원활히 거래되고 사업화될 수 있도록 관련 시책을 수립·추진함으로써 산업 전반의 기술경쟁력을 강화하여 국가경제의 발전에 이바지함을 목적으로 한다.

제2조(정의) 이 법에서 사용하는 용어의 뜻은 다음과 같다. <개정 2013. 3. 23., 2014. 11. 19., 2017. 7. 26.>

1. "기술"이란 다음 각 목의 어느 하나에 해당하는 것을 말한다.
   가. 「특허법」 등 관련 법률에 따라 등록 또는 출원(出願)된 특허, 실용신안(實用新案), 디자인, 반도체집적회로의 배치설계 및 소프트웨어 등 지식재산
   나. 가목의 기술이 집적된 자본재(資本財)
   다. 가목 또는 나목의 기술에 관한 정보
   라. 그 밖에 가목부터 다목까지에 준하는 것으로서 대통령령으로 정하는 것
2. "기술이전"이란 양도, 실시권 허락, 기술지도, 공동연구, 합작투자 또는 인수·합병 등의 방법으로 기술이 기술보유자(해당 기술을 처분할 권한이 있는 자를 포함한다)로부터 그 외의 자에게 이전되는 것을 말한다.
3. "사업화"란 기술을 이용하여 제품을 개발·생산 또는 판매하거나 그 과정의 관련 기술을 향상시키는 것을 말한다.
4. "기술평가"란 사업화를 통하여 발생할 수 있는 기술의 경제적 가치를 가액(價

額)·등급 또는 점수 등으로 표현하는 것을 말한다.

5. “공공기술”이란 기술의 소유권·실시권 또는 이용권 등이 공공연구기관에 귀속된 기술을 말한다.
6. “공공연구기관”이란 다음 각 목의 기관을 말한다.
   가. 국공립 연구기관
   나. 「과학기술분야 정부출연연구기관 등의 설립·운영 및 육성에 관한 법률」 제8조제1항에 따라 설립된 정부출연연구기관
   다. 「특정연구기관 육성법」 제2조를 적용받는 특정연구기관
   라. 「고등교육법」 제2조에 따른 학교
   마. 그 밖에 「민법」 또는 다른 법률에 따라 설립된 연구개발과 관련된 법인·단체로서 기술의 이전 및 사업화(이하 “기술이전·사업화”라 한다)를 촉진하기 위하여 대통령령으로 정한 기관
7. “관계중앙행정기관”이란 기획재정부, 교육부, 과학기술정보통신부, 산업통상자원부, 그 밖에 대통령령으로 정하는 기관을 말한다.
8. “기술신탁관리업”이란 기술보유자로부터 기술과 그 사용에 관한 권리(이하 “기술등”이라 한다)를 신탁받아 기술등의 설정·이전, 기술료의 징수·분배, 기술의 추가개발 및 기술자산유동화 등 대통령령으로 정하는 관리업무를 수행하는 업(業)을 말한다.
9. “기술자산유동화”란 기술등 및 기술등으로 인한 채권·지분과 그 밖의 재산권을 유동화자산으로 하는 「자산유동화에 관한 법률」 제2조제1호에 따른 자산유동화를 말한다.
10. “공공연구기관첨단기술지주회사”(이하 “기술지주회사”라 한다)란 공공연구기관이 보유하고 있는 기술의 사업화를 목적으로 다른 회사의 주식(지분을 포함한다. 이하 같다)의 소유를 통하여 해당 회사의 사업을 지배하거나 관리·지원하는 것을 주된 사업으로 하는 회사로서 제21조의3에 따라 등록된 회사를 말한다. 다만, 「산업교육진흥 및 산학협력촉진에 관한 법률」 제25조에 따른 산학협력단이 보유하고 있는 기술의 사업화를 목적으로 회사를 설립하는 경우에는 제외한다.

[전문개정 2010. 4. 12.]

제3조(정부 등의 책무) ① 정부는 이 법의 목적이 달성될 수 있도록 기술이전·사업화를 촉진하기 위한 시책을 수립·시행하여야 한다.

② 지방자치단체는 제1항의 시책에 따라 관할구역의 특성을 고려하여 그 지역의 기술이전·사업화를 촉진하기 위한 시책을 수립·시행하여야 한다.

③ 공공연구기관은 공공기술이 민간부문에 원활히 이전될 수 있도록 노력하여야 한다.

[전문개정 2010. 4. 12.]

제4조(다른 법률과의 관계) ① 기술이전·사업화에 관하여 다른 법률에서 정하고 있는 경우를 제외하고는 이 법을 적용한다.

② 이 법에 따른 기술신탁관리업에 대하여는 「자본시장과 금융투자업에 관한 법률」을 적용하지 아니한다. 다만, 기술신탁관리업의 영업행위에 관하여는 「자본시장과 금융투자업에 관한 법률」 제102조, 제104조, 제108조제2호, 제4호부터 제7호까지, 제109조제1호부터 제6호까지, 제8호부터 제10호까지 및 제113조부터 제117조까지의 규정을 준용한다. <개정 2012. 1. 26.>

[전문개정 2010. 4. 12.]

제2장 기술이전·사업화 촉진계획의 수립 등

제5조(기술이전·사업화 촉진계획의 수립 및 시행) ① 정부는 기술이전·사업화에 관한 정책목표를 달성하기 위하여 다음 각 호의 사항이 포함된 기술이전·사업화 촉진계획(이하 "촉진계획"이라 한다)을 수립·시행하여야 한다. <개정 2010. 4. 12.>

1. 기술이전·사업화의 정책목표와 전략
2. 촉진계획의 시행을 위한 예산에 관한 사항
3. 기술이전·사업화를 촉진하기 위한 사업의 추진 및 기반 확충에 관한 사항
4. 기술평가의 활성화 방안
5. 사업화 촉진을 위한 금융지원에 관한 사항
6. 기술자산유동화의 촉진에 관한 사항
7. 그 밖에 기술이전·사업화를 촉진하기 위하여 필요한 사항

② 산업통상자원부장관을 제외한 관계중앙행정기관의 장은 촉진계획의 수립을 위하여 그 기관의 연구개발사업에 대한 기술이전·사업화의 촉진을 위한 계획을 수립하여 산업통상자원부장관에게 통보하여야 한다. <개정 2010. 4. 12., 2013. 3. 23.>

③ 관계중앙행정기관의 장은 제2항의 계획을 수립할 때에는 소관 분야에 대한 국가연구개발사업 관련 자금 중 일부를 기술이전·사업화 촉진사업의 수행에 지원하도록 하는 내용을 포함할 수 있다. <개정 2010. 4. 12.>

④ 산업통상자원부장관은 제2항에 따라 통보받은 계획을 종합하여 촉진계획을 수립한다. 이 경우 촉진계획은 연간 추진계획과 3년 단위의 중기추진계획으로 구성한다. <개정 2010. 4. 12., 2013. 3. 23.>

⑤ 삭제 <2009. 4. 1.>

⑥ 촉진계획의 수립 및 시행에 필요한 사항은 대통령령으로 정한다. <개정 2010. 4. 12.>

제6조 삭제 <2009. 4. 1.>

제3장 기술이전·사업화 기반의 확충

제7조(기술이전·사업화 정보의 등록 및 제공 촉진) ① 정부는 기술이전·사업화를 촉진하기 위하여 기술, 기술인력, 설비 및 기술평가에 관한 정보 등 기술이전·사업화에 관한 정보를 체계적으로 제공하기 위한 시책을 마련하여야 한다.

② 다음 각 호의 어느 하나에 해당하는 자가 기술을 이전하려는 경우에는 그 기술이 국가기밀에 해당하는 등 대통령령으로 정하는 특별한 사유가 있는 경우를 제외하고는 기술의 내용 등을 6개월 이내에서 대통령령으로 정하는 기간에 「산업기술혁신 촉진법」 제38조에 따른 한국산업기술진흥원(이하 "기술진흥원"이라 한다)에 등록하여야 한다.

1. 공공연구기관
2. 공공연구기관이 아닌 기관·단체로서 국가, 지방자치단체 또는 「공공기관의 운영에 관한 법률」 제4조에 따른 공공기관(이하 "공공기관"이라 한다)의 지원을 받아 기술을 개발·보유하는 기관 및 단체

3. 「산업기술연구조합 육성법」에 따른 산업기술연구조합

③ 정부는 기술이전·사업화에 관한 정보의 제공 업무를 다음 각 호의 기관으로 하여금 수행하게 하고 이를 지원할 수 있다.

1. 기술진흥원
2. 제10조에 따른 기술거래기관
3. 제11조에 따른 전담조직
4. 제12조에 따른 사업화 전문회사
5. 제35조에 따른 기술평가기관
6. 그 밖에 대통령령으로 정하는 관계 전문기관

④ 제2항에 따른 기술이전·사업화 정보의 등록에 관한 구체적인 방법과 제3항에 따른 지원에 필요한 사항은 대통령령으로 정한다.

[전문개정 2010. 4. 12.]

제8조(실태조사) ① 정부는 기술이전·사업화의 촉진에 필요한 기초자료를 확보하기 위하여 기술이전·사업화에 관한 실태 등을 조사할 수 있다.

② 산업통상자원부장관은 관계중앙행정기관의 장과 공공연구기관의 장에게 제1항에 따른 실태조사에 필요한 자료의 제출을 요청할 수 있다. 이 경우 자료 제출을 요청받은 기관의 장은 기업의 경영·영업상 비밀의 유지 등 대통령령으로 정하는 특별한 사유가 있는 경우를 제외하고는 이에 협조하여야 한다. 〈개정 2013. 3. 23.〉

③ 제1항과 제2항에 따른 실태조사를 하는 경우 실태조사에서의 구체적인 자료작성의 범위 등에 관하여는 대통령령으로 정한다.

[전문개정 2010. 4. 12.]

제9조 삭제 〈2009. 1. 30.〉

제10조(기술거래기관의 지정·취소 및 지원) ① 관계중앙행정기관의 장은 기술이전·사업화 촉진을 위하여 기술거래를 위한 전담인력 등 대통령령으로 정하는 기준을 갖춘 자를 기술거래기관으로 지정할 수 있다.

② 제1항에 따라 지정된 기술거래기관(이하 "기술거래기관"이라 한다)은 다음 각 호의 사업을 한다.

1. 기술이전·사업화 대상 기술의 파악, 수요 조사, 분석 및 평가

2. 기술이전·사업화 정보의 수집·관리·유통 및 관련 정보망 구축
3. 기술이전의 중개·알선
4. 그 밖에 기술이전·사업화 정보의 유통을 촉진하는 사업으로서 대통령령으로 정하는 사업

③ 관계중앙행정기관의 장은 기술거래기관이 다음 각 호의 어느 하나에 해당하면 그 지정을 취소할 수 있다. 다만, 제2호, 제4호 또는 제5호에 해당하면 그 지정을 취소하여야 한다.

1. 지정된 후 2년간 기술거래 실적이 없는 경우
2. 거짓이나 그 밖의 부정한 방법으로 지정을 받은 경우
3. 제5항에 따른 통보 의무를 3회 이상 이행하지 아니한 경우
4. 스스로 지정의 취소를 원하는 경우
5. 폐업 등으로 인하여 제2항의 사업을 할 수 없게 된 경우
6. 제1항에 따른 지정 기준에 미달하게 된 경우

④ 정부는 기술거래기관이 제2항 각 호의 사업을 하는 데에 드는 경비를 예산의 범위에서 지원할 수 있다.

⑤ 기술거래기관은 제2항의 사업에 따른 기술거래에 관한 정보를 기술진흥원에 통보하여야 한다.

⑥ 제3항에 따른 지정의 취소절차, 제4항에 따른 정부의 지원, 제5항에 따라 통보하여야 할 기술거래에 관한 정보의 범위 등에 관하여 필요한 사항은 대통령령으로 정한다.

[전문개정 2010. 4. 12.]

제11조(공공연구기관의 기술이전·사업화 전담조직) ① 대통령령으로 정하는 공공연구기관의 장은 공공연구기관에 기술이전·사업화에 관한 업무를 전담하는 조직(이하 "전담조직"이라 한다)을 설치하여야 한다. 이 경우 「고등교육법」 제3조에 따른 국립학교 및 공립학교(이하 "국공립학교"라 한다)에 설치하는 전담조직은 법인으로 하여야 한다.

② 국공립학교의 전담조직에 관하여는 이 법에서 정한 것을 제외하고는 「민법」 중 재단법인에 관한 규정을 준용한다.

③ 정부는 전담조직을 설치한 공공연구기관에 대하여 그 활동에 필요한 지원을 할 수 있다.

④ 제1항에 따른 전담조직의 설치·운영 및 제3항에 따른 지원 등에 필요한 사항은 대통령령으로 정한다.

[전문개정 2010. 4. 12.]

제12조(사업화 전문회사) ① 정부는 민간부문에서의 사업화를 촉진하기 위하여 사업화 지원을 전문적으로 수행하는 회사로서 제12조의2에 따라 지정된 회사(이하 "사업화 전문회사"라 한다)에 대한 육성·지원 시책을 마련하여야 한다.

② 정부는 사업화 전문회사에 대하여 사업화 지원에 드는 비용의 전부 또는 일부를 지원할 수 있다.

③ 정부는 사업화 전문회사에 대하여 제15조제1항에 따른 기술이전·사업화 촉진사업에 우선하여 참여하도록 할 수 있다.

[전문개정 2010. 4. 12.]

제12조의2(사업화 전문회사의 지정 및 지정취소) ① 관계중앙행정기관의 장은 다음 각 호의 사업 중 하나 이상의 사업을 하는 회사로서 사업화 지원을 위한 전담인력 및 시설 등 대통령령으로 정하는 기준을 갖춘 회사를 사업화 전문회사로 지정할 수 있다.

1. 사업화 관련 정보의 수집·분석 및 제공
2. 사업화를 촉진하기 위한 기술의 발굴·개발·융합 등의 지원
3. 사업화에 관한 상담 및 자문
4. 사업화에 필요한 자금의 유치 및 투자

② 관계중앙행정기관의 장은 사업화 전문회사가 다음 각 호의 어느 하나에 해당하면 그 지정을 취소할 수 있다. 다만, 제2호, 제4호 또는 제5호에 해당하면 그 지정을 취소하여야 한다.

1. 지정된 후 2년간 대통령령으로 정하는 사업화 지원 실적이 없는 경우
2. 거짓이나 그 밖의 부정한 방법으로 지정을 받은 경우
3. 제12조의3제1항에 따른 통보 의무를 3회 이상 이행하지 아니한 경우
4. 스스로 지정의 취소를 원하는 경우

5. 폐업 등으로 인하여 제1항의 사업을 할 수 없게 된 경우
6. 제1항에 따른 지정 기준에 미달하게 된 경우
[본조신설 2010. 4. 12.]

제12조의3(사업화 지원 실적 등의 통보) ① 사업화 전문회사는 기업의 경영·영업상 비밀의 유지 등 대통령령으로 정하는 특별한 사유가 있는 경우를 제외하고는 사업화 지원 실적 등을 산업통상자원부장관에게 통보하여야 한다. 〈개정 2013. 3. 23.〉
② 제1항에 따른 통보 범위 및 절차 등에 관하여 필요한 사항은 대통령령으로 정한다.
[본조신설 2010. 4. 12.]

제13조(기술이전·사업화 전문인력의 양성 및 지원) ① 정부는 기술이전·사업화 및 기술평가에 필요한 인력 수요를 충족하기 위하여 기술평가·기술경영 및 기술계약 등(이하 이 조에서 "기술평가등"이라 한다)에 관한 전문인력(이하 "전문인력"이라 한다)을 양성하여야 한다.
② 정부는 전문인력을 양성하기 위하여 관련 기관에 교육 설비의 확보, 교재 개발과 교육 시행 등에 드는 비용의 전부 또는 일부를 지원할 수 있다.
③ 정부는 전문인력을 양성하기 위하여 관련 법률에서 정하는 바에 따라 국가자격제도를 도입하거나 「고등교육법」 제2조에 따른 학교가 같은 법 제21조에 따라 그 교육과정에 기술평가등에 관한 내용을 포함할 수 있도록 하는 등 필요한 시책을 마련하여야 한다.
④ 제2항의 지원과 제3항의 시책에 관하여 필요한 사항은 대통령령으로 정한다.
[전문개정 2010. 4. 12.]

제14조(기술거래사의 등록·육성 및 지원) ① 기술이전·사업화에 관한 전문지식이 있는 사람은 산업통상자원부장관에게 기술거래사로 등록할 수 있다. 〈개정 2013. 3. 23.〉
② 제1항에 따라 기술거래사로 등록하려는 사람은 대통령령으로 정하는 기술거래의 경력 및 자격 등의 기준을 갖추어 대통령령으로 정하는 교육을 받아야 한다.
③ 제1항에 따라 등록한 사람은 기술이전·사업화에 관한 전문적인 상담·자문·지도업무 및 기술이전의 중개·알선 등 기술의 거래 등을 지원하는 업무를 수행한다.
④ 산업통상자원부장관은 기술거래사가 다음 각 호의 어느 하나에 해당하면 그 등

록을 취소할 수 있다. 다만, 제1호에 해당하면 그 등록을 취소하여야 한다. <개정 2013. 3. 23.>

1. 거짓이나 그 밖의 부정한 방법으로 등록을 한 경우
2. 거짓이나 그 밖의 부정한 방법으로 제3항에 따른 업무를 수행한 경우
3. 다른 사람으로 하여금 자기의 등록 명의를 사용하게 한 경우

⑤ 산업통상자원부장관은 기술거래사에게 기술거래 업무의 수행에 필요한 정보 제공 및 교육 등 필요한 지원을 할 수 있다. <개정 2013. 3. 23.>

[전문개정 2010. 4. 12.]

제4장 기술이전·사업화의 촉진

제15조(기술이전·사업화 촉진사업의 추진) ① 정부는 기술이전·사업화의 지원, 사업화와 연계된 기술개발의 지원 등 기술이전·사업화 촉진사업을 추진하여야 한다.

② 관계중앙행정기관의 장은 소관 분야에 관한 국가 연구개발사업 관련 자금의 집행계획에 기술이전·사업화 촉진사업을 포함시켜야 한다.

③ 관계중앙행정기관의 장은 기술이전·사업화 촉진사업을 효율적으로 추진하기 위하여 필요하다고 인정하는 경우에는 대통령령으로 정하는 기관으로 하여금 기술이전·사업화 촉진사업의 기획·관리 및 평가에 관한 업무를 대행하게 할 수 있다. 이 경우 관계중앙행정기관의 장은 그 업무를 수행하는 데 드는 비용의 전부 또는 일부를 출연하거나 지원할 수 있다.

④ 기술이전·사업화 촉진사업을 추진하는 경우 그 촉진사업의 관리 등에 필요한 사항은 대통령령으로 정한다.

[전문개정 2010. 4. 12.]

제15조의2(기술이전·사업화 촉진사업의 수행기관) ① 산업통상자원부장관은 기술이전·사업화 촉진사업을 효율적으로 추진하기 위하여 기술진흥원으로 하여금 다음 각 호의 사업을 하게 할 수 있다. <개정 2012. 1. 26., 2013. 3. 23.>

1. 상설 기술거래시장의 개설·운영 등 기술이전을 위한 중개·알선 지원
2. 기술이전·기술평가 관련 정보의 수집·분석·평가 및 제공
3. 기술에 대한 투자

4. 기술거래기관, 전담조직 및 제35조에 따른 기술평가기관 등과의 연계체제 구축
5. 제14조에 따른 기술거래사에 대한 지원 및 관리
6. 기술평가 및 기술평가 기법의 개발·보급
7. 기술이전·평가 및 사업화를 위한 전문인력 양성
8. 기술이전·사업화에 관한 통계조사·연구
9. 기술신탁관리에 관한 사업
10. 기술의 매입 및 매입하거나 신탁받은 기술의 추가 개발
11. 유동화증권의 매입 등 기술자산유동화사업의 추진
12. 기술등의 기부채납에 관한 사업
13. 그 밖에 기술이전·사업화 촉진을 위하여 필요한 사업으로서 대통령령으로 정하는 사업

② 다음 각 호의 어느 하나에 해당하는 자는 기술진흥원의 기술이전·사업화 촉진사업의 추진에 필요한 비용의 일부를 출연하거나 지원할 수 있다.

1. 국가 및 지방자치단체
2. 공공기관(정부의 출자지분이 있는 공공기관은 제외한다)
3. 「민법」에 따라 설립된 비영리법인
4. 기술이전·사업화 관련 사업자단체
5. 기술이전·사업화 관련 법인 또는 단체로서 대통령령으로 정하는 자

③ 제2항에 따른 비용의 출연 또는 지원에 필요한 사항은 대통령령으로 정한다.

[본조신설 2010. 4. 12.]

제16조(국제 기술이전·사업화의 촉진) ① 정부는 정부·기업·대학·연구소 및 단체 등이 국제기구 또는 외국의 정부·기업·대학·연구소 및 단체 등과의 상호 기술이전·사업화에 관한 국제협력을 촉진하기 위한 시책을 마련하여야 한다.

② 관계중앙행정기관의 장은 기술이전·사업화에 관한 국제협력을 촉진하기 위하여 다음 각 호의 사업을 추진할 수 있다.

1. 기술이전·사업화에 관한 국제협력을 위한 조사·연구
2. 기술이전·사업화와 관련된 전문인력 및 정보의 교류
3. 외국의 기술이전·사업화 지원기관 등과의 협력체계 구축

4. 국내 기술의 수출 또는 국외 기술의 도입 촉진
5. 국내외 기업 간 합작법인의 설립 지원
6. 그 밖에 기술이전·사업화에 관한 국제협력을 촉진하기 위하여 대통령령으로 정하는 사업

[전문개정 2010. 4. 12.]

第17조(지방자치단체의 기술이전·사업화 촉진사업에 대한 지원) ① 정부는 지방자치단체와 공동으로 기술이전·사업화 촉진사업을 추진할 수 있다. 이 경우 정부는 지방자치단체에 필요한 비용을 지원할 수 있다.

② 제1항에 따른 지방자치단체의 기술이전·사업화 촉진사업에는 다음 각 호의 사항이 포함된다.

1. 기업의 기술이전 촉진사업
2. 기술의 사업화를 촉진하기 위한 기술보호·육성사업
3. 기술의 사업화를 위한 전용단지 조성사업

③ 정부는 지방자치단체가 기술이전·사업화를 촉진하기 위하여 해당 지역의 공공연구기관, 기술거래기관 및 사업화 전문회사 등 그 지역의 기술이전·사업화를 지원하는 기관으로 협의회를 구성하는 경우에는 그 협의회를 지원할 수 있다.

[전문개정 2010. 4. 12.]

第18조(기술보호·육성사업의 실시) ① 정부는 사업화를 촉진하기 위하여 사업화의 가능성이 있는 기술을 보유한 기업에 대하여 자금, 인력, 정보, 설비 및 기술지도 등을 지원하는 기술보호·육성사업을 실시할 수 있다.

② 제1항에 따른 기술보호·육성사업의 대상·방법 등에 관하여 필요한 사항은 대통령령으로 정한다.

[전문개정 2010. 4. 12.]

第19조(공공기술의 이전·사업화 촉진) ① 정부는 공공기술을 민간부문에 이전할 때에는 공정하고 질서 있는 거래행위가 이루어질 수 있도록 절차와 방법을 마련하여야 한다.

② 공공연구기관의 장은 해당 기관의 연구자가 개발한 기술의 이전으로 발생하는 기술료의 일정 부분을 연구자와 공공연구기관 소속 임직원 중에서 기술이전에 기여

한 사람으로서 대통령령으로 정하는 사람에게 적정하게 배분하여야 한다.

③ 정부는 다음 각 호의 어느 하나에 해당하는 자가 공공기술의 사업화를 추진하는 경우 필요한 인력, 설비 및 비용 등을 지원할 수 있다. <개정 2012. 1. 26.>

1. 기술지주회사 및 제21조의4에 따른 출자회사
2. 「연구개발특구의 육성에 관한 특별법」 제2조제6호에 따른 연구소기업
3. 「벤처기업육성에 관한 특별조치법」 제2조제8항에 따른 신기술창업전문회사
4. 「산업교육진흥 및 산학협력촉진에 관한 법률」 제2조제6호 및 제7호에 따른 산학협력기술지주회사 및 자회사(子會社)
5. 그 밖에 대통령령으로 정하는 자

④ 제2항에 따른 기술료의 적정 배분에 관한 기준·방법과 그 밖에 필요한 사항은 대통령령으로 정한다.

[전문개정 2010. 4. 12.]

제20조(민간기술의 이전·사업화) ① 정부는 공공기술 외의 기술(이하 이 조에서 "민간기술"이라 한다)의 이전이 민간기업 간에 원활하게 이루어지도록 하기 위하여 기술공급자와 기술수요자 간에 민간기술의 매매를 통한 기술거래행위가 이루어지는 기술시장을 활성화하기 위한 방안을 마련하여야 한다.

② 정부는 민간기술의 이전·사업화를 촉진하기 위하여 금융지원 등 필요한 지원 방안을 마련하여야 한다.

[전문개정 2010. 4. 12.]

제21조(공공기술의 이전·사업화의 촉진에 관한 규정) ① 공공연구기관의 장은 공공기술의 이전·사업화의 촉진에 관한 규정을 제정하여 운영하여야 한다.

② 제1항에 따른 규정에 포함되어야 하는 사항은 대통령령으로 정한다.

[전문개정 2010. 4. 12.]

제21조의2(기술등의 기부채납) ① 다음 각 호에 해당하는 자는 기술등을 국가에 기부채납(寄附採納)할 수 있다.

1. 공공연구기관
2. 「산업교육진흥 및 산학협력촉진에 관한 법률」 제25조에 따른 산학협력단
3. 민간기업

② 산업통상자원부장관은 「국유재산법」 제8조에도 불구하고 제1항에 따라 기부채납된 기술등을 관리·처분[현물출자(現物出資)는 제외한다]한다. <개정 2013. 3. 23.>

③ 제1항에 따라 기부채납된 기술등의 이전 및 사업화로 기술료 등 수익이 발생하는 경우 기부채납을 한 자 또는 그 기술등의 개발자에게 보상할 수 있다.

④ 제2항에 따른 기술등의 관리·처분 등에 필요한 사항 및 제3항에 따른 보상의 기준·방법 등에 관한 사항은 대통령령으로 정한다.

[본조신설 2010. 4. 12.]

제21조의3(기술지주회사의 설립) ① 공공연구기관은 단독으로 또는 다른 공공연구기관과 함께 기술지주회사를 설립할 수 있다.

② 기술지주회사는 다음 각 호의 요건을 갖추어야 한다.

1. 「상법」에 따른 주식회사일 것
2. 임원이 「국가공무원법」 제33조 각 호에 따른 결격사유에 해당하지 아니할 것
3. 보유인력과 보유시설이 대통령령으로 정하는 기준 이상일 것
4. 보유기술이 「저탄소 녹색성장 기본법」 제2조제3호에 따른 녹색기술 또는 「산업발전법」 제5조제1항에 따른 첨단기술에 해당할 것

③ 제1항에 따라 기술지주회사를 설립하는 경우 공공연구기관은 대통령령으로 정하는 바에 따라 산업통상자원부장관에게 등록하여야 한다. <개정 2013. 3. 23.>

④ 공공연구기관은 해당 기관이 설립한 기술지주회사의 발행주식 총수의 100분의 50을 초과하여 보유하여야 한다. 이 경우 공공연구기관은 주식을 보유하는 데 있어 정부의 출연금을 사용할 수 있다.

⑤ 공공연구기관은 기술지주회사에 기술등을 현물출자하거나 이전할 수 있다.

⑥ 공공연구기관이 기술등을 현물출자하는 경우에는 제23조를 준용한다.

[본조신설 2010. 4. 12.]

제21조의4(출자회사의 설립 등) ① 기술지주회사는 보유한 기술을 활용하여 직접 출자회사를 설립하거나 제3의 회사의 주식 또는 지분을 인수하여 출자회사로 편입할 수 있다.

② 기술지주회사는 대통령령으로 정하는 기간 동안은 출자회사 주식의 100분의 20 이상을 보유하여야 한다. 다만, 지분 양도 등 대통령령으로 정하는 사유가 있는 경

우는 그러하지 아니하다.

③ 기술지주회사가 출자회사에 기술등을 현물출자하는 경우에는 제23조를 준용한다. 기술지주회사가 제21조의3제5항에 따라 현물출자받은 기술등을 대통령령으로 정하는 기간 내에 다시 출자회사에 현물출자하는 경우에는 현물출자받을 당시의 가치평가결과를 원용하여 법원에 보고할 수 있다.

[본조신설 2010. 4. 12.]

제21조의5(기술지주회사의 업무) 기술지주회사는 다음 각 호의 업무를 한다.

1. 공공연구기관이나 해당 기관이 설립한 기술지주회사나 출자회사가 보유한 기술이전·사업화
2. 제1호에 따른 기술이전·사업화를 위한 출자회사의 설립 또는 출자회사 주식의 인수
3. 출자회사에 대한 기술보육, 창업보육, 그 밖의 기술 및 경영 자문
4. 출자회사에 대한 직접 또는 집합투자기구(관계 법령에 따른 투자기구를 포함한다. 이하 같다)를 통한 투자 또는 투자의 유치
5. 출자회사의 설립 또는 운영을 목적으로 하는 집합투자기구의 결성 또는 운용
6. 제1호부터 제5호까지의 규정에 부수되는 사업으로 대통령령으로 정하는 사업

[본조신설 2010. 4. 12.]

제21조의6(기술지주회사의 등록취소) 산업통상자원부장관은 기술지주회사가 다음 각 호의 하나에 해당하면 그 등록을 취소할 수 있다. 다만, 제1호에 해당하면 그 등록을 취소하여야 한다. <개정 2013. 3. 23.>

1. 거짓이나 그 밖의 부정한 방법으로 등록한 경우
2. 제21조의3제2항에 따른 등록요건 또는 같은 조 제4항에 맞지 아니하게 된 경우
3. 제21조의5 각 호에 해당하는 업무 이외의 입무를 한 경우

[본조신설 2010. 4. 12.]

제21조의7(기술지주회사의 운영 등) ① 공공연구기관의 연구원 또는 직원은 기술지주회사의 대표자나 임원으로 근무하기 위하여 휴직할 수 있다.

② 공공연구기관은 기술지주회사에 대한 투자로 발생한 배당금·수익금과 잉여금 등을 공공연구기관의 고유목적사업이나 연구개발 또는 해당 기술지주회사에 대한 재

투자, 기술이전·사업화의 추진 등에 사용하여야 한다.

③ 제1항 및 제2항에 따른 세부사항 및 그 밖에 기술지주회사의 운영과 관련하여 필요한 사항은 대통령령으로 정한다.

[본조신설 2010. 4. 12.]

第22조(연구개발 성과의 권리화 지원) ① 정부는 연구개발 성과가 신속하게 권리화되어 기술 수요자에게 이전될 수 있도록 특허 등 지식재산권의 확보·유지 및 관리를 위한 시책을 마련하여야 하며, 지식재산권의 확보·유지 및 관리에 필요한 지원을 할 수 있다.

② 정부는 제7조제2항에 따라 보유 기술의 내용 등을 기술진흥원에 등록한 자에게 그 기술에 대한 지식재산권을 확보·유지하는 데 필요한 비용의 일부를 지원할 수 있다.

[전문개정 2010. 4. 12.]

第23조(기술의 현물출자 등에 대한 특례) ① 기술을 기업에 현물출자하려는 자가 기술진흥원 또는 제35조에 따른 기술평가기관(이하 "기술진흥원등"이라 한다)의 평가를 받은 경우 그 평가 내용은 「상법」 제299조의2 또는 제422조에 따라 공인된 감정인이 감정한 것으로 본다.

② 제1항의 경우 기술진흥원등의 기술평가를 담당하는 자는 「상법」 제625조, 제630조 및 제635조를 적용할 때에는 감정인으로 본다.

③ 「자본시장과 금융투자업에 관한 법률」 제9조제15항제3호에 따른 주권상장법인이 같은 법 제165조의4의 합병 등에 따른 합병가액 등을 산정하기 위하여 기술진흥원등의 기술평가를 받은 경우에는 같은 조에 따른 기준으로 평가한 것으로 본다.

[전문개정 2010. 4. 12.]

第24조(공공연구개발 성과의 귀속 등) ① 국가, 지방자치단체 또는 공공기관은 연구개발에 드는 경비를 지원하여 획득한 성과에 대하여 특허 등 지식재산권을 확보하려는 노력을 하여야 한다.

② 국가, 지방자치단체 또는 공공기관은 제1항에 따라 지식재산권을 확보하려는 경우 그 연구개발에 참여한 기관·기업(국공립학교인 경우에는 제11조제1항 후단에 따른 전담조직을 말하며, 이하 이 조에서 "참여기관등"이라 한다) 및 연구자의 권익을

보장하여야 한다.

③ 국가, 지방자치단체 또는 공공기관은 그가 추진하거나 지원하는 연구개발사업에서 생성된 성과에 대통령령으로 정하는 바에 따라 그 활용에 관한 조건을 붙여 이를 참여기관등에 귀속시킬 수 있다.

④ 공공연구기관은 제3항에 따라 귀속된 공공기술을 직접 이용하거나 관련 법률에 따라 이용이 제한되는 등 특별한 사유가 있는 경우를 제외하고는 기업 등이 이용할 수 있도록 노력하여야 한다. 이 경우 공공연구기관은 공공기술을 이용하게 할 때 필요한 조건을 붙일 수 있으며, 해당 공공기술의 사업화로 수익이 발생할 때까지 징수를 유예하거나 수익에 비례하여 나누어 납부 또는 일정 금액을 납부하게 하는 등 당사자 간 합의하여 정하는 방법에 따라 중소기업 등 공공기술의 이용자로부터 기술료를 징수할 수 있다. <개정 2017. 3. 21.>

⑤ 공공연구기관은 제4항에 따라 공공기술의 이용을 허락하려는 경우에는 공공기술을 이용하려는 기업 등에 대하여 균등한 기회를 보장하여야 한다. 다만, 공공기술의 개발에 투자한 기업 등에 대하여는 대통령령으로 정하는 기간 동안 우선권을 부여할 수 있다.

⑥ 국공립학교의 전담조직은 제3항에 따라 그 전담조직에 귀속된 공공기술의 이용으로 발생한 기술료를 국공립학교의 장과 협의하여 다음 각 호의 용도에 사용할 수 있다.

1. 연구자에 대한 보상금
2. 연구개발
3. 기술이전·사업화
4. 지식재산권의 출원·등록 및 관련 업무
5. 전담조직의 운영
6. 그 밖에 대통령령으로 정하는 용도

⑦ 제3항에 따라 참여기관등에 귀속된 공공기술의 관리, 제4항에 따른 공공기술의 이용 절차·조건 및 기술료의 징수, 제5항에 따른 우선권, 제6항에 따른 기술료의 사용에 관하여 필요한 사항은 대통령령으로 정한다.

[전문개정 2010. 4. 12.]

제25조(예산을 절감한 자에 대한 장려금 지급) ① 정부는 사업화를 촉진하기 위하여 사업화 대상 기술을 적용하여 해당 사업에 배정된 예산을 절감하는 경우에는 절감된 예산의 일정액을 예산을 절감한 자에게 장려금으로 지급할 수 있다.

② 제1항에 따른 장려금의 지급 기준 및 방법 등에 관한 세부 사항은 대통령령으로 정한다.

[전문개정 2010. 4. 12.]

제5장 기술이전·사업화에 대한 금융지원 등

제26조(사업화를 위한 금융지원) 정부는 「중소기업기본법」 제2조제1항에 따른 중소기업(이하 "중소기업"이라 한다)이 사업화를 조기에 달성할 수 있도록 투자·융자 등의 금융지원을 위한 기반을 마련하여야 한다.

[전문개정 2010. 4. 12.]

제26조(사업화를 위한 금융지원) 정부는 「중소기업기본법」 제2조제1항에 따른 중소기업(이하 "중소기업"이라 한다) 및 「중견기업 성장촉진 및 경쟁력 강화에 관한 특별법」 제2조제1호에 따른 중견기업이 사업화를 조기에 달성할 수 있도록 투자·융자 등의 금융지원을 위한 기반을 마련하여야 한다. 〈개정 2020. 10. 20.〉

[전문개정 2010. 4. 12.]

[시행일 : 2021. 1. 21.] 제26조

제27조(기술자산유동화 촉진사업의 실시) ① 관계중앙행정기관의 장은 다음 각 호의 자금으로 기술자산유동화를 촉진하기 위한 사업(이하 이 조에서 "기술자산유동화 촉진사업"이라 한다)을 실시할 수 있다.

1. 정부예산
2. 과학기술진흥, 중소기업육성 등과 관련된 기금 중 대통령령으로 정하는 기금

② 관계중앙행정기관의 장은 제1항 각 호의 자금을 다음 각 호의 용도에 사용할 수 있다.

1. 기술자산유동화 과정에서 발생하는 손실의 전부 또는 일부의 보전(補塡)
2. 기술평가비용 등 기술자산유동화 촉진사업에 드는 비용의 지출
3. 그 밖에 기술자산유동화 촉진사업의 실시를 위하여 대통령령으로 정하는 용도

③ 제1항과 제2항에서 규정한 사항 외에 기술자산유동화 촉진사업의 실시에 필요한 사항은 대통령령으로 정한다.

[전문개정 2010. 4. 12.]

第28조(기술담보대출 촉진사업의 실시) ① 관계중앙행정기관의 장은 사업화를 촉진하기 위하여 기술을 담보로 한 대출을 촉진하기 위한 사업(이하 "기술담보대출 촉진사업"이라 한다)을 예산의 범위에서 실시할 수 있다. 이 경우 관계중앙행정기관의 장은 기술을 담보로 한 대출에 따른 손실의 전부 또는 일부를 보전할 수 있다.

② 제1항에서 규정한 사항 외에 기술담보대출 촉진사업의 실시에 필요한 사항은 대통령령으로 정한다.

[전문개정 2010. 4. 12.]

第29조(기술이전·사업화 추진비용의 지원) ① 정부는 기술이전·사업화를 추진하는 데에 드는 사업비를 충당하게 하기 위하여 다음 각 호의 어느 하나에 해당하는 자에게 재정지원을 할 수 있다.

1. 공공연구기관, 기술진흥원, 기술거래기관, 사업화 전문회사 및 제35조에 따른 기술평가기관
2. 제1호의 기관의 기술이전·사업화에 참여하는 기업

② 제1항에 따른 재정지원금의 사용 및 관리 등에 필요한 사항은 대통령령으로 정한다.

[전문개정 2010. 4. 12.]

第30조(국유재산의 대부 등) ① 정부는 기술이전·사업화의 추진을 위하여 필요한 경우에는 기술이전·사업화에 참여하는 기관에 「국유재산법」 및 「물품관리법」에도 불구하고 국유재산을 유상 또는 무상으로 대부·양여하거나 사용·수익하게 할 수 있다.

② 제1항에 따른 대부·양여 및 사용·수익의 조건과 절차 등에 관하여 필요한 사항은 대통령령으로 정한다.

[전문개정 2010. 4. 12.]

第31조(지식재산권 등의 무상 양여) ① 정부는 산업발전을 위하여 특히 필요한 경우에는 「국유재산법」에도 불구하고 대통령령으로 정하는 바에 따라 연구개발 성과로서 국가에 귀속된 지식재산권의 실시권자에 대하여 실시료의 전부 또는 일부를 면

제하거나 그 연구개발 과제의 연구개발자와 그 연구개발사업의 투자자에 대하여 그 지식재산권을 무상으로 양여할 수 있다.

② 정부는 산업발전을 위하여 특별히 필요한 경우에는 「물품관리법」에도 불구하고 대통령령으로 정하는 바에 따라 연구개발 과제의 연구자 및 참여기업에 그 연구개발에 사용된 것으로서 국가에 귀속된 연구기기·설비 및 시험제품 등을 무상으로 양여할 수 있다.

[전문개정 2010. 4. 12.]

제6장 기술평가체제의 확립

제32조(기술평가의 활성화) 정부는 기술평가의 활성화를 위하여 신뢰성 있는 기술평가를 할 수 있는 기관과 인력을 육성하는 등 필요한 시책을 마련하여야 한다.

[전문개정 2010. 4. 12.]

제33조(연구개발사업의 경제성평가 실시) 정부는 연구개발사업 성과의 이전 및 사업화를 촉진하기 위하여 연구개발사업이 유발할 경제적 효과 등을 평가하는 경제성평가를 실시할 수 있다.

제34조(기술평가 기법의 개발 및 보급) ① 정부는 객관적이고 전문적인 기술평가시장을 조성하기 위하여 기술진흥원등으로 하여금 기술평가 기법을 개발하게 하여야 한다. 이 경우 정부는 기술평가 기법의 개발에 필요한 지원을 할 수 있다.

② 정부는 제1항에 따라 개발된 기술평가 기법을 공공연구기관, 금융회사 및 기업 등에 보급하여 그 활용을 촉진하여야 한다.

[전문개정 2010. 4. 12.]

제35조(기술평가기관의 지정 등) ① 관계중앙행정기관의 장은 기술이전·사업화의 촉진을 위하여 기술평가를 위한 전담인력 및 관리조직 등 대통령령으로 정하는 기준을 갖춘 기관을 기술평가기관으로 지정할 수 있다.

② 제1항에 따라 지정을 받은 기술평가기관(이하 "기술평가기관"이라 한다)은 다음 각 호의 사업을 한다.

1. 기술평가
2. 기술평가 수요의 조사 및 분석

3. 기술평가정보의 수집·분석·유통 및 관련 정보망 구축
4. 기술평가정보의 공동 활용 및 확산을 위한 사업

③ 관계중앙행정기관의 장은 기술평가기관이 다음 각 호의 어느 하나에 해당하면 그 지정을 취소할 수 있다. 다만, 제2호, 제4호 또는 제5호에 해당하면 그 지정을 취소하여야 한다.

1. 지정된 후 연간 기술평가 실적이 대통령령으로 정하는 건수 이하인 경우
2. 거짓이나 그 밖의 부정한 방법으로 지정을 받은 경우
3. 제4항에 따른 통보의무를 3회 이상 이행하지 아니한 경우
4. 스스로 지정의 취소를 원하는 경우
5. 폐업 등으로 인하여 제2항의 사업을 할 수 없게 된 경우
6. 제1항에 따른 지정 기준에 미달하게 된 경우

④ 기술평가기관은 기업의 경영·영업상 비밀의 유지 등 대통령령으로 정하는 특별한 사유가 있는 경우를 제외하고는 제2항제1호·제3호 및 제4호에 따른 기술평가정보를 산업통상자원부장관에게 통보하여야 한다. <개정 2013. 3. 23.>

⑤ 산업통상자원부장관은 제4항에 따라 통보받은 기술평가정보가 기술평가기관 간에 공유될 수 있고, 기술이전·사업화의 촉진을 위하여 활용될 수 있도록 그 기술평가정보를 관리하여야 한다. <개정 2013. 3. 23.>

⑥ 제1항에 따른 지정절차, 제3항에 따른 지정취소의 절차, 제4항에 따른 통보의 범위 및 제5항에 따른 기술평가정보의 관리 방안 등에 관하여 필요한 사항은 대통령령으로 정한다.

[전문개정 2010. 4. 12.]

제6장의2 기술신탁관리업 <개정 2010. 4. 12.>

제35조의2(기술신탁관리업의 허가 등) ① 기술신탁관리업을 하려는 자는 대통령령으로 정하는 바에 따라 산업통상자원부장관의 허가를 받아야 한다. 다만, 「자본시장과 금융투자업에 관한 법률」 제12조에 따라 인가를 받은 경우에는 그러하지 아니하다. <개정 2012. 1. 26., 2013. 3. 23.>

1. 삭제 <2012. 1. 26.>

2. 삭제 <2012. 1. 26.>
3. 삭제 <2012. 1. 26.>

② 산업통상자원부장관은 다음 각 호의 어느 하나에 해당하는 경우를 제외하고는 제1항에 따른 기술신탁관리업의 허가를 하여야 한다. <신설 2012. 1. 26., 2013. 3. 23., 2014. 1. 21., 2018. 4. 17.>

1. 영리를 목적으로 하는 법인·기관 또는 단체인 경우
2. 산업통상자원부령으로 정하는 인력, 조직 및 기술능력 등을 갖추지 못한 경우
3. 법인·기관 또는 단체의 임원 또는 대표자가 다음 각 목의 어느 하나에 해당하는 경우
   가. 피성년후견인
   나. 파산선고를 받고 복권되지 아니한 사람
   다. 금고 이상의 실형을 선고받고 그 집행이 끝나거나(집행이 끝난 것으로 보는 경우를 포함한다) 면제된 날부터 1년이 지나지 아니한 사람
   라. 금고 이상의 형의 집행유예를 선고받고 그 유예기간 중에 있는 사람
   마. 벌금형을 선고받고 1년이 지나지 아니한 사람
4. 대한민국에 주소를 두지 아니한 법인·기관 또는 단체인 경우
5. 제35조의7에 따라 허가가 취소(제3호가목 또는 나목에 해당하여 허가가 취소된 경우는 제외한다)된 후 3년이 지나지 아니한 경우

③ 산업통상자원부장관은 제1항에 따라 기술신탁관리업을 허가하려는 경우에는 미리 금융위원회 위원장과 협의하여야 한다. 이 경우 금융위원회 위원장은 협의를 요청받은 날부터 근무일을 기준으로 하여 5일 이내에 의견을 회신하여야 한다. <개정 2012. 1. 26., 2013. 3. 23.>

④ 산업통상자원부장관은 제1항에 따른 기술신탁관리업의 허가 신청을 받은 날부터 근무일을 기준으로 하여 20일 이내에 허가 여부 또는 허가 처리 지연사유를 통지하여야 한다. 이 경우 그 기한 내에 허가 여부 또는 허가 처리 지연사유를 통지하지 아니한 경우에는 그 기한이 지난 날의 다음 날에 허가를 한 것으로 본다. <신설 2012. 1. 26., 2013. 3. 23.>

⑤ 산업통상자원부장관은 제4항에 따라 허가 처리 지연사유를 통지하는 경우에는

제4항의 허가 처리 기간을 10일 이내에서 연장할 수 있다. <신설 2012. 1. 26., 2013. 3. 23.>

⑥ 제1항에 따라 기술신탁관리업의 허가를 받은 자(이하 "기술신탁관리기관"이라 한다)는 그 업무에 관하여 기술등의 위탁자, 이용자, 그 밖에 해당 기술등의 이전 및 사업화와 관련된 자(이하 "기술위탁자등"이라 한다)로부터 수수료를 받을 수 있다. <개정 2012. 1. 26.>

⑦ 제6항에 따른 수수료의 요율(料率) 또는 금액은 기술신탁관리기관이 산업통상자원부장관의 승인을 받아 정한다. 이 경우 산업통상자원부장관은 적용기간을 조건으로 붙여 승인할 수 있다. <개정 2012. 1. 26., 2013. 3. 23.>

⑧ 제7항에 따른 수수료의 기준, 지급방식 및 승인절차 등에 관하여 필요한 사항은 산업통상자원부령으로 정한다. <개정 2012. 1. 26., 2013. 3. 23.>

[전문개정 2010. 4. 12.]

제35조의3(신탁사무의 방법) ① 기술신탁관리기관은 신탁한 기술등에 대하여는 손실의 보전이나 이익의 보장을 하여서는 아니 된다.

② 기술신탁관리기관은 신탁계약기간이 끝난 경우에는 신탁한 기술등의 운용실적에 따라 그 이익 등을 수익자 또는 위탁자에게 지급 또는 반환하여야 한다.

③ 기술신탁관리기관은 기술등의 위탁자가 신탁계약기간이 종료되기 전에 신탁계약을 해지하는 경우에는 신탁한 기술등의 운용실적에서 신탁계약에서 정하고 있는 중도해지 수수료를 빼고 위탁자에게 반환 또는 지급하여야 한다. 다만, 위탁자가 거래의 불편 등을 이유로 신탁계약을 해지하는 등 금융위원회가 정하여 고시하는 사유에 해당하는 경우에는 중도해지 수수료를 빼지 아니한다.

④ 기술신탁관리기관은 기술등의 위탁자에게 신탁계약에서 정하는 바에 따라 신탁보수를 받을 수 있다.

[본조신설 2010. 4. 12.]

[종전 제35조의3은 제35조의5로 이동 <2010. 4. 12.>]

제35조의4(신탁사무의 위탁) ① 기술신탁관리기관은 「신탁법」 제37조제1항에도 불구하고 신탁받은 사무를 제3자에게 위탁하는 것이 신탁의 목적에 비추어 타당하고 위탁에 대하여 수익자의 동의를 받은 경우에는 대통령령으로 정하는 신탁사무의 일부

를 제3자에게 위탁할 수 있다.

② 기술신탁관리기관이 제1항에 따라 신탁사무를 제3자에게 위탁할 때에는 신탁의 목적에 비추어 해당 사무를 수행하기에 적합한 자(해당 사무를 처리하기 위하여 관계 법령상 일정한 자격이 요구되는 경우에는 그 자격을 갖춘 자에 한정한다)에게 위탁하여야 한다.

③ 기술신탁관리기관이 제1항에 따라 신탁사무를 제3자에게 위탁한 경우에는 그 제3자에 대하여 신탁 목적을 달성하기 위하여 필요한 감독을 하여야 한다.

④ 기술신탁관리기관은 기술등의 위탁자에 대하여 제1항에 따라 신탁사무를 위탁받은 제3자의 선임·관리에 대하여만 책임을 진다.

[본조신설 2010. 4. 12.]

[종전 제35조의4는 제35조의6으로 이동 <2010. 4. 12.>]

제35조의5(기술신탁관리기관의 의무) ① 기술신탁관리기관은 그가 관리하는 기술등의 목록을 대통령령으로 정하는 바에 따라 분기별로 작성하여 일반인이 열람할 수 있도록 갖추어 두거나, 인터넷 홈페이지 등을 통하여 공고하여야 한다.

② 기술신탁관리기관은 이용자가 요청하는 경우에는 정당한 사유가 없으면 그가 관리하는 기술등의 기술이전계약을 체결하기 위하여 필요한 정보로서 대통령령으로 정하는 정보를 적절한 기간 이내에 제공하여야 한다.

[전문개정 2010. 4. 12.]

[제35조의3에서 이동, 종전 제35조의5는 제35조의7로 이동 <2010. 4. 12.>]

제35조의6(감독) 산업통상자원부장관은 기술위탁자등을 보호하거나 기술등의 이전 및 사업화를 촉진하기 위하여 기술신탁관리기관에 대하여 전년도의 사업 실적과 해당 연도의 사업계획에 관한 자료 제출 또는 필요한 보고를 하게 하거나 시정명령 등 필요한 명령을 할 수 있다. <개정 2013. 3. 23.>

[전문개정 2010. 4. 12.]

[제35조의4에서 이동, 종전 제35조의6은 제35조의8로 이동 <2010. 4. 12.>]

제35조의7(허가취소 등) ① 산업통상자원부장관은 기술신탁관리기관이 다음 각 호의 어느 하나에 해당하면 대통령령으로 정하는 바에 따라 허가를 취소하거나 6개월 이내의 기간을 정하여 업무의 정지를 명할 수 있다. 다만, 제1호부터 제3호까지 중 어느 하나

에 해당하면 그 허가를 취소하여야 한다. 〈개정 2012. 1. 26., 2013. 3. 23.〉

1. 거짓이나 그 밖의 부정한 방법으로 제35조의2제1항에 따른 허가를 받은 경우
2. 제35조의2제2항제3호부터 제5호까지의 결격사유에 해당하게 된 경우. 다만, 제35조의2제2항제3호에 해당하게 된 법인·기관 또는 단체가 결격사유가 발생한 날부터 3개월 이내에 그 임원 또는 대표자를 바꾸어 임명하는 경우는 제외한다.
3. 업무정지처분을 받은 후 그 업무정지 기간에 영업을 계속한 경우
4. 제35조의2제7항에 따라 승인받은 범위를 초과하여 수수료를 받은 경우
5. 제35조의5를 위반하여 정당한 사유 없이 기술등의 목록을 비치·공고하지 아니하거나 적절한 기간 이내에 정보를 제공하지 아니한 경우
6. 제35조의6에 따른 자료 제출 또는 보고를 정당한 사유 없이 하지 아니하거나 거짓으로 한 경우
7. 제35조의6에 따른 명령을 받고 정당한 사유 없이 이행하지 아니한 경우

② 제1항에 따른 행정처분의 세부기준은 위반행위의 종류와 위반 정도 등을 고려하여 산업통상자원부령으로 정한다. 〈개정 2013. 3. 23.〉

[전문개정 2010. 4. 12.]

[제35조의5에서 이동 〈2010. 4. 12.〉]

제35조의8(과징금처분) ① 산업통상자원부장관은 기술신탁관리기관이 제35조의7제1항제4호부터 제7호까지의 규정 중 어느 하나에 해당하여 업무정지처분을 하여야 하는 경우로서 업무정지처분을 하면 공익을 해칠 우려가 있을 때에는 그 업무정지처분을 갈음하여 5천만원 이하의 과징금을 부과·징수할 수 있다. 〈개정 2013. 3. 23.〉

② 산업통상자원부장관은 제1항에 따라 과징금 부과처분을 받은 자가 납부기한까지 과징금을 내지 아니하면 국세 체납처분의 예에 따라 징수한다. 〈개정 2013. 3. 23.〉

③ 제1항에 따라 과징금을 부과하는 위반행위의 종류 및 위반 정도 등에 따른 과징금의 금액과 그 밖에 필요한 사항은 대통령령으로 정한다.

[전문개정 2010. 4. 12.]

[제35조의6에서 이동 〈2010. 4. 12.〉]

제7장 보칙 및 벌칙

제36조(보고와 자료의 제출) 관계중앙행정기관의 장은 제15조에 따른 기술이전·사업화 촉진사업을 추진하기 위하여 필요한 경우에는 그 사업에 참여한 자에게 그 사업에 관한 업무의 보고 또는 자료의 제출을 요구할 수 있다. 이 경우 업무의 보고나 자료의 제출을 요구받은 자는 정당한 사유가 없으면 그 요구에 성실히 따라야 한다.

[전문개정 2010. 4. 12.]

제37조(청문) 관계중앙행정기관의 장은 다음 각 호의 어느 하나에 해당하는 처분을 하려면 청문을 하여야 한다. 〈개정 2012. 1. 26.〉

1. 제10조제3항에 따른 기술거래기관의 지정취소
2. 제12조의2제2항에 따른 사업화 전문회사의 지정취소
3. 제14조제4항에 따른 기술거래사의 등록취소
4. 제21조의6에 따른 기술지주회사의 등록취소
5. 제35조제3항에 따른 기술평가기관의 지정취소
6. 제35조의7제1항에 따른 기술신탁관리업의 허가취소 또는 업무정지

[전문개정 2010. 4. 12.]

[제목개정 2012. 1. 26.]

제38조(비밀 누설의 금지) 기술이전·사업화 촉진에 참여한 자는 기술이전·사업화 촉진에 참여하면서 알게 된 공공연구기관 및 기업의 비밀을 누설하여서는 아니 된다.

제39조(업무의 위탁) 관계중앙행정기관의 장은 대통령령으로 정하는 바에 따라 그 업무의 일부를 기술진흥원의 장, 기술거래기관의 장 및 기술평가기관의 장에게 위탁할 수 있다.

[전문개정 2010. 4. 12.]

제40조(벌칙 적용 시의 공무원 의제) 관계중앙행정기관의 장이 제39조에 따라 위탁한 업무에 종사하는 기술진흥원·기술거래기관 또는 기술평가기관의 임원 및 직원은 「형법」 제129조부터 제132조까지의 규정을 적용할 때에는 공무원으로 본다.

[전문개정 2010. 4. 12.]

제41조(벌칙) ① 제4조제2항 단서에 따라 준용되는 「자본시장과 금융투자업에 관한 법률」 제108조제2호 및 같은 조 제4호부터 제7호까지의 규정을 위반한 자는 5년 이

하의 징역 또는 2억원 이하의 벌금에 처한다. 〈개정 2014. 1. 21.〉

1. 삭제 〈2014. 1. 21.〉
2. 삭제 〈2014. 1. 21.〉

② 제38조를 위반하여 비밀을 누설한 자는 5년 이하의 징역 또는 5천만원 이하의 벌금에 처한다.

③ 제35조의2제1항을 위반하여 허가를 받지 아니하고 기술신탁관리업을 한 자는 3년 이하의 징역 또는 2억원 이하의 벌금에 처한다. 〈신설 2014. 1. 21.〉

④ 다음 각 호의 어느 하나에 해당하는 자는 3년 이하의 징역 또는 1억원 이하의 벌금에 처한다. 〈개정 2014. 1. 21.〉

1. 제4조제2항 단서에 따라 준용되는 「자본시장과 금융투자업에 관한 법률」 제104조제2항을 위반하여 신탁재산을 고유재산으로 취득한 자
2. 제4조제2항 단서에 따라 준용되는 「자본시장과 금융투자업에 관한 법률」 제114조제3항을 위반하여 회계감사를 받지 아니한 자

⑤ 제1항, 제3항 및 제4항에 해당하는 죄를 범한 자에게는 징역과 벌금을 병과(倂科)할 수 있다. 〈개정 2014. 1. 21.〉

[전문개정 2010. 4. 12.]

제42조(양벌규정) 법인·기관·단체의 대표자나 법인·기관·단체 또는 개인의 대리인, 사용인, 그 밖의 종업원이 그 법인·기관·단체 또는 개인의 업무에 관하여 제41조제1항·제3항 또는 제4항의 위반행위를 하면 그 행위자를 벌하는 외에 그 법인·기관·단체 또는 개인에게도 해당 조문의 벌금형을 과(科)한다. 다만, 법인·기관·단체 또는 개인이 그 위반행위를 방지하기 위하여 해당 업무에 관하여 상당한 주의와 감독을 게을리하지 아니한 경우에는 그러하지 아니하다. 〈개정 2014. 1. 21.〉

[전문개정 2010. 4. 12.]

부칙 〈제15571호, 2018. 4. 17.〉

이 법은 공포 후 3개월이 경과한 날부터 시행한다.

기술의 이전 및 사업화 촉진에 관한 법률 시행령
(약칭: 기술이전법 시행령)

[시행 2021. 10. 21.] [대통령령 제32074호, 2021. 10. 19., 타법개정]

산업통상자원부(산업기술시장혁신과) 044-203-4543

제1조(목적) 이 영은 「기술의 이전 및 사업화 촉진에 관한 법률」에서 위임된 사항과 그 시행에 필요한 사항을 규정함을 목적으로 한다.

제2조(기술의 정의) 「기술의 이전 및 사업화 촉진에 관한 법률」(이하 "법"이라 한다) 제2조제1호라목에서 "대통령령으로 정하는 것"이란 이전 및 사업화가 가능한 기술적·과학적 또는 산업적 노하우를 말한다.

[전문개정 2010. 8. 17.]

제3조(공공연구기관) 법 제2조제6호마목에서 "대통령령으로 정한 기관"이란 산업 및 기술 분야의 연구개발사업을 수행하는 법인 또는 단체로서 다음 각 호의 어느 하나에 해당하는 것을 말한다.

1. 국가, 지방자치단체, 「공공기관의 운영에 관한 법률」 제5조에 따른 공기업 또는 준정부기관(이하 "국가등"이라 한다)으로부터 연구개발 사업에 드는 연간 비용의 2분의 1 이상을 출연(出捐)받거나 보조받는 법인 또는 단체
2. 국가등으로부터 자본금 또는 재산의 2분의 1 이상을 출자(出資)받거나 출연받은 법인 또는 단체

[전문개정 2010. 8. 17.]

제4조(관계중앙행정기관) 법 제2조제7호에서 "대통령령으로 정하는 기관"이란 문화체육관광부, 농림축산식품부, 보건복지부, 환경부, 국토교통부, 해양수산부, 중소벤처기업부, 금융위원회, 식품의약품안전처, 방위사업청, 농촌진흥청, 특허청 및 기상청을 말한다. <개정 2013. 3. 23., 2017. 7. 17., 2019. 7. 30.>

[전문개정 2010. 8. 17.]

제4조의2(기술신탁관리업) 법 제2조제8호에서 "기술등의 설정·이전, 기술료의 징수·분배, 기술의 추가개발 및 기술자산유동화 등 대통령령으로 정하는 관리업무"란 다음 각 호의 업무를 말한다.

1. 기술과 그 사용에 관한 권리(이하 "기술등"이라 한다)에 대한「특허법」,「실용신안법」,「디자인보호법」과 그 밖의 관련 법률에 따른 특허료·등록료 등의 납부 업무
2. 기술등에 대한 보호·관리 업무
3. 기술등의 설정·이전에 관한 업무
4. 기술등의 설정·이전에 따른 기술료 등 수익의 징수 및 분배 업무
5. 기술등의 사업화에 관한 업무
6. 기술의 수정·개량이나 그 밖에 기술의 추가적인 개발 및 그에 따른 출원·관리 업무
7. 기술자산유동화사업에 관한 업무

[전문개정 2010. 8. 17.]

제5조(기술이전·사업화 촉진계획 및 실적의 제출 등) ① 관계중앙행정기관의 장은 법 제5조제2항 및 제4항 후단에 따라 해당 기관별 연구개발사업에 대한 기술의 이전 및 사업화(이하 "기술이전·사업화"라 한다)에 관한 연간 추진계획 및 중기추진계획을 해당 계획 개시 연도의 전년도 10월 31일까지 산업통상자원부장관에게 통보하여야 한다. <개정 2013. 3. 23.>

② 산업통상자원부장관은 법 제5조제1항에 따른 기술이전·사업화 촉진계획을 수립하기 위하여 필요한 경우에는 관계중앙행정기관의 장에게 관련 자료 및 의견의 제출 등을 요청할 수 있다. <개정 2013. 3. 23.>

③ 관계중앙행정기관의 장은 매년 법 제5조제1항에 따른 기술이전·사업화 촉진계획의 소관 분야별 시행결과를 그 다음 해 2월 15일까지 산업통상자원부장관에게 통보하여야 한다. <개정 2013. 3. 23.>

[전문개정 2010. 8. 17.]

제6조삭제 <2009. 10. 1.>

제7조삭제 <2009. 10. 1.>

제8조삭제 〈2009. 10. 1.〉

제9조(기술이전·사업화 정보의 등록 등) ① 법 제7조제2항 각 호 외의 부분에서 "그 기술이 국가기밀에 해당하는 등 대통령령으로 정하는 특별한 사유가 있는 경우"란 다음 각 호의 어느 하나에 해당하는 경우를 말한다.

1. 해외로 유출될 경우 국가의 안보, 경제 또는 관련 산업에 심각한 피해를 줄 우려가 있다고 인정되는 경우
2. 기술의 등록으로 인하여 기업의 경영·영업상 비밀에 관한 사항이 공개되어 기업의 정당한 이익을 현저히 해칠 우려가 있다고 인정되는 경우

② 법 제7조제2항 각 호 외의 부분에서 "대통령령으로 정하는 기간"이란 다음 각 호의 구분에 따른 기간을 말한다.

1. 해당 연구개발자의 부재(不在) 등 관계중앙행정기관의 장이 부득이하다고 인정하는 경우: 기술개발이 완료된 때부터 3개월 이내
2. 제1호 외의 경우: 기술개발이 완료된 즉시

③ 법 제7조제2항에 따라 「산업기술혁신 촉진법」 제38조에 따른 한국산업기술진흥원(이하 "기술진흥원"이라 한다)에 기술이전·사업화에 관한 정보를 등록하려는 자는 다음 각 호의 사항이 포함된 등록신청서를 기술진흥원에 제출하여야 한다.

1. 등록자의 성명·주소(법인인 경우에는 그 명칭, 본점 소재지의 주소 및 대표자의 성명)와 전화번호
2. 해당 기술의 보유자 또는 권리자의 성명·주소와 전화번호
3. 기술의 명칭, 내용과 관련 기술의 내용(기술의 이용 분야를 포함한다)
4. 이용 조건

④ 관계중앙행정기관의 장은 법 제7조제3항에 따라 기술이전·사업화에 관한 정보 제공 실적이 우수한 기관에 필요한 지원을 할 수 있다.

[전문개정 2010. 8. 17.]

제10조(실태조사 범위 등) ① 산업통상자원부장관은 매년 1회 법 제8조제1항에 따른 실태조사를 하여야 한다. 다만, 필요하다고 인정되는 경우에는 수시로 실태조사를 할 수 있다. 〈개정 2013. 3. 23.〉

② 법 제8조제2항에서 "기업의 경영·영업상 비밀의 유지 등 대통령령으로 정하는

특별한 사유가 있는 경우"란 다음 각 호의 어느 하나에 해당하는 경우를 말한다.

1. 자료의 제출로 인하여 기업의 경영·영업상 비밀에 관한 사항이 공개되어 기업의 정당한 이익을 현저히 해칠 우려가 있다고 인정되는 경우
2. 다른 법령이나 계약에 따라 비밀 유지 의무가 부과되어 있는 경우

③ 법 제8조제3항에 따른 실태조사에서의 구체적인 자료작성의 범위는 다음 각 호와 같다.

1. 기술도입자와 기술제공자에 관한 자료
2. 기술이전 방법, 계약 금액 등 기술이전계약에 관한 자료
3. 기술의 사업화 추진 실적에 관한 자료
4. 전담인력, 보유기술, 지원제도 등에 관한 자료

[전문개정 2010. 8. 17.]

제11조삭제 <2009. 4. 30.>

제12조삭제 <2010. 8. 17.>

제13조삭제 <2010. 8. 17.>

제14조삭제 <2009. 4. 30.>

제15조삭제 <2009. 4. 30.>

제16조(기술거래기관의 지정기준 등) ① 법 제10조제1항에서 "기술거래를 위한 전담인력 등 대통령령으로 정하는 기준을 갖춘 자"란 다음 각 호의 요건을 모두 갖춘 법인을 말한다. <개정 2013. 3. 23.>

1. 법 제14조에 따른 기술거래사(이하 "기술거래사"라 한다), 변호사, 변리사, 공인회계사 또는 기술사 자격을 취득한 사람으로서 법 제10조제2항의 사업에 종사할 수 있는 사람 3명 이상을 상시 고용할 것
2. 산업통상자원부장관이 정하여 고시하는 기준에 따른 기술거래에 관한 업무지침서를 보유할 것
3. 산업통상자원부장관이 정하여 고시하는 기준에 따른 기술이전·사업화 정보의 수집·관리·유통 등을 위한 정보망을 보유할 것
4. 법 제10조제3항에 따라 지정이 취소된 경우 취소된 날부터 6개월이 지날 것

② 법 제10조제1항에 따른 기술거래기관(이하 "기술거래기관"이라 한다)으로 지정

을 받으려는 자는 기술거래기관 지정신청서에 다음 각 호의 서류를 첨부하여 관계중앙행정기관의 장에게 제출하여야 한다. 다만, 해당 관계중앙행정기관이 명확하지 않은 경우에는 산업통상자원부장관에게 제출할 수 있다. <개정 2013. 3. 23.>

1. 제1항제1호부터 제4호까지의 요건에 관한 증명서류
2. 정관
3. 사업계획서

③ 관계중앙행정기관의 장은 법 제10조제1항에 따라 기술거래기관을 지정할 때에는 기술진흥원에 자문을 할 수 있다.

④ 관계중앙행정기관의 장은 법 제10조제1항에 따라 기술거래기관을 지정한 경우에는 다음 각 호의 사항을 고시하고, 그 내용을 산업통상자원부장관에게 통보하여야 한다. <개정 2013. 3. 23.>

1. 기술거래기관의 명칭 및 대표자의 성명·주소·전화번호
2. 전문분야가 있는 경우에는 그 분야
3. 지정 시 조건을 붙이는 경우에는 그 조건의 내용

⑤ 산업통상자원부장관은 제4항에 따라 관계중앙행정기관의 장으로부터 통보받은 사항을 통합하여 공고할 수 있다. <개정 2013. 3. 23.>

[전문개정 2010. 8. 17.]

제17조(기술거래기관 지정 취소의 통보 등) ① 관계중앙행정기관의 장은 법 제10조제3항에 따라 기술거래기관의 지정을 취소한 경우에는 그 사실을 산업통상자원부장관에게 통보하여야 한다. <개정 2013. 3. 23.>

② 법 제10조제4항에 따라 지원을 받은 기술거래기관은 별도의 계정을 설정하여 지원금을 관리하여야 하며, 지원한 정부기관과 지원금의 규모 및 용도를 산업통상자원부장관에게 통보하여야 한다. <개정 2013. 3. 23.>

③ 법 제10조제5항에 따라 기술거래기관이 기술진흥원에 통보하여야 할 기술거래에 관한 정보는 다음 각 호와 같다.

1. 기술도입자와 기술제공자
2. 기술거래유형·기술료와 계약기간 등 기술거래계약에 관한 사항

④ 법 제10조제5항에 따라 기술거래기관은 제3항에 따른 기술거래에 관한 정보를

다음 각 호의 구분에 따라 기술진흥원에 통보하여야 한다.

1. 상반기 실적: 7월 31일까지
2. 연간 실적: 다음 해 1월 31일까지

⑤ 기술거래기관은 다음 각 호의 어느 하나에 해당하는 사유가 있으면 사유 발생일부터 30일 이내에 관계중앙행정기관의 장에게 서면으로 통보하여야 한다.

1. 제16조제1항제1호의 사항이 변경된 경우
2. 폐업 등으로 인하여 법 제10조제2항의 사업을 할 수 없게 된 경우

[전문개정 2010. 8. 17.]

제18조(전담조직의 설치기준 및 운영 등) ① 법 제11조제1항에 따라 전담조직을 설치하여야 하는 공공연구기관은 다음 각 호의 기관으로 한다.

1. 국공립 연구기관
2. 「과학기술분야 정부출연연구기관 등의 설립·운영 및 육성에 관한 법률」 제8조제1항에 따라 설립된 정부출연연구기관
3. 「특정연구기관 육성법」 제2조에 따른 특정연구기관
4. 「고등교육법」 제2조에 따른 학교 중 같은 법 제3조의 구분에 따른 국공립학교로서 이공계열 학과를 설치한 학교
5. 그 밖의 공공연구기관으로서 기관의 성격, 연구개발 인력 및 예산, 보유기술의 정도 등을 고려하여 관계중앙행정기관의 장이 기술이전·사업화 촉진을 위하여 필요하다고 인정하여 지정하는 기관

② 공공연구기관은 제1항에 따라 전담조직을 설치할 때 업무의 효율화를 위하여 필요하다고 인정되면 공동으로 전담조직을 설치·운영할 수 있다.

③ 제1항이나 제2항에 따른 전담조직에는 1명 이상의 전담인력을 두어야 한다.

④ 제1항이나 제2항에 따라 전담조직을 설치한 공공연구기관은 매년 기술이전·사업화 계획과 추진 실적 등을 다음 해 1월 31일까지 관계중앙행정기관의 장에게 제출하여야 한다.

⑤ 전담조직은 다음 각 호의 업무를 수행한다. <개정 2019. 7. 30.>

1. 직무발명의 승계가 있는 경우 이와 관련된 업무
2. 특허 등의 출원·등록·관리·이전 및 활용과 관련된 업무와 해당 업무의 위탁

3. 기술이전·사업화에 따른 기술료 등 수익의 배분
4. 기술이전·사업화의 촉진
5. 산업계의 연구성과에 관한 기술정보의 제공

[전문개정 2010. 8. 17.]

제19조(전담조직의 지원) 관계중앙행정기관의 장은 법 제11조제3항에 따라 전담조직을 설치한 공공연구기관에 다음 각 호의 비용을 지원할 수 있다.

1. 전담인력에 대한 인건비
2. 제18조제5항에 따른 업무의 추진 비용

제19조의2(사업화 전문회사의 지정기준 등) ① 법 제12조의2제1항 각 호 외의 부분에서 "전담인력 및 시설 등 대통령령으로 정하는 기준"이란 다음 각 호의 요건을 말한다. 다만, 법 제12조의2제1항제4호에 따른 사업화에 필요한 자금의 유치 및 투자 사업만을 하는 사업화 전문회사의 경우에는 제1호의 요건을 갖추지 아니하여도 된다.

1. 변호사, 변리사, 공인회계사, 감정평가사, 기술거래사, 기술사, 경영지도사 또는 기술지도사 자격을 취득한 사람으로서 법 제12조의2제1항 각 호에 따른 사업에 종사할 수 있는 사람 5명 이상을 상시 고용할 것. 이 경우 기술거래사 2명은 반드시 포함하여야 한다.
2. 최근 3년간 15건 이상의 사업화 지원 실적이 있을 것
3. 사업화 관련 정보의 수집·관리·유통 등을 위한 정보망을 보유할 것
4. 법 제12조의2제2항에 따라 지정이 취소된 경우 취소된 날부터 6개월이 지났을 것

② 법 제12조의2제1항에 따라 사업화 전문회사로 지정을 받으려는 자는 사업화 전문회사 지정신청서에 다음 각 호의 서류를 첨부하여 관계중앙행정기관의 장에게 제출하여야 한다. 다만, 해당 관계중앙행정기관이 명확하지 아니한 경우에는 산업통상자원부장관에게 제출할 수 있다. 〈개정 2013. 3. 23.〉

1. 제1항제1호부터 제4호까지의 요건에 관한 증명서류
2. 정관
3. 사업계획서

③ 관계중앙행정기관의 장은 법 제12조의2제1항에 따라 사업화 전문회사를 지정하는 경우에는 기술진흥원에 자문할 수 있다.

④ 관계중앙행정기관의 장은 법 제12조의2제1항에 따라 사업화 전문회사를 지정한 경우에는 다음 각 호의 사항을 고시하고, 그 내용을 산업통상자원부장관에게 통보하여야 한다. <개정 2013. 3. 23.>

1. 사업화 전문회사의 명칭과 대표자의 성명·주소·전화번호
2. 전문분야가 있는 경우에는 그 분야

⑤ 사업화 전문회사는 다음 각 호의 어느 하나에 해당하는 사유가 있으면 사유가 발생한 날부터 30일 이내에 관계중앙행정기관의 장에게 서면으로 통보하여야 한다.

1. 제1항제1호 또는 제3호의 사항이 변경된 경우
2. 폐업 등으로 인하여 법 제12조의2제1항의 사업을 할 수 없게 된 경우

[본조신설 2010. 8. 17.]

제19조의3(사업화 전문회사의 지정취소) ① 법 제12조의2제2항제1호에서 "대통령령으로 정하는 사업화 지원 실적"이란 법 제12조의2제1항 각 호의 사업에 따른 사업화 지원 실적을 말한다.

② 관계중앙행정기관의 장은 법 제12조의2제2항에 따라 사업화 전문회사의 지정을 취소한 경우에는 그 사실을 산업통상자원부장관에게 통보하여야 한다. <개정 2013. 3. 23.>

[본조신설 2010. 8. 17.]

제19조의4(사업화 지원 실적 등의 통보) ① 법 제12조의3제1항에서 "기업의 경영·영업상 비밀의 유지 등 대통령령으로 정하는 특별한 사유"란 다음 각 호의 어느 하나에 해당하는 경우를 말한다.

1. 해외로 유출될 경우 국가의 안보, 경제 또는 관련 산업에 심각한 피해를 줄 우려가 있다고 인정되는 경우
2. 사업화 지원 실적 등의 통보로 인하여 기업의 경영·영업상 비밀에 관한 사항이 공개되어 기업의 정당한 이익을 현저히 해칠 우려가 있다고 인정되는 경우

② 법 제12조의3제1항에 따라 사업화 전문회사는 사업화 지원 실적을 다음 각 호의 구분에 따라 산업통상자원부장관에게 통보하여야 한다. <개정 2013. 3. 23.>

1. 상반기 실적: 7월 31일까지
2. 연간 실적: 다음 해 1월 31일까지

[본조신설 2010. 8. 17.]

제20조(전문인력의 양성 등) ① 법 제13조에 따라 관계중앙행정기관의 장은 다음 각 호의 어느 하나에 해당하는 기관이 기술이전·사업화 전문인력의 양성을 위한 교육과정(연수프로그램을 포함한다)을 개설·운영하는 경우에는 그 운영 비용을 지원할 수 있다.

1. 기술진흥원
2. 「고등교육법」 제2조에 따른 학교
3. 그 밖에 기술이전·사업화 관련 사업을 수행하는 기관으로서 관계중앙행정기관의 장이 인정하는 기관

② 산업통상자원부장관은 법 제13조제2항에 따른 지원을 하거나 같은 조 제3항에 따른 시책을 수립하는 경우에는 미리 관계중앙행정기관의 장과 협의하여야 한다. <개정 2013. 3. 23.>

[전문개정 2010. 8. 17.]

제21조(기술거래사의 자격 등) ① 법 제14조제2항에서 "대통령령으로 정하는 기술거래의 경력 및 자격 등의 기준"이란 다음 각 호의 어느 하나의 요건을 말한다. <개정 2013. 3. 23.>

1. 변호사, 변리사, 공인회계사 또는 기술사 자격을 취득한 사람으로서 기술이전·사업화 분야에 종사한 경력이 3년 이상일 것
2. 「고등교육법」 제2조에 따른 학교의 조교수 이상인 사람으로서 기술이전·사업화 분야 연구경력이 3년 이상일 것
3. 공공연구기관의 연구원으로서 기술이전·사업화 분야에서 3년 이상 재직하였을 것
4. 5급 이상 공무원이나 고위공무원단에 속하는 일반직공무원으로서 기술이전·사업화 관련 정책·기획·평가 또는 관리 업무에 3년 이상 종사하였을 것
5. 기술거래기관 또는 법 제35조제1항에 따른 기술평가기관(이하 "기술평가기관"이라 한다)의 연구원 또는 중간관리자급 이상인 사람으로서 기술거래 또는 기술평가 관련 분야에 3년 이상 재직하였을 것

6. 해외 또는 민간 분야에서의 기술거래 관련 경력이 제1호부터 제5호까지의 요건 중 어느 하나에 상당하는 경우로서 산업통상자원부장관이 정한 기준에 해당할 것

② 법 제14조제2항에서 "대통령령으로 정하는 교육"이란 법 제14조제3항에 따른 기술거래사의 업무 수행에 필요한 교육으로서 다음 각 호의 교육을 말한다. <개정 2013. 3. 23.>

1. 기술이전·사업화 관련 법령 교육
2. 기술마케팅 및 경영 교육
3. 기술이전·사업화 실무 교육
4. 그 밖에 기술이전·사업화에 관련하여 산업통상자원부장관이 필요하다고 인정하는 교육

③ 법 제14조제2항에 따른 교육은 40시간 이상으로 한다.

④ 기술거래사의 등록 절차와 교육 및 관리 등에 필요한 사항은 산업통상자원부장관이 따로 정하여 고시한다. <개정 2013. 3. 23.>

[전문개정 2010. 8. 17.]

제22조(기술이전·사업화 촉진사업의 관리) ① 법 제15조제3항 전단에서 "대통령령으로 정하는 기관"이란 다음 각 호의 어느 하나에 해당하는 기관을 말한다.

1. 기술진흥원
2. 「산업기술혁신 촉진법」 제39조에 따른 한국산업기술평가관리원
3. 그 밖에 기술이전·사업화 관련 사업을 수행하는 기관으로서 관계중앙행정기관의 장이 인정하는 기관

② 관계중앙행정기관의 장은 법 제15조에 따른 기술이전·사업화 촉진사업의 기획·관리 및 평가 업무 등을 위하여 이 영을 위반하지 아니하는 범위에서 기술이전·사업화 촉진사업의 운영체계, 사업신청절차 및 선정절차, 지원 범위 등의 사항이 포함된 별도의 세부 규정을 제정하여 시행할 수 있다.

[전문개정 2010. 8. 17.]

제22조의2(기술진흥원에 대한 지원기관) 법 제15조의2제2항제5호에서 "대통령령으로 정하는 자"란 다음 각 호의 어느 하나에 해당하는 자를 말한다. <개정 2014. 6. 25.>

1. 「과학기술분야 정부출연연구기관 등의 설립·운영 및 육성에 관한 법률」 제18조

에 따른 연구회

2. 「과학기술분야 정부출연연구기관 등의 설립·운영 및 육성에 관한 법률」 제8조제1항에 따라 설립된 정부출연연구기관

[본조신설 2010. 8. 17.]

제22조의3(기술진흥원에 대한 출연 등에 관한 협약의 체결) 기술진흥원은 법 제15조의2제2항에 따라 필요한 경비의 일부를 출연받거나 지원받는 경우에는 해당 기관 또는 단체와 출연 금액 또는 지원 금액의 규모와 그 지급의 시기 및 방법 등에 관하여 협약을 체결하여야 한다.

[본조신설 2010. 8. 17.]

제23조(기술보호·육성사업의 지원 등) ① 법 제18조에 따른 기술보호·육성사업의 대상은 사업화의 가능성이 있는 기술을 보유한 개인이나 법인으로서 「중소기업창업 지원법」 제2조제1호에 따른 창업에 이르지 아니하거나 창업 후 1년 이내인 자 중 산업통상자원부장관이 지정하는 자로 한다. <개정 2013. 3. 23.>

② 산업통상자원부장관은 제1항에 따른 기술보호·육성사업의 대상에 대하여 다음 각 호의 지원을 할 수 있다. <개정 2013. 3. 23.>

1. 시험제품 개발에 필요한 자금의 지원
2. 사업화에 필요한 인력·정보·설비 및 기술지도 등의 지원

③ 산업통상자원부장관은 제2항에 따른 지원을 하는 경우 그 지원을 받을 자와 다음 각 호의 사항에 관하여 미리 협약을 체결하여야 한다. <개정 2013. 3. 23.>

1. 기술의 내용
2. 자금·인력·정보·설비 및 기술 등 지원 내용과 지원에 대한 사후관리
3. 기술료의 지급에 관한 사항

④ 제3항제3호에 따라 지급받은 기술료는 다음 각 호의 용도에 사용할 수 있다. <개정 2013. 3. 23.>

1. 제2항 각 호에 따른 지원
2. 기술보호·육성사업의 기획·평가·관리와 기반 확충 등 산업통상자원부장관이 필요하다고 인정하는 사업에 대한 출연

[전문개정 2010. 8. 17.]

제24조(공공기술 이전에 대한 성과 배분) ① 법 제19조제2항에서 "대통령령으로 정하는 사람"이란 해당 기술이전에 관한 계약 체결과 그 과정에 기여한 사람(연구자는 제외한다)으로서 공공연구기관의 장이 정하는 사람을 말한다.

② 법 제19조제2항에 따라 연구자 및 기술의 이전에 기여한 사람에게 배분하는 보상금은 다음 각 호의 구분에 따른 금액 또는 그에 상응하는 자산으로 한다. 다만, 연구자가 공무원(법 제11조제1항 후단에 따른 전담조직이 설치된 국공립학교의 교직원은 제외한다)으로서 국가공무원인 경우에는 「국가공무원 등 직무발명의 처분·관리 및 보상 등에 관한 규정」에서 정하는 바에 따르고, 지방공무원인 경우에는 해당 지방자치단체의 조례로 정하는 바에 따른다. <개정 2021. 10. 19.>

1. 연구자: 연구자가 개발한 기술을 이전하거나 사업화하여 얻은 기술료의 100분의 50 이상
2. 기술의 이전에 기여한 사람: 연구자가 개발한 기술을 이전하거나 사업화하여 얻은 기술료의 100분의 10 이상

[전문개정 2010. 8. 17.]

제25조(공공기술의 이전·사업화 촉진에 관한 규정의 제정) 법 제21조제2항에 따라 공공기술의 이전·사업화의 촉진에 관한 규정에 포함되어야 하는 사항은 다음 각 호와 같다. <개정 2013. 3. 23., 2019. 7. 30.>

1. 법 제11조제1항에 따른 전담조직 설치 및 전담인력 배정에 관한 사항
2. 지식재산권의 출원, 등록, 이전 및 활용에 관한 사항(해당 업무의 위탁 및 그 비용 지급에 관한 사항을 포함한다)
3. 기술이전·사업화 정보의 등록 및 관리에 관한 사항
4. 연구자 또는 기술이전에 기여한 사람에 대한 기술료 배분에 관한 사항
5. 그 밖에 기술이전·사업화 촉진을 위하여 산업통상자원부장관이 필요하다고 인정하는 사항

[전문개정 2010. 8. 17.]

제25조의2(기부채납을 원인으로 한 성과 배분) 법 제21조의2제3항에 따라 기부채납을 한 자 또는 기술등의 개발자에게 배분하는 보상금은 다음 각 호의 구분에 따른 금액으로 한다. 이 경우 해당 금액은 기술등을 이전하거나 사업화하여 얻은 기술료

등 수입액을 기준으로 한다.

1. 기부채납을 한 자: 기준금액의 100분의 60 이상
2. 기술등의 개발자: 기준금액의 100분의 10 이상

[본조신설 2010. 8. 17.]

제25조의3(공공연구기관첨단기술지주회사의 설립요건) 법 제21조의3제2항3호에서 "대통령령으로 정하는 기준"이란 다음 각 호와 같다.

1. 별표 1에 따른 경영 분야나 기술 분야에 종사하는 상근(常勤) 전문인력이 1명 이상일 것
2. 공공연구기관첨단기술지주회사(이하 "기술지주회사"라 한다)의 업무를 수행하기 위한 독립된 전용공간을 갖출 것

[본조신설 2010. 8. 17.]

제25조의4(기술지주회사의 등록절차) ① 법 제21조의3제3항에 따라 기술지주회사로 등록하려는 공공연구기관은 산업통상자원부령으로 정하는 기술지주회사 등록신청서를 산업통상자원부장관에게 제출하여야 한다. 이 경우 법 제21조의3제1항에 따라 둘 이상의 공공연구기관이 공동으로 기술지주회사를 설립할 때에는 그 중 대표기관이 기술지주회사 등록신청서를 제출하여야 한다. <개정 2013. 3. 23.>

② 제1항에 따른 기술지주회사 등록신청서에는 다음 각 호의 서류를 첨부하여야 한다.

1. 다음 각 목의 사항이 포함된 기술지주회사 설립계획서 1부
   가. 설립 목적
   나. 출자 내용과 출자 비율
   다. 사업계획서(기술지주회사가 보유하게 될 인력 및 시설에 관한 사항을 포함한다)
2. 임원의 이력서 1부

③ 산업통상자원부장관은 제1항에 따라 공공연구기관이 제출한 기술지주회사 등록신청서를 접수한 경우 그 날부터 30일 이내에 그 결과를 신청인에게 통지하여야 한다. 다만, 부득이한 사유로 그 기간 내에 통지하지 못할 경우에는 20일의 범위에서 한 차례만 그 기간을 연장할 수 있으며, 이 경우 신청인에게 그 이유를 통지하여야

한다. <개정 2013. 3. 23.>

④ 산업통상자원부장관은 기술지주회사를 등록한 경우에 신청인에게 기술지주회사 등록증을 발급하여야 한다. <개정 2013. 3. 23.>

[본조신설 2010. 8. 17.]

제25조의5(출자회사 주식보유 의무의 예외 사유 등) ① 법 제21조의4제2항 본문에서 “대통령령으로 정하는 기간”이란 2년을 말한다.

② 법 제21조의4제2항 단서에서 “지분 양도 등 대통령령으로 정하는 사유가 있는 경우”란 다음 각 호의 경우를 말한다.

1. 출자회사가 다른 회사와 합병하여 출자회사 주식보유기준에 미달하게 된 경우
2. 출자회사가 주식을 모집하거나 매출하면서 「자본시장과 금융투자업에 관한 법률」 제165조의7에 따라 우리사주조합원에 우선 배정하여 출자회사 주식보유기준에 미달하게 된 경우
3. 출자회사가 「상법」 제513조에 따라 발행한 전환사채가 청구되어 출자회사 주식보유기준에 미달하게 된 경우 또는 같은 법 제516조의2에 따라 발행한 신주인수권부사채의 전환이 청구되거나 신주인수권이 행사되어 출자회사 주식보유기준에 미달하게 된 경우

③ 법 제21조의4제3항 본문에서 “대통령령으로 정하는 기간”이란 6개월을 말한다.

[본조신설 2010. 8. 17.]

제25조의6(기술지주회사의 통보) 기술지주회사는 다음 각 호의 어느 하나에 해당하는 사유가 있으면 사유 발생일부터 30일 이내에 산업통상자원부장관에게 서면으로 통보하여야 한다. <개정 2013. 3. 23.>

1. 기술지주회사의 대표이사가 변경된 경우
2. 법 제21조의3제2항제3호에 따른 보유인력 및 보유시설이 변경된 경우

[본조신설 2010. 8. 17.]

제26조(공공연구개발 성과의 귀속 및 이용 허락 등) ① 법 제11조제1항 후단에 따라 국공립학교에 설치하는 전담조직은 법 제24조제3항에 따라 교직원의 직무발명에 대하여 특허 등 지식재산권 및 지식재산권을 확보할 수 있는 권리를 승계한다.

② 국가등이 법 제24조제3항에 따라 연구개발 성과를 공공연구기관에 귀속시키는

경우에는 그 공공연구기관으로 하여금 제9조제3항 각 호의 정보를 기술진흥원에 등록하도록 하여 일반인에게 관련 정보를 공개하고, 정보 이용을 위한 신청 절차 및 방법 등을 공시하는 등 성과의 이용을 촉진하기 위한 조치를 하도록 하여야 한다. 다만, 다음 각 호의 어느 하나에 해당하는 경우에는 그러하지 아니하다.

1. 해당 공공연구기관이 그 성과를 직접 사용하는 경우
2. 다른 법령이나 협약에 따라 일반인의 이용이 제한되는 경우

③ 국가등은 공공연구기관이 제2항에 따른 연구개발 성과의 이용을 촉진하기 위한 조치를 하지 아니할 때에는 직접 그 조치를 하여야 한다.

④ 공공연구기관은 제2항에 따라 귀속된 기술을 일반인에게 이용하게 하는 경우에는 통상(通常)의 실시 또는 사용에 관한 권리를 허락함을 원칙으로 한다. 다만, 다음 각 호의 어느 하나에 해당하는 경우에는 전용(專用)의 실시 또는 사용에 관한 권리를 허락할 수 있다. <개정 2019. 7. 30.>

1. 다른 법령 또는 협약에서 전용의 실시 또는 사용을 정한 경우
2. 제9조제3항 또는 이 조 제2항에 따라 해당 기술의 이전·사업화에 관한 정보가 기술진흥원에 등록된 날부터 1년(신속한 기술이전·사업화의 필요성이 인정되는 경우에는 공공연구기관의 장이 6개월 이상 1년 이하의 범위에서 정한 기간) 이내에 통상의 실시 또는 사용에 관한 권리를 허락받으려는 자가 없는 경우
3. 기술의 특성상 불가피하다고 인정되는 경우

⑤ 공공연구기관은 법 제24조제5항 단서에 따라 공공기술의 개발에 투자한 기업등에 대해서는 연구개발 종료 후 1년의 범위에서 우선권을 부여할 수 있다. 다만, 다른 법령 또는 협약에서 이와 다르게 정한 경우에는 그러하지 아니하다.

⑥ 법 제24조제6항제6호에서 "대통령령으로 정하는 용도"란 다음 각호의 용도를 말한다.

1. 기술이전·사업화와 관련하여 외부기관과 공동으로 업무를 추진하는 데에 드는 비용
2. 기술이전에 기여한 자에 대한 보상금

[전문개정 2010. 8. 17.]

제26조의2(장려금의 지급 기준 및 방법) ① 법 제25조제2항에 따른 장려금은 다음

각 호의 구분에 따라 지급한다. 다만, 장려금의 금액은 1인당 3천만원을 초과할 수 없다.

1. 경상적 경비를 절감한 경우: 절감한 경비의 100분의 50
2. 주요 사업비를 절감한 경우: 절감한 경비의 100분의 10

② 관계중앙행정기관의 장은 예산 절감이 발생한 회계연도의 다음 회계연도 4월 30일까지 예산의 범위에서 장려금을 지급하여야 한다.

[본조신설 2010. 8. 17.]

제27조(기술자산유동화 촉진사업의 실시) ① 법 제27조제1항제2호에서 "대통령령으로 정하는 기금"이란 다음 각 호의 기금을 말한다. 〈개정 2013. 3. 23., 2019. 4. 2.〉

1. 「중소기업진흥에 관한 법률」 제63조에 따른 중소벤처기업창업 및 진흥기금
2. 「과학기술 기본법」 제22조에 따른 과학기술진흥기금
3. 「정보통신산업 진흥법」 제41조에 따른 정보통신진흥기금
4. 그 밖에 산업통상자원부장관이 기금의 설치 목적을 고려하여 기획재정부장관 및 그 기금을 관리·운영하는 중앙행정기관의 장과 협의하여 정하는 기금

② 법 제27조제2항제1호에 따라 관계중앙행정기관의 장이 손실의 전부 또는 일부를 보전(補塡)하는 대상은 「자산유동화에 관한 법률」에 따른 유동화전문회사 등 법 제27조제1항에 따른 기술자산유동화 촉진사업에 참여하여 직접적인 손실을 입은 기관 중 관계중앙행정기관의 장이 정한 기관을 말한다.

[전문개정 2010. 8. 17.]

제28조(기술담보대출 손실보전금의 지급 등) 관계중앙행정기관의 장은 법 제28조제1항 후단에 따라 기술을 담보로 한 대출에 따른 손실의 전부 또는 일부를 보전하는 경우에는 기술담보대출 촉진사업의 대상과 예산의 규모 등을 고려하여야 한다.

제29조(재정지원금 등의 지급 등) ① 법 제29조제1항에 따라 재정지원금을 받은 자는 별도의 계정을 설정하여 이를 관리하여야 한다.

② 법 제29조제1항에 따라 지원받은 재정지원금은 기술이전·사업화 촉진을 위한 사업에 따르는 비용의 용도로만 사용하여야 한다.

[전문개정 2010. 8. 17.]

제30조(국유재산의 대부 등) ① 기술이전·사업화에 참여하는 기관은 법 제30조제1항

에 따라 국유재산을 대부 또는 양여받거나 사용·수익하려면 소관 중앙행정기관의 장의 추천을 받아 그 재산의 관리청에 신청하여야 한다. 다만, 그 재산의 관리청이 소관 중앙행정기관의 장인 경우에는 바로 소관 중앙행정기관의 장에게 신청하여야 한다.

② 제1항에 따른 국유재산의 대부·양여, 사용·수익의 조건은 계약에 따른다.

[전문개정 2010. 8. 17.]

제31조(지식재산권 등의 무상 양여) ① 법 제31조제1항에 따라 실시료의 전부 또는 일부를 면제하거나 지식재산권을 무상으로 양여하는 경우에는 기획재정부장관과 협의하여야 한다.

② 법 제31조제2항에 따라 연구기기·설비 및 시험제품 등을 무상으로 양여하는 경우에는 조달청장과 협의하여야 한다.

[전문개정 2010. 8. 17.]

제32조(기술평가기관의 지정기준 등) ① 법 제35조제1항에서 "기술평가를 위한 전담인력 및 관리조직 등 대통령령으로 정하는 기준을 갖춘 기관"이란 다음 각 호의 요건을 모두 갖춘 법인을 말한다. <개정 2013. 3. 23.>

1. 다음 각 목의 전문가 모두를 상시 고용할 것
   가. 기술거래사, 변호사, 변리사, 공인회계사, 감정평가사 또는 기술사 자격을 취득한 사람으로서 법 제35조제2항 각 호에 따른 사업(이하 이 조에서 "기술평가사업"이라 한다)에 종사할 수 있는 전문가 3명 이상
   나. 기술평가사업에 5년 이상 종사한 전문가 7명 이상
2. 기술평가사업을 수행하기 위한 관리조직을 가지고 있을 것
3. 산업통상자원부장관이 정하여 고시하는 기준에 따른 기술평가모델을 보유할 것
4. 산업통상자원부장관이 정하여 고시하는 기준에 따른 기술평가에 관한 정보의 수집·관리·유통 등을 위한 정보망을 보유할 것

② 기술평가기관의 지정에 관하여는 기술거래기관의 지정에 관한 제16조제2항부터 제5항까지의 규정을 준용한다. 이 경우 "기술거래기관"은 "기술평가기관"으로 본다.

[전문개정 2010. 8. 17.]

제33조(기술평가기관의 지정취소 기준 등) ① 법 제35조제3항제1호에서 "대통령령으

로 정하는 건수"란 10건을 말한다.

② 법 제35조제4항에서 "기업의 경영·영업상 비밀의 유지 등 대통령령으로 정하는 특별한 사유가 있는 경우"란 다음 각 호의 어느 하나에 해당하는 경우를 말한다.

1. 해외로 유출될 경우 국가의 안보, 경제 또는 관련 산업에 심각한 피해를 줄 우려가 있다고 인정되는 경우

2. 기술평가정보의 통보로 인하여 기업의 경영·영업상 비밀에 관한 사항이 공개되어 기업의 정당한 이익을 현저히 해칠 우려가 있다고 인정되는 경우

[전문개정 2010. 8. 17.]

제33조의2(기술평가정보 통보의 범위 등) ① 법 제35조제4항에 따라 기술평가기관이 산업통상자원부장관에게 통보하여야 하는 기술평가정보의 범위는 다음 각 호와 같다. <개정 2013. 3. 23.>

1. 기술·기업 및 시장 정보 등 기술평가와 관련된 정보

2. 가치평가 사례와 등급평가 사례 등 기술평가 사례

② 법 제35조제4항에 따라 기술평가기관은 제1항의 기술평가정보를 다음 각 호의 구분에 따라 산업통상자원부장관에게 통보하여야 한다. <개정 2013. 3. 23.>

1. 상반기 실적: 7월 31일까지

2. 연간 실적: 다음 해 1월 31일까지

③ 기술평가기관 지정취소의 통보 등에 관하여는 기술거래기관 지정취소의 통보 등에 관한 제17조제1항·제2항 및 제5항을 준용한다. 이 경우 "기술거래기관"은 "기술평가기관"으로 본다.

[본조신설 2010. 8. 17.]

제34조(기술신탁관리업의 허가) ① 법 제35조의2제1항에 따라 기술신탁관리업의 허가를 받으려는 자는 산업통상자원부령으로 정하는 허가신청서에 다음 각 호의 서류를 첨부하여 산업통상자원부장관에게 제출하여야 한다. <개정 2013. 3. 23.>

1. 기술신탁관리업 업무규정

2. 신탁 인수에 관한 약관

3. 기술이전 유형별 약관

4. 신청 법인·기관 또는 단체(이하 "신청기관"이라 한다)의 대표자 및 임원의 이력서

5. 정관 또는 규약
6. 운용전문인력의 이력 및 조직 구성
7. 재무제표(법인의 경우만 해당한다)

② 제1항에 따른 신청서를 제출받은 산업통상자원부장관은 「전자정부법」 제36조제1항에 따른 행정정보의 공동이용을 통하여 등기사항증명서(법인의 경우만 해당한다)를 확인하여야 한다. <개정 2013. 3. 23.>

③ 산업통상자원부장관은 제1항 및 제2항에 따라 제출받은 서류가 다음 각 호의 어느 하나에 해당하는 경우에는 기간을 정하여 이를 보완하게 할 수 있다. <개정 2013. 3. 23.>

1. 첨부되어야 할 서류가 첨부되지 아니한 경우
2. 첨부서류에 기재되어야 할 내용이 기재되어 있지 아니하거나 명확하지 아니한 경우

④ 산업통상자원부장관은 기술신탁관리업을 허가하는 경우에는 신청기관에 산업통상자원부령으로 정하는 기술신탁관리업 허가증을 발급하여야 한다. <개정 2013. 3. 23.>

[전문개정 2010. 8. 17.]

제35조(허가사항에 대한 변경허가 등) ① 법 제35조의2제1항에 따라 기술신탁관리업의 허가를 받은 자(이하 "기술신탁관리기관"이라 한다)가 제34조제1항제1호의 기술신탁관리업 업무규정 또는 같은 항 제2호 및 제3호의 약관을 변경하려면 산업통상자원부장관의 허가를 받아야 한다. <개정 2013. 3. 23.>

② 기술신탁관리기관은 다음 각 호의 사항을 변경할 때에는 산업통상자원부장관에게 그 사실을 통보하여야 한다. <개정 2013. 3. 23.>

1. 법인·기관 또는 단체의 명칭
2. 본점 또는 영업소의 소재지
3. 대표자

③ 기술신탁관리기관은 기술신탁관리업을 휴업하거나 폐업하였을 때에는 산업통상자원부장관에게 그 사실 및 사유를 통보하여야 한다. <개정 2013. 3. 23.>

[전문개정 2010. 8. 17.]

제36조(수수료의 요율 또는 금액의 승인신청 및 승인절차) ① 기술신탁관리기관이 법 제35조의2제7항에 따라 수수료의 요율(料率) 또는 금액에 관한 승인(변경승인을 포함한다. 이하 같다)을 받으려는 경우에는 산업통상자원부장관에게 서면으로 승인신청을 하여야 한다. 〈개정 2012. 4. 5., 2013. 3. 23.〉

② 산업통상자원부장관은 법 제35조의2제7항에 따라 수수료의 요율 또는 금액에 관한 승인신청을 받으면 이해관계인의 의견수렴 절차를 거치기 위하여 산업통상자원부 인터넷 홈페이지에 30일간 그 내용을 게시하여야 한다. 〈개정 2012. 4. 5., 2013. 3. 23.〉

③ 산업통상자원부장관은 수수료의 요율 또는 금액에 관한 승인을 한 경우에는 승인내용을 산업통상자원부 인터넷 홈페이지에 게시하여야 한다. 〈개정 2013. 3. 23.〉

[전문개정 2010. 8. 17.]

제36조의2(신탁사무의 위탁 범위) 법 제35조의4제1항에서 "대통령령으로 정하는 신탁사무의 일부"란 다음 각 호의 업무를 말한다.

1. 기술등의 가치평가에 관한 업무
2. 기술등에 대한 「특허법」, 「실용신안법」, 「디자인보호법」과 그 밖의 관련 법률에 따른 특허료·등록료 등의 납부 업무
3. 기술등에 대한 보호·관리 업무
4. 기술등의 설정·이전에 따른 기술료·사용료 등의 징수 및 분배 업무
5. 기술등의 사업화에 관한 업무
6. 그 밖의 수익자와 기술신탁관리기관 간에 신탁의 목적에 비추어 타당하다고 협의된 업무

[본조신설 2010. 8. 17.]

제37조(기술등의 목록) 법 제35조의5제1항에 따라 기술등의 목록에 명시하여야 하는 사항은 다음 각 호의 구분에 따른 사항으로 한다.

1. 공개된 특허, 실용신안, 디자인, 반도체집적회로의 배치설계, 소프트웨어 등 기술등의 경우: 발명의 명칭, 등록번호와 출원 또는 등록 연월일
2. 제1호 외의 기술등의 경우: 기술등의 제목, 기술등이 속하는 분야와 해당 기술등으로 해결하려는 과제

[전문개정 2010. 8. 17.]

第38条(이전계약 체결에 필요한 정보) 법 제35조의5제2항에서 "대통령령으로 정하는 정보"란 다음 각 호와 같다.

1. 기술등의 목록
2. 해당 기술등의 위탁자와의 신탁 계약기간
3. 기술료 등 이전 조건 및 약관

[전문개정 2010. 8. 17.]

第39条(업무의 정지처분 절차) 산업통상자원부장관은 법 제35조의7제1항에 따른 업무의 정지처분을 하는 경우 처분대상자가 그 업무정지처분을 갈음하여 법 제35조의8에 따른 과징금 부과처분을 희망하는 경우에는 그 사유에 대한 소명자료(疏明資料)를 제출하게 할 수 있다. <개정 2013. 3. 23.>

[전문개정 2010. 8. 17.]

第40条(과징금의 부과기준) ① 법 제35조의8제1항에 따른 과징금의 부과기준은 별표 2와 같다.

② 산업통상자원부장관은 위반행위의 동기, 내용, 정도 및 횟수 등을 고려하여 별표 2에 따른 금액의 2분의 1의 범위에서 그 금액을 늘리거나 줄일 수 있다. 다만, 늘리는 경우에도 과징금의 총액은 법 제35조의8제1항에 따른 금액을 초과할 수 없다. <개정 2013. 3. 23.>

[전문개정 2010. 8. 17.]

第41条(과징금의 부과 및 납부) ① 산업통상자원부장관은 법 제35조의8제1항에 따라 과징금을 부과할 때에는 그 위반 사실과 부과 금액 등을 서면에 적어 과징금을 낼 것을 처분대상자에게 통지하여야 한다. <개정 2013. 3. 23.>

② 제1항에 따라 통지를 받은 자는 통지를 받은 날부터 20일 이내에 산업통상자원부장관이 정하는 수납기관에 과징금을 내야 한다. 다만, 천재지변이나 그 밖의 부득이한 사유로 그 기간 내에 과징금을 낼 수 없을 때에는 그 사유가 없어진 날부터 7일 이내에 내야 한다. <개정 2013. 3. 23.>

③ 제2항에 따라 과징금을 받은 수납기관은 그 납부자에게 영수증을 발급하여야 한다.

④ 과징금의 수납기관은 제2항에 따라 과징금을 받으면 지체 없이 그 사실을 산업통상자원부장관에게 통보하여야 한다. <개정 2013. 3. 23.>

⑤ 산업통상자원부장관은 법 제35조의8제1항에 따른 과징금의 부과·징수에 관한 사항을 기록·관리하여야 한다. <개정 2013. 3. 23.>

[전문개정 2010. 8. 17.]

제42조삭제 <2012. 4. 5.>

제43조(업무의 위탁) 관계중앙행정기관의 장은 법 제39조에 따라 다음 각 호의 업무를 기술진흥원의 장에게 위탁한다.

1. 법 제8조에 따른 실태조사 업무
2. 법 제14조에 따른 기술거래사 등록 업무
3. 법 제18조에 따른 기술보호·육성사업에 관한 업무
4. 법 제21조의2제2항에 따른 기부채납된 기술등의 관리 업무
5. 법 제35조제5항에 따른 기술평가정보의 관리 업무

[전문개정 2010. 8. 17.]

제44조(고유식별정보의 처리) 산업통상자원부장관 또는 관계중앙행정기관의 장(제43조에 따라 관계중앙행정기관의 장의 권한을 위탁받은 자를 포함한다)은 다음 각 호의 사무를 수행하기 위하여 불가피한 경우 「개인정보 보호법 시행령」 제19조제1호 또는 제4호에 따른 주민등록번호 또는 외국인등록번호가 포함된 자료를 처리할 수 있다. <개정 2013. 3. 23.>

1. 법 제10조제1항에 따른 기술거래기관의 지정 등에 관한 사무 및 이 영 제17조제5항에 따라 통보된 변경사항 처리에 관한 사무
2. 법 제14조에 따른 기술거래사 등록 등에 관한 사무
3. 삭제 <2017. 7. 17.>
4. 삭제 <2017. 7. 17.>
5. 법 제35조의2에 따른 기술신탁관리업의 허가에 관한 사무

[본조신설 2012. 1. 6.]

제45조(규제의 재검토) ①산업통상자원부장관은 다음 각 호의 사항에 대하여 다음 각 호의 기준일을 기준으로 3년마다(매 3년이 되는 해의 기준일과 같은 날 전까지를 말

한다) 그 타당성을 검토하여 개선 등의 조치를 하여야 한다. <개정 2014. 12. 9.>

1. 제16조에 따른 기술거래기관의 지정기준 및 절차: 2014년 1월 1일
2. 제19조의2에 따른 사업화 전문회사의 지정기준 및 절차: 2014년 1월 1일
3. 제21조에 따른 기술거래사의 등록 요건: 2014년 1월 1일
4. 제32조에 따른 기술평가기관의 지정기준: 2014년 1월 1일

② 산업통상자원부장관은 제19조의2에 따른 사업화 전문회사의 지정기준 및 제출 서류 등에 대하여 2015년 1월 1일을 기준으로 2년마다(매 2년이 되는 해의 1월 1일 전까지를 말한다) 그 타당성을 검토하여 개선 등의 조치를 하여야 한다. <신설 2014. 12. 9.>

[본조신설 2013. 12. 30.]

부칙 <제32074호, 2021. 10. 19.>

(국가공무원 등 직무발명의 처분·관리 및 보상 등에 관한 규정)

제1조(시행일) 이 영은 2021년 10월 21일부터 시행한다.

제2조 생략

제3조(다른 법령의 개정) ①부터 ④까지 생략

⑤ 기술의 이전 및 사업화 촉진에 관한 법률 시행령의 일부를 다음과 같이 개정한다.

제24조제2항 각 호 외의 부분 단서 중 “「공무원 직무발명의 처분·관리 및 보상 등에 관한 규정」”을 “「국가공무원 등 직무발명의 처분·관리 및 보상 등에 관한 규정」”으로 한다.

⑥ 생략

제4조 생략

재무제표 양식

1. 재무상태표 양식

재 무 상 태 표

제×기 20××년×월×일 현재
제×기 20××년×월×일 현재

회사명 (단위 : 원)

과 목	당 기		전 기	
자 산				
유동자산		×××		×××
현금및현금성자산	×××		×××	
단기금융자산	×××		×××	
매출채권	×××		×××	
재고자산	×××		×××	
기타채권	×××		×××	
……	×××		×××	
비유동자산		×××		×××
유형자산	×××		×××	
무형자산	×××		×××	
지분법적용투자주식	×××		×××	
……	×××		×××	
자산총계		×××		×××
부 채				
유동부채		×××		×××
단기금융부채	×××		×××	
매입채무	×××		×××	
기타채무	×××		×××	
……	×××		×××	
비유동부채		×××		×××
장기금융부채	×××		×××	
충당부채	×××		×××	
……	×××		×××	
부채총계		×××		×××
자 본				
자본금	×××		×××	
적립금	×××		×××	
이익잉여금	×××		×××	
비지배지분	×××		×××	
……	×××		×××	
자본총계		×××		×××
부채 및 자본 총계		×××		×××
		×××		

2. 포괄손익계산서 양식

포 괄 손 익 계 산 서

제×기 20××년×월×일부터 20××년×월×일까지
제×기 20××년×월×일부터 20××년×월×일까지

회사명 (단위 : 원)

과 목	당 기		전 기	
매출액		×××		×××
매출원가		×××		×××
기초제품(또는 상품)재고액	×××		×××	
당기제품제조원가 (또는 당기상품매입액)	×××		×××	
기말제품(또는 상품)재고액	(×××)		(×××)	
매출총이익(또는 매출총손실)		×××		×××
판매비와관리비		×××		×××
급여	×××		×××	
퇴직급여	×××		×××	
복리후생비	×××		×××	
임차료	×××		×××	
접대비	×××		×××	
감가상각비	×××		×××	
무형자산상각비	×××		×××	
세금과공과	×××		×××	
광고선전비	×××		×××	
연구비	×××		×××	
경상개발비	×××		×××	
대손상각비	×××		×××	
……	×××		×××	
	×××		×××	
영업이익(또는 영업손실)		×××		×××
영업외수익		×××		×××
이자수익	×××		×××	
배당금수익	×××		×××	
임대료	×××		×××	
단기투자자산처분이익	×××		×××	
단기투자자산평가이익	×××		×××	
외환차익	×××		×××	
외화환산이익	×××		×××	
지분법이익	×××		×××	
장기투자증권손상차손환입	×××		×××	
유형자산처분이익	×××		×××	
사채상환이익	×××		×××	
전기오류수정이익	×××		×××	
……	×××		×××	
	×××		×××	

과 목	당 기		전 기	
영업외비용		×××		×××
이자비용	×××		×××	
기타의대손상각비	×××		×××	
단기투자자산처분손실	×××		×××	
단기투자자산평가손실	×××		×××	
재고자산감모손실	×××		×××	
외환차손	×××		×××	
외화환산손실	×××		×××	
기부금	×××		×××	
지분법손실	×××		×××	
장기투자증권손상차손	×××		×××	
유형자산처분손실	×××		×××	
사채상환손실	×××		×××	
전기오류수정손실	×××		×××	
……	×××		×××	
법인세비용차감전계속사업손익		×××		×××
계속사업손익법인세비용		×××		×××
계속사업이익(또는 계속사업손실)		×××		×××
중단사업손익		×××		×××
(법인세효과 : ×××원)				
당기순이익(또는 당기순손실)		×××		×××
주당손익				
기본주당계속사업손익	×××원		×××원	
기본주당순손익	×××원		×××원	
희석주당계속사업손익	×××원		×××원	
희석주당순손익	×××원		×××원	
기타포괄손익		×××		×××
매도가능금융상품평가손익	×××		×××	
유형자산재평가잉여금	×××		×××	
……	×××		×××	
총포괄손익		×××		×××
지배기업소유주 귀속 당기순손익		×××		×××
비지배지분 귀속 당기순손익		×××		×××
지배기업소유주 귀속 총포괄손익		×××		×××
비지배지분 귀속 총포괄손익		×××		×××

3. 자본변동표 양식

자 본 변 동 표

제×기 20××년×월×일부터 20××년×월×일까지
제×기 20××년×월×일부터 20××년×월×일까지

회사명 (단위 : 원)

구 분	자본금	자본 잉여금	자본조정	기타포괄 손익누계액	이익 잉여금	총 계
20××.×.×(보고금액)	×××	×××	×××	×××	×××	×××
회계정책변경누적효과					(×××)	(×××)
전기오류수정					(×××)	(×××)
수정후 이익잉여금					×××	×××
연차배당					(×××)	(×××)
처분후 이익잉여금					×××	×××
중간배당					(×××)	(×××)
유상 증자(감자)	×××	×××				×××
당기순이익(손실)					×××	×××
자기주식 취득			(×××)			(×××)
해외사업환산손익				(×××)		(×××)
20××.×.×	×××	×××	×××	×××	×××	×××
20××.×.×(보고금액)	×××	×××	×××	×××	×××	×××
회계정책변경누적효과					(×××)	(×××)
전기오류수정					(×××)	(×××)
수정후 이익잉여금					×××	×××
연차배당					(×××)	(×××)
처분후 이익잉여금					×××	×××
중간배당					(×××)	(×××)
유상 증자(감자)	×××	×××				×××
당기순이익(손실)					×××	×××
자기주식 취득			(×××)			(×××)
매도가능증권평가손익				×××		×××
20××.×.×	×××	×××	×××	×××	×××	×××

4. 현금흐름표(간접법) 양식

현 금 흐 름 표

제×기 20××년×월×일부터 20××년×월×일까지
제×기 20××년×월×일부터 20××년×월×일까지

기업명 (단위 : 원)

과 목	당 기		전 기	
영업활동으로 인한 현금흐름		×××		×××
당기순이익(손실)	×××		×××	
현금의 유출이 없는 비용등의 가산				
감가상각비	×××		×××	
퇴직급여	×××		×××	
현금의 유입이 없는 수익등의 차감				
사채상환이익	×××		×××	
영업활동으로 인한 자산·부채의 변동				
재고자산의 감소(증가)	×××		×××	
매출채권의 감소(증가)	×××		×××	
이연법인세자산의 감소(증가)	×××		×××	
매입채무의 증가(감소)	×××		×××	
당기법인세부채의 증가(감소)	×××		×××	
이연법인세부채의 증가(감소)	×××		×××	
투자활동으로 인한 현금흐름		×××		×××
투자활동으로 인한 현금유입액				
단기투자자산의 처분	×××		×××	
유가증권의 처분	×××		×××	
토지의 처분	×××		×××	
투자활동으로 인한 현금유출액				
현금의 단기대여	×××		×××	
단기투자자산의 취득	×××		×××	
유가증권의 취득	×××		×××	
토지의 취득	×××		×××	
개발비의 지급	×××		×××	
재무활동으로 인한 현금흐름		×××		×××
재무활동으로 인한 현금유입액				
단기차입금의 차입	×××		×××	
사채의 발행	×××		×××	
보통주의 발행	×××		×××	
재무활동으로 인한 현금유출액				
단기차입금의 상환	×××		×××	
사채의 상환	×××		×××	
유상감자	×××		×××	
현금의 증가(감소)		×××		×××
기초의 현금		×××		×××
기말의 현금		×××		×××

화폐의 시간가치

화폐의 시간가치

■ 미래가치요소 $(i,\ n) = (1+i)^n$

i = 기간이자율, n = 기간수

기간수 (n)	1%	2%	3%	4%	5%	6%	7%	8%	9%	10%
1	1.0100	1.0200	1.0300	1.0400	1.0500	1.0600	1.0700	1.0800	1.0900	1.1000
2	1.0201	1.0404	1.0609	1.0816	1.1025	1.1236	1.1449	1.1554	1.1881	1.2100
3	1.0303	1.0612	1.0927	1.1249	1.1576	1.1910	1.2250	1.2597	1.2950	1.3310
4	1.0406	1.0824	1.1255	1.1699	1.2155	1.2625	1.3108	1.3605	1.4116	1.4641
5	1.0510	1.1041	1.1593	1.2167	1.2763	1.3382	1.4026	1.4693	1.5386	1.6105
6	1.0615	1.1262	1.1941	1.2653	1.3401	1.4185	1.5007	1.5869	1.6771	1.7716
7	1.0721	1.1487	1.2299	1.3159	1.4071	1.5036	1.6058	1.7138	1.8280	1.9487
8	1.0829	1.1717	1.2668	1.3686	1.4775	1.5938	1.7182	1.8509	1.9926	2.1436
9	1.0937	1.1951	1.3048	1.4233	1.5513	1.6895	1.8385	1.9990	2.1719	2.3579
10	1.1046	1.2190	1.3439	1.4802	1.6289	1.7908	1.9672	2.1589	2.3674	2.5937
11	1.1157	1.2434	1.3842	1.5395	1.7103	1.8983	2.1049	2.3316	2.5804	2.8531
12	1.1268	1.2682	1.4258	1.6010	1.7959	2.0122	2.2522	2.5182	2.8127	3.1384
13	1.1381	1.2936	1.4685	1.6651	1.8856	2.1329	2.4098	2.7196	3.0658	3.4523
14	1.1495	1.3195	1.5126	1.7317	1.9799	2.2609	2.5785	2.9372	3.3417	3.7975
15	1.1610	1.3459	1.5580	1.8009	2.0789	2.3966	2.7590	3.1722	3.6425	4.1772
16	1.1726	1.3728	1.6047	1.8730	2.1829	2.5404	2.9522	3.4259	3.9703	4.5950
17	1.1843	1.4002	1.6528	1.9479	2.2920	2.6928	3.1588	3.7000	4.3276	5.0545
18	1.1961	1.4282	1.7024	2.0258	2.4066	2.8543	3.3799	3.9960	4.7171	5.5599
19	1.2081	1.4568	1.7535	2.1068	2.5270	3.0256	3.6165	4.3157	5.1417	6.1159
20	1.2202	1.4859	1.8061	2.1911	2.6533	3.2071	3.8697	4.6610	5.6044	6.7275
21	1.2324	1.5157	1.8603	2.2788	2.7860	3.3996	4.1406	5.0338	6.1088	7.4002
22	1.2447	1.5460	1.9161	2.3699	2.9253	3.6035	4.4304	5.4365	6.6586	8.1403
23	1.2572	1.5769	1.9736	2.4647	3.0715	3.8197	4.7405	5.8715	7.2579	8.9543
24	1.2697	1.6084	2.0328	2.5633	3.2251	4.0489	5.0724	6.3412	7.9111	9.8497
25	1.2824	1.6406	2.0938	2.6658	3.3864	4.2919	5.4274	6.8485	8.6231	10.835
26	1.2953	1.6734	2.1566	2.7725	3.5557	4.5494	5.8074	7.3964	9.3992	11.918
27	1.3082	1.7069	2.2213	2.8834	3.7335	4.8223	6.2139	7.9881	10.245	13.110
28	1.3213	1.7410	2.2879	2.9987	3.9201	5.1117	6.6488	8.6271	11.167	14.421
29	1.3345	1.7758	2.3566	3.1187	4.1161	5.4183	7.1143	9.3173	12.172	15.863
30	1.3478	1.8114	2.4273	3.2434	4.3219	5.7435	7.6123	10.063	13.268	17.449
31	1.4166	1.9999	2.8139	3.9461	5.5160	7.6861	10.676	14.785	20.414	28.102
32	1.4889	2.2080	3.2620	4.8010	7.0400	10.286	14.974	21.725	31.409	45.259
33	1.5648	2.4379	3.7816	5.8412	8.9850	13.765	21.002	31.920	48.327	72.891
34	1.6446	2.6916	4.3839	7.1067	11.467	18.420	29.457	46.902	74.358	117.39
35	1.8167	3.2810	5.8916	10.520	18.679	32.988	57.946	101.26	176.03	304.48

기간수 (n)	11%	12%	13%	14%	15%	16%	17%	18%	19%	20%
1	1.1100	1.1200	1.1300	1.1400	1.1500	1.1600	1 1700	1.1800	1.1900	1.2000
2	1.2321	1.2544	1.2769	1.2996	1.3225	1.3456	1,3689	1.3924	1.4161	1.4400
3	1.3676	1.4049	1.4429	1.4815	1.5209	1.5609	1.6016	1.6430	1.6852	1.7280
4	1.5180	1.5735	1.6305	1.6890	1.7490	1.8106	1.8439	1.9388	2.0053	2.0736
5	1.6851	1.7623	1.8424	1.9254	2.0114	2.1003	2.1924	2.2878	2.3864	2.4883
6	1.8704	1.9738	2.0820	2.1950	2.3131	2.4364	2.5652	2.6996	2.8398	2.9860
7	2.0762	2.2107	2.3526	2.5023	2.6600	2.8262	3.0012	3.1855	3.3793	3.5832
8	2.3045	2.4760	2.6584	2.8526	3.0590	3.2784	3.5005	3.7589	4.0214	4.2998
9	2.5580	2.7731	3.0040	3.2519	3.5179	3.8030	4.1084	4.4355	4.7854	5.1598
10	2.8394	3.1058	3.3946	3.7072	4.0456	4.4114	4.8068	5.2338	5.6947	6.1917
11	3.1518	3.4785	3.8359	4.2262	4.6524	5.1173	5.6240	6.1759	6.7767	7.4301
12	3.4985	3.8960	4.3345	4.8179	5.3503	5.9360	6.5801	7.2876	8.0642	8.9161
13	3.8833	4.3635	4.8980	5.4924	6.1528	6.8858	7.6987	8.5994	9.5964	10.699
14	4.3104	4.8871	5.5348	6.2613	7.0757	7.9875	9.0075	10.147	11.420	12,839
15	4.7846	5.4736	6.2543	7.1379	8.1371	9.2655	10.539	11.974	13.589	15.407
16	5.3109	6.1304	7.0673	8.1372	9.3576	10.748	12.330	14.129	16.172	18.488
17	5.8951	6.8660	7.9861	9.2765	10.761	12.468	14.427	16.672	19.244	22.186
18	6.5436	7.6900	9.0243	10.575	12.375	14.463	16.879	19.673	22.901	26.623
19	7,2633	8.6128	10.197	12.056	14.232	16.777	19.748	23.214	27.252	31.948
20	8.0623	9.6463	11.523	13.743	16.367	19.461	23.106	27.393	32.429	38.338
21	8.9492	10.804	13.021	15.668	18.822	22.574	27.034	32.324	38.591	46.005
22	9.9336	12.100	14.714	17.861	21.645	26.186	31.629	38.142	45.923	55.206
23	11.026	13.522	16.626	20.362	24.891	30.376	37.006	45.008	54.648	66.247
24	12.239	15.179	18.788	23.212	28.625	35.236	43.297	53.109	65.032	79.497
25	13.586	17.000	21.231	26.462	32.919	40.874	50.658	62.669	77.388	95.396
26	15.080	19.040	23.991	30.167	37.857	47.414	59.270	73.949	92.092	114.48
27	16.738	21.325	27.109	34.390	34.535	55.000	69.345	87.260	109.56	137.37
28	18.580	23.884	30.634	39.204	50.066	63.800	81.134	102.97	130.41	164.84
29	20.624	26.750	34.617	44.693	57.575	74.009	94.927	121.50	155.19	197.81
30	22.892	29.960	39.116	50.950	66.212	85.850	111.06	143.37	184.67	237.38
31	38.575	52.800	72.068	98.100	133.18	180.31	243.56	327.99	440.70	590.67
32	65.001	93.051	132.78	188.88	267.86	378.72	533.86	750.38	1051.6	1469.8
33	109.53	163.99	244.64	363.68	538.77	795.44	1170.5	1716.7	2509.6	3657.3
34	184.56	289.00	450.74	700.23	1083.7	1670.7	2566.2	3927.4	5988.9	9100.4
35	524.06	897.60	1530.1	2595.9	4384.0	7370.2	12335.	20555.	34105.	56348.

■ 현재가치요소 $(i,\ n) = \frac{1}{(1+i)^n}$ 　　　　i = 기간이자율, n = 기간수

기간수 (n)	1%	2%	3%	4%	5%	6%	7%	8%	9%	10%
1	.9901	.9804	.9709	.9615	.9524	.9434	.9346	.9259	.9174	.9091
2	.9803	.9612	.9426	.9246	.9070	.8900	.8734	.8573	.8417	.8264
3	.9706	.9423	.9151	.8890	.8638	.8396	.8163	.7938	.7722	.7513
4	.9610	.9238	.8885	.8548	.8227	.7921	.7629	.7350	.7084	.6830
5	.9515	.9057	.8626	.8219	.7835	.7473	.7130	.6806	.6499	.6209
6	.9420	.8880	.8375	.7903	.7462	.7050	.6663	.6302	.5963	.5645
7	.9327	.8706	.8131	.7599	.7107	.6651	.6227	.5835	.5470	.5132
8	.9235	.8535	.7894	.7307	.6768	.6274	.5820	.5403	.5019	.4665
9	.9143	.8368	.7664	.7026	.6446	.5919	.5439	.5002	.4604	.4241
10	.9053	.8203	.7441	.6756	.6139	.5584	.5083	.4632	.4224	.3855
11	.8963	.8043	.7224	.6496	.5847	.5268	.4751	.4289	.3875	.3505
12	.8874	.7885	.7014	.6246	.5568	.4970	.4440	.3971	.3555	.3186
13	.8787	.7730	.6810	.6006	.5303	.4688	.4150	.3677	.3262	.2897
14	.8700	.7579	.6611	.5775	.5051	.4423	.3878	.3405	.2992	.2633
15	.8613	.7430	.6419	.5553	.4810	.4173	.3624	.3152	.2745	.2394
16	.8528	.7284	.6232	.5339	.4581	.3936	.3387	.2919	.2519	.2176
17	.8444	.7142	.6052	.5134	.4363	.3714	.3166	.2703	.2311	.1978
18	.8360	.7002	.5874	.4936	.4155	.3503	.2959	.2502	.2120	.1799
19	.8277	.6864	.5703	.4746	.3957	.3305	.2765	.2317	.1945	.1635
20	.8195	.6730	.5537	.4564	.3769	.3118	.2584	.2145	.1784	.1486
21	.8114	.6598	.5375	.4388	.3589	.2942	.2415	.1987	.1637	.1351
22	.8034	.6468	.5219	.4220	.3418	.2775	.2257	.1839	.1502	.1228
23	.7954	.6324	.5067	.4057	.3256	.2618	.2109	.1703	.1378	.1117
24	.7876	.6217	.4919	.3901	.3101	.2470	.1971	.1577	.1264	.1015
25	.7798	.6095	.4776	.3751	.2953	.2330	.1842	.1460	.1160	.0923
26	.7720	.5976	.4637	.3604	.2812	.2198	.1722	.1352	.1064	.0839
27	.7644	.5859	.4502	.3468	.2678	.2074	.1609	.1252	.0976	.0763
28	.7568	.5744	.4371	.3335	.2551	.1956	.1504	.1159	.0895	.0693
29	.7493	.5631	.4243	.3207	.2429	.1846	.1406	.1073	.0822	.0630
30	.7419	.5521	.4120	.3083	.2314	.1741	.1314	.0994	.0754	.0573
35	.7059	.5000	.3554	.2534	.1813	.1301	.0937	.0676	.0490	.0356
40	.6717	.4529	.3066	.2083	.1420	.0972	.0668	.0460	.0318	.0221
45	.6391	.4102	.2644	.1712	.1113	.0727	.0476	.0313	.0207	.0137
50	.6080	.3715	.2281	.1407	.0872	.0543	.0339	.0213	.0134	.0085
60	.5504	.3048	.1697	.0951	.0535	.0303	.0173	.0099	.0057	.0033

기간수 (n)	11%	12%	13%	14%	15%	16%	17%	18%	19%	20%
1	.9009	.8929	.8850	.8772	.8696	.8621	.8547	.8475	.8403	.8333
2	.8116	.7972	.7831	.7695	.7561	.7432	.7305	.7182	.7062	.6944
3	.7312	.7118	.6931	.6750	.6575	.6407	.6244	.6086	.5934	.5787
4	.6587	.6355	.6133	.5921	.5718	.5523	.5337	.5158	.4987	.4823
5	.5935	.5674	.5428	.5194	.4972	.4761	.4561	.4371	.4190	.4019
6	.5346	.5066	.4803	.4556	.4323	.4104	.3898	.3704	.3521	.3349
7	.4817	.4523	.4251	.3996	.3759	.3538	.3332	.3139	.2959	.2791
8	.4339	.4039	.3762	.3506	.3269	.3050	.2848	.2660	.2487	.2326
9	.3909	.3606	.3329	.3075	.2843	.2630	.2434	.2255	.2090	.1938
10	.3522	.3220	.2946	.2697	.2472	.2267	.2080	.1911	.1756	.1615
11	.3173	.2875	.2607	.2366	.2149	.1954	.1773	.1619	.1476	.1346
12	.2858	.2567	.2307	.2076	.1869	.1685	.1520	.1372	.1240	.1122
13	.2575	.2292	.2042	.1821	.1625	.1452	.1299	.1163	.1042	.0935
14	.2320	.2046	.1807	.1597	.1413	.1252	.1110	.0985	.0876	.0779
15	.2090	.1827	.1599	.1401	.1229	.1079	.0949	.0835	.0736	.0649
16	.1883	.1631	.1415	.1229	.1069	.0930	.0811	.0708	.0618	.0541
17	.1696	.1456	.1252	.1073	.0929	.0802	.0693	.0600	.0520	.0451
18	.1523	.1300	.1103	.0946	.0803	.0691	.0592	.0508	.0437	.0376
19	.1377	.1161	.0981	.0829	.0703	.0596	.0506	.0431	.0367	.0313
20	.1240	.1037	.0863	.0723	.0611	.0514	.0433	.0365	.0303	.0261
21	.1117	.0926	.0768	.0633	.0633	.0443	.0370	.0309	.0259	.0217
22	.1007	.0326	.0680	.0560	.0560	.0382	.0316	.0262	.0218	.0181
23	.0907	.0738	.0601	.0491	.0491	.0329	.0270	.0222	.0183	.0151
24	.0817	.0659	.0532	.0431	.0431	.0284	.0231	.0188	.0154	.0126
25	.0736	.0588	.0471	.0378	.0378	.0245	.0197	.0160	.0129	.0105
26	.0663	.0525	.0417	.0331	.0264	.0211	.0169	.0135	.0109	.0087
27	.0597	.0469	.0369	.0291	.0230	.0182	.0144	.0115	.0091	.0073
28	.0538	.0419	.0325	.0255	.0200	.0157	.0123	.0097	.0077	.0061
29	.0485	.0374	.0289	.0224	.0174	.0135	.0105	.0082	.0064	.0051
30	.0437	.0334	.0256	.0196	.0151	.0116	.0090	.0070	.0054	.0042
35	.0259	.0189	.0139	.0102	.0075	.0055	.0041	.0030	.0023	.0017
40	.0154	.0187	.0075	.0053	.0037	.0026	.0019	.0013	.0010	.0007
45	.0091	.0061	.0041	.0027	.0019	.0013	.0009	.0006	.0004	.0003
50	.0054	.0035	.0022	.0014	.0009	.0006	.0004	.0003	.0002	.0001
60	.0019	.0011	.0007	.0004	.0002	.0001	.00008	.00005	.00003	.00002

■ 연금의 미래가치요소 $(i,\ n) = \frac{(1+i)^n - 1}{i}$

i = 기간이자율, n = 기간수

기간수 (n)	1%	2%	3%	4%	5%	6%	7%	8%	9%	10%
1	1.0000	1.0000	1.0000	1.0000	1.0000	1.0000	1.0000	1.0000	1.0000	1.0000
2	2.0100	2.0200	2.0300	2.0400	2.0500	2.0600	2.0700	2.0800	2.0900	2.1000
3	3.0301	3.0604	3.0909	3.1216	3.0525	3.1836	3.2149	3.2464	3.2781	3.3100
4	4.0604	4.1216	4.1836	4.2465	4.3101	4.3746	4.4399	4.5061	4.5731	4.6410
5	5.1010	5.2040	5.3091	5.4163	5.5256	5.6371	5.7507	5.8666	5.9847	6.1051
6	6.1520	6.3081	6.4684	6.6330	6.8019	6.9753	7.1533	7.3359	7.5233	7.7156
7	7.2135	7.4343	7.6625	7,8983	8.1420	8.3938	8.6540	8.9228	9.2004	9.4872
8	8.2857	8.5830	8.8932	9.2142	9.5491	9.8975	10.260	10.637	11.028	11.436
9	9.3685	9.7546	10.159	10.583	11.027	11.491	11.978	12.488	13.021	13.570
10	10.462	10.950	11.464	12.006	12.578	13.181	13.816	14.487	15.193	15.937
11	11.567	12.169	12.808	13.486	14.207	14.972	15.784	16.645	17.560	18.531
12	12.683	13.412	14.192	15.026	15.917	16.870	17.888	18.977	20.141	21.384
13	13.809	14.680	15.618	16.627	17.713	18.882	20.141	21.495	22.953	24.523
14	14.947	15.974	17.086	18.292	19.599	21.015	22.550	24.215	26.019	27.975
15	16.097	17.293	18.599	20.024	21.579	23.276	25.129	27.152	29.361	31.772
16	17.258	18.639	20.157	21.825	23.657	25.673	27.888	30.324	33.003	35.950
17	18.430	20.012	21,762	23.698	25.840	28.213	30.840	33.750	36.974	40.545
18	19.615	21.412	23.414	25.645	28.132	30.906	33.999	37.450	41.301	45.599
19	20.811	22.841	25.117	27.671	30.539	33.760	37.379	41.446	46.018	51.159
20	22.019	24.297	26.870	29.778	33.066	36.786	40.995	45.762	51.160	57.275
21	23.239	25.783	28.676	31.969	35.719	39.993	44.865	50.423	56.765	64.002
22	24.472	27.299	30.537	34.248	38.505	43.392	49.006	55.457	62.873	71.403
23	25.716	28.845	32.453	36.618	41.430	46.996	53.436	60.893	69.532	79.543
24	26.973	30.422	34.426	39.083	44.502	50.816	58.177	66.765	76.790	88.497
25	28.243	32.030	36.459	41.646	47.727	54.865	63.249	73.106	84.701	98.347
26	29.526	33.671	38.553	44.312	51.113	59.156	68.676	79.954	93.324	109.18
27	30.821	35.344	40.710	47.084	54.669	63.706	74.484	87.351	102.72	121.10
28	32.129	37.051	42.931	49.968	58.403	68.528	80.698	95.339	112.97	134.21
29	33.450	38.792	45.219	52.966	62.323	73.640	87.347	103.97	124.14	148.63
30	34.785	40.568	47.575	56.085	66.439	79.058	94.461	113.28	136.31	164.49
31	41,660	49.994	60.462	73.652	90.320	111.43	138.24	172.32	215.71	271.02
32	48.886	60.402	75.401	95.026	120.80	154.76	199.64	259.06	337.88	442.59
33	56.481	71.893	92.720	121.03	159.70	212.74	285.75	386.51	525.86	718.90
34	64.463	84.579	112.80	152.67	209.35	290.34	406.53	573.77	815.08	1163.9
35	81.670	114.05	163.05	237.99	353.58	533.13	813.52	1253.2	1944.8	3034.8

기간수 (n)	11%	12%	13%	14%	15%	16%	17%	18%	19%	20%
1	1.0000	1.0000	1.0000	1.0000	1.0000	1.0000	1.0000	1.0000	1.0000	1.0000
2	2.1100	2.1200	2.1300	2.1400	2.1500	2.1600	2.1700	2.1800	2.1900	2.2000
3	3.3421	3.3744	3.4069	3.4396	3.4725	3.5056	3.5389	3.5724	3.6061	3.6400
4	4.7097	4.7793	4.8498	4.9211	4.9934	5.0665	5.1405	5.2154	5.2913	5.3580
5	6.2278	6.3528	6.4803	6.6101	6.7424	6.8771	7.0144	7.1542	7.2966	7.4416
6	7.9130	8.1152	8.3230	8.5355	8.7537	8.9775	9.2068	9.4420	9.6830	9.9299
7	9.7830	10.089	10.405	10.730	11.067	11.414	11.772	12.142	12.523	12.916
8	11.859	12.300	12.757	13.233	13.727	14.240	14.773	15.327	15.902	16.499
9	14.163	14.776	15.416	16.085	16.786	17.519	18.285	19.086	19.923	20.799
10	16.722	17.549	18.419	19.337	20.304	21.321	22.393	23.521	24.709	25.959
11	19.561	20.655	21.814	23.045	24.349	25.733	27.199	28.755	30.404	32.150
12	22.713	24.133	25.650	27.271	29.002	30.850	32.823	34.931	37.180	39.581
13	26.211	28.029	29.984	32.089	34.352	36.786	39.404	42.218	45.244	48.497
14	30.095	32.393	34.883	37.581	40.505	43.672	47.103	50.818	54.841	58.196
15	34.405	37.280	40.418	43.842	47.580	51.660	56.110	60.965	56.261	72.035
16	39.199	42.753	46.672	50.980	55.717	60.925	66.649	72.939	79.850	87.442
17	44.501	48.884	53.739	59.118	65.075	71.673	78.979	87.068	96.022	105.93
18	50.396	55.750	61.725	68.394	75.836	84.141	93.406	103.74	115.26	128.12
19	56.939	63.440	70.749	78.969	80.212	98.603	110.29	123.41	138.16	154.74
20	64.203	72.052	80.947	91.025	102.44	115.38	130.03	146.63	155.42	186.69
21	72.265	81.699	92.469	104.77	118.81	134.84	153.14	174.02	197.85	225.03
22	81.214	92.503	105.49	120.44	137.63	157.41	180.17	206.34	236.44	271.03
23	91.148	104.60	120.20	138.30	159.28	183.60	211.80	244.49	282.36	326.24
24	102.17	118.16	136.83	158.66	184.17	213.98	248.81	289.49	337.01	392.48
25	114.41	133.33	155.62	181.87	212.79	249.21	292.21	324.60	402.04	471.98
26	127.99	150.33	176.85	208.33	245.71	290.09	342.76	405.27	497.43	567.38
27	143.08	169.37	200.84	238.50	283.57	337.50	402.03	479.22	571.52	681.85
28	159.82	190.70	227.95	272.89	327.10	392.50	471.38	566.48	681.11	819.22
29	178.39	214.58	258.58	312.09	377.17	456.30	552.51	659.45	811.52	984.07
30	199.02	241.33	293.19	356.79	434.75	530.31	647.44	790.95	966.71	1181.9
31	341.59	431.66	546.68	693.57	881.17	1120.7	1426.4	1816.7	2314.2	2948.3
32	581.83	767.09	1013.7	1342.0	1779.1	2360.8	3134.5	4163.2	5529.8	7343.9
33	986.64	1358.3	1874.2	2590.6	3585.1	4965.3	6879.2	9531.6	13203.	18281.
34	1668.7	2400.0	3459.5	4994.5	7217.7	10436.	15089.	21813.	31515.	45497.
35	4755.1	7471.6	11762.	18535.	29220.	46057.	72555.	114189	179494	281737

■ 연금의 현재가치요소 $(i,\ n)=\dfrac{1-\dfrac{1}{(1+i)^n}}{i}$ i= 기간이자율, n= 기간수

기간수 (n)	1%	2%	3%	4%	5%	6%	7%	8%	9%	10%
1	0.9901	0.9804	0.9616	.09615	0.9524	0.9434	0.9346	0.9259	0.9174	0.9091
2	1.9704	1.9416	1.9165	1.8861	1.8594	1.8334	1.8080	1.7833	1.7591	1.7355
3	2.9410	2.8839	2.8286	2.7751	2.7232	2.6730	2.6243	2.5771	2.5313	2.4868
4	3.9020	3.8077	3.7171	3.6299	3.5460	3.4651	3.3872	3.3121	3.2397	3.1699
5	4.8534	4.7135	4.5797	4.4518	4.3295	4.2124	4.1002	3.9927	3.8897	3.7908
6	5.7955	5.6014	5.4172	5.2421	5.0757	4.9173	4.7665	4.6229	4.4859	4.3553
7	6.7282	6.4720	6.2303	6.0021	5.7864	5.5824	5.3893	5.2064	5.0330	4.8684
8	7.6517	7.3255	7.0197	6.7327	6.4632	6.2098	5.9713	5.7466	5.5348	5.3349
9	8.5660	8.1622	7.7861	7.4353	7.1078	6.8017	6.5152	6.2469	5.9952	5.7590
10	9.4713	8.9826	8.5302	8.1109	7.7217	7.3601	7.0236	6.7101	6.4177	6.1446
11	10.368	9.7868	9.2526	8.7605	8.3064	7.8869	7.4987	7.1390	6.8052	6.4951
12	11.255	10.575	9.9540	9.3851	8.8633	8.3838	7.9427	7.5361	7.1607	6.8137
13	12.134	11.348	10.635	9.9856	9.3936	8.8527	8.3577	7.9038	7.4869	7.1034
14	13.004	12.106	11.296	10.563	9.8986	9.2950	8.7455	8.2442	7.7862	7.3667
15	13.865	12.849	11.938	11.118	10.380	9.7122	9.1079	8.5595	8.0607	7.6061
16	14.718	13.578	12.561	11.652	10.838	10.106	9.4466	8.8514	8.3136	7.8237
17	15.562	14.292	13.166	21.166	11.274	10.477	9.7632	9.1216	8.5436	8.0216
18	16.398	14.992	13.756	12.659	11.690	10.828	10.059	9.3719	8.7556	8.2014
19	17.226	15.679	14.324	13.134	12.085	11.158	10.336	9.6036	8.9501	8.3649
20	18.046	16.351	14.877	13.590	12.462	11.470	10.594	9.8181	9.1285	8.5136
21	18.857	17.011	15.415	14.029	12.821	11.764	10.835	10.017	9.2922	8.6487
22	19.660	17.658	15.937	14.451	13.613	12.042	11.061	10.201	9.4424	8.7715
23	20.456	18.292	16.444	14.857	13.489	12.303	11.272	10.371	9.5802	8.8832
24	21.243	18.914	16.935	15.247	13.799	12.550	11.469	10.529	9.7066	8.9847
25	22.023	19.524	17.413	15.622	14.094	12.783	11.654	10.675	9.8266	9.0770
26	22.795	20.121	17.877	15.983	14.375	13.003	11.826	10.810	9.9290	9.1609
27	23.560	20.707	18.327	16.330	14.643	13.210	11.987	10.935	10.027	9.2372
28	24.316	21.281	18.764	16.663	14.898	13.406	12.137	11.051	10.116	9.3066
29	25.066	21.844	19.188	16.984	15.141	13.591	12.278	11.158	10.198	9.3696
30	25.808	22.397	19.600	17.292	15.373	13.765	12.409	11.258	10.274	9.4269
35	29.409	24.999	21.487	18.665	16.374	14.498	12.948	11.655	10.567	9.6442
40	32.835	27.356	23.115	19.793	17.159	15.046	13.332	11.925	10.757	9.7791
45	36.095	29.490	24.519	20.720	17.774	15.456	13.605	12.108	10.881	9.8628
50	39.196	31.424	25.730	21.482	18.256	15.762	13.801	12.233	10.962	9.9148
60	44.955	34.761	27.676	22.623	18.929	16.161	14.039	12.376	11.048	9.9671

기간수 (n)	11%	12%	13%	14%	15%	16%	17%	18%	19%	20%
1	0.9009	0.8929	0.8850	0.8722	0.8696	0.8621	0.8547	0.8475	0.8403	0.8333
2	1.7125	1.6901	1.6681	1.6467	1.6257	1.6052	1.5852	1.5656	1.5465	1.5278
3	2.4437	2.4018	2.3612	2.3216	2.2832	2.2459	2.2096	2.1743	2.1399	2.1065
4	3.1024	3.0373	2.9745	2.9137	2.8550	2.7982	2.7432	2.6901	2.6386	2.5887
5	3.6959	3.6048	3.5172	3.4331	3.3522	3.2743	3.1993	3.1272	3.0576	2.9906
6	4.2305	4.1114	3.9975	3.8887	3.7845	3.6847	3.5892	3.4976	3.4098	3.3255
7	4.7122	4.5638	4.4226	4.2883	4.1604	4.0386	3.9224	3.8115	3.7057	3.6046
8	5.1461	4.9676	4.7988	4.6389	4.4873	4.3436	4.2072	4.0776	3.9544	3.8372
9	5.5370	5.3282	5.1317	4.9464	4.7716	4.6065	4.4506	4.3030	4.1633	4.0310
10	5.8892	5.6502.	5.4262	5.2161	5.0188	4.8332	4.6586	4.4941	4.3389	4.1925
11	6.2065	5.9377	5.6869	5.4527	5.2337	5.0286	4.8364	4.6560	4.4865	4.3271
12	6.4924	6.1944	5.9176	5.6603	5.4206	5.1971	4.9884	4.7932	4.6105	4.4392
13	6.7499	6.4235	6.1218	5.8424	5.5831	5.3423	5.1183	4.9095	4.7147	4.5327
14	6.9819	6.6282	6.3025	6.0021	5.7245	5.4675	5.2293	5.0081	4.8023	4.6106
15	7.1909	6.8109	6.4624	6.1422	5.8474	5.5755	5.3242	5.0916	4.8759	4.6755
16	7.3792	6.9740	6.6039	6.2651	5.9542	5.6685	5.4053	5.1624	4.9377	4.7296
17	7.5488	7.1196	6.7291	6.3729	6.0472	5.7487	5.4746	5.2223	4.9897	4.7746
18	7.7016	7.2497	6.8399	6.4674	6.1280	5.8718	5.5339	5.2732	5.0333	4.8122
19	7.8393	7.3658	6.9380	6.5504	6.1982	5.8775	5.5845	5.3162	5.0700	4.8435
20	7.9633	7.4694	7.0248	6.6231	6.2593	5.9288	5.6278	5.3527	5.1009	4.8696
21	8.0751	7.5620	7.1015	6.6870	6.3125	5.9731	5.6648	5.3837	5.1263	4.8913
22	8.1757	7.6446	7.1695	6.7429	6.3587	6.0113	5.6964	5.4099	5.1486	4.9094
23	8.2664	7.7184	7.2297	6.7921	6.3988	6.0442	5.7234	5.4321	5.1668	4.9245
24	8.3481	7.7843	7.2829	6.8351	6.4338	0.0726	6.7465	5.4509	5.1822	4.9371
25	8.4217	7.8431	7.3300	6.8729	6.4641	6.0971	5.7662	5.4669	5.1951	4.9476
26	8.4881	7.8957	7.3717	6.9061	6.4906	6.1182	5.7831	5.4804	5.2060	4.9563
27	8.5478	7.9426	7.4086	6.9352	6.5135	6.1364	5.7975	5.4919	5.2151	4.9636
28	8.6016	7.9844	7.4412	6.9607	6.5335	6.1520	5.8099	5.5016	5.2223	4.9697
29	8.6501	8.0218	7,4701	6.9830	6.5509	6.1656	5.8204	5.5093	5.2292	4.9747
30	8.6938	8.0522	7.4957	7.0027	6.5660	6.1772	5.8294	5.5168	5.2347	4.9789
35	8.8552	8.1755	7.5856	7.0700	6.6166	6.2153	5.8582	5.5386	5.2512	4.9915
40	8.9511	8.2433	7.6344	7.1050	6.6418	6.2335	5.8713	5.5482	5.2582	4.9966
45	9.0079	8.2825	7.6609	7.1232	6.6543	6.2421	5.8773	5.5523	5.2611	4.9986
50	9.0417	8.3045	7.6572	7.1327	6.6605	6.2463	5.8801	5.5541	5.2623	4.9995
60	9.0736	8.3240	7.6873	7.1401	6.6651	6.2491	5.8819	5.5553	5.2630	4.9999

배 기 수

• 약 력
- 현, 충북대학교 경영대학 경영학부 교수
- 전, 동국대학교 상경대학 회계학과 교수
- 전, 한국전자통신연구원(ETRI) 연구원
- 기술거래사(산업통상자원부)
- 공인원가분석사

• 저서 및 논문
- IFRS를 적용한 최신 회계원리(세학사)
- K-IFRS 중급재무회계(세학사)
- A Study on the Telecommunication Carrier Business Environment through Financial Ratio Analysis 외 다수

무형자산 가치평가

발행일 2024년 2월 29일 초판 발행

저 자 배기수
발행처 충북대학교 출판부
발행인 고창섭

주 소 28644 충북 청주시 서원구 충대로 1
전 화 (043) 261-2952, 3014
팩 스 (043) 274-1256
이메일 presscbu@chungbuk.ac.kr
등 록 제1983-2001-7호
인쇄처 케이프린텍

ISBN 978-89-7295-552-8 (93320)
정가 25,000원

* 이 저서는 2023학년도 충북대학교 국립대학 육성사업에 의하여 지원 발간되었음.